·国家社会科学基金西部项目的资助·

西部贫困地区
发展路径研究

XIBU PINKUN DIQU
fazhan lujing yanjiu

冯永宽◎主编

本书为国家社会科学基金西部项目（04XJL018）的研究成果

顾　问

林　凌　四川省社会科学研究院学术顾问、研究员、博士生导师

课题组负责人

冯永宽　四川西部贫困研究中心研究员

课题组成员

赵　曦　西南财经大学教授、博士生导师

王　卓　四川大学教授、硕士生导师

李玉珍　四川省社会科学研究院副研究员

王思铁　四川省扶贫开发办公室处长

杨　松　四川省民族事务委员会副处长

四川大学出版社

特约编辑:王　锋
责任编辑:韩　果
责任校对:曾　鑫
封面设计:墨创文化
责任印制:李　平

图书在版编目(CIP)数据

西部贫困地区发展路径研究 / 冯永宽主编. —成都:四川大学出版社，2010.11
ISBN 978-7-5614-5041-3

Ⅰ.①西…　Ⅱ.①冯…　Ⅲ.①不发达地区-经济发展-研究-西北地区②不发达地区-经济发展-研究-西南地区　Ⅳ.①F124.7

中国版本图书馆 CIP 数据核字（2010）第 203525 号

书名　西部贫困地区发展路径研究

主　编	冯永宽
出　版	四川大学出版社
地　址	成都市一环路南一段 24 号 (610065)
发　行	四川大学出版社
书　号	ISBN 978-7-5614-5041-3
印　刷	郫县犀浦印刷厂
成品尺寸	148 mm×210 mm
印　张	11.75
字　数	307 千字
版　次	2010 年 12 月第 1 版
印　次	2010 年 12 月第 1 次印刷
定　价	26.00 元

◆读者邮购本书,请与本社发行科联系。电 话:85408408/85401670/85408023　邮政编码:610065
◆本社图书如有印装质量问题,请寄回出版社调换。
◆网址:www.scupress.com.cn

内容提要

迅速有效地缓解和逐步消除广泛存在于农村地区的贫困现象是21世纪初西部大开发背景下中国西部区域经济社会发展面临的极具挑战性的和必须解决的重大人类课题，西部农村贫困的缓解状况如何，不仅直接关系到西部区域的资源开发与转换进程、农牧业生产结构的调整和经济社会可持续发展，而且在很大程度上影响、制约着中国西部地区经济跨越式发展以及西部各民族的共同繁荣、共同进步和社会政治秩序的稳定。在中国全面建设小康社会和社会主义和谐社会的总体背景下，西部地区面临着生态环境恶化、水资源紧缺、社会发展滞后等诸多挑战，但所面临最突出、最大的挑战则是人类贫困，必须把解决人类贫困问题置于西部经济社会的最优先发展地位。消除人类贫困既是西部大开发重中之重的战略任务，也是难中之难的长期任务。

本项研究的基本任务是在对中国西部地区的四川、贵州、西藏、新疆、甘肃、宁夏等省区的若干个国家级贫困县[①]发展状况进行重点调查的基础上，通过系统分析中国西部地区若干个国家扶贫重点县的自然、经济和社会发展的基本特征、当前面临的一系列问题、困难和障碍，运用发展经济学、区域经济学的基本理论和研究方法，以全面落实科学发展观、努力缩小贫富差距、实现经济社会协调发展为宗旨，着重围绕中国西部地区若干国家扶贫重点县反贫困战略的基本内容和实施途径进行综合性的分析和阐释，力图探索、研究中国西部贫困地区反贫困与可持续发展的指导思想、开发

① 国家级贫困县，即国家扶贫重点县。下同。

方针、战略内涵和实施途径，为政府科学决策提供理论依据和可操作的政策调整思路。

本项研究认为，继2000年基本解决全国农村绝对贫困人口的温饱问题之后，21世纪伊始，为更有针对性地开展农村扶贫工作，中国政府对农村扶贫战略进行了重大调整，即将过去扶持贫困县改为直接扶持贫困村，实行“省负总责，县抓落实，工作到村，扶贫到户”的扶贫工作责任制，并制订了《中国农村扶贫开发纲要(2001—2010年)》(以下简称《纲要》)，提出了2001—2010年扶贫开发的总体奋斗目标：尽快解决少数贫困人口的温饱问题，进一步改善贫困地区的基本生产生活条件，巩固温饱成果，提高贫困人口的生活质量和综合素质，加强贫困乡村的基础设施建设，改善生活环境，逐步改变贫困地区经济、社会、文化的落后状况，为达到小康水平创造条件。西部地区各国家扶贫工作重点县都据此制订了扶贫到村的10年具体规划并付诸实施。2004年改平衡实施为捆绑资金，突出产业开发和劳务输出两个重点，实行整村推进的“一体两翼”扶贫战略，加大扶贫到村的力度。《纲要》实施4年之后的中期评估显示，缓贫进度远远低于预期。本项目的实地调查和2005年扶贫监测数据分析表明，西部地区的贫困状况依然严峻，扶贫工作面临人口、资源、环境、投资、政策及制度等制约。鉴于西部贫困问题具有强烈的、独特的区域个性及其所表现出的高原山区的特点、少数民族的特点和边缘地带的特点，必须充分认识西部地区扶贫工作的长期性、艰巨性和复杂性。在相当长的历史时期内，西部贫困地区经济发展的基本任务是培育产业发展要素，完善基础设施和改善生态、社会环境，而不是完成全面建设小康社会的现实任务，更不是实现工业化、城市化和现代化的历史任务。西部贫困地区的反贫困战略和县域经济发展路径应从单纯通过区域开发和县域发展解决贫困问题转移到全面改善贫困地区的基本生产、生活和发展条件以满足贫困人口基本需求的战略上来：一是向以人类贫困和弱势群体贫困为主体的绝对贫困人口提供基本生存条件的满足；二是向以收入贫困和知识贫困为主体的相对贫困人口提供基本生产条件的满足；三是向以能力贫困和权利贫困为主体的全体贫困人口提供基本发展能力的满足。并将反贫困战略的重点放在强化社会服务、发展特色产业、提高人口素质和实施移民搬迁等项战略措施上；同时通过创新扶贫制度、调整扶贫政策为其提供制度保障，而开放农村金融市场、推广小额信贷、增大政府投入为其提供资金支持则是其成败的关键。

序 言

近20年间，在我国经济社会快速发展和西部大开发战略的推进下，西部地区有了较快的发展，贫困状况有所改善，人口、资源与环境的失衡现象有所缓解。但与此同时，东西部之间发展差距又在不断拉大，这些始终都在我的区域经济发展研究的视野之中。中央以人为本、全面、协调、可持续发展的科学发展观和构建和谐社会的战略方针的提出，促使我对非均衡协调发展的区域发展战略进行研究。

作为四川西部贫困研究中心的顾问和《西部地区若干国家级贫困县的状况及发展路径研究》课题组的顾问，我虽然限于精力没有专门研究贫困问题，但始终关注我国扶贫工作的发展和国际社会对我们的评价和建议，并经常同课题组的一批中青年学者一道讨论西部地区的贫困和发展问题，鼓励他们将这个课题做得更好。这些同志不仅具有丰富的实践经验，而且具有深厚的理论功底和丰硕的学术成果。此项研究成果当可为西部贫困地区党委和政府的扶贫工作和县域经济的发展提供某种理论、成功案例以及可供选择的战略和对策。课题实施以来的两年间，我几次因为日常事务的羁绊而错失与他们一道前往贫困乡村的农户作实地调查的机会而感到遗憾，但又因有幸先睹他们前期研究和发表的若干调查报告而感到欣慰。现在，课题组将最终成果——《西部贫困地区发展路径研究》送我征求意见并嘱我作序，我欣然应允。

这部凝聚着几位中青年学者心血的论著，有以下几个鲜明的特点：

（1）结论切实可信。《西部贫困地区发展路径研究》属于命题作文，首先要弄清其现状，进而对发展路径进行探索。作者按照课题本身的要求，在西部12个省、市、区中选择了四川、贵州、西藏、新疆、甘肃、宁夏6省区的30余个国家级贫困县进行了重点调查。除西藏作为整体贫困地区外，调查所及涵盖了西部秦岭大巴山区、川西大小凉山农区、南疆风沙盐碱农区、青藏高原牧区和“苦甲天下”的黄土高原旱区等著名的连片贫困地区。这些地区同时又是藏、苗、彝、维吾尔、回族等少数民族聚居区、边疆地区和革命老区，具有相当的代表性。除了对调查县的县级经济和社会发展状况及发展态势的总体把握外，还采用随机抽样的方法，对数十个贫困村和小康村的数百农户进行了入户调查，从而掌握了大量的第一手材料。在此基础上，利用各级统计部门发布的权威统计数据，对调查县及所在贫困片区进行系统分析，既重视定性与定量相结合，又重视历史与现实相结合，对西部地区的贫困状况作出了“贫困分布广泛、贫困人口数量巨大、贫困程度深重、相对贫困凸显、返贫率居高不下”的总体判断和“发展不容乐观”、“扶贫任重道远”的结论。本书资料翔实、数据准确、案例典型，令人信服。这样的判断应该说是理性和务实的，与近年来社会上滋生的某种浮躁情绪恰成鲜明的对比，尤其值得贫困地区的决策者深思。

（2）战略思路新颖。国际缓贫经验表明，当一个国家或地区的贫困发生率随着经济不断增长而下降到人口的10%以内之后，余下的贫困人口便很难再从经济的增长中缓解贫困。这时，只要从GDP中拿出1%用于缓贫，便可以使贫困人口过上“体面”的生活。本报告的作者统观中国缓贫的历史进程并与国际缓贫战略进行比较研究指出：鉴于西部贫困具有强烈的、独特的区域性个性及其所表现的高原山区的特点、少数民族的特点和边缘地带的特点，必须充分认识西部地区扶贫工作的长期性、艰巨性和复杂性。在相当长的历史时期内，西部贫困地区经济社会发展的基本任务是培育产业发展要素，完善基础设施和改善生态、社会环境，积极推进基本社会公共服务的均等化，而不是完成全面建设小康社会的现实任务，更不是实现工业化、城市化和现代化的历史任务。西部贫困地区反贫战略和县域经济发展的路径，应从单纯通过区域开发和县域发展解决贫困人口的温饱转移到全面改善贫困人口的基本生产、生活和发展条件，以满足贫困人口基本需求的战略上来，明确提出“以需求战略取代开发战略”的思路。“需求”战略包括三个方面：一是向以绝对贫困为主体的人口提供基本生存条件的满足；二是向以收入贫困和知识贫困为主体的相对贫困人口提供基本生产条件的满足；三是向以能力贫困和权利贫困为主体的全体贫困人口提供基本发展能力的满足。与“需求”战略相对应的战略措施和对策包括强化社会服务、发展特色产业、人力资本投资、实施移民搬迁、提供生态补偿、推广小额信贷等。我以为，西部扶贫本质上是由政府主导的对西部贫困地区的一种责任而非施舍；东部对口扶贫西部的实质是东部发达地区对西部贫困地区的一种补偿而非无偿支援。作者所阐述的“需求”战略很有见地，相应的对策措施也是切实可行的。以目前较强的综合国力——近 21 万亿元的 GDP、4 万亿元的中央财政收入和 1.2 万亿美元的外汇储备，对于不到 4%的贫困人口实施需求战略，取代开发战略，完全可以做到。

(3) 学风文风严谨。我熟识的课题组的这批中青年专家学者，他们中有几位本身就来自川南农村贫困山区，有长期在贫困山区农村生活和工作的丰富阅历，对贫困有着深切的亲身体验；有几位长期在扶贫战线从事扶贫工作，对贫困地区的情况和扶贫工作十分熟悉，体味过扶贫工作的艰辛；即使是从小生长在城市的年轻教授，从他们开始区域经济研究和教学以来，就同扶贫结下了不解之缘，十余年来不分寒暑，经常深入不毛之地，广泛接触那些在贫困中煎熬、挣扎的难以想象的人群，从各个侧面深入研究致贫原因，并大声疾呼、奋笔直书，以求早日解贫困人民于倒悬，体现出几位中青年学者对贫困地区的贫困人群这一弱势群体的炽热情怀。论著文字平实而精练，对贫困状况的描述充满人性关怀，令人震撼。他们严谨的学风文风也从这些朴实无华的字里行间一再展现出来。这是他们心血的结晶。

本书不仅是一篇关于西部贫困地区的研究报告，而且是一部具有相当学术水平的贫困问题研究专著。本项课题所研究的问题和提出的观点，早在调查过程中就已引起过广泛的关注和影响。古蔺“四岩”调查促使当地政府加快了解决特困群体困难的进程；通江调查引起了高层的关注；一些调研报告在领导机关和重要报纸期刊内部刊出和公开发表，也引起了决策部门的关注或采纳。我相信，著述的公开出版，一定会对关注中国扶贫和西部发展的人们提供更多更现实的观察和研究资料，对党和政府的决策者、执行者提供更新的扶贫战略思路和政策举措，向广大读者忠实展示我国全面建设小康社会和和谐社会的另一个特别应引起注意的侧面，使我国扶贫工作再有一个新的突破。

林凌

2007 年 4 月

前 言

2007年4月，当本课题最终成果送审之前，第十届全国人民代表大会第五次会议和全国政协会议已经召开，三农问题成为会议的热点之一。会议闭幕之后不久，各项新的惠农政策和缓贫措施，包括加大农业投入、建立农村低保、免除义务教育阶段全部农村学生的学杂费和书本费、增加大学贫困生的助学金总额、建立农村合作医疗等，已经陆续出台，这对全国农村尤其是西部贫困地区的农村无疑是一大利好消息。本课题报告中提出的若干缓贫对策与中央的决策相符并已付诸实施，让课题组感到欣慰。除此之外，本课题特别提出以下三点，以期引起决策者、执行者及关心西部贫困地区发展的各位读者的关注：

(1) 西部地区的贫困态势仍然严峻，发展前景不容乐观。西部地区贫困分布广泛、贫困人口数量巨大、贫困程度深重、返贫率居高不下、相对贫困凸显，在少数民族地区和革命老区表现得尤为突出。如果说四川省古蔺县“四岩”、雅江县祝桑乡、喜德县阿吼村和贵州省大方县鸡场乡黑鱼村等样本地区调查所反映的只是个案的话，那么宁夏西海固地区和西藏日喀则地区的普遍贫困状态便是西部少数民族地区贫困集中分布的明证，而革命老区通江县的贫困状况同样令人震惊！正是基于对西部地区若干国家扶贫工作重点县贫困严峻态势的判断和普遍存在的浮躁情绪的冷静分析，课题组明确提出，西部贫困地区尤其是国家扶贫重点县要“充分认识在市场经济条件下和西部大开发的背景下西部地区反贫困战略的长期性、艰巨性和复杂性；充分认识到西部贫困地区经济发展的核心就是缓解和消除贫困、改变不发达状况、培育产业发展要素、完善基础设施和改善生态、社会环境，而不是完成全面建设小康社会的现实任务，更不是实现工业化、城市化和现代化的历史任务”。尤其值得贫困县的领导层决策时警醒。

（2）西部贫困地区发展面临着诸多制约。进入21世纪，西部贫困地区的扶贫和经济发展在受到生存环境恶劣、自然灾害频繁、人力资本低下、人口激增与资源锐减和生态环境恶化以及基础设施薄弱等自身条件约束的同时，更受到扶贫投入不足、投资效益下降、国家宏观政策的限制和扶贫机制本身的缺陷以及舆论环境的外部制约，贫困地区的发展不容乐观。

（3）调整扶贫战略。鉴于中国经济的飞速发展和综合国力的增强与对西部贫困地区的贫困现状的巨大反差的分析，本课题明确提出调整“开发”式扶贫战略，以满足贫困人口基本需求为主的“需求”战略取代以开发贫困地区自然资源为主的“开发”战略，并提出与此相应的战略措施及对策建议：

第一，提高贫困标准，扩大扶持范围。即按照购买力平价计算人均每天消费1美元作为贫困标准，将贫困线以下的全部贫困人口纳入扶持范围。比照“十五”期间对西藏的扶持办法，将少数民族地区所有自治县纳入扶持范围，以免留下众多扶贫死角。

第二，建立健全农村低保。将2005年全国农村约2300万绝对贫困人口全部纳入低保范围，实行“应保尽保”，从而改变不少贫困乡村目前由于低保指标有限而采用“抓阄”方法确定低保对象的状况，并建立动态监测管理系统，对低保对象实行动态管理。同时加大对贫困地区医疗卫生的投入，建立健全农村医疗保险，降低因病致贫、因病返贫率。

第三，着眼于西部贫困地区的长远发展，将扶贫工作的重点切实转移到人力资本的投资和积累上来。

第四，创新扶贫投入机制。包括通过扶贫立法，确保加大国家财政扶贫投入力度，取消贫困县乡地方财政配套；开放贫困地区农村金融市场，允许民间资金进入信贷扶贫领域，以补国有银行信贷扶贫资金的不足并改变其到位难的困境，为国有商业银行逐步退出信贷扶贫领域预做准备；增加国家以工代赈（包括实物）投入，让低收入者直接参与以工代赈工程建设而得到赈济，从而改变目前“以工代赈”让业主通过招标承包工程而低收入者难以参与其中的状况。

第五，创新扶贫管理机制。包括组建强有力的扶贫部门，将目前分散于国家各部门的所有扶贫机构整合起来。例如，将“国务院扶贫办”及隶属于发改委的“西部开发办”和“以工代赈办”合并，形成强力扶贫部门，改变目前扶贫部门作为议事协调机构的办事机构这种软弱无力状态，从而承担起西部扶贫繁重而长期的任务。

第六，着眼于西部贫困地区脆弱的生态环境的修复以缓解贫困。以下两件事情至关重要：一是切实解决并满足西部地区农村，包括原始森林禁伐区的能源需求，从根本上制止生态破坏；二是延长退耕还林补助期限，以保住已经取得的退耕还林还草的有限成果，防止重蹈“退林还耕”的覆辙。如有可能，再加大退耕还林力度，以求最大限度恢复西部地区十分脆弱的生态环境，这才是根治西部贫困的长远之计。

本课题在调查过程中曾经引起过广泛关注。古蔺“四岩”调查报告内部刊出后，县长何广斌随即带领县级相关部门负责人亲赴“四岩”现场办公，当年便修通了去羊嘶岩的公路。通江调查札记见报后，引起了四川省高层的关注，省委常委、省委秘书长郭永祥致函作者索要原文拜读。国务院副秘书长汪洋去巴中调查时也曾索要该文。课题组5位成员应邀参加2006年8月四川大学“反贫困与国际区域合作研讨会”并发言，理塘、雅江、喜德三县的调查报告入选研讨会论文集。

本课题的调查得到四川、贵州、西藏、新疆、甘肃、宁夏6省（区）扶贫办及相关市（地、州）、县扶贫办的关心和大力支持，谨此表示深深的谢意！

古蔺县委政研室陈朝龙受委托完成了古蔺“四岩”的全部调查，稻城县扶贫办梁健应约写作了稻城移民扶贫的专题调查，一并作为本课题的中期成果收入附录，谨向他们表示感谢！

感谢四川省社会科学院科研处和计财处对本课题的进展提供的及时指导和经费保障。

此外，还要特别感谢著名经济学家林凌教授对本课题的关心，百忙之中亲自审阅课题总报告并为之作序。

本课题总报告由赵曦教授执笔并撰写第一、三、六、七部分，王思铁撰写第四部分，王卓撰写第五部分，冯永宽撰写第二、八部分并修改定稿。

李玉珍负责本课题的协调管理，并参加了总报告的讨论。

杨松参加了总报告的讨论，并与王岚共同提交了西部民族地区贫困状况相关资料。

本课题于2006年底完成初稿，2007年5月完成修改稿并送审，2009年4月完成改定稿。

冯永宽
2009年4月

目 录

一、中国农村反贫困的基本背景

（一）中国农村反贫困的国际背景

和平与发展是当今世界的两大主题，第二次世界大战以后，由日新月异的世界科技革命推动的产业结构调整和社会生产力的飞速发展加快了世界经济区域化、集团化和多元化趋势，不断加剧了发展中国家与西方发达国家的矛盾，拉大了彼此间的经济级差。迅速摆脱贫困、寻求发展成为世界发展中国家经济发展的基本选择，并为此付出了艰苦的努力和进行了富有意义的探索。1965 年至 2000 年的 35 年间，发展中国家人民的生活水平有了明显的改善，人均实际消费水平上升了 70%，平均预期寿命从 51 岁增加到 63 岁，小学入学率已达到 90%。尽管得到国际社会的大力支持，特别是经过联合国主持的“两个发展十年”，但是世界南北关系的紧张态势并没有得到缓解，发展中国家的经济社会形势依然十分严峻，农村贫困人口的规模持续增加，普遍存在的贫困现象仍是这些国家发展面临的主要挑战。1991 年联合国秘书长加利提交给联合国代表大会的报告指出：“占世界人口 20%左右（10 亿）的富人中，占有世界总收入的 83%，而同样占世界人口 20%的人数达 10 亿的贫困者，却只占世界总收入的 1.5%。发达国家只占世界人口的 17%，却消耗了世界资源总消耗量的 75%，拥有世界产出的 72%，而占世界人口 74%的发展中国家，只拥有世界产出的 15%。”加利强调指出：“在世界上 1/5 的人忍受着绝对贫困、饥饿、疾病的现实面前，就发展问题而言没有其他任何问题比解决这一社会病症的根源和症状更为迫切的了。”1992 年联合国发表的一份报告指出，世界上至少有 9 亿人营养不良，其中 5 亿人长期营养不良，由于营养不良和传染病等直接和间接的原因，每年有1300万名5岁以下的儿童死亡。据国际农业发展基金会（IFAO）首次对114个不发达国家进行的调查表明，有10亿农村人口生活在贫困线以下，也就是说贫困率比20年前上升了40%，贫困问题由于农村人口的快速增加而加剧了。这些国家的40亿人口中有25亿生活在农村，农村贫困人口占世界贫困总人口的80%以上，世界贫困人口中70%是妇女、老人和儿童。1992年世界农村贫困人口的分布情况为：亚洲6.3亿，非洲2亿，拉美和加勒比地区7600万，中东和北非2600万。国际农业发展基金会的调查报告指出：由于未来几十年世界人口的增长绝大部分集中在这些发展中国家的农村地区，加上无地农民的数量逐年增加，以及越来越多的农村家庭由妇女来负担，如果不采取新的、根本性的措施，世界农村的贫困状况将会更加恶化。1992年发展中国家的债务总额已达1.95万亿美元，比1980年增加了近2倍。占世界人口5%的北方首富和南方赤贫人口的人均收入差距，1960年为30倍，1970年为32倍，1980年为45倍，1990年为60倍，收入差距成数十倍扩大。1993年世界最贫穷国家之一的莫桑比克，其年人均国内生产总值（GDP）不到80美元，而西欧瑞士（世界人均首富）的年人均国内生产总值高达36410美元，两者相差约460倍。

1978—2000年的22年间，特别是20世纪80年代末以苏联解体为标志的东西方冷战结束之后，当代世界地缘政治紧张局势逐步缓解，发达国家技术进步和知识增长的速度越来越快，世界经济不断发展，社会财富迅速增加，但全球范围内的贫困问题并没有因此而缓解，反而日趋恶化。1993年4月30日，中国《人民日报》以《贫困线以下人口有增无减》为题，发表世界银行行长普雷斯顿关于世界银行脱贫战略的执行情况：尽管各国政府在不懈地努力以及世界银行不断提供大量的贷款，全球生活在贫困线以下的人口1985年以来仍在持续增长，1990年比1985年增加了8个百分点。1993年9月22日，墨西哥《至上报》发表题为《贫困：社会通病》的文章指出：在发展中国家，每天约有 4 万名儿童因食品匮乏和得不到治疗而死亡，1.2 亿儿童营养不良，有 1.1 亿儿童无法接受初等教育，有 12 亿极端贫困者缺乏安全饮水等基本生活条件，他们中的大多数人每天收入不足 1 美元。在高度工业化国家有 3500 万人没有工作，而发展中国家的失业人数是他们的 20 倍，拉丁美洲有近 1/3 的人口生活在贫困线以下。更加悲惨的是，尽管贫困和社会发展的需要是全球性的，但是这个问题并未成为国际上优先关注的首要议题，东西方冲突的减弱不但未能阻止南北之间拉开的差距，反而加深了这个鸿沟。

联合国《人类发展报告 1997》指出，在 57 亿世界人口中，有 11 亿缺少“基本生活条件”，世界上“最不发达国家”在最近 20 年从 27 个增加到 48 个；在过去 5 年里，全世界最贫困人口从 10 亿增加到 13 亿，目前还在以每年 2500 万人的速度增加，在发展中国家有 1/3 的人口处于赤贫状态，其中南亚地区拥有最大规模的贫困人口，撒哈拉以南非洲国家约有 2.2 亿人极度贫困，拉丁美洲和加勒比地区的贫困人口约为 1.1 亿。东欧和前苏联地区的贫困化也日益严重，过去的 10 年里，每天收入低于 4 美元贫困线的人数，从一个很小的比例增加到 1.2 亿，占到这些地区人口的 1/3。发达国家的贫困现象也仍然很严重，据统计，约有 1 亿多人挣扎在贫困线以下，其中 1/3 为丧失了工作的人。在发展中国家，接近 8 亿人得不到健康服务，每 6000 个人才拥有 1 名医生，约 12 亿人缺乏安全的食用水源，世界上 2300 万艾滋病患者或病毒携带者中的 90% 以上生活在发展中国家，有 1/5 的人口预期寿命不到 40 岁，同时，发展中国家有大约 8.4 亿成年人是文盲，妇女的文盲率高达 40%。每年有 1800 万人死于饥饿、营养不良及与贫困有关的其他原因，远远超过了战争、自然灾害造成的死亡。①

① UNDP：*Human Development Report* —1997. Oxford University Press，1997.

（二）中国农村反贫困的历史成就

在整个20世纪80年代和90年代，世界发达国家与发展中国家经济、政治矛盾日益加剧，世界贫困规模不断扩大的国际环境中，中国农村贫困地区的反贫困战略在缓解农村贫困地区的绝对贫困状态方面取得了重大进展。20多年来，在党中央、国务院的直接领导和社会各界的帮助支持下，经过贫困地区广大干部群众极其艰苦的努力，解决了2亿贫困人口的温饱问题，解决了3961万人、4629万头大牲畜的饮水困难，兴修公路25.8万千米，使1500多个乡镇和11504个行政村通了汽车，新增了水电装机容量33万千瓦，架设输变电线27.4万千米，改善和新增灌溉面积223.27万公顷，新建经济林果园100多万个，兴办乡镇企业5万个。同时，贫困地区人口增长过快的势头得到了初步的控制，生态环境状况有所好转。文化、教育、卫生状况得到不同程度的改善，贫困地区经济实力不断壮大，农民收入大幅度提高，国家重点扶持和省（自治区）扶持贫困县的农业生产基本条件得到明显改善，一大批在革命战争时期做过重要贡献、在海内外有重大影响的老革命根据地，如大别山区、井冈山区、沂蒙山区、太行山区、吕梁山区等都率先摆脱了贫困，相继进入区域经济开发新阶段。历史上被称为“苦瘠甲于天下”的甘肃中部干旱地区和宁夏南部山区，经济社会面貌发生了深刻的变化，贫困发生率由75%下降到8.6%，过去那种贫困人口一遇灾害就纷纷外出逃荒要饭的现象已成为历史。到2000年底，中国农村的贫困人口已由1978年的2.5亿人减少到3200万人，贫困发生率由30.7%下降到3.78%，中国贫困人口总数占世界贫困人口的比例，由1978年的25%减少到5%。无论从扶贫开发的实际进程和缓贫规模来看，还是同世界发展中国家的反贫困实践比较，这都是一个令人震惊、令人赞叹的历史成就。可以这样认为，在20年来的世界发展中国家反贫困战略的实践中，没有一个经济落后的发展中国家能够像中国这样大规模实施以政府为主体地、大规模地、持续不断地致力于消灭绝对贫困的反贫困战略，也没有一个发展中国家能够在短短20年的时间内把整个国家农村的贫困发生率由30.7％奇迹般地下降到3.78％。从20世纪80年代以后世界发展中国家的发展历史考察，中国是极少数做到既促进了经济的迅速增长，又大幅度减少了贫困人口的国家之一。如果说20世纪60年代至90年代全球范围内的反贫困实践构成一部现代人类反贫困斗争的宏大史诗的话，那么中国农村贫困地区在整个20世纪80年代和90年代的发展所成就的大量贫困人口在短时期内惊人减少的辉煌历程，则是这部史诗中最为壮丽、华彩的篇章。

（三）中国农村反贫困的国际评价

在整个20世纪80年代和90年代，中国经济因经济体制改革进入超常规增长阶段，在这一历史阶段中，中国政府为缓解农村贫困地区的贫困状况所采取的种种措施和所取得的杰出成就得到了国际社会的广泛赞誉和高度评价。亚洲开发银行1989年10月选定在中国北京举行亚行第七次关于消除贫困的社会经济政策圆桌会议，请中国扶贫工作单位介绍扶贫工作情况，并在会上提出“中国扶贫工作取得了明显成效，它消除贫困的经验可供别国借鉴”。世界银行20世纪90年代的研究报告称，中国的反贫困工作“在减少绝对贫困方面，创造了令人难忘的纪录”，“所取得的成果比其他发展中国家更大”。中国是亚洲乃至所有发展中国家贫困发生率最低的国家之一，中国政府为帮助最落后的农村地区摆脱贫困做出了很大努力，这些努力“要比其他许多发展中国家所做的努力成功得多”。在《1990年世界发展报告》中，世界银行根据中国“七五”期间贫困程度缓解的速度测算，预计20世纪末中国贫困人口发生率为2.9％，远远低于发展中国家18％的平均水平，也远远低于人均国民收入大大高于中国的发展中国家的平均水平。1991年12月世界银行行长科纳布尔博士在世界银行年会上，高度称赞中国政府在解决贫困问题方面所做的巨大努力，表示要积极支持中国政府消灭剩余贫困地区的计划。世界银行在《中国贫困现象问题与世界银行的策略》报告中，声称要把援助中国的重点转到贫困地区方面来，并在以后的几年中，在中国贫困的西南地区实施了一系列扶贫开发项目，提供了大量缓解贫困的专项贷款。[①] 1996 年 9 月，联合国开发计划署的一份报告指出："世界上没有任何国家能像中国一样在扶贫工作中取得如此巨大的成功。"1999 年 5 月，世界银行、联合国开发计划署在对中国的扶贫开发工作进行了全面系统的研究之后，完成了一份题为《中国：战胜农村贫困》的研究报告。报告认为：中国的扶贫取得了"全面的成功"，"自 1978 年开始实施内容广泛的农村经济改革以来，中国在解决绝对贫困问题上取得的成就举世公认"。报告说，即使用"国际标准衡量，也同样证明中国的贫困问题确实得到了很大缓解"。1999 年 6 月 2 日，世界银行在一次记者招待会上公布的有关研究报告认为："亚洲经济危机导致许多国家贫困状况加剧，在全世界许多地方贫困人口普遍增加的时候，中国是个例外。"世界银行经济学家普里努什女士说："根据掌握的最新资料，中国的贫困人口在持续减少，1998 年中国的经济增长率是 7.8%，预计今年中国的贫困人口将会进一步下降。"著名经济学家、孟加拉小额信贷扶贫模式创始人、格拉米银行董事长兼总裁穆罕默德·尤纳斯（Mohammed Yunus）在多次考察中国扶贫开发工作的实际状况后说："中国的扶贫工作在世界上处于领先和示范地位，与世界反贫困已经连为一体。中国政府和社会各界高度重视扶贫，中国的扶贫工作取得的进展，对世界反贫困进程是一个巨大的推动。"[②]

进入 21 世纪，中国的扶贫事业进一步发展。2006 年国务院扶贫开发办公室公布的《中国农村扶贫开发纲要（2001—2010 年）》

① 黄承伟：《世纪攻坚：世界银行中国西南扶贫项目模式实践与探索》序一，南宁：广西人民出版社，2000 年版，第 4 页。

② "中国：战胜农村贫困"，《人民日报》1999 年 6 月 8 日。

中期评估结果显示，《纲要》实施5年来，全国没有解决温饱的贫困人口由2927万减少到2365万，减少了562万；低收入贫困人口从6102万减少到4067万，减少了2035万。特别是2004年和2005年，贫困人口和低收入人口都有较大幅度的下降。同时，贫困地区的生产生活条件有了较大改善，各项社会事业有了长足进步。世界银行（World Bank）行长保罗·沃尔福威茨（Paul Wolfowitz）在2005年10月访问中国时指出："众所周知，中国在过去20年是亚洲增长最快的经济体，并在此期间帮助4亿多人口脱离了每天一美元的贫困线。自1980年以来，中国的脱贫人口在发展中国家脱贫人口中占75%，这是一个惊人的事实，中国的减贫成就举世瞩目。"①

（四）当前中国农村反贫困面临的严峻态势

2000年9月，联合国千年首脑会议一致通过了"千年发展目标"，承诺到2015年将世界极端贫困人口和饥饿人口减半。世界银行2000/2001年《世界发展报告》表明"世界仍然深深处于富饶的贫困之中。世界60亿人口中，28亿——几乎一半——每天生活费低于2美元，12亿——五分之一——每天生活费低于1美元"②。

中国是世界上最大的发展中国家，也是世界上贫困人口最多的发展中国家之一。在整个20世纪80年代和90年代，世界发达国家与发展中国家经济政治矛盾日益加剧、世界贫困规模不断扩大的国际环境中，中国农村贫困地区的反贫困战略在缓解农村贫困地区的绝对贫困状态方面取得了重大进展，从1978年到2005年，中国农村没有解决温饱的贫困人口由2.5亿人减少到2365万人，绝对

① 刘坚：《新阶段扶贫开发的成就与挑战》，北京：中国财政经济出版社，2006年版，第6页。

② 世界银行：《2000/2001年世界发展报告：向贫困开战》，北京：中国财政经济出版社，2001年版。

贫困人口占农村总人口的比例由30.7%下降到3.17%。[①]中国农村的扶贫开发不仅解决了大多数贫困群体的温饱问题，而且在缓解区域、城乡差距扩大趋势，维护国家政治稳定、社会和谐、民族团结、边疆巩固等方面发挥了重要作用，同时为全世界反贫困斗争做出了重大贡献。2004年5月，世界银行与中国政府在上海举行全球扶贫大会，国际组织和其他发展中国家对中国政府的大规模减贫经验给予了高度评价。联合国开发计划署在《2005年人类发展报告》中肯定了中国过去30年在减贫方面取得的巨大成就。2005年，中国人类发展指数为0.755，在全球排名85位，比1990年上升了20位。人类贫困指标中国的成绩是12.3%，在103个发展中国家中排名第27。联合国开发计划署指出，“按照1美元贫困标准，中国贫困发生率自1990年以来已经下降一半，提前完成了千年发展目标”，“对中国在全球千年发展目标中所做的贡献，给予再高的评价也不过分。如果没有中国的进步，整个世界在减贫方面从总体上说是倒退了。”但是该报告同时强调，虽然中国在发展方面取得了令人瞩目的进步，但是这些进步并没有使贫困人口从中受益。报告指出，“有令人担忧的迹象表明，中国的社会发展正开始落后于经济增长。”在废除了公费医疗体制之后，中国70%～80%的农村家庭没有医疗保险，这方面的缺失导致了成千上万婴幼儿的不必要死亡。联合国开发计划署尖锐地指出：“中国减贫的步伐明显地放缓，在1990至2001年期间，超过90%的减贫任务都是在1996年以前完成的。”也就是说，在近10年来，中国只完成了不到10%的减贫任务。[②]同时，联合国开发计划署对中国经济发展中出现的严重失衡也提出了尖锐的批评，指出如果贵州是一个国家，那么它的人类发展指数仅刚刚超过非洲的纳米比亚；而如果把上海比作一个国家的话，其人类发展指数则与欧洲的葡萄牙相当。同样

① 国家统计局：中华人民共和国2005年国民经济和社会发展统计公报。
② 余闻：《减贫步伐为何越来越缓》，《学习时报》2006年3月10日。

根据联合国开发计划署的统计数字，中国占总人口20%的最贫困人口只占有收入或消费份额的4.7%，而占总人口20%的最富裕人口所占的收入或消费份额高达50%。中国的基尼系数已从20世纪80年代初期的0.25上升到目前的0.45左右，已经超过了国际公认的警戒线。

2005年10月20日世界银行行长沃尔福威茨在了解中国在大规模减贫方面取得的成就以及面临的挑战之后，向新闻界发表了他的“中国之行”的感受，认为中国在减少贫困方面成绩显著，但地区与地区之间、城市与农村之间差距仍然巨大。用联合国界定的每人每天收入在1美元以下的标准看，中国目前还有1.5亿人生活在贫困线以下，占世界贫困人口的12%，居世界第二位。而2004年中国国务院扶贫开发办公室公布的全国农村绝对贫困人口为2610万人，其标准是年收入668元以下。沃尔福威茨认为“中国减贫任务还非常艰巨”①。

在《2020年的中国：二十一世纪的发展挑战》中，世界银行指出：随着中国贫困人口的减少，进一步减轻贫困的目标已越来越难以实现。鉴于中国存在着巨大的地区差距和贫富悬殊，“收入不均等所导致的贫困现象是21世纪中国反贫困战略的基本领域”②。2000年，以农民人均纯收入625元、865元为贫困标准和低收入标准，中国农村贫困人口和低收入人口分别为3200万和6000万，两者合计近1亿，占中国总人口的比例虽不到10%，但其总规模却相当于一个大国。《中国农村扶贫开发纲要（2001—2010年）》实施5年来，到2005年底，农村贫困人口和低收入人口分别下降至2365万和4067万，总规模仍在6500万左右。加上约2800万城市贫困人口，以及进入城市务工的1.2亿农村人口中的约5%的贫困

① 曹滢：《世行行长眼中的中国贫富差距》，《经济参考报》2005年10月20日。

② 世界银行：《2020年的中国：二十一世纪的发展挑战》，北京：中国财政经济出版社，1997年版。

人口，全国城乡贫困人口规模当在1亿左右。[①] 如果按照国际通行的人均每天消费1美元的标准，世界银行估计中国2001年的贫困人口为2.12亿，总量仅次于印度的3.59亿，贫困发生率高达16.60%。亚洲开发银行的数据显示，2003年亚洲6.2亿贫困人口中，有1.73亿生活在中国，3.27亿在印度。

国际社会在承认中国反贫困取得巨大成就的同时，也对中国政府的贫困人口数量估计提出了质疑。世界银行以人均每日消费1美元的标准估计中国的贫困人口为1.6亿。由《小康》杂志社主编、社会科学文献出版社推出的《中国全面小康发展报告（2006）》透露，目前全国农村贫困人口约2600万人，城镇居民最低生活保障线下约有2200多万人，两者合计有4800多万人，占总人口的比重大约为3.7%，这是中国国家贫困线。而如果根据国际上每人每天支出不足1美元即为贫困人口的标准，按照世界银行最新的估计，目前中国约有1.35亿人还处在国际贫困线以下，相当于总人口的1/10。这些贫困人口是中国今后要建设小康社会、达到总体小康水平的最关键人群，是21世纪初中国全面建设小康社会面临的最严峻挑战。2005年我国城镇居民人均可支配收入为10493元，农村人均纯收入为3255元，按城乡人口加权平均，2005年我国人均收入为6874元，依照“贫困线被定义为中等净等价收入的50%”的V·富克斯贫困线定义[②]衡量，中国农村的贫困状况将是一个非常严峻的态势。

国务院扶贫开发办公室公布的《中国农村扶贫开发纲要（2001—2010年）》中期评估结果显示，按照我国现行的年农民人

---

① 世界银行研究报告认为，在中国1.2亿进城务工的农民工中，约有5%的人口生活无着而成为新的城市贫困人口。引自《新阶段扶贫开发的成就与挑战》，北京：中国财政经济出版社，2005年版，第9页。

② 美国经济学家维克托·富克斯关于“贫困线被定义为中等净等价收入的50%”的贫困定义称为V·富克斯定义。所谓“净等价收入”是依据居民户规模调整了的可支配收入，该收入是用加权平均方法计算的。

均纯收入 668 元的贫困标准，目前全国农村仍有 2610 万人没有解决温饱问题。处于年收入 668～924 元的低收入群体还有 4977 万人。两者合计 7587 万人，都是需要扶持的对象。在实际工作中，建档立卡的对象有近 1 亿人。按照国际标准，我国的贫困人口总数仅次于印度，列世界第二位。到 2005 年底，全国农村没有解决温饱的贫困人口还有 2365 万人，低收入贫困人口还有 4067 万人，两者合计 6432 万人，相当于英国的人口总数（6300 万），比两个加拿大的人口（3100 万）还要多。生产生活条件更差的地区，绝对贫困人口居住在山区的占 51.4%，而连续贫困的群体有 76%居住在自然条件特别恶劣的深山区、石山区、高寒山区、黄土高原地区，有 46%人均耕地不足 1 亩。2005 年国家扶贫重点县有 53.1%的行政村因自然灾害减产 3 成以上。在国务院扶贫办组织的大学生扶贫社会调查的 455 个贫困村中，2004 年有 300 个遭受了不同类型、不同程度的自然灾害。此外，劳动力素质偏低。2005 年，国家扶贫重点县劳动力文盲率高达 12.7%；而在连续两年贫困的农户中，劳动力的文盲率达到 28.1%，455 个贫困村中，小学文化程度的劳动力占 29.6%，初中文化程度的占 34.5%，共计 64.1%，贫困户和低收入户接受过各类培训的劳动力分别只占总数的 13.5%和 10.5%。再者是收入来源单一。2005 年，全国农民人均工资性收入占总收入的 36.1%，而在重点县农民人均收入中只占 32.5%。54.1%的贫困农户、47.2%的低收入农户家庭收入低于支出，需要借债度日。刚刚越过温饱线的低收入家庭物质资本一般只能维持简单再生产，遇到灾害、市场风险和家庭变故时就返贫。

随着社会经济的发展，贫困群体的脱贫工作日益急迫。2005 年，国家扶贫重点县农民人均纯收入 1723 元，仅相当于全国平均水平 3255 元的 52.9%。贫困农民收入上限与全国农民人均收入的差距从 2001 年的 1∶3.6 上升到 2005 年的 1∶4.8。这种状况不仅不利于贫困群体的发展，而且会影响整个经济社会的健康发展。据对 455 个贫困村近万农户的调查，由于贫富差距扩大等原因，有

51.2%的农户对家庭收入状况不满意，80%的农户对家庭财产状况和医疗卫生服务等不满意。而贫困地区的粮食安全问题还没有从根本上得到解决。目前贫困农户和低收入农户的粮食消费量处于人均150千克的警戒线上。在国务院扶贫办重点调查的100个贫困村中，36.4%的农户不同程度地缺粮。据中国粮食经济研究会的研究，592个扶贫重点县中，有332个县不同程度缺粮，涉及人口近1.3亿。

（五）中国农村反贫困战略的难点问题

我们通过长期研究，认为中国扶贫战略的实施主要有四个方面的问题：一是贫困人口的认定范围狭窄，即国家扶持的重点是592个国家扶贫开发工作重点县，省、自治区核定的贫困县，相对发达地区的“插花”贫困人口，城市贫困人口和其他特殊贫困群体没有纳入扶贫开发范围。这种狭窄的贫困人口认定准则导致了中国扶贫战略的全面性程度较低，应该扶持而没有得到扶持的贫困人口比例甚大。1994年592个国定贫困县覆盖全国贫困人口的72%以上，而21世纪初确定的592个扶贫工作重点县覆盖的贫困人口只占到61%，下降了11个百分点。二是贫困人口标准太低，中国农村贫困人口的标准最初是1986年由国家统计局在对6.7万户农村居民家庭消费支出调查的基础上计算出来的，是用四种计算方法中的食品贫困线与非食品贫困线相加得到的农村贫困人口的扶持标准，即1985年农民人均纯收入206元的标准，到1990年这一标准相当于300元，2000年为625元，2005年为683元。无论从哪方面讲，这一标准都是仅仅能够维持人口基本生存所需的最低费用，且与世界银行提出的按购买力平价计算1天1美元收入的国际贫困线标准相差较大。2001年《中国农村扶贫开发纲要（2001—2010年）》实施以后，鉴于初步解决温饱的贫困人口标准低、温饱状况不稳定，政府有关部门经过测算提出924元的扶持标准，称为低收入贫困人口。按照这一标准，2005年中国农村有6432万贫困人口，占农村总人口的8.63%，其中683～924元的低收入贫困人口总数为4067万。贫困标准低是导致农村已脱贫人口返贫率较高和缺乏可持续发展能力的重要原因。三是投入约束，中国农村反贫困资金的主要来源是中国政府的财政扶贫资金和信贷扶贫资金。2004年中央财政扶贫专项资金达到342.66亿元，按当年8517万农村贫困人口计算，人均仅为402.33元，从近几年课题组成员对西部地区若干贫困地区特别是少数民族地区的调查情况来看，要比较稳定地解决一个贫困人口的温饱，至少需要投入2500～3500元，扶贫投入缺口很大。如果按照世界银行和联合国开发计划署等国际机构确定的5000元的标准，投入缺口更大。而对于一方水土不能养活一方人，需要异地搬迁的那部分贫困人口，其资金需求量则是上述标准的3～4倍。如果再考虑扶贫信贷资金极低的投放率，扶贫资金的实际投入力度是相当有限的。扶贫投入的约束和扶贫资金管理体制的缺陷是中国农村反贫困治理面临的一个现实难题。四是制度安排缺陷，尽管政府部门主导的扶贫开发对于消除农村的绝对贫困产生了决定性作用，但是扶贫实践中条块分割、机构重叠、职能重复、政出多门、管理混乱、相互掣肘产生的制度冲突也日益显化，扶贫开发责权分离、各行其是、互不匹配，国家、地方和部门扶贫项目资金平均主义分配形式导致资金使用分散、项目配置不切实际、重点不突出、到户率低、民间力量和贫困人口参与程度差的现象广泛存在。不少贫困县扶贫政策执行中本位主义、官僚主义和形式主义作风突出，资金投入重工轻农、重大轻小、重物质投入轻人力投资、重富县轻富民、重争取轻管理，扶贫资金使用效率极差。截留资金、弄虚作假、谎报数字、铺张浪费、贪污占用等腐败行为时有发生。

二、西部若干国家级贫困县的贫困状况及基本特征

在整个20世纪80年代和90年代中国经济由经济体制改革触发进入超常规增长的历史阶段中，贫困地区的发展和扶贫开发建设成就巨大，贫困人口规模大幅度减少，但是由于种种原因，中国农村贫困地区的贫困状态并没有得到彻底的改善。西部地区是中国农村贫困人口集中分布的地区，也是中国反贫困治理的重点和难点地区，由于自然、经济、社会、历史、文化、宗教各方面因素的相互交织、相互制约，西部地区若干国家扶贫重点县农村贫困发生普遍、贫困程度深重的状况依然非常严峻。

（一）贫困人口数量巨大

自20世纪80年代开展大规模农村扶贫工作以来，中国农村贫困人口分布经历了区域贫困（18片贫困区域）、县域贫困（592个国定贫困县）和村级贫困（14.8万个贫困村）的过程。进入21世纪后，贫困人口呈现出大分散、小集中的点状分布，密集在西部贫困地带，表现为高原山区的特点、边缘地带的特点和少数民族的特点。

西藏日喀则地区是西藏农牧区贫困发生率最高的地区，据课题组成员2004年9月的调查资料，按照农区农民年人均纯收入低于600元、牧区牧民年人均纯收入低于700元、半农半牧区农牧民人均纯收入低于650元确定的绝对贫困指标，绝对贫困人口为18306户、98470人，占全地区农牧民总人口的15.3%。按照农牧民人均纯收入低于1300元确定的相对贫困指标，相对贫困人口为31372

户、180829人，占全地区农牧民总人口的31%。绝对贫困人口和相对贫困人口总数为279299人，占总人口585424人的47.77%，定日、聂拉木、定结、岗巴等县总人口分别为44786人、12796人、17058人和8539人，年人均纯收入低于1300元的贫困人口分别为39860人、3699人、13510人和7477人，分别占总人口的89%、28.9%、79%、87%。年人均纯收入低于650元的绝对贫困人口，定日县为2066人，占总人口的4.61%，聂拉木县为1059人，占总人口的8.3%，定结县为3425人，占总人口的20%，岗巴县为1975人，占总人口的23.1%。上述四县的贫困发生率均远远高于全国平均水平、西部平均水平和西藏的平均水平，特别是国家级贫困县定日县的贫困发生率竟高达89%，这种情况在全国是绝无仅有的。

新疆喀什地区地处祖国西北边陲，是以维吾尔、塔吉克、回、柯尔别孜、乌孜别克、哈萨克等少数民族为主的贫困地区，土地面积139479.6平方千米，辖有11个县、1个市，2003年底人口为356.4万，少数民族人口占人口总数的93%，与塔吉克斯坦、阿富汗、巴基斯坦三国接壤，边境线长388千米。全区12个县市中，国家扶贫开发工作重点县8个，占67%，扶贫开发工作重点乡96个，占总乡数的59%，扶贫开发工作重点村1282个，占全区行政村的51%。2003年，喀什地区农民人均纯收入只有1482元，是新疆农村人均纯收入（2106元）的70.37%，是全国农村人均纯收入（2622元）的56.52%。全区农村人均纯收入865元以下的特困户和低收入贫困人口23500户，125万人，占总人口364万的34.34%。重点县英吉沙县2003年农村人均纯收入只有1094元，是新疆维吾尔自治区平均水平的51.94%，是全国平均水平的41.72%，最贫困的龙甫乡、英也尔乡、依格孜也尔乡的人均纯收入只有825元、927元、818元，分别是全国平均水平的31.47%、35.36%和31.20%。人均纯收入670元以下的在册特困户567户，2622人；865元以下的低收入贫困户为21965户，96555人；分别占农村总户数的56.32%和总人口的49.87%。伽师县13个乡镇、296个行政村和31.14万人口中，有扶贫开发工作重点乡8个，占总乡数的61.54%，扶贫开发工作重点村182个，占总村数的61.49%，低收入贫困人口24768户，113940人，占总人口的37.7%。以上数据突出地说明，喀什地区贫困人口分布普遍，是全国最贫困的少数民族地区之一。

位于乌蒙山北侧的四川省古蔺县29个乡镇、614个村中有157个重点贫困村，2004年末人均纯收入637元以下的贫困人口10.5万人，人均纯收入637～1000元的低收入人口21万，共31.5万人，占农业人口73.6万的42.79%，贫困村的农民人均纯收入1219元，是全国农村人均纯收入（2936元）的41.52%。贵州毕节地区大方县有扶贫开发重点村329个，占总村数376个的87.5%，2004年末农民人均纯收入625元以下的绝对贫困人口7.33万，625～865元的低收入贫困人口13.27万。重点调查的鸡场乡黑鱼村421户，2004年人均粮食250千克，人均纯收入只有500元，只相当于全国农村人均纯收入的17.03%。织金县2004年末人均纯收入在625元以下的绝对贫困人口还有91200人。即使是经济条件相对较好的非国家扶贫重点县黔西县，在738个行政村中，人均纯收入865元以下的重点贫困村也有394个，占总村数的53.39%。

（二）贫困人口分布广泛

按中国的贫困标准，在全国约1亿贫困人口中，近7000万农村贫困人口主要分布在中西部地区，集中分布在西部地区。除西藏外，《中国农村扶贫开发纲要（2001—2010年）》确定的592个国家扶贫开发工作重点县中，西部12省（市、区）共计375个，占63.3%。14.8万个贫困村中，共有2亿人口（其中农村人口1.8亿），分布在东部的有15206个村，占行政村总数的10.3%；中部有58624个村，占39.6%；西部有74300个村，占50.1%。国家统计局农村住户抽样调查数据显示，2000年底，在3200万农村绝对贫困人口中，50.8%分布在西部（见表2—1），6200万低收入人口中，也有56.7%分布在西部（见表2—2）。2001—2004年，西部地区农村的绝对贫困人口占农村贫困人口的比重从50.8%下降至50.0%，下降0.8个百分点；贫困发生率从7.3%下降至5.7%，下降1.6个百分点，但仍然远远高于东部、中部，并为同期全国平均水平的两倍。西部地区农村低收入人口占全国低收入人口的比重也稳定下降，而且降幅高达8.56个百分点。与此同时，东部、中部地区农村低收入人口占全国低收入人口的比重相对上升。但是西部地区农村绝对贫困人口比重仍然高达50%，低收入人口的比重也接近50%。也就是说，全国农村贫困人口（包括低收入人口）仍然集中分布在西部地区，尤其是西部的边远地区、高寒山区和少数民族聚居区。国家扶贫重点县的贫困监测调查数据也反映了贫困人口同样的分布状况（见表2—3）。

表2—1 分东中西全国农村绝对贫困人口分布变化（2000—2004年）

项别	区域	2000年	2001年	2002年	2003年	2004年
贫困人口规模（万人）	全国	3209	2927	2820	2900	2610
	东部	487	393	465	448	374
	中部	1091	996	888	1030	931
	西部	1632	1537	1468	1422	1305
贫困发生率（%）	全国	3.5	3.2	3.0	3.1	2.8
	东部	1.3	1.0	1.2	1.2	1.0
	中部	3.4	3.1	2.7	3.2	2.8
	西部	7.3	6.8	6.5	6.2	5.7
占农村贫困人口比重（%）	东部	15.2	13.4	16.5	15.4	14.3
	中部	34.0	34.4	31.5	35.5	35.7
	西部	50.8	52.5	52.0	49.0	50.0

数据来源：国家统计局农村住户抽样调查。

表 2—2 分东中西全国农村低收入人口分布变化（2000—2004 年）

项　别	区域	2000 年	2001 年	2002 年	2003 年	2004 年
贫困人口规模（万人）	全国	6213	6210	5825	5617	4977
	东部	786	861	1072	935	837
	中部	1938	1871	1839	2090	1744
	西部	3490	3371	2715	2959	2396
占全国低收入人口比重（%）	东部	12.65	14.06	18.40	16.64	16.81
	中部	31.19	30.57	31.57	37.20	35.04
	西部	56.7	55.08	50.04	52.67	48.14

数据来源：国家统计局全国农村住户抽样调查。

表 2—3 国家扶贫重点县农村贫困状况（2001—2004 年）

全部	贫困人口（万人）	贫困发生率（%）			低收入人口（万人）	低收入人口比重（%）		
		全部	其中			全部	其中	
			中部	西部			中部	西部
2001	1812	9.1	7.8	10.2	3865	17.6	14.1	20.5
2002	1752	8.8	6.3	10.8	3076	15.4	11.7	18.5
2003	1763	8.8	6.7	10.6	2946	14.7	12.7	16.4
2004	1613	8.1	6.1	9.7	2580	12.9	10.3	15.0

数据来源：国家贫困监测调查。

国家贫困监测数据表明，2001—2004 年期间，国家扶贫重点县农村贫困人口下降至 1613 万，比 2001 年减少 199 万；贫困发生率为 8.1%，比 2001 年下降 1 个百分点。从贫困规模看，中部地区减少 145 万，贫困发生率下降了 1.7 个百分点；西部地区减少 54 万，贫困发生率下降了 0.5 个百分点。反映了西部地区缓贫的难度不仅大于东部地区，也大于中部地区。同期全国贫困人口减少的绝对数为 317 万，其中东部地区为 19 万，中部地区为 65 万，西部地区为 232 万，西部地区比东中部地区减少的总和高出 148 万。

扣除扶贫重点县减少的54万，其余178万应出自非重点县。这从另一个侧面说明，西部地区农村贫困人口分布之广，数量之大。除国家扶贫重点县外，大量农村贫困人口分布在非重点县。

四川是西部贫困人口集中分布的地区，贫困人口数量巨大。进入21世纪后，以成片集中分布在川北秦巴山区、川南乌蒙山区、川西北高原农牧区和攀西大小凉山为主的基本格局没有改变，同时也零星分散在盆地丘陵地区和成都平原区。本项目调查的通江、古蔺、叙永三个原国定贫困县[①]和喜德、雅江、理塘三个少数民族县都极具代表性。通江地处川北秦巴山区，大革命时期曾为川陕革命根据地的核心区域和首府，既是边区县，又是老区县。古蔺、叙永地处川南乌蒙山区，系汉族和苗族、彝族杂居县，是红军长征时期“四渡赤水”战役的主战场和川南地下党的根据地，集老、少、边、穷于一身。喜德县地处川西南大凉山地区，系彝族聚居县，是大小凉山彝族贫困地区的缩影，属于原国定贫困县。雅江、理塘地处川西北高原，属于青藏高原延伸区，系藏族聚居县，曾是20世纪扶贫被“遗忘了的角落”，以整体贫困状态进入21世纪新的国家扶贫重点县行列。以上6个国家扶贫重点县展示了现阶段中国西部贫困地区边缘地带的特点、高原山区的特点和少数民族的特点（见表2—4）。

表2—4　四川6个国家扶贫重点县贫困状况

年份／项别／县名	2000年		2004年	
	贫困人口（万人、人）	贫困发生率（%）	贫困人口（万人、人）	贫困发生率（%）
通江	23.37	36.00	16.07	24.31
古蔺	13.50	19.65	10.50	14.26
叙永	12.00	20.51	5.20	7.85

① 国定贫困县，即国家级贫困县，亦即国家扶贫重点县。下同。

续表2－4

年份 / 项别 / 县名	2000年		2004年	
	贫困人口（万人、人）	贫困发生率（%）	贫困人口（万人、人）	贫困发生率（%）
喜德	44815	15.00	31786	24.98
理塘	40383	96.75	26481	52.64
雅江	35093	100.00	19353	52.30

数据来源：①四川省统计年鉴；②四川省贫困监测数据；③各县扶贫开发规划（2001—2010年）及中期评估报告。

通江县在20世纪80～90年代均为国定贫困县，目前为国家扶贫开发工作重点县。虽然通过多年的努力，扶贫开发取得了巨大成效，但是由于自然、历史等原因，这里的贫困状况依旧令人震惊!（附录十一），扶贫开发任务仍然十分艰巨。2003年全县农民人均纯收入为1295元，2001—2003年年人均增收99元。625元以下绝对贫困人口为17.53万人，占总人口的26.7%；625～1000元的低收入人口为25.73万人，占总人口的39.2%，两者合计共43.26万人，贫困面高达60%以上。通江山高坡陡，谷深沟窄，天灾繁多，2003年就遭受了7次洪灾、10次雹灾。贫困村基础设施落后，全县尚有163个村不通公路，50个村不通电，477个村不通电话，17.1万人、16.96万头牲畜饮水困难。由于多种原因，贫困户负债少则几百，多则数千近万元。文溪村6社70多岁的李元弟20世纪60年代在信用社贷款500元买返销粮和生猪，如今连本带利要还3000多元，加上历年欠的税费等，总共负债7000多元。像李元弟这样的负债户在该社还有4户。全县人口中大专以上文化程度的占0.9%，高中（中专）文化程度的占6%，初中文化的占26%，小学文化的占43.8%，小学以下的占23.3%。通江农村结核病、甲状腺肿大等地方病多。贫困户中痴、聋、疯、癫、盲、瘸等病人比例偏高，因病致穷、因穷致病的现象突出。[1]

课题组对喜德县阿吼村的调查则全方位展现了彝族贫困乡村的贫困状态。

阿吼村实际距离县城只有20千米左右，住在村头的阿胡嘎嘎一家三口人，算是全村最好的一户人家。如果风调雨顺，全家一年大概可以收获4000千克土豆，100千克荞麦，500千克玉米。喜德县15万人口中，像阿胡嘎嘎一样粮食基本可以自足的农户约占80%，还有20%的农户缺粮至少2～3个月。

2004年阿胡嘎嘎自己投资投劳修了新房子，花了7000元，不仅用去全家6年的积蓄，还向亲戚借了2000元。县信用社从2002年开始发放小额农贷，但是由于多种原因，乡镇信用社与村民少有交道。阿胡嘎嘎说："信用社不借，我们也还不起。"在阿吼村这样的贫困山区，贫困农户的信贷需求与农村信用社的信贷供给之间的矛盾是长期而且普遍存在的。

阿胡嘎嘎本人不会说汉语，已经成家的三个儿女也没有上过学。村里大多数人都是这样的情况，村务公开在村里由"公示"创造性地改为"公读"。全县近年来开展并实施的各级各类教育项目众多，有国家的两基攻坚项目，省里的10年教育扶贫计划项目，凉山州的百乡教育扶贫项目，县里直接扶持村小的百村教育扶贫项目等。尽管如此，贫困乡村普及九年义务教育仍是十分困难。这里实际上涉及的不仅是国家对于教育的投入和贫困农户对于教育的投入问题，更深层次的是教育对于穷人的意义。对于边远落后地区那些徘徊在温饱线上的穷人而言，教育应该更多地着力于生计的训练。

调查发现，这么多年来，阿吼村几乎没有获得过政府给予的专项扶持。村里不通电，前几年，村支部书记联合6户人家，修起一

---

① 王思铁：《关于通江县帮助贫困农民增收的调查》，载国务院扶贫办《扶贫开发》2004年第8期，《西部时报》总第30期。

个微型水电站。微型水电站的管理完全民间化，自愿组合的几户村民共同出劳动力，每家人管理一个星期，包括维护、修理、线路检查等。除前期投入购买设备的费用均摊外，其他费用的处理也反映民间解决问题的有效性，即根据微型水电站距离各家的远近，线路费用自筹，平常发生的维修费用均摊。一个微型水电站的发电量 2 千瓦，总投入约 5000～6000 元，可以基本解决入网的几户人家的夜晚照明。因为前期投入少，技术简单，村里一些农户纷纷模仿。现在全村已自发修起 10 来个类似的微型水电站。目前主要问题是电力不足，很难长期运转。

资料显示，喜德县 169 个村，类似阿吼村这样贫困却没有纳入扶贫计划的有 94 个。换言之，像喜德这样的少数民族贫困县，几乎没有不需要帮助和扶持的贫困乡村。[①]

（三）贫困程度深重

贫困人口分布广泛又相对集中，绝对贫困现象显著且低收入贫困人口的不稳定性是西部地区农村贫困状况的主要特点。2005 年底，四川甘孜藏族自治州人均纯收入 683 元以下的绝对贫困人口尚有 31.83 万人，占全州农村人口的 41%，占四川省绝对贫困人口的 23.6%；人均纯收入在 683～944 元之间的相对贫困人口有 14.2 万人，占全州农村人口的 18%；两项合计贫困人口高达 46 万人，占全州农牧民总数的 59%。2005 年全州城乡人均收入之比为5.34∶1，居全国 30 个民族自治州和全省 21 个市、州的末位，恩格尔系数高达 60.5%，农牧民人均纯收入为 1310 元，是全省平均水平（2802.8 元）的 46.74%，是全国平均水平（3255 元）的 40.25%。石渠、色达、新龙、雅江、理塘 5 个国家扶贫重点县的农牧民人均纯收入仅为 1192 元，重点调查的雅江县祝桑乡农牧民人均纯收入只有 642 元。

---

① 王卓：《新世纪凉山州彝族贫困地区扶贫问题研究——以喜德县为例》，《社会科学研究》2006 年第 2 期。

全州最好的康定、泸定、九龙、丹巴四县的人均纯收入也只有1450元，其余9个非重点县的农牧民人均纯收入只有1141元，道孚县人均纯收入在683元以下的绝对贫困人口有14172人，占全县农村总人口39671人的35.98%，人均纯收入683～944元的低收入贫困人口有14980人，占全县农村总人口的37.76%，两项合计全县贫困发生率高达73.74%。全州经济发展情况最好的康定县2005年农牧民人均纯收入也只有1336元，全县农牧民人均纯收入625元以下的绝对贫困人口有12766人，625～1000元的低收入贫困人口20088人，共32854人，占全县农村总人口的49.68%。在贫困人口分布广泛的同时，贫困人口的贫困程度深重也是甘孜藏区贫困现象的显著特点。德格县温拖乡阿比村人均纯收入不足400元，年现金收入户均不足百元，人均有粮仅253斤，98%的房屋属危旧房。道孚县农村人均纯收入在625元以下的绝对贫困妇女单亲家庭有633户、2632人。石渠县每年因缺乏生产资料又无固定收入来源而外出流浪乞讨人员有近400人。课题组成员在雅江县祝桑乡①、理塘县禾尼乡②对高寒牧区12户贫困户的调查中，看到贫困人口家徒四壁、一贫如洗的生活窘境令人震惊。

2005年8～10月，课题组成员对地处西藏边境的日喀则地区几个贫困县进行的重点调查发现：边境贫困农牧区基本都不通电、不通邮，乡镇中学教学质量低下，学校校舍残破，村级教学点普遍缺乏，教师紧缺。定日县教育发展非常落后，全县教师总数只有148人，民办教师30人，每月工资仅有135元，生活困苦。乡镇中心小学、完小校舍简陋，危房幢幢，学生宿舍、食堂环境恶劣，卫生极差，学校缺少基本的音、体、美、劳的实验设备，没有必备的课桌板凳，住校生床位严重紧缺，全县30%的学生“屁股离地”

---

① 冯永宽：《四川雅江县扶贫开发及发展路径研究》，《经济体制改革》，2006年第4期。

② 李玉珍：《藏区扶贫任重道远》，《经济体制改革》，2006年第1期。

问题仍没有得到解决，85%以上的住校生的“睡觉离地”问题没有得到解决。定结县只有1所小型初级医院，3个乡镇卫生所，10个乡镇有7个乡没有卫生院，没有医务人员，缺医少药的情况非常普遍。贫困状况非常严重的确布乡、扎西岗乡、多吉乡2002年的人均纯收入只有268元、281元和296元，只相当于全国农村人均纯收入的10.84%、11.37%和11.85%。靠近尼泊尔的边境贫困乡镇陈塘镇人口1653人，以夏尔巴人为主体，耕地面积只有800亩，人均耕地0.48亩，2002年人均纯收入326元，其中现金收入不足100元，人民物质文化生活极端贫困。乡镇距县城140千米，先乘车后骑马再走路，需三天时间。因为交通不便、与世隔绝和卫生条件极差，每年都有伤寒、中毒等疫情发生，乡镇基础设施破烂不堪。由于教育卫生事业发展的极度落后，边境地区居民将子女送到境外达赖学校读书或到境外就医的现象时有发生，成为境外分裂势力攻击我国的主要借口之一。边境贫困乡镇贫困状况的严重程度已成为影响我国国家形象和国家安全的基本表现。

以上数据突出地说明，由于自然、地貌、历史、经济和社会等诸多因素的相互制约，尽管经过20多年的改革开放和“八七”扶贫攻坚，西部地区贫困面依然很大，并呈现集中分布的特点。绝对贫困人口主要集中在老、弱、病、残、鳏、寡、孤、独、呆、傻和丧失基本劳动能力、很难通过扶持手段脱贫的特殊群体中。在农村最低生活保障制度缺失、民政救济覆盖面小、公共卫生服务体系不健全的情况下，这部分人口的贫困状况日益凸显，成为新阶段扶贫开发的突出难点。

（四）相对贫困凸显

相对贫困是西部贫困地区农村贫困状况的重要特征。《中国农村扶贫开发纲要（2001—2010年）》（以下简称《纲要》）实施5年之后，全国农村贫困人口由3200万下降至2365万，低收入人口由6000万下降至4000万，从而使贫困发生率从6.6%下降至

3.17%，21世纪扶贫开发成绩巨大，尤其是四川地区一些新进入国家扶贫开发工作重点县行列的县更是开局良好，成绩斐然。例如，雅江、理塘等县5年间贫困发生率大幅度下降，降幅高达40～50个百分点，但毕竟因其人口基数不大，对全国缓贫速度影响甚微。《纲要》实施4年的中期评估表明，随着贫困人口的减少和贫困发生率的进一步下降，全国缓贫成本上升，边际效益递减，缓贫速度下降，已呈现出徘徊局面。随着西部贫困省区与东中部尤其是东部发达地区经济和社会发展差距的进一步拉大，全国城乡人口收入差距更加悬殊，贫困地区的相对贫困更加凸显。

2005年，全国农民人均纯收入3225元，比2000年上升972元，上升43.14%；国家扶贫重点县为1723元，为全国平均水平的53.42%。全国贫困人口2365万，他们的收入上限是683元，为全国的21%；低收入人口4067万，他们的收入上限是944元，为全国的29%。西部地区尤其是少数民族聚居的8省区人均纯收入与全国平均水平以及东部地区相比，显得更为悬殊（见表2—5）。

表2—5　西部少数民族地区农民人均纯收入占全国平均百分比（%）

自治区（省）	2000年（全国：2253元/人）			2005年（全国：3225元/人）		
	全国位次	数额（元/人）	占全国比重（%）	全国位次	数额（元/人）	占全国比重（%）
内蒙古	16	2083	90.4	17	2989	92.7
广　西	23	1865	82.7	24	2494	76.6
西　藏	31	1331	59.1	27	2078	64.4
新　疆	25	1618	71.8	25	2482	76.3
宁　夏	24	1724	76.5	23	2509	77.8
青　海	26	1490	66.1	26	2165	65.5
云　南	27	1479	65.6	20	2041	63.3
贵　州	30	1374	61.0	31	1877	58.2

数据来源：根据2000—2005年中国各地区统计公报计算。

从表2－5中可以看出，2000—2005年，西部8个少数民族聚居省区，除内蒙古、宁夏、新疆和西藏4个省区农民人均纯收入所占全国比例略有上升外，另外4个总人口和少数民族人口最多的省区均普遍下降，广西下降幅度最大，降幅为6.1个百分点。2000年全国农民人均纯收入西藏列全国大陆31个省区末位，贵州位列倒数第二，为全国排序第一位上海市人均5596元的24.5％。2005年，贵州省农村人均纯收入为1877元，仅为上海农村人均收入8342元的22.5％，差距进一步扩大2个百分点。中国社会科学院《2004年：中国社会形势分析与预测》指出：根据抽样调查数据，近年我国个人收入水平的地区差异极大，发达地区个人平均月收入是欠发达地区的2.5倍，发达地区城镇个人平均月收入与发达地区农村个人平均月收入的差异甚至高达5.4倍。2002年的人均可支配收入比较，上海以12237.9元居全国首位，是位居末位的贵州省城镇居民5930元的2.06倍，是农民人均纯收入1490元的8.21倍。① 本项目调查样本村——贵州省大方县鸡场乡黑鱼村属少数民族聚居的特困村，该村共有421户，1470人，少数民族占总人口的77.8％。2004年全村人均纯收入约500元，人均占有粮食200千克左右，而当年是十年难逢的一个好年景。据村支书介绍，20年来全村杀得起过年猪的农户约占10％左右。杀过年猪作为山区农村尤其是少数民族聚居村寨的富裕程度的一项最直观的指标，从一个侧面反映了该村的贫困程度之深。农村改革20年来，富裕地区农村住房已更新两次，有的贫困农村也已普遍更新过一次，而麻窝苗寨几十户人家中新修住房的寥寥无几。住房作为衡量农村富裕程度的最直观的另一项重要指标，反映了黑鱼村尤其是苗族聚居的寨子的贫困程度之深。②

① 龚晓宽：《五个统筹与西部开发》，载《可持续发展与全球化挑战》，成都：巴蜀书社，2006年版，第128、129页。

② 冯永宽，李玉珍：《西部贫困县扶贫开发探讨——以贵州省大方县为例》，《农村经济》2006年第6期。

相对贫困已成为当今中国社会的一大热点，除了地区发展差距之外，深层原因在于社会财富分配不公平已呈失控状态。联合国开发计划署的报告指出："中国最穷的20%的人口占收入或消费的4.7%。最富有的20%的人口在收入或消费中占到50%。"（《参考消息》2006年6月21日）日本《世界周报》2006年9月一期文章报道："占中国0.6%的人口掌握住中国个人财产中的60%。这个数字甚至比一部分专家的估计还要保守。"（《参考消息》2006年9月16日）《香港虎报》呼吁中国警惕"相对贫困"现象：因为贫困不仅是一种物质状态，也是一种心理状态。在中国经济激增的背景下，认识贫困问题不仅需要看所谓的"贫困线"，而且需要从社会差距的角度看待这个问题……更多人面临着一种特殊的贫困心理。为此建言中国加强扶贫方面的干预，以确保中国的经济发展在使一部分人富起来的同时，不会把更多人推向贫困的泥潭。（《参考消息》2006年6月21日）在绝对贫困人口大规模下降，贫困发生率已经很低的情况下，扶持相对贫困人口应成为当今中国扶贫工作的重点。

（五）返贫率居高不下

返贫率居高不下是中国缓贫速度下降、扶贫投资成本增加的重要原因之一。据国家统计局农调总队调查，中国西部农村返贫率高达30%左右。从课题组成员在西部贫困地区的调查情况来看，贫困地区的返贫状况与自然、经济、社会、政策等多方面的原因密切相关。

一是自然灾害导致返贫。这种返贫频率极高，范围极广，危害极大，尤其是四川地区的旱灾返贫，排在众多返贫原因之首。四川贫困地区自然条件恶劣，生产条件很差，自然灾害频繁，贫困农户常常是丰年温饱，灾年返贫。据四川扶贫统计监测，甘孜、阿坝、凉山三州近几年返贫率均在20%～30%左右，如遇大面积低温，返贫率高达50%以上。川东达州、巴中、广安、南充四市2004年遭受严重洪灾造成大面积返贫。四市总人口1811万，受灾人口达796万，占总人口的44%；四市共有贫困人口219.9万，受灾人口89.2万，因灾返贫率为40.7%。此外，四市当年新增贫困人口高达375.2万，占当年四市贫困人口的比重为170%。宁夏西海固地区（南部山区8个国家扶贫重点县）2001—2004年平均返贫率高达31.9%。海原县2004—2005年两年越过温饱线的贫困人口共3.44万人，而同期返贫人口高达3.66万人，返贫的主要原因是连续两年的大旱灾。固原县1998年解决温饱，2000年因灾返贫13.14万人，返贫率高达38%。

二是因病返贫。贵州织金县是地氟病高发区，“八七”扶贫攻坚期间，在扶贫开发的同时曾加强了对地方病的防治，为此投入过大量资金和物资，因病致贫、因病返贫现象有所缓解。进入21世纪后，由于国家用于防治地方病的资金不足，原有设施（如排烟炉灶等）因煤烟（主要含二氧化硫）腐蚀而损毁，贫困农户无力更新，因而重新回到过去敞火取暖、烘粮状态，因病返贫又开始困扰该县扶贫工作。课题组成员在织金县城附近重病村庄调查时探望的几户地氟病患者家庭，重病者已经骨骼变形，走路驼背弯腰，多数已卧倒在床。附近村小的学生大多牙齿已开始发黄并出现氟斑。织金县疾控中心2000年对全县32个乡镇中心完小5000名小学生检查的结果，氟牙率达92.72%。由于长期缺乏投入，加之全县地处高原，气候寒冷，敞火取暖时间长，粮食（主要是玉米）烘干主要靠燃煤的现象无法改变，地氟病发病率居高不下[①]将长期困扰病区居民。宁夏2004年因病返贫11.3万人，占农村人口的3%。[②]除地氟病困扰乌蒙山区产煤地外，四川阿坝藏族羌族自治州壤塘、黑水等国家扶贫重点县一直受到地方大骨节病的困扰，因大骨节病致贫、返贫现象在两个国家扶贫重点县随处可见。

---

① 织金县疾控中心：《织金县地方性氟中毒病防治工作情况汇报（2003）》。

② 《宁夏回族自治区“十一五”扶贫开发规划（2006—2010年）》。

三是超生返贫。此类返贫在西部贫困地区农村相当广泛。自从20世纪80年代农村实行土地承包到户以来，随着人口自然增长和土地锐减这一短期无法逆转的自然趋势以及稳定土地承包政策的长期延续，超生致贫、超生返贫现象在所难免，尤其在少数民族地区表现得更为突出。宁夏西海固地区（南部山区8县）土地面积3.04万平方千米，占全区幅员面积的58.8%，总人口240万，占全区总人口的44.8%，其中回族人口119.23万，占全区回族人口的65%。人口密度为104人/平方千米，目前正处于“高出生率、低死亡率、高增长率”的人口发展阶段。宁夏回族自治区扶贫开发办公室2005年6月中期评估报告称：2003年西海固地区人口自然增长率为15.41‰，高于全区11.56‰和黄河灌区8.92‰的增长率，人口过度增长超过了土地资源应有的容量。不仅给当地的生态环境造成极大压力，也给地区的社会经济等各项事业的发展和新阶段的扶贫开发带来了巨大压力。

四是政策变动导致返贫。主要由国家宏观经济环境的变动及重大政策出台导致的返贫现象，如关闭地方“五小”工业、天然林保护工程、设立自然保护区以及退耕还林还草工程等。1998年天然林禁伐令生效当年，四川林业大县雅江县经济开始下滑，次年木材禁运，与此相关联的木材采伐、运输、餐饮、食宿、修理、停车等行业即第三产业全面萧条，林区农牧民过去“靠山吃山”（吃的是林、用的是林、烧的也是林）的日子改变后，人均纯收入陡然下降，平均达400元左右。2000年底，全县农牧民人均纯收入从1997年的876元猛然下降至524元，全县农村人口均处于贫困线（625元）以下，贫困面高达100%。[①] 再看退耕还林工程，仍以雅江县祝桑乡为例。退耕还林工程实施时，由乡政府出面与农牧民签订合同，退耕一亩补助120千克粮食，直补到户。当年粮价奇低，均价0.80元左右（大米）；近年粮价上扬，国家因无法按实物补贴

① 《雅江县扶贫开发规划（2001—2010年）》。

而改为补贴现金，每亩补助 240 元。2005 年 3 月，雅江县城平均粮价为 1.30 元左右（大米），240 元补助只能买 90 千克大米，农户每亩少得 30 千克，这也是部分退耕农户返贫的原因之一。然而事情远不止于此，祝桑乡平均海拔高，退耕还林主要选择沙棘树种，既有生态价值又有经济价值，沙棘果可作食用饮料及医药原材料等。但几年的实践证明，全乡种植的近 5000 亩沙棘生长极为缓慢，至今仍是幼苗。而补助期限又已临近，乡政府为此事忧心忡忡。

宁夏西海固地区 240 万人口中，有 156.7 万人直接从退耕还林还草中受益，人均获得补助（含以粮折款）790 元。相当部分贫困农户是靠退耕还林补助增加收入解决温饱的。海原县退耕还林还草 160.23 万亩，人均 2 亩。课题组成员于 2006 年 8 月 10 日去郑旗乡老鸦村的洪涝坝自然村调查时，年近 60 岁的村支部书记告诉我们一行：全村退耕还林区内的 23 户，共退耕还林 400 多亩，户均 20 多亩。靠退耕还林补助度过了 2002—2004 年的三年大旱灾。不在退耕还林区的农户，主要靠举家外出打工买粮度日。虽然未出现 1973 年大旱全村举家外出讨口逃荒的情景，但是生活已经够艰辛了。在课题组成员问及作为一村的核心人物，对未来全村的发展有何看法时，支书无可奈何地说：本村要命的是旱灾，唯一的出路是向灌区移民，如果到期即停止补助，那么该村退耕还林户将即刻返贫。

20 世纪 80 年代贫困地区开发当地资源脱贫致富的开发式扶贫方针及税费减免、信贷优惠政策，曾经促使了贫困地区尤其是西部资源富集区的经济发展，以“五小工业”为代表的乡镇企业的发展如火如荼，也带动了不少贫困人口务工致富。20 世纪末期，尤其是进入 21 世纪以来，国家出台了不少限制地方产业发展的宏观政策，例如，以保护生态环境为主要内容的限制性政策，从全局看是正确的，也是无可非议的，但却对西部贫困地区造成了巨大影响。川南、黔北乌蒙山区盛产无烟煤，国家出于保护资源和矿工安全的考虑，对若干乡镇集体煤矿一律予以关闭，而交由业主开采，导致的结果是，煤炭价格飙升，身在煤山上的乡村贫困农民烧不起煤，老百姓可谓怨声载道。虽然有的产煤县乡政府也采取对农民实行核定标准、定额补贴等办法，试图平息民怨。但是在巨额利润面前，开发商是不会轻易将燃煤卖给当地老百姓的。虽然全国人大常委会曾有过产煤区老百姓生活用煤方面的专门立法，但在巨额利润面前，立法也显得苍白无力。

进入21世纪以来，中央根据我国的发展水平，适时提出了全面建设小康社会和建设社会主义新农村的奋斗目标。在这个大背景下，西部贫困地区的一些连片贫困市、州以及一些国家扶贫重点县也比照全国规划，纷纷制订了2020年与全国同步建成全面小康的规划，有的县规划在未来十多年间GDP年均增长率要超过20%，农民人均纯收入年均增长数百元。在政绩和舆论环境的压力下，贫困县不敢正视自身贫困的现状和县情。由于一门心思忙于全面建设小康，有的扶贫重点县扶贫工作已排不上日程，松懈情绪普遍滋生，整村推进的扶贫工程被搞成了“路边工程”、“市边工程”、“水边工程”，即所谓“政绩工程”，而忘记了20世纪老百姓曾将扶贫称为德政工程。

三、西部贫困地区发展的障碍因素

（一）贫困地区发展的基本困难

1. 生存环境恶劣

西部贫困地区贫困人口的分布状况及致贫基本原因的分析表明：西部贫困地区农村扶贫面临着诸多制约，而恶劣的自然环境和频发的自然灾害则是最基本而且长期的制约因素。西部地区除青藏高原外，大部分分布在我国第二地形的中低山地，西部贫困地区主要分布在高原山区、沙漠荒漠地区、喀斯特环境危急区、黄土高原水土流失严重地区，地质地貌复杂，自然灾害频繁发生，生存环境条件极为恶劣。美国著名发展经济学家、纽约大学教授迈克尔·P·托达罗（Micheal P. Todaro）在其经典著作《经济发展与第三世界》中，曾经全面分析了西方经济增长的历史经验在指导当今第三世界国家的发展道路方面的价值局限性。他认为，经济增长的阶段理论及相关的迅速工业化模型很少注意到当代发展中国家极不相同的、较不利的初始经济、社会和政治条件。而事实上，当代这些发展中国家的增长状况，在许多重要方面明显不同于现在发达国家开始进入现代经济增长时代的增长状况。他列举了初始条件的八个重要差别，在第三个即气候差异中，他指出："几乎所有的第三世界国家都位于热带或亚热带气候区。历史事实是几乎每一个现代经济增长成功的例子都发生在温带国家里，这种二分法不能简单归结于偶然的巧合，它必定和不同气候条件所直接或间接引起的特定的困难有某种联系。”[①] 尽管不能完全将贫困地区的贫困根源归结为自然条件恶劣或生存空间不足，但是事实上贫困地区特殊的区位条件和恶劣的自然生态环境对贫困地区贫困的发生和贫困的程度有着极为深刻的影响。

我国是一个多山的国家，山地、高原约占总面积的66%，平原、丘陵约占34%，地势西高东低，呈梯级分布，其中山地、高原主要集中在西部，绝大部分海拔在2000米以上；世界最高的山峰珠穆朗玛峰，世界最大的高原青藏高原均分布在西部，其他还有黄土高原、云贵高原等。西部地区除青藏高原外，大部分分布在我国第二地形的中低山地，一部分分布在中部丘陵山区，地貌种类多样，恶劣地形较多。西北黄土高原、内蒙古高原都有面积不等的沙漠、沙化地貌和黄土黏土地貌。西南的武陵山区和桂西北山区有强烈发育的喀斯特地貌，青藏高原和横断山区有寒冻风化地貌等。西北黄土高原是中国著名的干旱地区，水资源奇缺、旱灾频繁。呈喀斯特地貌的西南武陵山、横断山贫困地区，山高坡陡、岩石裸露、地表水渗漏严重、人畜饮水困难，耕地资源奇缺、沟壑纵横难以开发，大多数贫困人口生活于高山峡谷以及因生产需要而遭到人为破坏的山地与林地，贫瘠不适农耕的土质有如石灰岩成分过高的土壤环境，其水土资源俱缺，有碍耕作；且属中亚热带湿润季风气候类型，寒冷、阴雨、高温伏旱以及洪涝、冰雹、霜冻等自然灾害一应俱全。处于深山区、石山区的乌蒙山、桂西北贫困地区属高原山地构造，岩溶地貌突出，江河切割、山高谷深，地势高差悬殊，水土易受侵蚀，泥石流、滑坡崩塌等地质灾害常年发生。处于云贵高原、青藏高原的少数民族贫困地区四季寒冷，无霜期短，日照稀少，不利于农作物生长，农业生态环境极其恶劣。

另外，在西部某些省、自治区，山地高原占了总面积的绝大部

① 迈克尔·P·托达罗：《经济发展与第三世界》，北京：中国经济出版社，1992年版，第103页。

分，如云南省总面积中有84%是山地，10%是高原，只有6%是星罗棋布的山间盆地；横断山及其余脉盘踞省境西部，北段高山大河平行排列，山地海拔4000米左右，与谷底高差可达3000米以上，形成著名的滇西纵谷区。位于云贵高原东北部的贵州省，处于我国西南亚热带岩溶高原区，全省面积17.6万平方千米，其中山地面积15.3万平方千米，占总面积的87%，平均海拔1000米，境内山高谷深，地面崎岖，素有“地无三里平”之说，省境中石灰岩溶地形分布广泛，岭谷起伏，很少平坝，是全国唯一没有平原的省份。四川省全省土地面积48.5万平方千米，古有“天府之国”之称，而实际上比较富庶的成都平原幅员面积1.45万平方千米，仅占总面积的2.99%，而平均海拔在3000米以上的川西高原和平均海拔在800米以上的盆周山地幅员面积44万平方千米，占总面积的90.72%。位于黄河中游、黄土高原中部的陕西省，高原、山地面积占总面积的81%，黄土分布广泛，厚50～150米，经流水切割，形成典型的塬、梁、峁、沟、壑等多种地形，富县以北的地区是全国水土流失最严重的地区之一。西部贫困地区的水土流失主要分布在黄土高原区和西南石山岩溶地区，以及长江上游地区。据有关部门统计，西部贫困地区水土流失面积约10亿亩，占全国水土流失面积的51.8%，陕西省有67%、宁夏回族自治区有46%的土地存在水土流失问题，甘肃境内黄河流域面积的74%存在不同程度的水土流失问题，西部黄土高原地区，由于森林植被覆盖率极为低下和其他一些原因，水土流失面积达43万平方千米。坡陡、山高、谷深、河沟比重大、地表土层薄的西南石山岩溶区，每遇暴雨就发生严重的水土流失，一般平均每年流失土壤厚度约0.5～1.0厘米，有的地方竟高达2～5厘米，如石炭岩山地占73%的贵州省，在全省33个水土流失严重的县中有98%为岩溶面积分布的县，其中绝大多数是贫困县。长江流域由于上游森林植被的严重破坏，导致土壤涵水能力下降，泥沙增多，两岸水土流失严重。历史上长江流域森林覆盖率曾高达60%～85%，1957年下降到22%，到2006

年已下降到6%，岷江、涪江、嘉陵江等几条长江主要支流流域的川中53个县，森林覆盖率大多不到3%，其中19个县不足1%。过度开垦，乱砍滥伐森林，导致水土流失严重、土地沙漠化、贫瘠化是这些地区人口贫困的重要原因。

西部地区集中了我国主要的大山、高原、沙漠、戈壁、裸岩、冰川以及永久性积雪地域等，构成了西部地区地质地貌的复杂性和特殊性。西部地区80%以上的贫困县就分布在这样一个特殊的自然环境中。在西部地区，农村生产方式一般都是以种植业或畜牧业生产为基础，人们的生产活动难以摆脱自然因素的影响和制约，对土地的依赖性极强。对农业来说，随着海拔高度增加，积温逐渐降低，生产期越来越短，一般都有寒冷风大的特点，地势每升高100米，平均气温下降0.5℃～0.6℃，极其不利于作物生长，加上高原地形，土质疏松，流水冲刷切割，形成千沟万壑，土地支离破碎，极不利于农业生产和交通运输业的发展。分布在生态环境脆弱带的西部地区农民，为了维持生存，被迫向脆弱的自然环境榨取微薄的生活资料，过度垦植、过度放牧，甚至挖草根作燃料，土地利用不当，加剧了水土流失、草原沙化，使原已贫瘠的土地更加贫瘠。西部不少地区，一年中气候因子总量虽够，但时间搭配不均，不能充分发挥作用，除云贵高原外，西部其余大部分地区属于干旱半干旱区，南方广西、云南热带亚热带贫困地区，热量丰富，雨量大，水源充沛，土壤偏酸，生物资源多样，但山地多，平地少，耕地不足。黄土高原地区，热量条件较好，但降水偏少，水源不足，气候干旱。新疆东部是欧亚大陆的中心，也是中国的干旱中心，吐鲁番盆地的托克逊多年平均降水量仅39毫米，为全国最低纪录。西部各地区中，随着地形的起伏，降水量也存在垂直分布现象，干旱地区尤为明显。西北地区年平均降水量在400毫米以下，一部分地区不足250毫米，相对湿度大都在60%以下。宁夏回族自治区全区水资源密度只及全国平均值的7.12%，水资源丰度（人均值）只及全国平均值的9.67%，耕地亩均水量只及全国平均值的

4.17%，如果加上国家分配给宁夏的黄河过境水量，上述三项指标分别为全国平均值的34.21%、46.5%和20.0%。虽然该区域内光、热、土、矿等资源丰富，但由于水资源不足，区域资源的开发强度和经济规模长期受到制约。我国著名的干旱区、贫困区——甘肃中部的定西地区，土地面积70500平方千米，年降水量在500毫米以上的半湿润区仅占土地总面积的10%，年降水量300～500毫米的半干旱地区占土地总面积的50%，年降水量在300毫米以下的干旱地区占土地总面积的40%，达28200平方千米，有的干旱贫困县年降水量仅180毫米。定西县年降水量为425毫米，而蒸发量达1668毫米，比降水量高出2倍以上，而降水量又多集中在7、8、9月，分布极不均匀。干旱地区有时一年的降水量在一两次降雨中完成，而降水季节分布悬殊的后果，使其遇洪水时，水量过大，无处蓄存，遭遇枯水时，水量太少，无水可用。相比较而言，西部受干旱的威胁要比受洪水的威胁更大，水灾一般发生在西南地区和陕南，而旱灾则可能是全区域性的。西北干旱地区河流少，水量有限，有些地方地下水资源、冰川资源对人民生产和生活起决定作用。只是在山麓冲击洪积扇地带或山前洪积倾斜平原地带水量丰富，形成绿洲，其余地方异常干旱，同时由于毁林开荒，乱砍滥伐，使江河上游水源涵养林遭到破坏，加大了水资源的损失，加剧了干旱的发生。新中国成立后的50多年间，西部地区平均每年受灾面积达9000多万亩，约占西部耕地总面积的1/5。近10年中，西部地区平均每年受灾面积达1.16亿亩，其中旱灾占80%。青海、新疆的草原面积有一半干旱缺水，受灾退化，风沙、冰雹、低温、霜冻等灾害也经常威胁西部的农业生产和牧业生产。水资源的短缺，不仅使西北干旱地区资源开发和经济规模受到制约，而且强化了乡村工业发展的约束，成为加剧农村产业结构单一的重要环境因素。

2. 自然灾害频繁

从历史与现实结合的角度考察，中国自然灾害发生频率高，地域分布广，出现类型多，灾害损失大，是世界上遭受自然灾害最严重的国家之一，其中以洪水、干旱、地震和海洋灾害为甚。而中国西部地区又是中国自然灾害发生率最高的地区，一般常见的有洪、旱、霜、雹、震、病等多种自然灾害。由于光、热、水、土资源区域分布的严重失衡，特别是由于高原山地构造、岩溶地貌突出、江河切割、山高谷深，地势高低悬殊，泥石流、滑坡、崩塌等地质灾害年年发生，给西部地区人民的生活和生产造成严重损失。内蒙古高原东南边缘风蚀沙化贫困区，由于垦植和过度放牧，草原退化和土地沙化的问题突出，生态环境脆弱，自然灾害频繁，且以干旱、风沙灾害最为突出。地处武陵山区的重庆黔江地区酉阳县，山高坡陡，25°以上的坡地占总耕地面积的1/3，常年受灾面积在60%以上。据气象部门统计，1985年到2005年的20年内，该县共发生20天以上的大中小旱灾46次，特大洪灾和一般洪灾31次，8级以上的风灾24次，雹灾41次。这些频繁不断的自然灾害，严重地威胁着农业生产的发展和人民生活的稳定。位于青藏高原东南边缘的四川甘孜藏族自治州，平均海拔3500米以上，年平均气温7.8℃，全州5个国家扶贫重点县年均无霜期83天，最少的石渠县只有21天，年降水量500～800毫米，属典型的大陆性高原气候。该地区伏旱、低温、霜冻、冰雹、风雪、洪水、泥石流等自然灾害十分频繁，经常给农牧业生产、交通运输、邮电通讯、水利设施等造成危害，农牧民因灾致贫、脱贫户因灾返贫的情况十分突出。1995年石渠县遭遇特大雪灾，牲畜死亡23.5万头（只），1513户建卡脱贫户返贫，返贫率高达84.68%。1998年8月该州国定贫困县巴塘县遭遇百年未遇的特大洪灾，造成交通中断、通讯断绝、水电停供、耕地淹没、山体滑坡、泥石流泛滥、房屋垮塌、人畜伤亡。全县有21134人受灾，其中建卡贫困户1145户6258人，分别占建卡贫困户总数和总人口的52.76%和58.5%。2003年丹巴县遭遇特大山洪泥石流灾害，全县受灾1889户、9591人，占全县总人口的17%，房屋损坏2021间，冲毁农作物3179亩，大牲畜死亡828头，直接经济损失1.4亿元，有76户、484人无家可归，5147名灾民陷入缺衣少食的困境。甘孜州居住在自然条件十分恶劣、生存环境极其脆弱地区的农牧民达22万人，居住在山体滑坡、泥石流、地震等严重自然灾害频发区的农牧民达15万人。2005年6月30日，泸定县发生特大群发性山洪泥石流灾害，造成3个乡（镇）、13个村、10516人受灾，因灾死亡4人、失踪5人、230人受伤；农作物受灾面积5001亩，农作物绝收面积1208亩，毁坏耕地面积240.7亩，损失粮食产量133.14万千克，经济林木受灾192608株；因灾倒塌房屋784间，损坏房屋4325间；因灾死亡牲畜382头（匹）；毁坏公路58.6千米、桥涵13座（道）；毁坏电站59座、渠道32.21千米、水池209口、堤防27.3千米；通讯输电线路倒杆845根，断线47千米，直接经济损失6019.98万元。2006年6月18日，康定县时济乡时济村发生突发性岩崩灾害，造成11人死亡，6人受伤，其中3人重伤，房屋损毁432间，公路、供电、供水等设施不同程度受损，直接经济损失2000多万元。雅江县处于高山峡谷地带的有11个乡镇、2.7万人，处于高山高原地貌的有6个乡、8185人，有12处灾害点被确定为省级地质灾害危险点，全县有1503户、8859人急需搬迁，贫困人口“丰年越温，灾年返贫”现象普遍存在。理塘县平均海拔4133米，大多数农牧民长年生产生活在高海拔和高山半高山地区，不仅缺水、缺电、缺路、缺燃料等问题难以解决，而且雪灾、泥石流、旱灾、虫灾、地震等自然灾害年年不断，每年因灾返贫人数占农牧民总人数的10%以上。

西藏日喀则地区的定日、定结和岗巴县平均海拔在4300米以上，岗巴县的平均海拔在4700米以上，最高海拔6155米，年平均气温1.5℃，年无霜期仅60天左右，自然条件极差，土地贫瘠，草场退化，生存环境极为恶劣，农牧民因病致贫、因灾致贫、因灾返贫的现象突出。位于西藏南部边缘地区、喜马拉雅山脉北麓高寒地带的定结县，平均海拔4500米以上，大部分地区四季不太分明，年平均气温2℃，日照充足，紫外线强，昼夜温差大，干燥少雨，多大风，气候恶劣，自然灾害频繁，比较常见的有旱灾、雪灾、风灾、雹灾、霜灾、涝灾等灾害，旱灾通常发生在6～7月份，严重的旱灾一般5～6年遇到一次。雪灾常发生在当年的10月份至翌年的4月份，一般情况下，每个冬春季节都要遭受2～3次雪灾。大风季节从当年的10月份至翌年5月份，其间1～3月份风力最大，通常达7～9级，飞沙走石，行人受阻。灾害性的大风约三年一遇，可造成民房受损，无法外出放牧。雹灾一般发生在7～9月份的雨季，霜灾主要发生在8月下旬至9月上旬，可造成农作物不成熟而大幅度减产。涝灾多发生在降雨量多的年份，通常会淹没江河湖泊附近的农田草场，造成地下水位升高、土壤返碱，影响植物的正常生长。自然生存环境的恶劣和自然灾害的频繁发生，不仅对贫困地区人民的生产生活造成重大影响，妨碍农作物和牧草的生长发育，而且给农牧业生产、交通运输、邮电通讯、水利设施等造成严重危害。自然生态环境恶劣是西部贫困地区贫困的根本原因，自然灾害频发加剧了贫困程度并导致脱贫人口重新返贫。

3. **基础设施薄弱**

交通、能源、通信等基础设施薄弱是西部贫困地区发展面临的基本困难之一，也是导致贫困地区经济发展不稳定和脱贫人口重新返贫的重要原因。四川甘孜藏区位于四川西部边缘，境内18个县的县府驻地与省会成都的平均距离为733千米，北部地区的石渠、南部地区的得荣两县县府驻地距成都分别为1061千米和1016千米，道路、交通、电力、通讯等基础设施普遍薄弱，配套能力低下。到2005年末全州仍有42个乡和1307个村不通公路，158个乡和761个村不通电，197个乡和1717个村不通电话，25.8万人没有解决饮水问题。国家扶贫重点县理塘县24个乡213个村中就有9个乡120个村不通电话，4个乡109个村不通或季节性通公路，有1.8万人、14.1万头牲畜的饮水问题没有得到解决。非国家扶贫重点县道孚县全县农牧区共有无房户435户、2039人；农区无耕地户83户、466人；牧区无牲畜户292户、1526人。康定县19个乡237个村中仍有2个乡97个村不通公路，2个乡48个村不通电，6个乡128个村不通电话，急需建设的农村贫困无房户、危房户有1788户，其中：542户贫困户无住房，1246户群众居住在随时可能垮塌的危房中，分别占全县农村户数的3.93%和9.29%。乡村卫生基础设施非常薄弱，全州只有10个县实现了初级卫生保健，70.8%的行政村无医疗设施，大多数农牧区缺乏基本的医疗设备和合格的医护人员，缺医少药的情况十分普遍。理塘县幅员面积14351.8平方千米，为四川省面积第二大县，只有各类医疗机构29个，病床125张，平均千人有医务人员4人，农牧区缺医少药现象广泛存在，每年因病致贫、因病返贫的贫困人口在20%以上。文化基础设施几乎完全空白，几乎所有的贫困乡镇都没有电影院、阅览室等文化娱乐设施。由于基础设施建设严重滞后，不仅影响了贫困地区的资源开发和经济发展，难以有效抗御自然灾害，给稳定解决农牧民温饱问题带来极大困难，而且脱贫人口的"返贫率"较高。

乌蒙山区的区域性贫困状况与基础设施的普遍薄弱密切相关。一是农业基础设施脆弱。主要是蓄水工程设施少，干旱造成蓄水量严重不足，另外山坪塘多泥沙淤塞，储水量减少，加上年久失修，病害工程多、配套不全、管理不善等原因，导致有雨不能蓄、有水不能灌，水田约有40%灌溉不足，旱地基本上无水利保证，农业生产只能靠天吃饭，区域性人畜饮水困难广泛发生。古蔺县2004年末统计饮水困难人口7.2万人，占总人口的9%，牲畜27万头，占牲畜总数的41%。二是交通基础设施薄弱。现有公路标准低、通过能力小、抗灾能力弱，重点调查乡镇均山高坡陡、道路崎岖险峻，人畜饮水、化肥农药、建筑材料全靠肩挑背扛、牛拉马驮，人畜摔伤、摔残、摔死的现象时有发生。即使是非国定省定贫困县的毕节地区黔西县，在全县738个行政村中，依然有108个村不通公路，247个村不通电话，人均耕地只有0.79亩，人均基本农田0.35亩。三是卫生文化基础设施薄弱。重点乡、镇、村基本缺乏简单的医疗设备和合格的医护人员，缺医少药的情况十分普遍，尽管有的重点贫困村在国家有关部门的援助下修有漂亮的卫生室，但真正发挥效能的并不多。贫困乡镇电影院、村图书室等文化基础设施几乎完全空白，处于相对封闭状态。由于乌蒙山区经济发展水平低下，依靠自身力量改善基础设施力不从心，在低收入贫困人口大量存在的条件下，贫困山区基础设施条件改善缓慢、抵御自然灾害的能力薄弱，成为低收入贫困人口生活不稳定、已脱贫人口返贫率较高的重要原因。

西藏日喀则地区定结县 81 个行政村中通电话的村只有 2 个，覆盖率为 2.47%，通电的村有 21 个，覆盖率为 25.92%，通汽车的村有 73 个，占总村数的 90.12%。水利基础设施底子薄，总量少，蓄灌能力低下，防洪排涝能力差，耕地有效灌溉面积只有 35197.5 亩，占总面积的 87.64%，保灌面积有 26444.55 亩，占总面积的 65.85%，农田水利设施不能保证正常农业生产浇灌以及防洪抗旱的需要。虽然定日县全县 13 个乡镇通公路，但是有 4 个乡镇为季节性通车；通公路的行政村有 145 个，占行政村总数的 79.7%，但是公路技术等级低，通行能力差。全县三级公路主要是县道，全长 6.7 千米；四级公路主要是国道，全长 118 千米；简易公路 556.7 千米（其中县道 93.9 千米，乡道 462.8 千米）。从通行能力方面看，全县晴雨通车里程仅有 296.2 千米，占公路总里程的 43.47%。通电的村只占行政村的 30%，通水的村只占行政村的 50%，13 个乡镇中只有 3 个乡镇实现了光缆通讯，占 23.08%。

西部地区绝大多数国家扶贫重点县道路、供水、供电、通讯等基础设施的落后不仅直接影响了农牧业的发展，影响了农牧区基础设施建设和区域防灾抗灾能力，而且使其在获取信息、技术、资金、人才和商品流通等发展经济方面受到限制。这一问题严重制约了国家扶贫重点县的资源开发步伐，阻隔了国家扶贫重点县经济社会发展机制与外部社会的有机耦合，弱化甚至化解了外部社会先进经济文化浪潮对国家扶贫重点县的冲击势头，同时强化了国家扶贫重点县内在的封闭性和资源配置的单一性，使整个国家扶贫重点县社会经济发展处于一种孤立、隔绝的封闭状态。

（二）贫困地区发展的主要问题

1. 扶贫投入约束

中国农村的反贫困主要是一种政府行为，反贫困资金的主要来源是中央政府。由于中国农村的贫困现象具有极为强烈的区域性特点，在贫困人口分布相对集中的西部地区，尤其在国家扶贫重点县，县级财力更为薄弱，在县这个层面，基本上没有能力筹集扶贫资金。县级地方财政扶贫配套资金也只能依靠来自省级财政的微薄支持。西部贫困地区的扶贫事业所需的巨额投入，归根到底要依靠中央扶贫资金，主要是中央财政扶贫资金和以工代赈资金的投入。2001年以来，随着我国综合国力的提高，中央政府加大了对扶贫的投入，主要表现在加大了财政性扶贫资金包括以工代赈资金的投入（见表3—1及图3—1）。

表3—1 2001—2004年中国实际投入扶贫资金一览①（单位：亿元）

	2001年	2002年	2003年	2004年
实际投入扶贫资金	300.57	324.34	339.75	342.66
中央财政扶贫资金	51.30	56.29	65.77	74.58
中央以工代赈资金	47.95	47.98	51.28	48.87
扶贫贴息贷款	159.95	169.74	167.93	165.99
地方配套资金	19.34	19.19	19.77	20.09
利用外资	9.75	8.49	15.35	10.06
其他资金	12.23	22.66	19.86	23.07
中央财政扶贫资金占财政性扶贫资金总额的比重（%）	83.69	84.45	85.55	86
中央财政扶贫资金占扶贫资金总额的比重（%）	33.02	32.14	34.45	36.02

① 吴国宝：《国家扶贫资金管理和使用评估》，《新阶段扶贫开发的成就与挑战》，北京：中国财政经济出版社，2006年版，第75页。

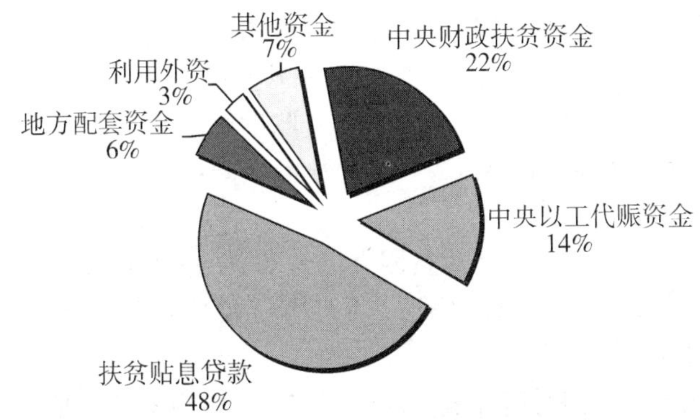

图 3－1 2004 年实际投入扶贫资金构成

从表 3－1① 可以看出，在国家财政性扶贫投入中，中央财政投入与地方财政投入相比，中央财政投入力度较大，约占 85％；而在国家当年总的扶贫投入中，中央财政投入与地方财政投入相比，中央财政投入占总投入的比重一般在 30％左右。在贫困地区地方政府财力明显薄弱②和信贷扶贫资金难以到位的情况下，中央财政在扶贫资金的筹集上发挥着举足轻重的作用。即使如此，中央财政扶贫资金投入的增长率仍然大大低于中央财政收入和支出的增长率（表 3－2）。

表 3－2 中国政府为扶贫的支出意愿和行动 （单位：％）

	2001	2002	2003	2004
财政性扶贫资金占 GDP 比重	0.13	0.12	0.12	0.11
财政性扶贫资金占财政收入比重	0.75	0.68	0.65	0.56
财政性扶贫资金占财政支出比重	0.65	0.58	0.58	0.52
绝对贫困人口人均财政扶贫资金（元）	422	456	489	569

① 这里包括了三个部分，一是中央财政扶贫资金，二是中央以工代赈资金，三是扶贫贴息贷款的中央财政贴息资金，按 3％贴息估算。

② 根据在凉山州的调查，贫困县的地方财政自我维持率只有 17％，在县这个层面，基本上没有能力筹集扶贫资金。贫困地区地方财政扶贫的筹集只是一些来自省级财政的微薄支持。

通过表 3－2，我们可以发现中国政府为扶贫的支出意愿。2001 年，中央财政性扶贫资金占当年 GDP 的 0.13％。到 2004 年，该比例不升反降到 0.11％；而中央财政的扶贫资金占当年财政收入的比例也是同样的趋势，2001 年为 0.75％，到 2004 年已经下降到 0.56％。

值得期待的是，以绝对贫困人口为基数的人均财政扶贫资金有上升趋势。2001 年绝对贫困人口人均财政扶贫资金 422 元，到 2004 年上升到 569 元。

近几年，我们对西部地区若干国家扶贫重点县特别是少数民族地区国家扶贫重点县的调查情况来看，要比较稳定地解决一位贫困居民的温饱，至少需要投入 2500～3500 元，扶贫投入缺口很大，在贫困人口绝对数量高达 8000 万的情况下，资金缺口的压力是相当巨大的。首先，即使按照人均 1500 元的中线脱贫标准，也基本无法通过贫困人口生产生活条件的改善达到稳定脱贫的目标，如果再考虑扶贫信贷资金极低的投放率，扶贫资金的实际投入力度是相当有限的。其次，对于一方水土不能养活一方人需要异地脱贫的那部分贫困人口，其资金需求量则是上述标准的 3～4 倍。再次，由于贫困地区的基础条件没有得到根本性的改善，贫困地区的发展中一直面临着脱贫人口“返贫”问题的困扰，根据课题组成员对四川甘孜、阿坝、凉山三州少数民族贫困地区的调查，贫困乡村的“返贫率”一般在 20％～30％，遇到自然灾害的返贫率达到 50％，遇特大自然灾害的返贫率则高达 70％以上。因此，由于西部贫困地区国家扶贫重点县特殊的自然、经济和社会发展条件，国家扶贫重点县的发展，面临着扶贫投入的强大约束，这是中国西部贫困地区实施反贫困战略面临的一个非常现实的难题。

2006 年 8 月课题组成员在宁夏西海固地区调查发现，固原县 1997—2005 年间扶贫贴息贷款共投放 14787 万元，9 年年均 1643 万元；其中 2001—2005 年投放总额为 8494 万元，年均 1698.8 万元，2001 年为 1450 万元，2002 年为 5420 万元，以后 3 年大幅下降，分别为510万元、550万元和564万元。2001—2004年国家投入四川甘孜藏区财政扶贫资金23421万元、以工代赈资金24663万元、发展资金2320万元，三项资金共计50405万元，四年平均为12601万元，如果以全州34万绝对贫困人口和16万低收入贫困人口为基础，每个贫困人口的平均扶持金额仅为247元，仅相当于国际标准（5000元）的4.94%。雅江县2001—2004年，国家累积投入扶贫资金总计3343.95万元，年均800万元左右。以近4万贫困人口计，人均200元，年均50元。唯一可用于农户发展种养业以解决温饱的专项扶贫贴息贷款仅170.75万元，人均40余元，年均10元。无论从哪方面讲，这样的投入力度都是很低的。据调查，甘孜州需要移民搬迁的贫困人口为22万人，但纳入10年扶贫规划的移民人口只有4万人，占18.2%，而且每户的移民资金只有0.6万元。2004年全州纳入易地扶贫搬迁试点县的只有8个县1960户，与实际需要相差很大。更为严峻的是，2005年国家取消了教育、卫生等民族地区专项扶贫工程。由于四川省确定的甘孜州重点县、重点村少，2005年甘孜州的扶贫资金将减少3332万元，6年将减少2亿元，必将对甘孜州的扶贫开发工作产生重大负面影响。同时，由于特殊地理条件的限制，扶贫投入的实际购买力较低，扶贫工作成本和物质成本较高，而扶贫投入产生的效益较差。无论从理论高度还是从实践层面上考察，中央政府对甘孜藏区的扶贫投入都是相当有限的。2004年甘孜藏区农牧民人均纯收入只有1161元，只相当于西藏农牧民人均纯收入（1861元）的62.39%。早在2001年，中央就将西藏作为特殊集中连片贫困区域给予重点扶持，扶持范围面向全区农牧区，大量增加了中央扶贫资金的投入，而甘孜藏区在扶贫范围相对狭窄的同时，中央扶贫资金的投入反而减少。另一方面，由于贫困地区恶劣的自然环境条件和边远的地理位置，基础设施建设的巨大需求与有限投入存在尖锐的矛盾，扶贫工程建设成本的增加呈刚性趋势。如国家规定建一所乡级卫生院投入资金22万元，而在甘孜藏区则需要50～60万元，因为钢材、水泥等建筑材料价格高于内地4～6倍。在内地新修1千米初级碎石路面需补助资金2～5万元，而同样的支出在雅砻江河谷地带只能修100米。2005年雅江县利用以工代赈资金修建到乡公路，按规定每千米补助5万元，而该县修建从恶古乡到八依绒乡一段500米悬崖绝壁公路，耗资100万元，竟为计划投资的40倍。此外，由于经济发展落后，甘孜藏区地方财政收入极为低下，2004年仅为1.72亿元，而财政支出高达27.9亿元，财政自给率仅为6.17%。地方财政收支缺口巨大，基本无法提供财政配套投入支持扶贫开发，在绝对贫困人口大量存在的条件下，扶贫投入偏低成为贫困人口基本生产、生活条件改善缓慢、已脱贫人口返贫率较高的重要原因。

2. **扶贫资金管理体制问题**

从实践考察，中央有国务院扶贫开发领导小组办公室管扶贫的议事协调，国家发改委地方司管以工代赈扶贫资金，国家财政部农业司管财政扶贫资金，国家农业银行管信贷扶贫资金，国家民委管民族地区发展资金，国家民政部门管救助扶贫等，各地方从省到县基本上都设立了相应的机构。这种多头林立的扶贫资金管理体制必然带来的问题是：扶贫开发中条块分割、机构重叠、政出多门、相互掣肘，导致扶贫资金使用责权分离、各行其是、互不匹配，资金效益不高；国家、地方和部门扶贫项目资金平均主义分配形式导致资金使用分散、项目配置不切实际、重点不突出、到户率低；绝大多数贫困县扶贫资金投入重工轻农、重大轻小、重富县轻富民、重争取轻管理、使用效率极差。

投入到贫困地区的扶贫资金尤其是扶贫专项贴息贷款的市、县运作是依托商业银行的体制代理发行，实行的是“双轨制”管理。扶贫职能部门管扶贫项目立项、项目规划、资金指标，金融部门管理资金发放和资金到期回收，这种管理体制上的条块分割、责权分离，导致扶贫步调难以协调一致。各级党政部门扶贫责任大但资金权力小，金融部门扶贫责任小而资金权力大。扶贫专项贴息贷款是有偿低息贷款，必须按信贷资金管理办法进行管理，而农业金融系统作为企业组织，以利润最大化为企业经营目标，对扶贫情况比较了解的扶贫部门选择决定的项目，金融部门可以以资金安全和效益为由进行否决。一方面，农业银行负责扶贫贴息贷款的发放，承担政府赋予的扶持贫困农户发展生产的政策性责任；另一方面，农业银行作为商业银行，要求保证信贷资金的安全，而广大贫困农户根本无力提供有效的抵押担保，因而也无法获得贷款，贫困户还贷率低也促使银行不敢轻易放贷。这种双轨管理体制导致扶贫资金的政策性与金融部门资金运行的效益性矛盾尖锐，扶贫职能部门同金融部门关系紧张，基层干部群众意见很大。由于体制的障碍，扶贫职能部门缺乏有效管理回收再贷扶贫资金的手段，资金难以保证投入到急需扶持、扶贫效益显著的项目。同时，现行扶贫项目审批权限过分集中，贫困县编制的项目计划要层层上报到市、省甚至国家计委审批立项，金融部门在批准的项目中选择放贷，金融部门的商业化运作必然导致扶贫资金投入程序繁琐，扶贫项目延迟、延误农时的情况屡屡发生。此外，在企业化经营的前提下，作为发放扶贫贷款的金融部门，以资金投放安全性与效率性为首选目标，项目贷款担保条件严格，而贫困户一般不能为自身提供贷款担保，这样必然导致扶贫贷款的到户率极低，专为扶持贫困人口设立的专项扶贫贴息贷款，最终变为一张对贫困人口开出的空头支票。据国家统计局农调队监测资料显示，2003 年贫困农户和低收入户当年人均借款分别为 88 元和 117 元，年末人均贷款分别为 137 元和 166 元。扶贫贷款在贫困户当年借款和贷款余额中分别占 5.7%和 7.7%（国家农调总队，2004 年）。也就是说，2003 年贫困户人均得到扶贫贷款 5.02 元。在当年贫困户人均贷款余额中，扶贫贷款只有 10.55 元。按重点县 2003 年贫困人口 1763 万计算，贫困县的贫困户得到的扶贫贷款为 8843.2 万元，占当年到户扶贫贴息贷款的 3.28%，占全国扶贫贴息贷款的 0.489%。这一状况表明，在现有制度框架下，扶贫贴息贷款已基本丧失了为贫困户提供直接信贷服务和支持的能力。现行扶贫贴息贷款的分配和使用，已严重偏离当初设立此项扶贫资金的初衷。现在的扶贫贴息贷款方式，已明显不再适合担当为贫困户提供持续的信贷服务的责任。我们调查2004年甘肃省夏河县扶贫信贷资金规模为3650万元，实际投放额度仅为50万元。贵州省大方县2005年组织申报信贷扶贫项目11个，资金8166万元，省、地审批项目8项，资金3622万元，实际投放额为零。

2004年5月课题组成员在新疆喀什地区调查发现，2001—2003年喀什地区共投入财政扶贫资金20520万元，基础设施建设资金23625万元，中央专项扶贫贴息贷款15741万元，其中，2001年财政扶贫资金6735万元，以工代赈资金8234万元，专项扶贫贴息贷款6289万元；2002年财政扶贫资金6507万元，以工代赈资金7746万元，专项扶贫贴息贷款10502万元；2003年财政扶贫资金7278万元，以工代赈资金7645万元，专项扶贫贴息贷款前3季度8400万元，三项资金共计23323万元。如果以全地区125万特困人口和低收入贫困人口为基础，每个贫困人口的扶持金额仅为186.58元，仅相当于国际标准（5000元）的3.73%，无论从哪方面讲，这样的投入力度都是很低的。同时，由于扶贫资金管理体制及运行机制的问题，信贷扶贫资金的使用效率很低，英吉沙县2001—2003年信贷扶贫资金规模为1850万元，而实际发放贷款135.53万元，投放率只有7.32%。伽师县2002年发放信贷扶贫资金56.5万元，只占贷款计划706.25万元的8%，扶贫信贷资金难以落实到位的情况广泛存在。另外，由于经济发展落后，喀什地区财政收入极为低下，2003年仅为5.24亿元，而财政支出高达28.37亿元，财政自给率仅有18.47%。伽师县2003年财政收入1970万元，而财政支出高达1.73亿元，地方财政自治率仅为11.39%。地方财政收支缺口巨大，基本无法提供财政配套投入支持扶贫开发，在相对贫困人口大量增加的条件下，扶贫投入偏低成为贫困县基本生产生活条件改善缓慢、已脱贫人口返贫率较高的重要原因。

在现实体制下，扶贫资金中的中央专项扶贫贷款，省（自治区）专项扶贫贷款，以工代赈资金、以粮代赈资金、财政支援不发达地区发展资金等，分属不同部门管理，各部门资金按各自行政渠道切块下拨，由于人力所限，不可能对贫困地区的实际情况进行全面了解，以致资金划拨方式简单机械，重点不突出，资金使用分散，缺乏必要的监督管理，造成资金使用效益较差，资金浪费、沉淀甚至损失严重。另外，中央每年在三四月份将扶贫资金下拨到省，由于协调难，省区一般要在八九月份，有时甚至要在年底才能将其下拨到县，致使扶贫资金到位迟缓的问题长期得不到很好解决。财政扶贫资金的多头管理，导致有权分配扶贫资金的部门太多，扶贫资金在下拨使用过程中被过多的中间环节消耗，有的还被一些单位和部门挤占挪用。

（三）贫困地区发展的最大障碍

从社会发展的角度考察，教育、科技、卫生事业发展滞后，交通、通讯等基础设施薄弱是中国西部贫困地区社会发展的基本特征，其中教育卫生事业发展的普遍落后所导致的人力资本积累水平低下是中国西部贫困地区反贫困治理面临的最大障碍。

1. 人力素质低下

中国西部地区贫困人口分布广泛，贫困地区自然、经济、社会情况复杂多样，贫困表象差异明显，但其共同的社会经济特征是教育事业的发展极其落后。贫困地区教育发展的落后不仅决定了贫困地区人口素质低下的严重程度，而且决定了贫困地区文盲、半文盲占劳动力主体地位的格局。劳动力素质低下的结果必然导致劳动力在资源开发与转换、生产方式的选择和调整、农业生产的拓展、先进技术的推广运用、对经济机会的把握以及向其他产业的渗透转移等方面面临一系列难以克服的困难和障碍。其中最主要的障碍是由低素质劳动力的群体存在所构成的“低素质屏障效应”对贫困地区经济发展的制约。“低素质屏障效应”首先使贫困地区农村劳动力对其他职业的竞争力和对外部环境的适应力极低，从而进一步强化贫困地区农业生产结构单一和土地产出率低下的格局，区域经济发展水平的落后和劳动力素质的低下大幅度萎缩了贫困农户对经济机会的选择能力，高度封闭的社会经济系统和低素质的人力资本水平使贫困农户对经济机会的反应能力极低。

从调查情况看，人力素质的极度低下是西部地区若干国家扶贫重点县反贫困战略实施面临的最严峻挑战。位于乌蒙山区的四川古蔺县农村73.6万人口中，文盲占20%，小学文化程度占35%，初中文化程度占30%，高中文化程度占14%，大专以上文化程度占1%。科技人才严重缺乏，全县仅有农业科技人员250人，农村本土人才微乎其微。农村办学条件差、师资力量不足且质量较低，有的乡镇初中生当老师教小学生。相当部分小学生因家庭贫困或路途遥远而中途退学。此外，山区农民观念陈旧，普遍缺乏商品流通意识和市场竞争观念，“等、靠、要”思想广泛存在，学习科学文化知识的积极性不高，对科学技术接受能力差，推广优良品种和农业种植技术难度大，进取不足而惰性较重。在贵州毕节地区地方病流行区，由于贫困人口素质的极端低下，贫困人口普遍缺乏地方性氟中毒预防知识，尽管政府不断加大宣传力度，但是病区群众接受程度相当低下，致使地方氟中毒防治工作进展不快。四川甘孜藏族自治州18个县中，有16个县、315个乡镇普及了初等教育，4个县、108个乡镇普及了九年制义务教育，全州人均受教育年限只有3.89年，文盲、半文盲比例高达22%，实用技术普及难度较大。同时，疾病流行和卫生事业的落后是藏区群众人力素质低下的主要原因。据调查，全州结核病发病率高达1.52%，其中，巴塘县结核病发病率高达2.5%；病毒性肝炎感染率高达53.8%，乙型肝炎感染率达33.5%。色达县约有20%左右的人患有高原性心脏病，同时包虫病、大骨节病的发生率也很普遍。石渠县长期患病人数达2677人，主要有包虫病、肺病、心脏病、肝病等，其中包虫病发生率达9.8%，居世界之首。贫困农牧民因病致贫、因病返贫现象广泛存在。

据1992年卫生部的统计，全国贫困地区有73.12%的县境内流行一种以上的地方病，同时存在4种以上地方病的贫困县占28.6%。地方病主要有克山病、大骨节病、地方性甲状腺肿（地甲病）、氟中毒以及与环境因素有密切关系的食道癌，在地甲病和氟中毒病区还伴有地方克汀病和氟骨症。从地方病分布的规律来看，西北黄土高原、宁南山区、秦岭大巴山区、滇东南山区、青藏高原、内蒙古高原沙化带、新疆西部干旱地区85%以上的贫困县流行血吸虫病、克山病、大骨节病、甲状腺增生病、氟中毒等多种地方病。另据资料统计，在西部贫困山区的贫困人口约有半数的人口患有肺结核、支气管炎、肝炎、风湿性关节炎、肺气肿、贫血、胆囊炎、营养不良等常见病。[①] 西部贫困地区疾病大面积存在和群众身体素质较差的原因，一方面根植于不卫生的生活习惯和卫生科普工作的落后；另一方面也与贫困地区区位边远、医疗卫生机构稀少，从业人员素质不高，设备陈旧落后密切相关。其结果不仅直接导致贫困人口丧失劳动能力，加剧了贫困状况，而且摧毁了许多人的生活信心。

西部贫困地区农村人口数量增长过快，对社会事业尤其是教育、卫生事业提出了超越其自身经济能力的要求。加之国家长期以来在教育、卫生等社会事业方面对城市和发达地区的政策和投入上的大力倾斜，造成西部贫困地区尤其是少数民族地区教育、卫生事业更加落后。最近几年国家开始采取教育扶贫、卫生扶贫的具体措施，并加大了对西部贫困地区和少数民族地区的投入力度，但与快速增长的人口规模相比，缺口仍然很大。一方面是教育、卫生资源不能满足需求，另一方面是高昂的教育费用和医疗费用让贫困农民无力承受。自20世纪末期高校扩招收费和医疗改革以来，学费和

① 赵曦：《中国西部农村反贫困战略研究》，北京：人民出版社，2000年版，第214页。

医疗费用高速增长，近几年间，农村凡是供养一个高中生或大学生就出现一户贫困户的现象比较普遍，至于天价医疗费用带给农民的“小病拖，大病抗”的事更是层出不穷。由于经济发展水平的制约、基础设施条件的极端薄弱，西部贫困地区教育、卫生等社会公用事业资源极其缺乏，使大量农村人口尤其是贫困人口失去了受教育和享受基本医疗保健的保障，妨碍了农村贫困人口自身文化素质和身体素质的提高，从而失去了参与市场竞争和社会共同进步的机会。

2. **教育经费短缺**

教育经费的短缺是中国西部贫困地区教育发展的严重困境。教育经费紧张直接导致了西部贫困地区办学条件差，尤其是农村贫困地区学校建筑普遍陈旧、失修、房屋破损，有的地方缺乏起码的办学条件，部分乡村小学借祠堂或农民房屋上课，许多学校危房数量惊人，房屋倒塌造成师生伤亡的事件时有发生。现有学校教学用具普遍不足，缺乏合格的板凳，学生从家里自带凳子或坐在木头、石头上听课，基本上没有文体器材、教学设备和必要的实验设备，绝大多数学校没有图书馆和阅览室，有的贫困地区连购买粉笔的经费都没有。由于教育经费的极度短缺和社会集资的困难，迫使贫困地区的中小学将教育经费的负担转嫁给在校学生，导致学生读书的学杂费用越来越高，贫困地区儿童因贫辍学的现象十分普遍。同时，由于家庭联产承包责任制强化了农户保障家庭成员基本生活的责任，许多贫困户为了分散这种责任而使尽可能多的家庭成员参加生产经营活动。在一些少数民族地区，贫困少年儿童参加牧业活动往往经济效益较高，这样贫困少年儿童上学，特别是上中学的积极性和可能性大为降低。同时，贫困地区学生进入大学深造的可能性实在太小，加上不断上涨的教育费用以及大学毕业即失业的现实情况也使一些注册就读的中学生中途辍学。

全面反思中国贫困地区 20 多年的发展，我们不难发现政府十分重视人力资本投资在贫困地区经济社会发展中的作用，但中国农村的反贫困战略并没有明确地将贫困人口人力资本积累水平的提高作为最重要的战略实施部分。西部贫困地区特别是少数民族地区基本的预防性和医疗性服务始终非常有限。特别是以村为基础的农村合作医疗制度的解体，贫困人口获得公共卫生服务的机会大为减少，贫困地区基础医疗卫生事业发展的落后成为贫困地区人口身体素质较差的主要原因。从扶贫资金投放结构上看，无论是20世纪80年代后期还是90年代后期或21世纪初期，中央扶贫资金投放到科技教育、卫生等社会公益服务项目及人力资本开发项目的比例都较低，而且财税体制改革的直接后果还严重削弱了贫困地区教育和卫生服务的质量。加上通过人口素质的提高来全面解决绝对贫困问题不仅投资巨大、费时甚久，而且缓贫效果可能显得不是那么直接和有效，再加上干部任期制的缺陷，几乎所有的贫困地区基层政权组织和县乡官员都将教育发展为主体的人力资本投资放在次要地位，而将主要精力和扶贫资金的绝大部分投向以工业开发为中心的区域经济增长战略之中。这种做法如果不能得到反贫困制度安排的规制和宏观政策牵引的话，必然对21世纪中国西部农村贫困地区的发展和贫困人口的稳定脱贫产生消极影响。

（四）贫困地区发展的突出难点

中国西部少数民族地区是中国最主要的贫困地区，也是西部扶贫工作的难点所在。我国贫困人口分布的重要特点之一就是少数民族人口和贫困在空间分布上的重合，这种重合在中国西部地区表现得尤为明显。尽管在整个20世纪80年代到90年代后期，中国西部少数民族贫困地区的发展和扶贫开发取得了很大的进展，贫困人口大幅度减少，基础设施建设不断加强，生态环境得到改善，但是由于自然、历史、经济和社会各种因素的相互交织、相互制约，中国西部少数民族地区的贫困状况并未得到彻底的改观，其分布成片集中、贫困程度尤为深重，脱贫难度很大且脱贫人口返贫率较高，由此构成西部少数民族地区跨世纪发展的严峻挑战。中国西部少数民族地区因其独特的地理位置、恶劣的生存环境、频繁的自然灾害、薄弱的基础设施及低下的劳动力素质，贫困程度尤为深重。这个区域的共同特征是，自然条件恶劣、生态环境脆弱、贫困发生率高、贫困程度深，而且是“三种势力”活跃地区，对政治稳定有直接影响。2001年《中国农村扶贫开发纲要（2001—2010年）》开始实施时，国家虽然考虑到西藏的特殊情况而将其作为集中连片的贫困地区整体加以扶持，并将四川、云南、青海、甘肃四省的25个藏区县认定为国家扶贫开发工作重点县，但是该区域内尚有众多贫困程度同样深重的贫困县并未列入整体扶持范围，从而留下了又一批扶贫死角。

1. 贫困人口分布成片集中

西部的民族地区主要包括5个自治区和贵州、云南、青海3个多民族省份，以及少数民族较多的四川、甘肃、重庆等省（市）。其中内蒙古、广西、宁夏、西藏、新疆和贵州、云南、青海8省区，陆地面积为557.58万平方千米，占全国陆地总面积的58.5%，占西部总面积的82.6%。2005年底西部地区民族自治地方总人口为14527.57万人，占全国民族自治地方总人口的87.5%，民族自治地方少数民族人口6499.29万人，占全国民族自治地方少数民族人口的86.1%。其中，西部的西北地区又是我国最主要的多民族居住区和少数民族聚居面积最广的地区。居住有50种民族成分，这一地区县以上的民族自治地方（不含自治州的自治县）总面积为260.5万平方千米，占西北地区面积的84%，青海省的少数民族自治地方面积竟占了全省面积的98.29%。在西北地区少数民族人口1477.07万人，占全国少数民族人口的20%。新疆少数民族人口比例达61.9%，而青海的少数民族人口比例达57.5%。西南地区大约有3亿人口，其中少数民族4000多万，占全国少数民族人口的一半以上。特别是西藏自治区，藏族人口占全区总人口的90%以上，贵州、云南是多民族聚居的省，四川、重庆是多民族居住的省市。另外，在我国154个民族自治地方中，除了分散在中东部的37个自治县以外，其余5个自治区、30个自治州、82个自治县（旗）都纳入了西部范围，因此，可以说中国西部地区就是中国的民族地区。

西部民族地区历来是我国扶贫工作的重点和难点地区，在全国基本完成“八七”扶贫攻坚计划之后，西部少数民族地区的贫困状况虽然得到了一定的缓解，但由于种种原因，少数民族地区贫困状况仍然十分突出。在国家制定的《中国农村扶贫开发纲要（2001—2010年）》中，除西藏的73个县计划单列进行区域扶持外，列入国家扶贫开发工作重点县的民族县共计220个，占全国扶贫开发重点县的37.16%。其中云南44个、贵州36个、内蒙古31个、广西28个、新疆27个、四川20个、甘肃14个、青海12个、宁夏8个。西部民族地区包揽了全国扶贫工作重点县1/3强的比例。西部民族地区的贫困人口多，贫困发生率高。据不完全统计，目前我国少数民族地区贫困人口约占农村贫困人口的50%以上，这些贫困人口主要集中在258个少数民族贫困县，占少数民族地区总人口的18.5%。从各省的贫困人口数量看，国家扶贫重点县农村绝对贫困人口数量超过百万的省有云南、贵州、甘肃、陕西、河南和四川。西部省份中除重庆、四川外，各省区国家扶贫重点县的贫困发生率均超过10%。据国家统计局2005年3月最新发布的《2004年中国农村贫困监测公报》显示，截至2004年末，西部地区农村绝对贫困人口为1305万人，占全国农村人口的比重为5.7%，低收入贫困人口为2396万，占该地区农村人口的比重为10.5%，其中绝大多数是民族地区。

四川省阿坝藏族羌族自治州、甘孜藏族自治州、凉山彝族自治州（简称“三州”）是中国西部少数民族集中分布的地区，也是少数民族贫困发生最广泛的地区。据课题组成员2006年8月的调查，“三州”是除西藏自治区外全国面积最大、人口最多的藏族聚居区，也是最大的彝族聚居区和唯一的羌族聚居区，系青藏高原的延伸区，属高原和高山峡谷地貌。“三州”幅员面积29.6万平方千米，2004年底总人口600.5万人。其中，农业人口509.8万人，占总人口的84.9%；少数民族人口366万人，占总人口的60.9%。阿坝藏族羌族自治州共有行政村1358个，其中贫困村有432个，占总村数的31.8%。全州共有乡村人口67.83万人，其中少数民族人口有53.62万人，绝对贫困人口10.39万人，占全州乡村人口的15.32%；低收入人口14.96万人，占全州乡村人口的22.01%；全州贫困人口占少数民族总人口的47.28%，占全州乡村人口总数的37.37%。甘孜藏族自治州共有行政村2288个，其中贫困村有811个，占总村数的35.45%。全州有乡村人口78.00万人，其中少数民族人口为66.91万人，绝对贫困人口34.42万人，占全州乡村人口的44.13%；低收入人口16.09万人，占乡村人口的20.63%；全州贫困人口占全州少数民族人口的75.49%，贫困人口占全州乡村人口的64.76%。凉山彝族自治州有行政村3743个，其中贫困村有1187个，占总村数的31.7%。全州有乡村人口375.42万人，其中少数民族人口有201.49万人；绝对贫困人口有46.98万人，占全州乡村人口的12.51%；低收入人口72.38万人，占全州乡村人口的19.28%；全州贫困人口占全州少数民族人口的59.24%，全州贫困人口占全州乡村总人口的比例为31.79%。从以上数据可以看出四川三个民族自治地方的贫困现状都表现出贫困面大的特点。“三州”地区农民人均纯收入1971.6元，为全国平均水平的67.2%，农村居民恩格尔系数66.3，比全国平均高出19.1个百分点，石渠县高达92.0。甘孜藏族自治州18个县中仅有1个县恩格尔系数低于60.0，全州均处于整体贫困状态，但划入国家扶贫开发重点县的仅有石渠、理塘、雅江、新龙、色达5个县。由于指标限制，“三州”仅有19个县列入国家扶贫开发工作重点县，不到应划入县的50%。《中国农村扶贫开发纲要（2001—2010年）》实施4年后，2005年的中期绩效评估表明，截至2004年底，“三州”共有人均纯收入924元以下的贫困人口195.0万人，占“三州”总人口的38.8%。其中，甘孜藏族自治州46.2万人，占农村人口的60.2%；阿坝藏族羌族自治州25.4万人，占农村人口的

37.3%；凉山彝族自治州123.4万人，占农村人口的34.4%。“三州”共有人均纯收入低于668元的绝对贫困人口90.9万人，占“三州”农村人口的17.8%，为全国农村绝对贫困人口比重的6.0倍。其中，甘孜藏族自治州32.0万人，占农村人口的44.3%；阿坝藏族羌族自治州10.4万人，占农村人口的15.3%；凉山彝族自治州48.5万人，占农村人口的13.4%。[①]“三州”贫困现象具有贫困发生率高（甘孜州高达41.7%）、贫困程度深（家徒四壁、一贫如洗）、贫困分布广和返贫率居高不下的显著特点。由于“三州”生存环境恶劣、自然灾害频繁，人力无法加以改变，将长期遭受贫困的困扰。

宁夏西海固地区涵盖南部山区8县，总面积3.04万平方千米，240多万人口，是自治区的“半壁河山”，也是回族聚居区。西海固素以“苦瘠甲天下”而成为中国20世纪80年代大规模扶贫的发祥地和扶贫攻坚的主战场。1982年全区农民人均纯收入44元，70%以上农户不能维持基本温饱。1983—1993年，经过10年“三西”[②]农业建设，贫困状况有所缓解，但仍有140万人口没解决温饱问题，人均纯收入300元以下的特困人口高达64万。经过7年扶贫攻坚，全区于1999年在全国首开以县为单位整体解决温饱的先河。到2000年国家制定新的10年农村扶贫开发《纲要》重新调查时，全区仍有128.6万贫困人口（人均纯收入865元），其中52.7万为绝对贫困人口，贫困发生率为24%。

2. 贫困程度尤为深重

中国西部少数民族贫困地区绝对贫困人口的绝大部分集中分布在西北和西南经济不发达地区中的干旱半干旱地区，耕地资源贫乏的深山区、石山区、高寒山区、荒漠地区、地方病高发区以及水库

① 王小刚，等：《新形势下西部三州反贫困问题研究》，2006年8月22～23日四川大学国际反贫困研讨会论文。

② 指甘肃定西、河西和宁夏西海固地区。

淹没区。其生产方式原始、产业结构单一、基础设施薄弱、投资环境恶劣、社会发育程度低下、生态严重失调，经济技术发展远远低于其他地区和全国平均水平，至今还有很多处于封闭原始状态的少数民族贫困地区基本上没有被现有的扶贫工作所触及。许多处于极度贫困状态的少数民族贫困人口从未得到过真正意义上的扶持而衣食无着，不得温饱，其生存与发展同现代经济文化隔绝。到 21 世纪初期，该地区 80%的人口仍然生活在传统的农业社会，云南、贵州、广西、西藏、青海、四川等少数民族贫困地区仍然残留游牧迁徙、刀耕火种的生产生活方式，其经济社会发展水平极低，贫困人口生活极端困难，生存环境十分恶劣。从人口分布看，少数民族贫困人口约有一半以上分布在西南石山地区，如广西、贵州、云南等省区的苗、壮、布依、彝、怒、独龙、傈僳、拉祜、佤、布朗族等。这类地区大多是典型的喀斯特岩溶地貌，境内山峦耸立、沟壑纵横、土地坡陡、土壤贫瘠、肥力低下、水源奇缺，群众生产、生活十分艰难。例如云南怒江地区的基本地貌特征是四山夹三江（从东向西为云岭、澜沧江、碧罗雪山、怒江、高黎贡山、独龙江、担当力卡山）。境内山高谷深、河沟交错、江流湍急、道路险峻，交通十分困难，有“耕地挂在墙壁上”之说。地处怒江大峡谷的怒江傈僳族自治州所辖的 4 个县均为贫困县，全州山区、半山区、高寒山区占 91.24%；泸水、福贡、贡山三县土地中，坡度在 25°以上的分别占 28%、22.2%、53%，大部分是“大字报地”，耕作条件极差。生活在这些地区的怒、独龙等民族都是我国最边缘、贫困程度最深的民族。居住区域一般在海拔 2000 米以上，由于山高坡陡，沟深谷长，交通往来十分不便。很多村寨隔沟可以聊天对唱，走到一起需半日行程。这些地区土地贫瘠、气温偏低、日照不足，植被生长周期长，生态环境非常脆弱。恶劣的自然环境使当地的少数民族贫困群众生活在孤立闭塞中，远离了城市，远离了其他人群，远离了各种现代资源，对于他们向现代社会的转型是十分不利的。又如云南省文山、红河两自治州的喀斯特地区，抬头见石山，低头见石山，开门见石山。区内人多地少，土地防水固土差，水渗透性强，水土流失严重，农业生产极不稳定，加上干旱、冰雹、暴雨等自然灾害频繁，因灾返贫现象十分普遍。还有部分人口居住在青藏高原高寒阴湿地区，并且主要集中在海拔2600米以上的高寒山区、干热河谷区和陡坡深沟地区，其中的绝大多数又生活在海拔3000米以上的高寒山区，生存环境十分恶劣。在四川凉山彝族自治州，生活在海拔3000米以上高寒山区的有205个村，11.5万人；居住在坡度为40°以上坡地的有2507个村，7.5万人；生活在基本与外界隔绝的深山峡谷的有38个村，1.38万人；有20多万人的生产生活条件还保留在非常原始的状态下。

由于西部民族地区社会保障系统薄弱，医疗卫生条件十分落后，地方病严重，一些少数民族群众长期处于贫病交加的境况。四川“三州”属于地方病的高发区，据2000年制定《四川省农村扶贫开发规划（2001—2010年）》时调查统计，“三州”受鼠疫威胁的人口有20万人，大骨节病患者4.7万人，受血吸虫、布鲁氏菌病、碘缺乏病、地氟病威胁的人口分别达到83万人、20万人、400万人和130万人；克山病在凉山彝族自治州15个县（市）流行，人体包虫病在甘孜州、阿坝藏族羌族自治州流行较大，在10个牧区县危害严重。阿坝藏族羌族自治州属典型的老、少、边、穷地区，是全国罕见的地方病高发区和大骨节病重病区，全州13个县地方病、传染病多而活跃。地方病主要有大骨节病、地氟病、碘缺乏病、布鲁氏菌病等，传染病主要是肝炎、肺结核、黑热病等，患者20余万人，分布在高海拔地区、半高山和生态脆弱地区。尤其是大骨节病面积大、分布广，分布在全州13个县、91个乡、202个村，均为高海拔地区和生态环境脆弱地区。2006年有现症病人9941户、46758人。其中最为严重的属阿坝、若尔盖两县，患病率为50.25%，红原、马尔康、黑水、松潘等县有个别乡大骨节病也十分严重。绝大部分患者劳动能力降低，生活能力减弱，有相当一部分病人完全丧失了劳动能力和生活自理能力，病区群众贫病交加，缺医少药，体质弱、寿命短，因贫致病、因病返贫的现象十分普遍。

3. **发展水平低下**

生产方式落后所导致的经济发展水平低下是中国西部少数民族贫困地区的显著外在特征。从历史与现实结合的角度考察，西部贫困地区落后的生产方式和交换方式所形成的广种薄收、单一经营、粗放管理、靠天吃饭是贫困产生和加剧贫困的重要原因。

西部民族地区生产生活方式落后，生产力水平低下，社会发育程度低，沿袭旧的观念和习惯，人口文化素质低，社会保障严重不足，致使民族地区的贫困成为物质和精神多因素构成的综合型贫困。少数民族群众由于长期生活在区域边远、交通闭塞、生态环境恶化、相对封闭的自然偏僻环境中，经济社会还处在比较低的发展水平上。不少民族脱胎于原始的社会形态，社会发育程度低，如原始公社制、奴隶制、封建农奴制、封建领主制，存在各种不同的落后的政治制度，如血缘家支制、政教合一制、土司制度、封建王公制度等。许多少数民族在新中国成立前农业上一直使用木、石工具和刀耕火种、广种薄收的方法，有的民族还没有完成人类社会初期的两次社会大分工，没有单独的手工业。例如云南的傈僳、景颇、德昂、独龙等民族脱胎于原始公社制的残余。自然环境尤为恶劣，使用木制、石制这样一些十分简陋的生产工具，生产力低下，生产方式落后，“烧一山，种一坡，收一萝，煮一锅”。其中独龙族是我国 56 个民族中最边缘、最封闭的民族，同时也是经济文化最后进的民族，是从原始社会末期直接过渡到社会主义社会的民族。至 20 世纪 50 年代初，独龙族聚居的独龙江地区有数十个以血缘关系组成的家族公社，基本上是个农耕民族，但采集渔猎在其经济生活中占的比重很大，农耕方式至今仍采用刀耕火种型。有些群众长期过着游耕的生活，随耕地的改变而迁徙。其社会形态的原始落后最具典型性。西部大小凉山彝族则脱胎于野蛮落后的奴隶制度，原始的生产、生活方式至今尚有残留，成为凉山彝族社会深度贫困的重要原因。尤其令人忧虑的是这种原始落后的生产、生活方式带来的物质生活的匮乏，使人们的活动半径狭小、见识少，形成的不思进取、得过且过、注重眼前、只重消费而忽视再生产积累、鄙视经商的落后生产价值观和落后的思想观念，至今还深深影响着西南的许多少数民族，并常在这些民族日常生产、生活中表现出来。极为低下的生产力水平和落后的思想观念，是造成这些民族长期无法摆脱贫困的重要原因。①

在传统的小生产方式下，劳动者受教育程度低，文盲半文盲占有相当大的比例，在参与现代分工和商品市场竞争中处于劣势。同时，由于区位上的边缘分布，交通的闭塞，观念上的封闭，经济上的贫困，使生活在小生产方式下的农民养成了排斥新的、先进的科学技术知识信息和有价值的商品信息的习惯，继续保持“日出而作，日落而息”的自然经济生产方式，这种生产方式同西部贫困地区恶劣的自然条件和相对封闭的社会结构直接导致贫困地区农村产业结构的单一，表现为农业以单一种植业为主体，而种植业又以粮食生产为主体，其他农村产业发展滞后尤其是乡镇企业发展极度缓慢的格局。在西藏地区和川西藏区，农区、半农半牧区农牧民全年总收入的80%以上来自种植业，纯牧区牧民全年总收入的90%以上来自畜牧业，农牧业生产方式粗放，增产增收困难；产业化程度低，缺乏支柱产业，龙头企业数量少、规模小、层次低，农牧民和龙头企业的利益联结机制不紧密，中小企业发展缓慢。农业生产以低层次平面垦殖方式为主要特征，即低素质的生产经营者凭借传统的、简单的农耕技术和经营方式，以人口数量的增加和体力劳动为主，直观表现为以锄头、犁、耙和畜力为主的生产技术手段同自然界进行简单的能量交换过程。其生产结构是单纯追求粮食产量的单一种植业结构，生产力水平极低。低层次平面垦殖方式最直接的后果是造成贫困地区的封闭循环格局，加之交通不便、地形闭塞的自

① 杨松、王岚：《西部民族地区的贫困现状和反贫困的战略思路》（专题报告）。

然环境，更使得这种格局获得了一种稳定性，这种超稳定性的封闭循环的经济结构和闭塞的自然环境融织在一起，严重地阻滞了贫困地区社会基础结构的演进和进化。

4. **扶持难度很大**

再从历史文化角度上观察，我们不难发现西部少数民族贫困地区是中国农村反贫困治理最困难的地区，少数民族贫困地区的贫困发生不仅有着更为深刻、复杂的社会经济背景和历史文化背景，而且少数民族的文化价值观念也与汉族有着很大的不同，有的扶贫开发措施甚至同少数民族的文化传统与价值观念有相当大的冲突。如藏族主要居住的青藏高原，彝族、白族、佤族、傈僳族聚居的云贵高原，怒族居住的怒江流域，土家族、苗族、布依族聚居的武陵山区，这些地区人口居住分散，经济文化发展极为封闭，恶劣的地质地貌和高山草原形成天然屏障与外界隔绝，形成独特的山区文化、草原文化、火塘文化以及广泛存在而影响深远的原始宗教文化，它渗透在少数民族社会生活的各个层面，以传统风俗和生活习惯等各种方式表现出来，并显现出极为稳定的、保守的特征，由此，排他的、孤立发展的文化形态基本上无法与其他民族进行交流与融合。同时，由于基础教育普遍落后，劳动者素质低下，自身综合能力较差，限制了西部民族地区经济和社会发展，同时严重制约了农牧业生产的发展和农牧民收入的增加。进入21世纪以来，尽管国家和西部各省区相继实施了旨在提高民族地区人口素质和基础教育水平的教育扶贫工程，民族地区教育落后的情况有所改善，但西部民族地区人力资源开发水平低，义务教育办学条件差，师资缺乏，适龄儿童入学率低，辍学、流失严重、升学率低、文盲率高等状况在短期内仍然难以有较大的改变，与全国平均水平相比仍然存在着较大的差距，与东部地区相比差距更大。恶劣的自然地理条件、原始落后的生产方式和极端低下的人力资本素质直接导致了西部少数民族地区发展进程的封闭或半封闭，这种在封闭半封闭的经济环境中逐步形成的相互隔离的社会文化机制使科学文化和现代化信息的传播受到时空的限制，不仅是许多以教育、科技、文化开发为主体的扶贫措施难以有效贯彻的现实障碍，而且是长期以来西部少数民族地区丰富的自然资源不能得到充分的开发利用、潜在的资源优势无法转换为现实经济优势的重要原因。

综上所述，恶劣的自然生态环境，频繁的自然灾害，传统的、低效率的农牧业单一生产格局以及千百年来形成的历史文化机制所表现出来的封闭性、保守性是西部民族地区经济社会发展缓慢的基本原因。而低层次的农牧业生产方式使西部民族地区长期陷入经济低速增长和人口剧增的恶性循环之中，在没有外力拉动或拉动小的情况下，这种循环将一直维持下去，并表现为一种超稳定状态。这种超稳定的社会经济系统同闭塞的自然环境交融在一起，严重地影响了西部民族地区对外部资源要素的吸纳能力和对外开放的水平。而教育卫生事业发展的极度落后导致的人口素质的普遍低下，又降低了西部民族地区自身资源的开发利用水平，这两方面的作用使西部民族地区在传统农业的发展道路上步履蹒跚。这种独特的经济矛盾同西部民族地区扶贫机制的缺陷共同构成西部民族地区反贫困战略面临的一系列问题、困难和障碍，因而也构成西部民族地区自身要求加快区域综合开发步伐和全面实施反贫困治理战略的基本动因与客观要求。

四、西部贫困地区的扶贫制度创新

在系统分析和阐释中国西部贫困地区反贫困战略面临的若干问题、困难和障碍的基础上，全面剖析中国现行扶贫制度的现状、特征和缺陷，探索研究推进中国西部贫困地区反贫困战略的制度安排和制度框架，对于进一步明确中国西部贫困地区反贫困战略的指导思想与工作方针，确立中国西部贫困地区反贫困治理的制度保障具有重要的意义。

（一）扶贫制度的现状和特征

作为一种长期的、世界性的社会经济现象，贫困在本质上主要涉及维系生存的物质可获得性和个人获得发展机会、权利的公平性等问题，因此，扶贫制度安排的根本目标就是实现公平和效率的均衡。20 世纪 80 年代中期中国开始逐步形成的以政策为中心的农村扶贫制度，总体上是以满足贫困地区经济增长和扶贫双重目标，坚持以项目为中心的开发式扶贫，采用区域瞄准方式和推动政府主导下的全社会扶贫的制度。这期间的扶贫制度，虽然经过实施《国家八七扶贫攻坚计划》和《中国农村扶贫开发纲要（2001—2010年）》这两次调整，但是，总体而言农村扶贫的基本制度并没有大的改变。其现状和特征主要是：

1. 议事协调机构

新中国成立以后，我国的扶贫工作主要由民政部门承办，花了很大力气，解决了许多问题。为了加强贫困地区经济开发工作的指导，尽快改变贫困地区的落后面貌，1986 年 5 月 16 日国务院成立了贫困地区经济开发领导小组及其办公室，1993 年 9 月 17 日更名为扶贫开发领导小组及其办公室至今。领导小组的基本任务是：组织调查研究，拟定贫困地区经济开发的方针、政策和规划，协调解决开发建设中的重要问题，督促检查和总结交流经验。领导小组为议事协调机构，下设的办公室主要承办领导小组的日常工作，办公室挂靠国家农业部。贫困地区亦比照中央设立相应机构，并且多数扶贫办也挂靠当地农工办或农委。

2. **多家机构并存**

1986 年以前，我国从事扶贫的机构主要是民政部门。1986 年以后则有多家扶贫工作机构，中央有国务院扶贫开发领导小组办公室管扶贫的议事协调、国家发展改革委员会地方司管以工代赈扶贫资金项目、国家民委管民族地区发展资金项目、国家财政部农业司管财政扶贫资金项目、国家农业银行管信贷扶贫资金项目、国家民政部管救济（供养）救助扶贫。有扶贫任务的省到县也如此。西部省级除了对应上属机构外，还有民族地区开发办等。市、县两级也有多个扶贫机构，例如，四川旺苍、苍溪、南部等县除有扶贫办外，还有以工代赈办、世行贷款扶贫办、对口协作扶贫办等。同时，在这些县搞扶贫工作的还有财政局、农业局、水利局、民政局、社保局等。

3. **以县为单元扶贫**

从 1986 年至今的 20 多年，我国都是围绕解决群众温饱问题，以县为单元来开展扶贫开发工作的。1986 年，国家首次确立国家重点扶持的贫困县，简称国定贫困县，全国有 331 个。1994 年起开始实施《国家八七扶贫攻坚计划》，对国定贫困县进行了一次调整之后为 592 个。各省区也比照国家的操作方式确定了省定贫困县。从 2001 年起，国家取消了国定贫困县的称谓，改为国家扶贫开发工作重点县，全国仍为 592 个。部分省区也比照国家的操作方式，确定了省定扶贫开发工作重点县。从本质上说，这是“区域扶贫”，就是把扶贫当成局部贫困地区“内部的事”，没有注重扶贫工作的整体安排，其做法就是“就地解决”贫困人口的生产、生活问题。

4. **以信贷资金为主**

扶贫开发的主要手段是扶贫资金，就扶贫资金而言又包括信贷扶贫资金、财政扶贫资金、以工代赈扶贫资金、地方财政配套扶贫资金，以及社会扶贫资金等。1986 年中国农业银行设立了专项扶贫贴息贷款，每年 10 亿元，用于支持贫困地区发展农牧业生产，解决温饱，脱贫致富。由此，开始了中国金融部门有组织、大规模的信贷扶贫工作。随后，中国人民银行又设立了老少边穷地区发展经济贷款和贫困县县办工业贷款，其他银行也相应开办专项扶持贫困地区的贷款，贷款规模逐年加大，农业银行扶贫贷款种类也不断增加，相继开办了康复扶贫贷款、边境贫困农场贷款等。因此，扶贫资金的主体一直是信贷贴息资金，每年约为中央扶贫资金总额的 67%左右。1986—2000 年，中央扶贫资金总计为 1546 亿元，其中，信贷扶贫资金为 879.50 亿元，财政扶贫资金为 267.50 亿元，以工代赈扶贫资金为 399 亿元。信贷资金中有的属于专项财政贴息贷款，有的则属于一般性的没有贴息的贷款。20 世纪 90 年代末期以来，全部属于专项财政贴息贷款。20 世纪 80 年代中期以来，信贷扶贫资金先后由农行委托信用社发放，或者农行、农发行、农行交替发放。

5. **开发方式领先**

扶贫模式从救济式扶贫或称为输血式扶贫发展为今天的开发式扶贫或称造血式扶贫，大约经历了近 20 年的时间。到 1994 年“八七”扶贫攻坚计划时，“扶勤不扶懒，造血不输血，先易后难”成为扶贫工作的高度共识。开发式扶贫共识，暗含有三个前提：懒惰是贫困的主观原因，经济开发不够是贫困的客观原因，千方百计寻找“短、平、快”项目是扶贫的唯一途径。基于这个认识，开发式扶贫一直被视为消除贫困的“金钥匙”。开发式扶贫，是对传统的救济式扶贫的改革和调整，是中国政府扶贫政策的核心和基础。实行开发式扶贫方针，就是以经济建设为中心，支持和鼓励贫困地区的干部群众开发当地资源，发展商品生产，改善生产条件，增强自我积累、自我发展的能力。自20世纪80年代中期开发式扶贫方针确立以来，是把它作为一场革命来进行的，因此，开发式扶贫是1986年以来主要的、甚至唯一的扶贫方式。

6. **以政策为核心**

1984年9月30日，中共中央、国务院发出了《关于帮助贫困地区尽快改变面貌的通知》，到2001年国务院颁布《中国农村扶贫开发纲要（2001—2010年）》，我国的扶贫工作主要是以政策扶贫为主。所谓“政策扶贫”就是指忽视整体的制度安排，过分地依赖优惠政策和地方官员的力量来开展扶贫工作。政策的框架主要有以下四种：一是确定了贫困县，后叫扶贫开发工作重点县。二是设立专门机构，安排专项资金，制定优惠政策，开展了有组织、有计划、大规模的扶贫开发，如实施《国家八七扶贫攻坚计划》、《中国农村扶贫开发纲要（2001—2010年）》。三是设立并逐年增加财政扶贫资金，其中财政扶贫资金占65%左右，重点支持改善基本生产条件和实用技术培训；以工代赈资金占35%左右，主要用于贫困地区建设基本农田、解决人畜饮水和乡村道路建设。同时，还定期发放扶贫贴息贷款，主要支持农户发展种植业、养殖业和小型加工业以及其他增加收入的项目。四是制定了一系列主要针对贫困地区和贫困农户的优惠政策，近年来不断加大对中西部地区的支持力度，出台了一批新的政策，支持贫困地区的经济社会发展。

7. **以温饱为目标**

自开发式扶贫开展以来的20年，我国扶贫工作的目标主要是单一的解决贫困人口的温饱问题。温饱以下的界定是“食不果腹，衣不遮体，住房不避风雨”。我国至今沿用的贫困线是1986年由政府有关部门在对6.7万户农村居民家庭消费支出调查的基础上计算得出的，即1985年农村人均纯收入206元的标准，到1990年这一标准相当于300元，2000年为625元，2003年为637元，2005年为683元。这是一个维持基本生存的最低费用标准，也是一个符合中国国情的贫困标准，在中国被称作温饱标准。2001年《中国农村扶贫开发纲要》实施后，鉴于初步解决温饱的贫困人口标准低、温饱状况不稳定，政府有关部门经过测算提出了865元的扶持标准（2003年为882元，2005年为944元），在中国被称为低收入贫困人口。这个标准按照购买力平价测算，与国际社会通行的每人每天消费1美元的贫困标准比较接近。

（二）扶贫制度的历史功绩

1978年改革开放初期至20世纪90年代中期，我国农村基本处于“普贫”状态，改革开放不断深入，经济体制逐渐完善，民主法制不断健全，贫困地区丰富的自然资源亟待开发。这期间扶贫制度是与之相适应的。从战略层面上看，这一扶贫制度实现了由救济式扶贫向开发式扶贫转变，由单纯的直接救济向地区经济综合开发的方向转变，由单纯的向贫困地区“输血”向增强贫困地区“造血”功能转变，由单纯的政府主导型扶贫向动员全社会力量并加强国际合作的全方位的扶贫转变，扶贫从发展的角度出发，强调贫困地区经济的发展。从战术层面上看，改变了平均使用扶贫资源特别是扶贫资金的办法，集中人力、财力、物力搞综合开发；国家在信贷、税收和经济开发等方面给贫困地区和贫困农户以优惠政策，中央各职能部门在资金、物资和技术上向贫困地区倾斜；由中央、地方政府和贫困地区居民共同投资，政府的扶贫政策与农村制度创新“互动”。这一扶贫制度和方式取得了显著成效。

一是从贫困状况来看。全国农村贫困人口1978年为2.50亿人，1985年为1.25亿人，到1993年也还有8000多万人。这期间不论是国定贫困县还是省定贫困县，贫困发生率都很高。20世纪80年代至90年代初，国家和省区确定的贫困县所覆盖的贫困人口占全国贫困人口总数的80%以上，即便“八七”计划时期592个国定县覆盖的贫困人口也占全国贫困人口总数的73.24%。这期间的贫困问题主要是温饱问题，加之贫困面大、贫困人口多，扶贫采取了先易后难的方式推进。同时，贫困地区资源富集，不论地上还是地下资源既丰富又亟待开发。多年的实践证明，开发式扶贫与以县为单元开展扶贫工作，都是正确的决策。

二是从改革开放来看。自改革开放以来我国经济体制先后经历了社会主义计划经济、计划为主市场为辅、社会主义商品经济、社会主义市场经济的不同阶段。这期间，行政体制特别是行政机构也进行了多次改革。其他方面的改革也在不断深化中。总之，扶贫开发的20年，正是深化改革、扩大开放的20年。“普贫”时期，我国农村主要处于前三个阶段，因而议事协调性质的扶贫机构协调多部门开展扶贫开发与之是相适应的。

三是从综合国力来看。“普贫”时期特别是改革之初，我国综合国力不强，经济总量还不如一个亚洲小国，扶贫资金中信贷资金打主力也是符合当时国情的。就信贷扶贫体制而言，当时县下有区，区级有农行的延伸机构——营业所，县乡农村信用社也属农行代行管理，这时的扶贫信贷体制也是切合贫困地区农村实际的。同时，这时期的以工代赈是实物形态的，1986年到1995年的10年间以工代赈折价169亿元，其中，低中档工业品折价101亿元、粮食折价68亿元。扶贫资金中信贷、财政、以工代赈三项资金的比例为56.89∶25.81∶17.40。因此，扶贫投入体制是符合当时的国情国力的。

四是从扶贫的效果看。改革开放28年来，政府在解决农村贫困问题方面做出了巨大的努力，扶贫战略实现了从“体制改革推动扶贫”（1978—1985年）到“大规模开发式扶贫”（1986—1993年），再到“扶贫攻坚”（1994—2000年）的阶段性转变；扶贫思路也经历了从“道义式”到“制度式”，从“救济式”到“开发式”，从“输血”到“造血”，从“覆盖地区”到“扶贫入户”的历史性转变。扶贫工作取得了举世瞩目的成就：一方面，透过反映扶贫状况的两个基本指标（贫困人口和贫困发生率）可以发现，1978年我国贫困人口数量为 2.50 亿，贫困发生率高达 30.70%，到 2000 年相应数据下降到 3209 万人和 3.40%，2005 年末更进一步下降为 2365 万人和 2.50%（见图 4－1）；另一方面，我国农村扶贫也使世界贫困人口在过去 50 多年来首次呈下降趋势，事实上，世界贫困人口的减少主要发生在中国，中国农村扶贫的成功经验得到了世界的肯定。这在中国历史上和世界历史范围内都是了不起的成就，充分体现了中国特色社会主义制度的优越性，也体现了扶贫制度的合理性。

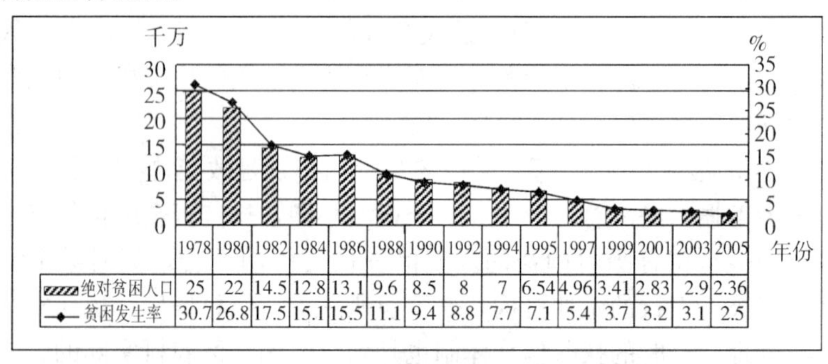

	1978	1980	1982	1984	1986	1988	1990	1992	1994	1995	1997	1999	2001	2003	2005
绝对贫困人口	25	22	14.5	12.8	13.1	9.6	8.5	8	7	6.54	4.96	3.41	2.83	2.9	2.36
贫困发生率	30.7	26.8	17.5	15.1	15.5	11.1	9.4	8.8	7.7	7.1	5.4	3.7	3.2	3.1	2.5

图 4－1　1978 年至 2005 年中国农村绝对贫困人口规模和贫困发生率

资料来源：中国农村住户调查年鉴（2003）和中国农村贫困监测数据。

最后从西部的实践来看。这一体制也是与西部的实际基本相吻合的。

（三）扶贫制度的障碍分析

进入 20 世纪 90 年代后期特别是 21 世纪初以来，扶贫现状与背景条件发生了根本的变化。一是制度性贫困问题开始突显出来。经济原因、政治原因、文化原因、国际原因、宗教原因等都是贫困的重要原因，但这些原因背后的制度性障碍日渐成为重要因素。我国农村贫困是多种因素共同作用的产物，在制度性贫困、结构性贫困和环境性贫困中，制度性贫困逐步成为解决贫困问题的主要症结。据零点公司发布的《2005年中国居民生活质量指数研究报告》显示，城乡贫困人群中，有40%～50%的人提到，“家里穷，是因为有孩子要读书”。从贫困的制度原因分析看，在较大程度上是由不良制度或缺乏良好制度所导致的，这些制度缺陷既包括宏观层面的制度缺陷，又包括微观层面的制度缺陷，诸如农村的自然资源配置制度、教育制度、分配制度等。二是经济全球化的发展以及中国解决“三农”问题的政策导向，以人为本、科学发展观的确立，全面建设小康社会，构建和谐社会，建设社会主义新农村，对现阶段的农村扶贫战略赋予了新的约束条件，也赋予现阶段农村扶贫工作以新的阶段特征，简言之，缓解并逐渐消除贫困是全面建设小康社会与构建和谐社会的主要题内之义。三是扶贫面临的宏观背景也发生了质的变化：经济市场化、社会多元化、资源节约化、兴国科教化、治国法制化、政治民主化的特点越来越明显。在上述情况下，现行扶贫制度的障碍性显得越来越突出：扶贫投入的效率面临严重的“边际收益递减”现象，庞大的低收入人口构成了现实和潜在的“返贫”压力，与农村贫困问题相关的农民或农户的增收持续性缓慢，国内扶贫标准与国际通用标准存在着差异，以消除绝对贫困为核心的扶贫工作尚未真正触及深层次的贫困问题，缺乏农业生产和农产品交易的风险保障机制使农业内在的弱质性最终传递到农户头上，以县为单元导向的扶贫经常导致扶贫工作与实际情况错位等。

1. **机构重叠互相掣肘**

扶贫涉及很多部门，从中央到地方，都有多家扶贫机构，但是每一个部门的职责并不是很清楚，特别是综合性的部门和专业性的部门之间缺乏联系和沟通，包括信息反馈都没有。到一个地方的扶贫办，他们并不一定能够把整个县的贫困情况说清楚，有的甚至不能报出本县有几个项目、有几个工程、每一个工程投资多少、项目区人口多少这些基本的数据。每个部门都有管理的问题，但是各搞各的，使得扶贫力度很差。各级扶贫办是农村扶贫的主体机构，但是各级扶贫开发领导小组及其办公室的性质为议事协调，不是政府的序列机构，给人一种机构临时性、行为短期性、任务突击性、工作指导性的感觉。从各级扶贫开发领导小组来说，它的副组长多是党委、政府分管各项工作的领导。有的地方，领导小组一年仅开一两次会议，甚至没开会。开会的内容多为研究扶贫资金的分配。由于副组长、成员来自各单位，研究资金分配时一般都会代表各自分管的单位或所代表的部门努力争取扶贫资金分额。一省一市一县有多家扶贫机构，由于部门利益所驱动，互相掣肘，无法形成合力。机构重叠、人员臃肿、办事效率低下，这在县一级还增加了财政负担。2004 年以来，四川的以工代赈扶贫资金只用到 36 个重点县，财政扶贫资金全用到非重点县的贫困村。这样，重点县的扶贫办 10 多人“无所事事”，而以工代赈办的一两人则忙得团团转。各级扶贫办属于领导小组的办事机构，国务院扶贫办原属司局级后属副部级，省、市、县扶贫办也多属二级厅、局、委，要他们协调一级部委或一级厅局，困难重重、力不从心。到 2005 年底，四川尚有 594.60 万贫困人口，其中尚未解决温饱的人口 184.60 万，这些贫困人口分布在全省 160 个县，可见扶贫任务艰巨。但是，四川省扶贫办仅有 18 个人员编制，内设综合、计划两个处。协调性的机构、有限的人力，面对繁重的扶贫任务，显得心力不济、无所适从。特别是 2004 年 7 月 1 日《国家行政许可法》开始实施以后，属于议事协调性质的扶贫办缺乏行政许可，而且还没有下发指令性文件的权力，因而不仅协调难，而且靠前指挥更难。然而客观上艰巨的扶贫工作又迫使扶贫部门必须临场作战、冲锋陷阵。这种有限权力与无限责任的体制使得扶贫部门处于两难境地。再则，从体制上说，由发改委、财政部门具体管扶贫资金、项目，也不利于财权与事权分开的现代管理体制建设，从一定意义上说，更与建设高效、廉洁、精干的干部队伍相悖。更由于制度性的障碍，一些扶贫部门不甘于协调而自觉不自觉地把自身等同于类似财政的政府组阁部门，越位寻租（权）而大大缺失了自身的协调功能，造成扶贫资金、项目管理使用的越位和缺位，增大扶贫运作成本不说，还在一定程度上滋生了扶贫部门的腐败现象。

2. **开发式扶贫面临新的挑战**

由于制度性的障碍，以开发贫困地区自然资源、增加贫困户收入为中心的开发式扶贫已经不可能解决绝大多数特殊贫困人口的贫困问题，并且给瞄准扶贫对象带来极大的困难，已不适应治贫减贫的态势。因为开发式扶贫是以计划经济为背景，以物资短缺为前提，以资源为依托，以市场为导向，以效益为中心，以温饱为目标，以扶贫为载体的。

一是从开发式扶贫方式产生的背景看，当初是计划经济时期，在计划经济体制下，由于物资短缺，扶贫工作的核心是围绕着增加贫困地区粮食和商品量来制定扶贫目标，安排扶贫项目，下达扶贫资金；在社会主义市场经济条件下，贫困地区以及贫困农户都必须参与市场竞争，按照市场需求安排生产经营，不然，就会出现增产不增收的局面，甚至被竞争出局而破产。

二是从开发式扶贫的前提条件看，在物资短缺的条件下，开发式扶贫通过帮助和促进贫困地区的经济开发，增加粮食产量和商品拥有量，就成为贫困地区的当务之急；在目前国民经济已从商品短缺走向相对性结构过剩的条件下，如果仍然把开发放在第一位，很容易走到开发那些相对过剩产品的老路，这样不但不能帮助贫困地区的贫困农民增加收入，反而还会加重商品积压和谷贱伤农的情况。这就是说，现在上述背景和前提条件都已经缺失。

三是以资源为依托看，一种情况是开发当地资源也受到诸多条件的制约，比如，在实施天然林保护、退耕还林还草、地下矿藏的规范开采后，可供开发的当地资源已经极为有限。目前，在许多贫困地方可供开发的资源主要是劳动力，然而，劳动力素质又不高，难以适应市场需求。特别是随着扶贫实践的深入开展，剩余的贫困人口往往在人力资源、经济资源、环境资源和社会资源方面非常贫乏，缺乏开发的基础。另一种情况是由于贫困人口所处的生态环境系统非常脆弱，加之多年来开发扶贫上的“靠山吃山”、“有水快流”、“先易后难”，千方百计寻求“短、平、快”项目，开发式扶贫对生态环境造成了新的压力，甚至陷入“过度开发—资源短缺—人口贫困—快速开发—生态恶化—贫困加剧”的恶性循环怪圈。

四是以市场为导向看，开发式扶贫要求扶贫对象必须具有一定的基础条件，即在外部给予一定资金、技术、物质支持的条件下具备发展生产，提高收入水平，进而实现自我发展的能力和资源条件。显然，目前相当部分贫困人口并不具备这样的条件，因此贫困户无法按照市场需求来组织安排生产经营，也就是说，对贫困人口的生产经营活动而言，市场往往失灵。

五是以效益为中心看，市场经济是以经济效益为中心的，扶贫是以社会效益为中心的。市场需要的生产经营项目，贫困人口并不一定就办得到或者需要；贫困人口需要的，又并不一定有市场效益。何况多数贫困人口生产的目的是为了满足自身需要，即便不能赚钱甚至亏本也要生产；因此，扶贫投资的效益也在下降。2003年我国未解决温饱的贫困人口非但没有减少，反而增加了80万人，也从一个侧面表明了开发式扶贫投资在一定程度上存在着“边际效益下降”的问题。

六是以“越温”为目标看，目前农村尚未解决温饱的贫困人口绝大多数既缺乏劳动能力，又缺乏可供开采的资源，加之不具备使用信贷扶贫资金的条件，显然开发式扶贫不能解决他们的温饱问题。特别是对于丧失劳动能力的贫困人口，只有实施供养（救济）、救助式扶贫，才能解决他们的温饱问题；对于缺乏基本生存条件的贫困人口，也只有通过移民才能从根本上解决他们的贫困问题。可以说，开发式扶贫已不能达到解决温饱的目标。

七是以扶贫为载体看，“开发”仅是手段，“扶贫”进而脱贫才是目的。但是，多年来许多地方始终把开发式扶贫的重心不是放在“扶贫”上，而是放在了“开发”上，一些领导干部对“开发”倾注了太多的热情，国家下拨的扶贫款一股脑儿都进了“开发”的盘子，经济项目越上越多，却越来越远离“扶贫”的目标。其实，“开发”应该有另外的渠道或另外的公共财政预算来专司其职，扶贫部门应当脱离“开发”，专司“扶贫”之职。

八是从国际环境看，开发式扶贫难以与国际社会接轨。中国的贫困与反贫困受到了国际社会广泛的关注与支持，联合国开发计划署、世界银行以及欧盟、英国政府、荷兰政府、日本政府、德国技术合作公司、亚洲开发银行、美国福特基金会、日本凯尔、日本协力银行等都在中国开展了扶贫项目，仅世界银行在西南、秦巴、西部三期扶贫贷款项目的援助总规模就达6.1亿美元，覆盖9省、区，91个重点县（贫困县）、800多万贫困人口。实践中，我们看到国际社会非常注重扶贫项目的制度建设、被扶持者的能力建设等。开发式扶贫政策设计的初衷，是在国家的扶持下，通过开发贫困地区丰富的自然资源，达到富县和裕民两个目标。但在中国经济已经完全市场化的条件下，地方政府所关注的是GDP的增速和财政收入的增加，而通过地方政府许可才得以进入贫困地区从事资源开发的企业，即使是挂了“扶贫龙头”，无论是国有企业还是民营企业，它们关注的仍然是盈利，两者结成利益共同体；而贫困人口则往往被排斥在外。

3. **以县为单元扶贫的诸多弊端**

以县为单元开展扶贫开发以解决群众温饱的方式已经不适应形势发展的要求。一是贫困人口“大分散、小集中”，即便与“八七”计划时期相比，国家扶贫重点县覆盖的贫困人口也大大下降。“八七”计划时期，592个国定贫困县覆盖贫困人口占全国的73.24%，现在的592个国家扶贫重点县覆盖贫困人口占全国的54%；四川63个贫困县覆盖贫困人口占全省的70.25%，现在的36个国家扶贫重点县覆盖贫困人口占全省的43.69%；分别下降了19.24%与26.55%。过去贫困人口相对集中、连片存在，全国有如大别山、太行山、秦岭大巴山等18个连片区域，现在这种情况基本不复存在。别说在一个县，即便在一个乡一个村，也有不贫困的村社和不贫困的人口。

二是以县为单元难以准确定位。据了解，国家评定“贫困县”的依据主要是贫困人口数量占乡村人口比例、农民人均纯收入、人均 GDP 以及人均地方财政收入等多项指标。正是由于这种贫困县认定标准的弹性过大，缺乏应有的刚性。实际上在各省区确定本地的“贫困县”时产生了一种县级政府“争戴贫困帽，戴上就不摘”的现象；同时也暴露了有关监督部门的缺位与失察，缺乏对贫困县必要的动态监督管理。正是这些原因，使得国家有限的资金并没有用到刀刃上。据《人民日报》2004 年 6 月 30 日报道，陕西省经济最强的 5 个县中就有靖边、蒲城为国家扶贫重点县，神木、城固为省定扶贫重点县；2005 年 9 月，新华社又报道，号称“内蒙古第一县”的准格尔旗，其财政实力甚至超过一个下辖数个旗（县）的盟或市，但是至今仍戴着“国家扶贫开发重点县”的“帽子”，享受着各种扶贫优惠政策和扶贫资金的支持。类似的情况，可能并非陕西、内蒙古所“独有”。这样的富县戴穷帽必然造成一些经济非常落后的县与国家的各项扶贫无缘，影响经济的协调发展，也折射出了我国扶贫制度的纰漏和缺失。

三是范围过大，极易产生“扶贫效益溢出”与“贫困人口漏出”问题。所谓“扶贫效益溢出”，就是以县为单元圈定重点扶持方式，使一部分不是贫困的人口享受了国家扶贫政策的优惠；所谓“贫困人口漏出”，就是不在扶贫重点县的贫困人口，无法享受到国家扶贫政策的优惠。更值得一提的是，一个县内也有不贫困的乡村农户，因为在重点县内，也享受了扶贫政策的照顾。同时，由于县的范围过大，扶贫资金到了县，无论用于什么项目也视为扶贫，因此重点县把扶贫资金用于开发的多，用于扶贫的少，弃穷的现象突出。在一些重点县，虽然名义上是“农村扶贫”，但国家的大部分扶贫资金其实并没有真正用到农村，而是流向了县城，变成了城镇里林立的高楼、漂亮的广场、宽阔的街道，以及虽然也向乡镇延伸，但仍主要是为城里人服务的柏油马路，而农村贫困面貌依旧，农村贫困人口的生存状态并无大的改善。农村扶贫在一定程度上反而把贫困地区内部的城乡差距拉得更大。

四是重点县扶贫本质上属于“区域扶贫”，就是把扶贫当成局部贫困地区“内部的事”，没有注重扶贫工作的整体安排，其做法就是“就地解决”贫困人口的生产、生活问题；加之全方位实施开发扶贫模式，最通常的办法就是千方百计寻找“短、平、快”的项目。这种做法立竿见影，虽然往往在短期内取得很好的效果，但是其后果也显而易见：一方面，无法避免其他地方“扶贫项目”的同质竞争，导致扶贫效果的下降；另一方面，一些“短、平、快”项目往往以掠夺资源、破坏环境为代价，短期内的突飞猛进却为日后的生态灾难埋下伏笔，为日后贫困问题的反弹留下祸根。

五是扶贫的针对性和实效性不强；因而扶贫“工作到村，扶贫到户”这些措施落实不了；扶贫资金被挤占、挪用的现象也克服不了。

4. 投入不足且更为分散

在“普贫”时期，国家综合国力还不强，扶贫投入以信贷资金为主是可以理解的。现在一是无偿资金少，二是分散性强，三是有偿与无偿比重不合理。这些问题主要是扶贫制度性障碍造成的。如前所述，2001—2004年，中央每年安排财政预算扶贫资金100～120亿元，占当年GDP的0.1%左右，占当年财政收入和支出的0.5%左右。扶贫贴息贷款规模160～170亿元（见表3-1、表3-2）。但是每年信贷扶贫资金到户率仅在1%强，明知到不了户的有偿扶贫资金占了中央扶贫投入的大头，也没有体现扶贫是政府的主要责任这一特性；严格意义上说信贷扶贫资金已失掉了扶贫的功能。财政扶贫资金又有严重的被挤占、挪用、挥霍现象，所以真正用于扶贫的就显得十分有限。农业银行属商业银行，贫困户贷款要抵押担保，贫困户不具备这个条件；县级农行没有延伸到乡镇的机构，贫困农户居住分散且远离县城。这就从客观上提高了贫困户使用扶贫贴息贷款的门槛。由于是协调机构的体制，也为扶贫资金使用分散埋下了“伏笔”，致使扶贫资金使用分散甚至成了难以根治的顽疾。资金分散，必然导致流失。因为扶贫资金、项目是从上往下走，项目申报是从下往上走，资金从中央到省，省到市，市到县，县到乡，乡到村，村到社，谁能保证资金经过这么多环节还不被挪用？所以，资金很分散，下拨的很多资金就流失了。2001—2003年四川每年就有十几个专项，这些专项年使用无偿扶贫资金2.60亿多元，占每年中央投入该省的无偿扶贫资金的1/3以上。到了市、县，扶贫资金进一步分散使用的现象也不是个别的。10年来，四川每年省级投入的扶贫资金平均才4000万元。新村扶贫资金来源为财政性扶贫资金，主要用于村民共享的基础设施、公益事业、产业建设，因此，扶贫的针对性和实效性都打了折扣。特别地，政府投入是解决贫困问题的主要方面，其多少直接关系到扶贫工作的发展，并且随着经济的发展，人均收入水平的提高，导致在扶贫工作中过去投入1000元和现在投入1000元的绩效大为不同。国际缓贫经验表明，当一个国家或地区的贫困人口下降到总人口的10%以内之后，余下的贫困人口便很难从经济增长中得到好处从而摆脱贫困状态。但只要从GDP中拿出1%的份额用于贫困人口，便可以使他们过上体面的生活，即告别贫困。① 然而，目前的情况是中央对四川的扶贫投入不足，四川的省级财政扶贫投入更是严重不足，在2004年时还是8年前的1996年确定的每年4000万元的基数，2005年也仅增加1000万元，这与四川是西部大省极不相称。因为四川省级财政一般预算总收入已由1996年的209亿元增长到了2005年的830亿元，翻了近两番，应该已具备增加扶贫投入的条件。

5. **扶贫机制创新难度较大**

党的十六届五中全会提出创新扶贫机制，这本身是一项艰巨的

① 冯永宽，王卓：《四川贫困问题研究》，成都：四川科学技术出版社，2000年版，第46页。

任务。制度决定机制，创新机制必须创新制度。但是，由于制度性的障碍使机制创新难以推进。更由于现行扶贫制度的制约，导致体制不顺，机制不灵，降低了扶贫应有的效果。

一是资金管理使用机制难以创新。在现行扶贫制度下，大量信贷扶贫资金偏离贫困人口甚至贫困地区。不仅信贷资金到村到户率仅为百分之几，甚至无偿资金到户率也极为低下。以四川“十五”期间为例，信贷资金因要担保抵押并且县级农行无延伸机构，到户率不足3%；无偿扶贫资金首先是省级“切块”去了1/3，余下的到市、县后又被切块一部分；到了贫困村的那部分资金中，一部分用于基础设施，一部分用于公益性事业，一部分用于贫困农户，但是，用于贫困农户这部分也实行报账制，贫困农户因贫困无力垫钱先办事，因此多数得不到扶贫资金；更不用说有的项目还要求贫困户配套大部分资金。在制度建设上，很多省市都制定了《扶贫资金审计条例》以及《关于扶贫资金的使用规定》等。这些制度都规定扶贫资金的使用应该有全程审计，每一笔扶贫资金的数目和去向对老百姓公示，重大事项应交由集体研究决策等。但是这些关于扶贫资金使用的“真经”，在实际操作中就变样了。例如，本来由集体研究决策的扶贫款项及其使用方向，最终往往还是由少数领导干部单独负责，一个人说了算。本应发挥作用的本地纪检监察部门，其监督力度往往也因为相互间的利益联盟而变得异常薄弱。总之，有关扶贫资金使用的各种制度，一到具体实施起来，立刻就变得疲软，有些甚至成为“扶贫腐败”的借口。

二是扶贫对象锁定机制难以创新。西部本来就有约40%的贫困人口在“万村扶贫”外而没有得到应有的扶持，可“万村扶贫”布局又过于分散，相当数量的村到户小型项目极少或根本就没有，村内弃穷问题较为突出，且越穷的人越得不到扶持。如同发达地区也有穷人一样，贫困地区也有相当数量的富人，而在一些地方，本已捉襟见肘的扶贫资源竟也染上了“嫌贫爱富”的毛病：由于银行等金融机构追逐高额商业利润，喜欢“大笔放贷”而不愿做“小额信贷”，扶贫贷款真正能落到头上的是富人而不是穷人；国家在贫困地区投入巨资包括以工代赈资金兴建的大型扶贫开发工程，因为招标制度的门槛原因，根本就把穷人排斥在外，富人远比穷人有足够的社会资源拿到这些项目和资金；还有个别所谓“扶贫龙头企业”，把本应扶持贫困农户的款项尽收囊中，或者拿走了大头。这样，扶贫制度在一些地方变成了一部“扶贫造富”机器，不但未解决贫困问题，还加剧了贫困地区内部的贫富分化。

三是扶贫方法方式机制难以创新。整村推进、劳务培训、产业扶贫的“一体两翼”，可以说是一个发展大农业的思路。因为一个贫困村在10年内就有三五十万元的一次性投入，且多数用于了全体村民共享的基础设施改善、村级产业发展、公益事业建设项目，整村推进而脱贫，对真正的贫困村来说很难办到，至少目前还没有这方面的典型。劳务培训仅是提升贫困农户发展能力的一个方面，何况由于对象要求初、高中生，这又升高了穷人进入培训的门槛。产业扶贫从运作两年多的情况看，大的方面在于国家和省级扶贫部门挂牌了一批龙头企业，提升了扶贫部门的知名度，这些龙头企业也因此得到了信贷扶贫资金的实惠，但是，辐射贫困农户增收的广度与深度没有发生多大的或者质的变化。

四是扶贫理念机制难以创新。“治穷先治愚”、“扶贫先扶志”、“扶穷不扶懒”、“造血不输血”似乎已成了扶贫工作的不二法则，而事实上把农民贫困的原因归结为“愚昧”、“懒惰”，既不客观也不公正。许多贫困乡村，农民们也非常勤劳，但他们所处的地理环境确实不具备发展产业的基本条件，甚至连基本的生存条件也已丧失殆尽，诸如西北的干旱荒漠区、西南的石漠化地区。在一些地方被片面执行的“产业化扶贫”，不但在某种程度上成了农村建立最低生活保障制度，使贫困群众享受基本生活保障的障碍，而且往往成为贫困地区干部“逼民致富”、侵犯农民生产自主权的理念根源和行动借口，进而产生了“弱者歧视”现象。

五是扶贫协调机制难以创新。由于机构林立，互相掣肘，尽管中央每年在三四月将扶贫资金下达到省区，可是，省区一般要在八九月，有时甚至要在年底才能将其下拨到县区，因而出现“头年资金二年干，三年才把结果看”的现象，致使扶贫资金到位迟缓的问题长期得不到很好解决。

6. 现行扶贫政策的局限性

一是贫困标准过低。我国至今沿用的贫困线是1985年农村年人均纯收入200元的标准，这一贫困标准实际上只是一个“饱不了，饿不死”的标准，并不能真正保障穷人的温饱。如果按照联合国日均消费不足1美元即视为贫困，我国的贫困人口数量还将大大增加。这其实是一个“温饱陷阱”，从统计数据上看全国低于此标准的绝对贫困人口已经下降到2365万，但农村里那些不再列入贫困人口统计的农户，仍有很多人无法保证温饱，返贫者大有人在，而这些隐性存在的大量贫困人口，却得不到任何扶贫政策的阳光雨露。不尽客观的统计数据从思想上、实践上为人们造成了“扶贫越来越不重要”的错觉，导致一些基层政府在决策上开始轻视扶贫。

二是漠视了扶贫对象的精神贫困。以生存为根本的扶贫制度，目的在解决温饱，然而，就贫困的内涵而言，精神贫困是最可怕的。长期以来，农村扶贫注重物质经济，事实上这本身无可厚非，扶贫贴息贷款、财政发展基金和以工代赈专项基金等扶贫方式不同程度地满足了贫困人口的物质需要，也在一定程度上推动了贫困地区的发展。但问题在于在现实中，我们所了解的贫困乡村，不单是物质的匮乏，更为严重的在于根植于内心深处的思想贫困，在于他们那些安于贫困现状的生活态度，也正因为如此，他们缺乏改变自身生产、生活条件和改变家乡贫困面貌的动力和勇气，而思想和精神贫困又往往与消极、愚昧、麻木、封闭等联系在一起，因此，思想贫困是比物质贫困更加难以根除的顽疾。

三是缺乏“刚性”约束。现行扶贫制度的显著特点，就是政策扶贫。这一制度弹性太大，缺乏应有的刚性，一些地方的群众说，“扶贫政策像月亮，初一十五不一样”。虽然许多地方采取官员挂点扶贫的方式，一时效果很好，但是同样也无法解决“短期行为”问题，容易导致日后的反弹。同时，政策扶贫往往以各种优惠政策为“开路先锋”，在取得极大效果的同时，容易对公平的市场秩序形成破坏性力量，甚至有可能使另一部分非扶贫对象成为需要扶贫的弱势群体。所以，这种办法虽然有效，然而有限，更不可能持久。也由于缺乏“刚性”，难以应对扶贫成本的提高。进入 21 世纪以来，由于社会发展成本的提高，扶贫存在“边际效益递减”的问题。据估算，在“九五”期间，脱贫一个人中央投入的扶贫资金（包括财政扶贫资金和信贷扶贫资金）大概要 2800 元，而到了“十五”期间，相应的资金已高达 15000 多元，是过去的 5 倍多。换句话说，投入相同的资金，过去可以救助 5 个贫困人口，现在只能救助一人。毫无疑问，扶贫边际成本的提高，无疑会大大拖延减贫的步伐。

四是难以抵御“外力入侵”。目前我国财政是采取“分灶吃饭”的制度，自己的人得自己养，地方政府所属的干部生活条件好坏，工资水平高低，直接取决于地方政府的财政状况。而由于地方政府的财政收入直接与经济发展挂钩，所以，追求经济增长的高速度并不是地方党政“一把手”一个人的愿望，而是符合当地所有干部的愿望，会得到当地所有职能机构和干部的支持。由此，贫困地区的扶贫资源特别是其中的扶贫资金，就大量偏离“扶贫”而涌向当地经济发展的“开发”项目，而扶贫制度自身缺乏“刚性”，难以抵御扶贫资金的“越轨”。更由此，扶贫资金的被挤占、挪用，以及严重的腐败问题，也使得扶贫效果不彰。还有一些地方为了加快发展反而伤害了贫困农民群众的利益，使他们愈加陷入贫穷的深渊而不能自拔。这突出地表现在西部矿产资源富集区，包括使用扶贫资金的很多的开矿项目，不仅没有使当地贫困农民富起来，反而使得他们失去了家园，失去了赖以生存的生态环境。基层政府为了地方发展而上的水利、水电、交通、工业园区等项目，因为库区移民、征地拆迁等原因，也使农村产生了为数众多的“新穷人”。

五是难以应对不合理的农村经济制度提出的挑战。从政府的主观努力程度而言，政府在“十五”期间更加重视农村扶贫工作，加大了农村扶贫的力度，但减贫的效果却不明显，因为现行的不尽合理的农村经济制度正在抵消政府减贫的努力。这主要表现在将城乡分割为二元社会的户籍制度、农村垄断的市场结构、残缺的土地产权、公共产品对农民的排斥和社会保障在农村的缺失等都限制了农民选择的权利和参与的机会，造成贫困地区农村的经济贫困。这也说明，要彻底解决农村的贫困问题，还必须变革现行的农村经济制度，把“制度扶贫”提到政府扶贫工作的议事日程上来。

7. **扶贫效益递减**

制度设计的不公，造成扶贫效益递减。20 世纪 90 年代中期以来，随着教育产业化和医疗市场化的推行，学费越来越贵，看病也越来越贵。许多贫困地方开展的“主观愿望良好”的教育改革、医疗改革，事实上也在为贫困的加剧推波助澜。这不仅加重了现有贫困人口的负担，阻碍了他们的脱贫步伐，也使得低收入人群随时都有可能被抛入贫困的行列。近年来，因教返贫、因病返贫人口的增多，就是一个很好的注脚。联合国发布的《2005 年人类发展报告》、亚行发布的《亚行 2005 年关键指标》指出，在废除了公费医疗体制之后，中国 70%～80%的农村家庭没有医疗保险，这方面的缺失导致了婴儿的不必要死亡。而恰恰是最近 10 年间，中国减贫步伐骤然放缓。这两者并非偶然巧合，而是有着深刻的内在联系。

（四）反贫困战略方式的调整

20 世纪 80 年代大规模扶贫序幕开启时，全国农村仍处于普遍贫困状态。一方面是农村 2.5 亿人口尚未解决温饱，亟待国家予以扶持；另一方面是综合国力薄弱，中央扶贫投入尤其是财政扶贫投入极为有限。为缓解无限的需求与有限的投入之间的矛盾，国家采取了有别于“需求”战略的“开发”式扶贫战略，即经济增长战略，强调自力更生为主、国家扶持为辅。对贫困地区实施特殊政策，鼓励贫困地区通过开发丰富的自然资源，兴办地方企业，增强贫困地区的经济实力以缓解贫困。应当说，开发式扶贫战略与当时的国情国力是相适应的，以后一直沿用至今。进入21世纪以来，我国的国情已经发生了巨大变化，综合国力已大为提高。在农村贫困人口大幅度下降而贫困地区因为过度开发已使生态环境日益恶化的情况下，迫切需要及时调整扶贫战略，创新扶贫制度。

总结大规模扶贫20年来的经验教训，鉴于我国业已加入WTO，按照国际惯例，我国农村反贫困理应实现由增长战略向需求战略的转变，即由开发扶贫向满足需求、政策扶贫向制度扶贫、局部扶贫向整体扶贫、解决温饱向提升能力、包揽扶贫向赋权扶贫的“五个转变”。

1. 在扶贫战略上，实现由开发资源向满足需求的转变

坚持以人为本的科学发展观，是确立需求战略的理论基础。十六届三中全会明确提出：“坚持以人为本，树立全面、协调、可持续的发展观，促进经济社会和人的全面发展。”胡锦涛总书记在十六届三中全会上说：“树立和落实科学发展观，这是20多年改革开放实践的总结，是战胜‘非典’疫情给我们的重要启示，也是推进全面建设小康社会的迫切要求。”所谓发展，其目标是使全体人民在经济、社会和公民权利的需要与欲望方面得到持续提高。发展是从更大的视野角度研究人类的社会、经济、科技、环境的变迁、进步状况。发展所要求的是“康乐，是人的潜力的充分发挥”，发展的涵义不仅在于“物质财富所带来的幸福，更在于给人提供选择的自由”，即人的个性的创造性的公平、全面发展的自由。20世纪80年代后期以来，人们将发展看作是人的基本需求逐步得到满足、人的能力发展和人性自我实现的过程，以可持续发展观念的形成和在全球取得共识为标志。现代发展理论认为，发展是社会、经济、政治三者相互联系的进步过程。挪威首相布伦特兰夫人对发展的定义是：“发展就是经济和社会循序前进的变革。”发展既包括增长所强调的产出的扩大和增加，同时也包括生产和分配的结构与机制的变革，社会和政治的变迁，人与自然的联系，生活质量和生活水平的持续提高，以及发展的自由选择和机会公平等。发展强调的是经济、社会、政治的“质”的变迁或进步。新的发展观还将人的能动作用放在中心位置，重视人类的自身发展、教育以及建立使协同工作更加有效的体制。

贫困地区的客观实际，是确立需求战略的前提条件。一方面，贫困的现状是多样的，贫困的原因也是多样的。绝对贫困人群贫困的主观原因并非懒惰，他们中的绝大多数付出了比富裕地区的人们更多的劳动，但得到的只是非常少的回报，甚至是负回报；他们贫困的客观原因也不是经济开发不够，恰恰相反，绝大多数是过度开发和掠夺式开发所致。西南、西北很多矿产资源丰富的村落，资源的开发不仅没有带给村民幸福的生活，相反还造成了身体的伤害和环境灾害，过度的开发导致更加贫困。在绝对贫困人口生活的区域都有其共性：相对封闭，远离市场，人口、生态和经济再生产过程不能有效循环起来。人口的增长，需要发展农业经济；农业经济的发展，需要透支脆弱的环境；环境脆弱导致灾难或歉收，灾难或歉收导致经济倒退，经济倒退导致人口素质下降。三个再生产不能有机循环起来，只要人口继续增长，经济发展的结果就会加速生态和经济的崩溃，更加贫困在所难免。假如没有人口的流出和“输血”式扶贫，越来越贫困是在所难免的。如果说开发式扶贫在过去是脱贫致富的“金钥匙”，那是因为很多的贫困者是居住在相对开放、市场可及，且三个再生产过程能够有机循环起来的地方。现在尚存的绝对贫困人口，绝大多数不能用开发式扶贫模式解决他们的问题。另一方面，贫困人口结构发生了明显的变化。目前的农村贫困人口大致可以分为四类：第一类是因为贫困标准低，名义上解决了温饱但实际上还贫困的，他们在正常情况下可以维持简单再生产，但是扩大再生产的能力极弱，一遇大的天灾人祸就要返贫；第二类是有劳力、有资源，但缺资金、缺技术等而仍然比较贫困的；第三类是虽然有劳动能力，但受资源匮乏因素等制约（如缺乏基本生存条件，其中属于自愿且有条件移民搬迁的，可归为第一类）脱贫难度很大，或因自然和经济等方面的原因，短时期家庭收入和消费达不到最低生活标准贫困的；第四类是鳏寡孤独等丧失劳动能力的，也包括一部分尽管具有劳动能力，但受恶劣的环境、因病或者欠债因素等影响仍然很难脱贫的。目前，对这四类人口靠“造血”式的扶贫基本上到了极限，如果继续现行的开发式扶贫方式，那么无论是提供贷款还是技术支撑，都已经很难起到什么作用。能够开发的贫困村落和人口已经基本解决温饱，剩下的由于自身条件和环境因素很难再通过项目开发自我发展解决贫困问题。再一方面，消除贫困状态，改变落后面貌是贫困地区改革与发展的根本任务。要完成这个艰巨任务，关键的一条就是要提高贫困地区经济社会发展的整体素质，实现贫困地区的可持续发展。所以，只有实施需求战略，坚持对贫困的综合治理，才能彻底解决贫困地区的脱贫与发展问题。

所谓需求战略，是指与开发战略不同的一种新的扶贫战略。这种新的扶贫战略，是以提高贫困地区经济社会发展整体能力和贫困者自我发展能力为着眼点，以激活贫困地区经济社会发展的内在活力为目标，以人为根本，以智力支持为重点，既立足于当前，又着眼于长远，确立高起点的发展模式的新的扶贫战略。需求战略的内容主要包括：一是生存与发展的统一。所谓生存，就是必须解决温饱问题，以满足人们最基本的生存需要。所谓发展，就是要进一步提高人们的物质生活和精神文化生活质量，提高人口素质，使人们的思想观念发生根本性转变，使经济结构、产业结构、贸易结构趋于合理化，经济社会发展逐步实现现代化。当前，我国贫困地区普遍存在着生存与发展的双重压力和两难选择。因为贫困地区还存在着大量的绝对贫困人口，解决生存问题仍然是贫困地区当前最紧迫的任务；贫困地区与经济发达地区的发展差距还在日益扩大，低收入贫困问题亦日趋突出，发展的压力也在日益增长。需求战略要求我们既要继续解决绝对贫困人口的生存问题，又要着力解决低收入贫困问题，而且我国扶贫工作的重点也将由解决绝对贫困问题逐步转移到解决低收入贫困问题上来，也就是说，要把缩小地区发展差距，实现共同富裕摆到更加突出的位置，以实现生存与发展的统一，这是需求战略的基本要求。二是经济发展与社会进步的统一。我国贫困地区普遍性的特点在于整体性贫困，既包括经济上的落后，也包括文化上的落后，既包括物质生活的贫乏，也包括精神生活上的贫乏。所以，解决贫困地区的脱贫与发展问题，就不能仅仅采取单方面的经济措施，而应该制定完整的政策、制度和法律体系及措施体系，对贫困地区进行全方位的总体变革。也就是说，要把经济发展同社会进步协调起来，把治理物质贫困与治理精神贫困结合起来。需求战略要求在继续认真解决贫困地区脱贫和发展的经济因素的同时，把解决贫困地区脱贫与发展的文化因素和观念因素也摆到同等重要的位置，帮助和引导贫困地区的人们改变比较封闭的贫困地区文化，使其与整个社会的主流文化融为一体；帮助贫困地区的人们改变比较封闭落后的生产和生活方式，并摆脱由此而强化了的各种落后的思想观念和价值观念的束缚。三是市场行为与政府行为的统一。优胜劣汰是市场经济的基本规律。在市场经济条件下，人才、技术、资金等生产要素都是向经济发展的优势行业、部门和地区流动的。市场竞争是不同情和照顾弱者的，因而扶贫的大部分任务就必然地落在了政府的肩上。但是如果政府的扶贫行为仅只是出于道义上的考虑，仅局限于解决贫困地区人口的生存问题，那么贫困地区就可能永远改变不了落后面貌。需求战略要求把政府的扶贫行为与市场经济的要求统一起来。也就是说，在市场经济条件下，对贫困地区的帮扶不能总是停留在简单的经济援助上，不能总是停留在一般的解决生存问题上，而是要通过帮助贫困地区改变传统的社会结构、政治结构、经济结构，建立与市场经济相适应的社会经济运行机制，把贫困地区的资源优势转变为经济优势和市场优势，使其在市场竞争中求生存、求发展，而不是任凭垄断行业依托政府权力对贫困地区的资源进行掠夺或平调。四是自力更生与外部援助的统一。发展社会学和我国扶贫工作的实践证明，单纯的外部援助并不能刺激发展。单纯的经济援助，无论是政府的还是社会的，都不能给受援地区自然而然地带来工业化和农业商品化。贫困地区社会经济的发展，最终取决于其内在活力。需求战略的目标，就是要提高贫困地区社会经济发展的整体素质，提高贫困地区自力更生和自我发展的能力。五是一般与重点的统一。实施需求战略要突出四个重点：实施观念扶贫，夯实脱贫与发展的思想基础；加强教、科、卫扶贫，提高劳动者的能力；为需求战略提供政策、制度保证；既扶贫困人口又扶贫困村落。以此形成综合性一体化扶贫，进而达到物质文明、精神文明、政治文明、生态文明、社会和谐“五位一体”的成果。

2. 在扶贫体制上，实现由政策扶贫向制度扶贫的转变

反贫困是一项社会系统工程，包括一系列国家、组织和个人的活动，并由此而形成为一种人与人之间、人与社会之间、人与自然之间的社会关系。因此，应将反贫困纳入法律规制的范围内，将其形成为人们彼此之间普遍信守的权利义务关系。简言之，应通过立法形式规范各种扶贫关系，形成制度性扶贫。“所谓制度性扶贫，即由法律制度界定出贫困标准、扶持对象、扶持主体、扶持方式，并按照法律制度实施的扶贫。这既是适应新形势下长期反贫困的需要，也是减少乃至完全避免现行扶贫中的人为干扰、资源渗漏、方式异化等问题所必需的。”（赵俊臣，2004）从政策扶贫到制度扶贫的转变，是大势所趋。它必须完成从不稳定的带有官员倾向性的政策安排到整体性的稳定公平的制度安排转变，除了营造公平的竞争秩序外，还应该筑造贫困人口公平的流动秩序，建立针对贫困人口的公平的基本社会保障体系。

以法治国，这是现代文明社会最基本的标志。到目前，世界上多数国家都对反贫困与社会救助进行了立法，严格按照法律界定贫困对象，筹措扶贫资金等资源，确定扶贫执法主体，明确反贫困行为等。然而，虽然我国已经进行了20年的大规模扶贫，积累了丰富经验，但是反贫困立法至今未提上议事日程。由于没有立法，实践中的扶贫问题主要靠党和政府的政策来约束，而政策的整体变动、区域变动和时间变动性大，执行中的弹性也大，这就不能不出现一系列难以解决的问题：主要是各种扶贫济困行为没有规范的依据，扶贫资金的调拨带有很大的随意性；有的企事业单位和社会团体希望加入扶贫行动中去，但无依据；有些违反扶贫政策规定的行为，例如贪污挪用扶贫资金，建盖楼堂馆所，买小汽车等，就不能依法惩处；有的贫困地区、贫困农户理应得到的扶持而得不到，也不能依法索取等。所有这些，都影响了扶贫的顺利开展。制度性扶贫是相对于非制度性扶贫而言的。在非制度性扶贫中，社会及人们往往把扶贫当成一种道德、道义上的责任，而难以把扶贫当成一个国家、一个社会必须尽到的义务，更不会把扶贫当成经济发展、经济运行中的题中之意。相对于政策性扶贫来讲，制度性扶贫这一概念的含义很广泛，它除了包括政策扶贫的全部内容外，还包括非政策扶贫的内容。这是因为，政策扶贫主要讲的是扶持贫困的方针、方式、方法、措施，而制度性扶贫则把扶持贫困上升到国家法律、制度的高度，并且对那些应该得到扶持而没有得到的扶持，就可以依法追究其法律、制度的责任，以防止扶贫资源的他用与渗漏。

制度扶贫的核心是要制定《国家扶贫法》。通过《国家扶贫法》，明确界定扶贫的宗旨、主体、对象、标准、目标、内容、途径、方式、措施，明确规定执法的主体、违法的处罚等；明确界定国家财政预算每年安排一定比例扶贫资金，制定相应的优惠政策，重点帮助贫困地区、贫困农户发展以市场为导向的生产经营项目，增加收入；以切实可行的经济制度保证贫困者获得信贷、以工代赈、就业等发展的机会；以强制性的制度规定有劳动能力的贫困劳动者积极参与各类扶贫项目，自力更生、艰苦奋斗、精心经营，靠劳动与经营增加收入，脱贫致富；以设计严密的制度保证扶贫主体、项目运作者履行应该承担的扶贫职责，并由审计等部门与新闻媒体等进行有效地监督，保证扶贫资源全部用于扶贫，用出高效益而不被贪污、他用、渗漏；与可持续发展战略相结合，强调人力资源开发，强调生态环境保护，增强贫困地区和贫困农户的发展后劲，以及按市场经济规律，对贫困地区资源开发获取利益的企业应对当地进行经济补偿和生态补偿等。

制度扶贫还要有一个强有力的扶贫部门。目前县、乡政府在扶贫上面临的最“头疼”问题，就是扶贫资金的种类太多、管理的部门太多、分散得也太多。参与资金项目管理的部门的管理模式和管理办法都各不相同，各部门有各部门的要求。这一问题的根源又在于扶贫机构林立。更重要的还在于：贫困问题是社会主义初级阶段的一个重要特征，扶贫是社会主义初级阶段的一项长期任务，因此，必须尽快从中央层面理顺这种体制，切实解决多头管理、责权不一、各行其是的问题，防止扶贫项目管理的越位和缺位。这也就是说，需要组建一个长期、稳定而强有力的机构，以整合扶贫资源，降低扶贫运作成本。比较有效的办法就是把各级扶贫办、以工代赈办、民族地区开发办、东西协作扶贫办、财政和民政的扶贫职能划转合并为扶贫发展部门。整合后的扶贫发展部门为各级政府的序列机构，其名称在中央可定为农村综合治贫发展署或者局，在省定为农村综合治贫发展厅，在市和县定为农村综合治贫发展局。另一种办法就是，救济、救助式扶贫仍由民政部门承担，把其他扶贫机构整合到目前的各级扶贫办，职能相应划转到扶贫办。扶贫部门专一承担发展式扶贫的任务。不论采取何种方式，前提是必须整合扶贫机构，并将整合后的扶贫机构列入政府机构序列。

3. 在扶贫范围上，实现由局部扶贫向整体扶贫的转变

目前是通过划分扶贫开发重点县来瞄准贫困人口，财政扶贫资金是以县为单位进行分配，显然，这种做法存在重大漏洞，未来应以贫困村为瞄准单位。以县为单位的扶贫，本质上是局部扶贫或区域扶贫。实现从局部扶贫到整体扶贫的转变，就是不能把扶贫工作当成一时、一地的工作，而应该将其作为长期的、整体的、全局的

工作。整体扶贫要突出以下重点：

一是突出多管齐下。应对贫困人口情况进行一次彻底的普查以重新估算贫困人口，直接采用国际贫困线一天1美元的标准，逐步确立起发展性扶贫、易地移民扶贫、农村最低生活保障制度和救济（供养）性扶贫四管齐下的新的扶贫战略。即对“五保户”等丧失劳动能力的贫困人口，给予必要的救济（供养）；对特困人口给予必要的生活救助；对缺乏最基本生存条件的贫困人口实施易地移民扶贫；对具有劳动能力的贫困人口，通过扶贫资金的重点倾斜，着力帮助提高他们的自我发展能力，通过发展来缓解贫困。特别地，在思想观念上要为救济扶贫正名，不救不活的就是要救济、供养，除此之外别无他法。对一个发展中国家的贫困人口来说，生存权和发展权是最基本、最重要的人权。生存权是发展权的基础，没有生存权就谈不上发展权，而发展权是生存权的延续，没有发展权的生存权则是一种消极的生存权，是穷人永远处于贫困状态的生存权，这是广大贫困者所不愿意看到的。因此，我们要从生存权和发展权这个高度来设计贫困者应有的权利，如财产权、人身权以及受教育的权利等。应该有必要的制度来保障贫困者的基本权利。贫困者的发展权主要通过发展式扶贫等方式保障；而贫困者的生存权则主要通过政府对其直接的资源配给来实现，这种权利的实现也是贫困者养成良性行为的前提，很难想象一个时时处于饥饿状态的贫困者在行为时会时时考虑国家利益、他人利益和自己的长远利益。所以，如果没有对贫困者生存权的保护，则不仅贫困者自己不能脱贫，还会带来更多的社会问题。我国目前在城市中普遍地建立了最低生活保障制度，而这种制度在农村是缺乏的。所以应该考虑在农村建立最低生活保障制度，使任何贫困者能满足最基本的温饱，因为这是贫困者彻底脱贫的前提。目前国家已出台《农村五保户供养工作条例》，应尽快出台最低生活保障法，以法律形式进一步规范低保工作的运作，建立和完善低保的“准入”机制、就业援助机制、分档救助制度、动态管理机制、违规操作的惩处机制、社会医疗救助体系、低保工作组织保障机制等。

二是突出综合治理。应根据贫困的不同现状和特征采取综合性一体化的手段来治贫。要坚持救济扶贫和发展扶贫并重，解决温饱和巩固温饱并抓，开发自然资源和人力资源并举，缓解物质贫困和精神贫困并进，将人口贫困与社区贫困并治。在扶贫方针上，要确立发展式扶贫方针，坚持综合扶贫的大思路。因为扶贫本质上属于经济的范畴，治贫最终要靠发展来解决。在扶贫对象上，要明确两手抓：一手抓尚未解决温饱的贫困人口的温饱问题，一手抓尚未稳定解决温饱的低收入人群，即是说："十一五"时期农村扶贫真正进入了解决温饱和巩固温饱的"二合一"新阶段，扶贫工作的对象应该涵盖这两方面的人群，帮助他们克服脆弱性，实现解决和巩固温饱的双重目标。在扶贫内容上，既抓基础设施建设、生产生活生态条件的改善，增加收入，提高生活水平，又抓教育文化、医疗卫生、广播通讯等社会事业的发展，让穷人分享社会文明。在资金投向上，应理顺扶贫与"低保"救助和直接供养的关系，与农村教育、医疗、卫生等社会事业发展的关系，按照公共财政阳光普照农村的要求，统筹好城乡发展。在扶贫力量上，既要体现政府主导，也要广泛开展社会扶贫，激发贫困主体的内在活力。特别要继续引导、动员全社会力量积极参与农村扶贫。加大党政机关定点扶贫和经济发达地区对贫困地区对口帮扶力度；大力鼓励和支持非公有制经济、中介组织、民间组织、慈善机构、国际非政府组织等，更为积极地参与贫困地区发展扶贫与新农村建设，尤其是参与扶贫项目的实施。特别要强化民间扶贫，目前从事农村扶贫的民间组织大体上有三类：四川农村发展组织类似的海外民间组织，扶贫协会类似的国内民间组织和社区专业协会类似的基层"草根"民间组织。海外的民间组织的作用主要是资金支持，新的方法和理念的引入；国内民间组织的作用主要是增加社会参与，特别是增加扶贫资源进入贫困地区的管道；贫困地区基层民间组织或准民间基层组织的作用主要是为各种援助进入贫困地区充当管道。进入"十一五"以后，农村扶贫工作将更为艰巨，面对经过多年扶贫尚未解决温饱，或者多次返贫的农民来说，帮助他们摆脱贫困更为困难，需要更为细致的工作，这为民间组织更深入地参与农村扶贫提供了机会。尽管民间组织动员资源的能力不如政府强，但是可以工作得更为深入，更具灵活性，面对那些特困人群的时候可以试验更多的方法。

三是突出新村扶贫。应取消扶贫开发工作重点县的称谓，以重点贫困村为单元实施发展扶贫。这样不仅符合目前及今后一个时期我国农村贫困问题“大分散、小集中”的特点，也与我国建立社会主义新农村、全面建设小康社会的目标相一致，更与构建和谐社会、实现和平崛起的国家发展战略相吻合。早在1998年10月，党的十五届三中全会通过的《中共中央关于农业和农村工作若干重大问题的决定》就要求，把农村“建成富裕民主文明的社会主义新农村”。2005年8月，胡锦涛总书记在河南、江西、湖北考察时又强调，“我们提出要建立社会主义新农村，这篇文章要做好”。党的十六届五中全会更是明确指出，“建设社会主义新农村是我国现代化进程中的重大历史任务，要按照生产发展、生活宽裕、乡风文明、村容整洁、管理民主的要求，扎实稳步地加以推进。”以村为单元实施新村发展扶贫，不仅符合中央的要求，而且国内有成功的实践，国际上也有这方面的好经验。20世纪60年代的韩国农村十分贫穷，韩国政府在1970年发起了新村运动。新村运动是一场由政府主导调整经济结构的战略性的全民运动，它的特点是通过实实在在的项目发展，激发农民改变旧面貌的热情，让广大农民在新村运动中受惠，从中探索出一条扶贫、致富的道路。通过30多年的努力，韩国的城乡差别已基本消失，广大农村已基本进入了住房砖瓦化、村村电气化、农业机械化、交通网络化、教育普及化，以及农村流通服务城市化的阶段；农村居民的收入已接近城市居民的92.5%。新村扶贫，就是要在社会主义新农村建设中坚持以村为单元加大扶贫力度。扶贫是新农村建设的重要内容，贫困地区建设社会主义新农村，首先必须消除贫困，否则，建设社会主义新农村的目标就会与贫困地区无缘。消除贫困的关键在于加大扶贫的力度，因此，贫困地区的各级党委、政府和扶贫部门在推进社会主义新农村建设的进程中，肩负着比其他地区更为艰巨的重大历史任务。扶贫新村的总体要求应当是以科学发展观为指导，坚持以人为本，突出扶贫发展，进而促进经济、社会、生态与人的全面协调发展。建设内容上，特别要因地制宜地抓好基础设施、社会事业、村级特色产业、小型到户项目、文明新风、民主政治、村级组织建设等。以此夯实全面协调发展的基础，建立和完善后续发展机制，如期实现第一阶段的目标任务，为下一阶段奠定坚实的基础。

4. 在扶贫目标上，实现由解决温饱向提升能力的转变

通常来说，贫困是指物质资料处于匮乏或遭受剥夺的一种状况，即人们生产和生活资料缺乏，一个人或一个家庭的生活水平达不到一种社会可以接受的最低标准。其实这种理解是浅层次的，它有意无意地掩盖了能力贫困和权利贫困。正如诺贝尔经济学奖得主阿马蒂亚·森在《作为能力剥夺的贫困》中指出："贫困必须被视为是一种对基本能力的剥夺，而不仅仅是收入低下。"但是，从改革开放以来的扶贫，都是以解决群众温饱为目标的。这在过去是符合国情的。当时一方面是贫困人口多，另一方面是国家综合国力不强。现在情况发生了变化，现存的贫困人口相对减少，而且其中的绝大部分又是不能靠开发式扶贫来解决温饱的，他们的温饱问题只有靠供养（救济）和救助来解决；同时我国的综合国力已经大有提高，也基本有能力来解决这部分人口的温饱问题。因此，现在已经具备扶贫目标从解决温饱到提升能力转变的基础和条件。再说，绝对贫困问题是一个仍将长期存在的问题，如果把扶贫的目标定位于解决温饱，且采用开发式的唯一手段，那么扶贫将陷入"温饱"的"泥沼"里永远也走不出来。目前我国农村绝对贫困与相对贫困并存，并且由于收入不均及地区差异等所导致的相对贫困现象将是今后我国扶贫战略的基本领域，也就是说新阶段我国农村贫困问题已不再是缺食缺衣问题，而是缺乏基本人类发展能力的问题。穷人最缺的是什么？在一定意义上说：不是财富，而是创造财富的能力。国际经验证明，现代意义的贫困不仅在于收入水平低下，更重要的是人的能力不足。联合国开发计划署就曾指出，贫困的实质是人的发展所必需的最基本的机会和选择的被排斥。这样的能力和机会是与人的教育程度和健康水平直接相关联的。“穷人不应仅仅被看作施舍的对象，我们要使贫困地区人们的能力得到加强，让他们参与到脱贫、健康、教育的活动中来。”（前世界银行行长沃尔芬森，2004）。从我国的情况看，义务教育、公共医疗等问题不仅成为广大社会成员越来越迫切的公共需求，而且也成为我国全面提高人口素质从而成功减少贫困的重大任务。近几年我国各级政府按照以人为本的科学发展观，把实现义务教育，建立完善公共卫生医疗体系作为履行公共服务职能的重大举措。这表明，我国的反贫困治理已把全面提高人口素质能力作为重点，在对贫困人口实施物质援助的同时，更加注重人文关怀。

提升贫困户能力，就是要按照中央提出的培育“有文化、懂技术、会经营”新型农民的要求，在帮助贫困户发展生产、改善生活的同时，高度重视人力资源开发，切实提升贫困人口的素质能力。当前和今后一个时期，农户能力提升应当包括：落实义务教育，提升素质基础能力；兴办职业教育，提升社会就业能力；加强技能培训，提升外出务工能力；普及实用技术，提升科技致富能力；改善医疗条件，提升防病治病能力；更新思想观念，提升发展创新能力；加强协会建设，提升自我组织能力；“融资”“融智”结合，提升当家理财能力；坚持苦干实干，提升自立自强能力。农户能力提升的内容很多，应突出教育和卫生扶贫这两个重点。贫困者是反贫困的最主要的参与者，如果没有贫困者的参与，发展扶贫是不可能实现的，所以发展扶贫中不仅要关注贫困者物质财富的缺乏，更要关注目前贫困者的能力贫困和健康贫困问题，这是发展扶贫工作能否成功的关键。因此在所有的基础资源配置过程中，提高贫困者的能力、改善贫困者的健康状况是相当重要的。贫困者的能力贫困是指贫困者就业能力或创业能力的缺乏，这种缺乏缘于接受教育的不足以及市场经济经验的不足，这种形式的贫困使贫困者只能被动地等待救济，而始终不会具有自我脱贫的能力。贫困者的健康贫困是指贫困者具有相对较差的健康状况，这种健康状况对其自我脱贫也是相当有害的，它大大降低了贫困者的劳动能力，妨碍了贫困者获得工作的能力。所以，在发展式扶贫中，特别应重视能力扶贫和健康扶贫。发展式扶贫中教育与医疗卫生两项制度性资源的配给是不可缺少的，政府在扶贫过程中应增加教育支出和医疗卫生支出。在教育支出中，不仅要确保扶贫支出的总量，还应关注扶贫支出的质量。一方面应该加大扶贫工作中的教育投资，另一方面应该考虑把这些教育资源投向九年制义务教育和职业教育，保障贫困地区的最基本的教育资源，包括教育的硬件设施的建立、教育人才的引进和培养以及教师收入的提高和工资的及时发放等。同时通过政府的扶贫资金的倾斜对九年制义务教育实行低收费甚至免费制度，使贫困者的后代不因贫困而在后续的竞争中处于劣势，对职业教育实行低收费制度，使贫困者有能力接受义务教育和职业教育，从而提升其就业能力和创业能力，这是发展式扶贫的关键所在。对贫困者增加医疗支出使贫困者获得最基本的医疗保障，在农村扶贫中显得特别重要。因为与城市不同，农村中的医疗保障制度普遍没有建立起来，对贫困者而言，疾病的医治是没有保障的，贫困者对其疾病在很大程度上持一种听天由命的心态，就医能力弱，就医机会少，一些常见疾病因为疏于医治而发展成为慢性病，影响其一生的劳动能力和就业能力，从而影响其自我脱贫的能力。2004 年 11 月 5 日，卫生部一位副部长在国务院新闻办召开的新闻发布会上透露：我国农村“有 40%～60%甚至更高比例的农民因病致贫、因病返贫”。据卫生部统计，2003 年，全国农民人均纯收入是 2622 元，而农民住院平均费用达 2236 元，也就是说一个农民住院，他全年的收入可能都要花在医疗费用上。有资料显示：在贫困山区，由于无力支付医疗费，农民患病未就诊的比例达 72%，应住院未住院的有

89%。这是一个值得重视的问题。受制于各种因素，我国在农村建立基本医疗保险制度还需要时日，所以政府在医疗性扶贫过程中，应该考虑建立贫困者的最基本的医疗保障制度，使其有一个健康或基本健康的体魄。

提升农户能力，还要解决好一个问题，就是加大政府的扶贫力度，特别是增加无偿扶贫投入的力度。扶贫主要应当是政府行为，中央和地方政府都应增加扶贫投入。目前国家综合经济实力已经大为增强，2006年我国GDP已近21万亿元，中央财政收入4万亿元，国家外汇储备已达1.2万亿美元，这说明国家财政已有了增加无偿扶贫投入的条件，因此应适时增加无偿扶贫资金的投入。应调整中央扶贫投入结构，即调整无偿与有偿扶贫资金的比重，降低信贷扶贫资金在中央扶贫资金总额中的比重，由目前的约7∶3调整为5∶5或4∶6。同时，还应合并财政性扶贫资金。以工代赈资金在1986—1995年属于实物形态，从1996年至今已改为财政拨款，并且每年增长速度都不低。应把以工代赈资金、财政发展资金、新增财政扶贫资金合并为“财政扶贫资金”，统一管理使用，以提高扶贫资金的使用效益。在财政性扶贫资金的投向上，应考虑变化了的新情况，着手研究扶贫与农村“低保”救助和直接救济制度的关系，与农村教育、医疗、卫生等社会事业发展的关系，按照公共财政阳光普照农村的要求，统筹城乡发展。此外，还应加大贫困地区公共产品的供给。在一定程度上说，提供足够的公共产品应当是政府对社会应尽的责任，是农民脱贫的关键。就农村而言，农民最需要政府提供的公共产品无非是对农村发展至关重要的基础设施、初等教育以及信息等。而现在的实际情况是，我国有些地区的政府没有承担起公共产品供给的责任，而是把这种责任转嫁给农民及农村经济组织，农民和农村经济组织往往又很难承担起提供公共产品这种责任，致使不少的农村地区公共产品十分匮乏，这在很大程度上制约了农村经济的发展。例如，贫困地区市场化程度比较低，农民的市场意识也很低，就会导致其在竞争中处于不利地位，这就需要地方政府对其进行帮助，如无偿为农民提供决策信息，帮助农民建立生产合作社或各种中介机构，这对初次进入市场大潮的农民来说是相当重要的。

5. **在扶贫方式上，实现由包揽扶贫向穷人赋权的转变**

尽管我国扶贫事业取得了相当的成效，但是我国的扶贫资源漏出率也很高。这主要表现在，一是由于对扶贫项目管理不善，不少扶贫资金被挪用、贪污、侵占，致使这部分转移支出未能形成预期的现实的生产力，甚至还出现了越扶越贫的现象。二是扶贫开发项目由于选择不当，使大量扶贫资金打了“水漂”。20 世纪 80 年代后期至 90 年代初期，西部许多贫困县上了一大批工业项目，由于缺乏可行性论证，造成选项不准，重复建设，无技术力量，特别是无市场销路，绝大部分不得不以破产而告终。《光明日报》曾报道，山西省扶贫工业项目的 33%，因种种原因被迫停产，使 70%的资金形成呆滞贷款。三是扶贫资金的使用虽然在政策上有不准贪污、加强审计等规定，但是西部贫困地区屡屡发生贪占扶贫资金的案件，到了禁而不止的地步。产生这些问题的原因是多方面的，但是，它跟“政府主导”的“走样”不无关系。在现行的扶贫制度下，“政府主导”在一定意义上说已变成了“大包大揽”，集中表现为注重扶贫资源的分配，即是从上到下层层下计划、分资金、批项目，事无巨细地包揽。例如，中央财政安排的大量以工代赈工程项目，大部分都被外地包工队采用各种手段承包，从而偏离了为当地贫困地区的贫困农户提供劳动就业岗位、增加现金货币收入的目标设计。从一定意义上说，这也是公共权力行使不当，进而降低了扶贫效益甚至成了产生新的贫困的根源之一。实践已充分说明公共权力对生产力作用的二重性，即公共权力的正确行使有利于促进经济的发展，公共权力的不当行使不仅会阻碍甚至会破坏经济的发展，即是说它可以从两个方面发生作用：要么满足某种需求，要么损害某种需求。就贫困人口来说，其基本需求无非是温饱、安宁、公正、自由、福利等，而这些需求的满足仅仅靠市场的力量是不够的，必须有公权的介入。应当说政府主导扶贫的本意，并不是要大包大揽，因为大包大揽在实践中常常出现好心办坏事的情况，有可能导致不公平，有可能会破坏“由决策者承担风险和获得利润”这一市场经济的最基本规则。在市场体制中，政府主导扶贫对贫困人口的帮助，绝对不能通过直接替贫困人口决策，甚至排斥贫困人口的积极参与而对其进行“扶贫”，否则，只会越扶越贫。大包大揽的扶贫方式，一方面增加了专项扶贫开支而导致更重的财政负担，另一方面也不利于扶贫对象自身创新能力和奋斗精神的培养，抑制了扶贫对象的主动性、积极性和创造性，无益于当地从根本上摆脱贫困的窘境，难以推动当地的可持续发展。事实上，有效的扶贫应该将促进人的能力发展作为扶贫的核心。因此，扶贫任务应当是激活扶贫对象的主动参与精神，通过“参与式”的扶贫活动，发挥其积极主动性，走自我积累、自我发展之路。

长期以来，我国农村在缓解和消除贫困的过程中，所关注的一直是农村人口的收入增长缓慢问题，制定实施扶贫对策时的出发点也是如何增加贫困人口的经济收入。然而，农村贫困人口收入水平低只是农村贫困问题的一个表象，农村贫困更深层的原因在于贫困人口缺乏基本能力，缺乏参与发展项目及各种经济活动的机会。目前的农村贫困主要是制度性的贫困，表现为权力贫困、能力贫困、教育贫困、健康贫困、机会贫困等。究其原因，主要是农民缺乏组织。农民的呼声、农民的问题，并不是通过农民自己反映出来的，而是通过政界、媒体、学术界反映出来的。这种反映许多时候是扭曲的，有时甚至是完全错位的。针对新阶段我国农村贫困的特点，只有树立新的扶贫观念、赋予贫困人口发展的权利、让贫困人口充分参与到经济发展活动中来，才是实现新阶段发展式扶贫目标的重要选择。因此，自上而下的赋权和自下而上的参与，既是提高贫困人口发展能力的两个相辅相成、缺一不可的方面，也是创新扶贫制度的重要内容。世界银行就曾将 20 世纪 90 年代的减贫中心议题定为“治理结构和机构问题”，提出一项通过三个途径实现消除贫困的战略：创造机遇、赋权和加强安全保障。赋权实际上是在“治理”框架下谈论的话题，可以说是更强调穷人参与的治理（世界银行，2001）。扶贫工作中的“所谓赋权就是政府或发展机构在制定发展政策时充分考虑穷人的呼声，并通过提供公共产品为穷人提供参与的机会。赋权给贫困人口的过程，就是重新唤回贫困人口对自身知识和能力的自信，重新建立自尊和构建自我发展能力的过程。”（庞晓鹏，2005）所谓参与是指：让贫困人口充分参与到扶贫的行动当中，增加贫困人口的发言权和决策权。通过参与互相学习知识、技能和交流信息，使得贫困人口变“要我脱贫”为“我要脱贫”，这是实现稳定脱贫的根本前提。另外，让贫困人口参与还可以使发展扶贫工作具有更好的针对性，并且通过参与者的监督，能够改善相关计划及项目执行的质量，增加其透明度和责任感。这一点还可以从扶贫的主体上来认识。发展式扶贫的主体主要包括各级政府、各种非盈利性组织、贫困者，以及各种市场主体。这四种性质的主体在扶贫过程中是必不可少的，从总体上说这四种主体在功能上具有互补性，其中，贫困者是最具活力的主体，他们的积极性发挥得好坏，是发展式扶贫成败的关键所在。

赋权与参与的内容：一是为贫困人口提供包括教育和卫生保健等方面的社会服务。世界银行明确地指出，20世纪60年代中期以来，许多发展中国家反贫困战略不成功的主要原因是过分强调物质资本的投资，幻想通过快速的经济增长，使贫困人口自上而下地分享经济增长的成果，而对广泛的社会服务尤其是教育投资作用重视不够，或是社会服务与教育投资没有真正发挥效能或效能低下。因此，社会服务是任何长期性减轻贫困的重要方面。二是进一步提供社会服务。贫困地区社会服务计划的基本内容是根据贫困地区人口区域分布特征，以贫困人口为扶持对象，实施区域性物质援助，向绝对贫困人口提供粮食、衣物等最基本的生活必需品、人畜饮水、卫生设施、健康服务、基本住房、教育设施以及广泛的实用技术培训，以迅速缓解贫困，相应促进贫困地区社会发展结构的优化。三是强调绝对贫困人口直接参与社会服务计划，如基本农田建设、乡村道路建设、人畜饮水设施建设、教育培训设施建设和卫生设施建设，为其提供更多的经济机会。同时，辅之以一系列区域性政策措施，保证贫困人口在参与经济机会中实现收入增加，并不断激发贫困人口产生新的需要和追求，从而逐步形成一种能够使贫困人口发展自身潜能的发展模式，有效提高扶贫投资效率及贫困人口自力更生的程度，为其稳定脱贫奠定基础。四是积极推广“参与式扶贫”方式，即政府以招投标方式确定重点贫困村后，村民们召开全体大会，采用民主投票选举的方式推选出自己的代表。这些代表与干部分析致贫原因，找出脱贫办法，经相关部门和专家评估论证后，再交给全体村民大会民主表决。政府根据村民意愿和实际制订出全村的扶贫开发规划，再交付村民项目小组负责监督实施。通过民主“参与”调动发挥主体的积极性和创造性，增强自身发展能力，建立可持续发展的农村扶贫机制。特别在扶贫项目的选择上，必须充分尊重群众特别是贫困群众的意愿；在扶贫项目的实施上，必须保障群众特别是贫困群众的积极参与。五是把农民组织起来。制约贫困地区经济发展的主要矛盾之一，是分散的小农户与统一的大市场之间的矛盾。在市场日趋完善的前提下，解决问题的根本立足点就是发动农民、组织农民、提高农民，以此摆脱农户尤其是贫困农户的弱势地位。有效的组织不仅是实现经济增长的关键，也是冲出农村扶贫制度性陷阱的组织支撑。因此，应该以完善的市场经济体制为基础，集中全社会力量和扶贫资源，通过引导、示范和激励等方式帮助农户参与或建立各种形式的农户组织，改革和完善农村经济的微观基础，培植和强化农户的综合素质，以促进农村经济的发展来实现共同富裕。换言之，农村扶贫工作要走以扶贫促进组织建设，以组织发展促进农户脱贫的道路。总之，要切实赋予村民知情权、决策权、参与权、管理权、监督权与受益权，倾听他们的呼声和政策建议，通过减少和消除贫困，构建和谐社会。

（五）反贫困治理的制度框架

完善的反贫困治理的制度框架是推进西部贫困地区反贫困战略的重要基础环节，以扶贫制度的调整、改革与创新为核心的反贫困治理结构建设对于确立西部贫困地区新型的扶贫管理体制，加强扶贫资金项目管理，提高反贫困治理效益具有重要作用。

1. 调整扶贫制度

扶贫制度是指要把反贫困作为一种经常的、规范的制度性安排，有反贫困的法律、规制和政策体系，有反贫困的机构、组织、人员，有反贫困的专门投入，以及有反贫困的一系列具体的正式制度与非正式制度，从法理的角度考察，完善的国家扶贫制度是有效实施反贫困战略的基本保障。总结过去政府主导型扶贫模式的成功经验与工作缺陷，探索新型的扶贫制度，将国家、社会、部门和贫困人口一起纳入反贫困战略之中是当前西部贫困地区反贫困战略研究的首要内容。调整扶贫制度的根本目的就是要建立能够保证全区域贫困人口得到持续扶持的经济法律制度，不仅仅包括物质生产领域的经济体制及其运行机制的变革，而且包括扶贫组织体系、扶贫资金管理体制、贫困地区基层管理制度、贫困人口自身的生产、精神生产和生态生产等领域的体制及其运行机制的变革，做到物质再生产、精神再生产、贫困人口自身再生产和生态再生产的相互适应与相互协调，促进物质资本、人力资本、生态资本相互增殖，最终使贫困人口融入地区经济社会的正常循环，真正将扶贫从政府、部门和社会纵向的、行政性的扶贫方式转变为政府、部门、贫困地区基层政府及广大贫困人口共同参与的、可持续发展的反贫困行为。

推进农村的反贫困战略，必须探索新型的扶贫管理体制，中央政府应考虑成立国家开发署或扶贫总署来统筹中国的反贫困战略，加强综合行政职能和统筹协调扶贫资源的整合能力，实行垂直一体化管理，并制定全新的贫困地区考核指标。扶持贫困人口是政府责无旁贷的重要职责，政府的扶贫职责必须有制度保证，不仅要有专门的组织机构和专门的工作经费，而且还要有一整套相应的法律、政策来指导和约束这些机构的活动与经费的使用，社会部门和国内外机构的扶贫行为也应该在制度和法律的约束下进行。贫困地区政府不仅要把解决贫困人口的温饱问题放在政府工作的中心环节，而且要为从事扶贫活动的民间组织的健康发展提供良好的法律和政策环境，同时要制定激励性的制度安排，引导和鼓励民主党派、社会团体、科研单位、大专院校等社会力量广泛进入扶贫开发领域。针对以从事扶贫开发为宗旨的民间组织、社会团体，政府应从税收、登记、管理和监督等方面进行明确的制度规定，一方面促进民间扶贫机构组织的发展壮大；另一方面加强其监督功能和手段，从社会上筹集的资金应明确用途，公开透明，确保扶贫到村、受益到人。当前，要根据中央提出的“省负总责、县抓落实、工作到村、扶贫到户”的总体要求，进一步完善各项工作制度，明确各级扶贫机构的责任，尤其是建立县所属重点村的检查制度，重点检查贫困村扶贫计划的落实情况，并形成州抓县，县抓村，一层抓一层，层层抓落实的一整套监督、管理机制，逐步完善扶贫资金分配与各县工作成效相挂钩的扶贫机制。

2. **创新管理体制**

推进西部贫困地区反贫困战略，必须通过制度创新探索出一种新型的区域性扶贫管理体制，从制度层面保障反贫困战略的规范实施。切实扭转目前扶贫开发工作中因条块分割、机构重叠、职能重复、政出多门、各自为营、相互掣肘的局面。切实扭转国家、地方和部门扶贫项目资金平均主义的分配方式所导致的资金使用分散、项目配置不切实际、重点不突出、到户率低的弊端。集中统一管理财政扶贫资金、信贷扶贫资金、以工代赈资金及各项社会援助资金，通过全新的管理体制来统筹扶贫资金以大幅度提高扶贫资金使用的整体效益是扶贫管理体制调整的首要举措。西部贫困地区均应成立由党委一把手亲自挂帅，党委、政府各分管领导参加的高规格领导小组，领导机构包括已经承担扶贫责任的扶贫开发办公室、以工代赈办公室、发展与改革委员会、财政局、农业发展银行及民族事务委员会等单位，以合署办公的方式共同参与反贫困战略的计划决策、监督和指挥，对反贫困战略进行统一领导、规划、管理和协调，担负起反贫困战略的最高领导责任，扶贫开发工作重点县均应建立由党委一把手挂帅的对等机构，并以向市州扶贫开发领导小组签署责任书的方式层层落实反贫困战略计划责任。当前，各地区扶贫开发领导机构要采取具体措施，全面掌握区域贫困的分布状况，科学制订中短期扶贫战略规划，对新村建设、道路交通、易地搬迁、教育卫生设施建设、地方病防治、牧区建设等提出明确的指导计划和实施重点。按照制度创新的要求将财政扶贫资金、以工代赈资金、发展资金、社会捐赠资金及国际援助资金等，由扶贫开发领导小组归口，统一审批立项，统一调剂、调配和切块分割。同时，根据藏区、彝区的特殊情况，应将扶贫责任分解落实到县，资金管理、项目审批权限下放到县，除重大项目由省、区、市扶贫开发领导小组审批立项外，市（州）、县对于各项扶贫资金拥有相应的统筹调度和审批权限，根据项目实施的难易程度和工作周期配套相应的工作经费。大幅度简化贷款手续和立项手续，缩短扶贫资金的投放时间，通过项目集中规划、资金统一投放，以减少各部门各渠道扶贫资金使用的工作矛盾，强化扶贫部门的开发手段，并充分发挥扶贫资金的规模效益。同时，逐步减少甚至取消信贷扶贫资金的投放规模，运用市场经济办法放开扶贫贷款的投放范围，对所有进行扶贫贷款的金融机构进行财政贴息，并实施一系列优惠政策措施，引导社会援助资金加大对西部贫困地区的资金投入。

3. **加强项目管理**

在扶贫投入总体受到约束的条件下，必须强化扶贫项目的协调组合和科学管理，各类扶贫资金要相互配套，集中使用，提高整体效益。根据扶贫开发战略规划，财政扶贫资金要做到集中力量支持重点贫困村整村推进计划的实施，用于与贫困农户直接关联的项目上，保证重点、专款专用，特别要重点支持建立商品生产基地、发展特色支柱产业、贸工农一体化、产供销一条龙的扶贫经济实体，扶持贫困户进行产业开发，要将资金投放的重点放在能够吸收大量贫困人口就业的劳务密集型产业；以工代赈资金要围绕产业开发、商品生产基地建设、修筑公路、解决人畜饮水问题，重点用于相关的社会效益好的配套设施。各重点县水利、农业、科技、卫生等部门也要积极参与、相互配合。各县扶贫开发领导小组应根据扶贫开发规划，统一组织、确定项目区，扶贫开发办公室和有关部门根据统一的规划，共同选择项目、共同评审项目、共同管理项目、共同回收资金，各部门分别具体实施。在扶贫资金管理方面，要大力推广“三专四统一”管理方式，即专人管理、专户储存、专账核算，统一会计核算科目、统一会计账簿、统一计账方法、统一会计报账。参照基本建设项目管理程序，对扶贫项目实行全过程管理，强化项目前期可行性研究和论证，项目实施管理和监测，项目完成后的评估及可持续管理维护制度。在项目投资决策上，首先要扶贫部门和金融部门共同对项目的技术、财务、经济、社会、环境等方面进行可行性论证，对项目投资效益大小、投资偿还能力、投资回收期进行综合评审后再立项投资，切实搞好项目的资金、技术、管理的衔接，以避免决策失误造成损失。每个使用扶贫资金的项目，除了要明确规定项目建设内容、规模、效益、时间、责任外，还要把安全、扶持贫困户等扶贫任务落到实处，没有扶贫任务的项目不得立项，不得使用扶贫资金。扶贫资金的管理使用必须实行“阳光工程”，大力推行扶贫资金的公告、公示和报贴制度，依靠广大农民和社会舆论的监督，保证扶贫资金分配、管理、使用的各个环节公开透明，不能搞暗箱操作。在实施整村推进战略中，要根据“渠道不乱、用途不变、各尽所能、各计其功”的原则，整合、捆绑各项涉农资金，对扶持农户进行挂牌管理，统一资金使用，统一技术支持，统一销售服务，分户实施，滚动扶持，整体推进。在项目组织管理上，强调扶贫开发领导小组领导下的项目经理负责制，并以签署责任书的方式将项目建设的责任逐级落实到有关单位和个人，使责、权、利有机地结合起来。在项目开发中要引入竞争机制，凡适合承包开发的项目，都应面向区内外公开招标承包，并建立健全扶贫项目档案制度、经营情况反馈制度和扶贫责任考核制度，以及一整套监督约束机制和激励制度，完善扶贫重点县及扶贫资金项目的考核制度，制定科学严谨、操作实用的考核办法，对考核先进的给予表扬和奖励，同时对后进的要给予批评和惩戒。对使用扶贫资金的项目进行年度检查和审计，将计划执行、资金使用、项目实施、财务管理等各个环节纳入监督检查范围，加大整改查处力度，对违纪违规行为，要及时予以纠正，对相关责任人要予以严肃处理，对违法行为要移送司法部门依法追究其法律责任。项目建设完成后，要由监察、扶贫、财政等部门组织项目验收小组，对项目进行验收，全面分析项目建设的经济效益、社会效益和扶贫效益，做好完工项目财产移交和后续管理，落实到村，责任到人，确保项目效益的发挥。

五、西部贫困地区发展的资金投入

当经济增长的涓滴效应对贫困人口的边际效应逐渐降低甚至为负的时候，直接针对穷人的政策就成为政府公共政策介入的领域。始于20世纪80年代中期的政府扶贫战略，是在农村土地制度改革的边际效应降低时推出的一项公共政策。这项公共政策涉及的投入要素，如资金、物质、人员、管理、技术、奉献精神等，对于扶贫开发的绩效都是不可缺少的，尤其扶贫资金更是贯穿于我国扶贫开发的全过程。无论20世纪80年代的大规模区域性扶贫开发，还是90年代的以国定贫困县为主的扶贫攻坚，以及21世纪扶贫开发纲要实施中的整村推进，扶贫资金及其管理问题一直都是各个方面关注的焦点。

（一）扶贫资金投入的主要问题

1. 扶贫资金的来源

我国扶贫资金的来源主要有以下几个方面：中央财政、地方财政、国内金融机构、国际金融组织和社会资金。中央财政扶贫资金属于国民收入的二次分配。狭义的财政扶贫资金包括两个渠道，一是中央财政扶贫资金，二是以工代赈扶贫资金，不包括对贫困地区的财政转移支付和有关政策性减免所实际隐含的财政转移支付。地方配套中央财政扶贫资金来源于地方财政。国内金融机构提供的扶贫贴息贷款中的贷款本金属于银行组织的信贷资金，其中，中央负责的贴息属于财政资金。国际金融机构和其他组织提供的外资目前基本上属于有偿使用的软贷款，国家财政或地方财政提供一定程度的担保。社会资金的主要构成是在中央扶贫政策安排下，东部先富裕起来的地区对口帮扶西部贫困地区的资金。从实地调查情况来看，社会资金的一部分来源于东部地区各级地方政府财政，另一部分来源于政府动员的当地企业捐款。真正来自民间志愿扶贫的资金很少。

因此，目前我国政府主导下的扶贫资金主要来源于国民收入的二次分配。在国家财政性支出中，中央财政性扶贫资金支出①与地方财政性扶贫资金支出相比，中央财政支出占比超过85%；在国家当年总的财政支出中，中央财政支出与地方财政支出相比，中央财政支出占总支出的比重一般在30%左右②。从这点上讲，在贫困地区地方政府财力明显薄弱③的前提下，中央财政在扶贫资金的筹集上发挥着举足轻重的作用。

中国政府主导扶贫的行为特征十分明显，其扶贫资源分解在许多政府部门里：水利部在贫困地区致力于水利工程，以解决耕地灌溉或者人畜饮水困难问题；交通部在贫困地区致力于道路建设，以解决其交通和物流等问题；电力部门在贫困地区致力于电站建设，以解决其用电问题和电力资源输出；农业部在贫困地区治理农业结构调整，以解决农业增收问题；金融部门致力于解决贫困地区信贷需求问题；财政部致力于解决贫困地区财政转移支付问题等；扶贫部门致力于解决贫困地区贫困人口温饱问题……

然而由于贫困问题如此之大，仅官方公布④的中国农村绝对贫困人口在2005年底还有2365万，温饱问题基本解决但发展水平依

---

① 这里包括了三个部分，一是中央财政扶贫资金，二是中国以工代赈资金，三是扶贫贴息贷款中的中央财政贴息资金，按3%贴息估算。

② 吴国宝：《国家扶贫资金管理和使用评估》，《新阶段扶贫开发的成就与挑战》，北京：中国财政经济出版社，2006年版。

③ 根据课题组在四川省凉山州的调查发现，贫困县的地方财政自我维持率只有17%。在县这个层面，基本上没有能力筹集扶贫资金。贫困地区地方财政扶贫的筹集只是依赖省级财政的微薄支持。

④ 资料来源：国家统计局：中华人民共和国2005年国民经济和社会发展统计公报。

然较低的低收入贫困人口还有 4067 万，以至于没有哪一个人或哪一个团体可以独立承担起消除贫困的重任。私人慈善事业也很难解决贫困问题。

2. 扶贫是公共品，必然出现搭便车的现象

每个人都喜欢生活在一个没有贫困的社会里，尽管这种偏好普遍存在，但是扶贫并不是私人市场可以提供的服务或“物品”。扶贫属于既无排他性又无竞争性的公共物品（public goods）。换句话说，全社会包括政府在内，不能排除其他人或其他团体参与扶贫。同时某一个人或团体参与扶贫并不影响其他人或其他团体进行扶贫。

如果政府确定不扶贫的坏处大于扶贫的好处，或者政府确定扶贫的收益大于扶贫的成本，政府就应选择扶贫，并用税收①来支付扶贫所需要的费用。根据经济学原理，由于公共物品没有排他性，必然出现享受好处却避开为此支付的搭便车者②，那些没有纳税的人可以免费享受政府扶贫所带来的好处，那些没有向慈善事业捐款的人可以免费利用别人的慷慨。同时搭便车现象排除了由私人市场提供公共品的可能。这在一定意义上意味着：扶贫是很难依靠市场手段来解决问题的。③ 其中公共品的外部性是市场失灵的主要原因。

3. 扶贫资金的公有地悲剧

扶贫资金属于公有资源（common resource），有竞争性但没有

① 可以选择能力纳税和受益者纳税原则进行税收安排。能力纳税在个人所得税的制度中有所体现，但是受益者纳税却并没有在现有的税制中得到应用。

② 搭便车者是指那些得到一种物品的好处却避开为此支付的人。

③ 孟加拉乡村银行对贫困群体所提供的小额信贷服务是一个例外。这个例外挑战了传统的经济学理论，也挑战了传统的金融制度。详见 Muhammad Yunus：*Banker to the Poor*，the University Press Limited，Bangladesh，1998；杜晓山：《中国小额信贷十年》，北京：社会科学文献出版社，2005 年版。

排他性。[①] 当一个人获得扶贫资金时，其他人获得扶贫资金的可能性和数量就少了，这就是扶贫资金所具有的竞争属性。但是扶贫资金本身不具有排他性，由于需要扶贫资金的人太多和识别穷人的具体困难，很难阻止人们免费使用扶贫资金。如此下去，扶贫资金的使用效率会下降。最后的结果是：扶贫资金投入越来越大，穷人越来越多。[②] 这就是扶贫资金的公有地悲剧。[③]

社会与私人激励不同而存在的外部性是导致扶贫资金出现“公有地悲剧”的原因。

具体分析，至少有三个影响因素：

（1）公有资源的性质决定。社会上普遍的看法是扶贫资金就是白给的，不论有偿无偿，都是共产党的德政工程、民心项目，所以大家都可以有一份，尤其在贫困地区。

（2）遭遇大面积贫困的时候。当个人或家庭的生存需求变得极其强烈的时候，依靠各种手段和方式获取扶贫资金就有了相当大的激励。

（3）贫困户识别困难所带来的社会激励。表现为技术上的约束和文化上的藩篱，使政府没有积极性去判断谁是真正的穷人。

---

① 反贫困是一项公共品，投入其中的扶贫资金也类似于公共品，没有排他性：想使用公有资源的任何一个人都可以免费使用；但是，公有资源不同于公共品，它有竞争性：一个人使用公有资源减少了其他人对它的享用。参见曼昆：《经济学原理》，北京：机械工业出版社，2005 年版，第 194 页。

② 王卓：《新世纪凉山州彝族贫困地区扶贫问题研究》，《社会科学研究》2006 年第 2 期。

③ 公有地悲剧类似于西天取经路上的唐僧所引发的各路妖怪都想吃他的肉而长生不老的故事。参见中国古典名著《西游记》。数千年前古希腊哲学家就指出：“许多人公有的东西总是被关心得最少的，因为所有人对自己东西的关心都大于与其他人共同拥有的东西。”

（二）扶贫资金分配的基本原则

检索21世纪国家扶贫开发相关政策①，可以发现政府扶贫资金分配原则有如下特点：

（1）中央政府根据各省（区）级政府上报的贫困面、贫困程度和扶贫规划确定划拨给各省（区）的扶贫资金总量。

（2）各省（区）提供的贫困人口数量、贫困情况和经济状况，包括地方财政状况、自然条件、人均纯收入、基础设施等因素也影响中央扶贫资金分配的额度。

（3）各省（区）往县、乡、村分配扶贫资金的原则没有统一规定。

（4）农村绝对贫困人口和国家重点扶持贫困县是中央财政扶贫资金主要投入的对象。

（5）财政扶贫资金分配程序不是从贫困农户需要出发，而是从政府部门管理的要求出发。

（6）贫困农户获得财政扶贫资金的先决条件是要进入地方政府和扶贫办申报的项目中，并且要有执行项目和垫付项目资金的能力。

（7）贫困农户基本没有可能独立作为财政扶贫资金的项目实施单位。

（8）贫困地区的产业开发项目是信贷扶贫资金和西部开发资金重点投入的对象。

在这些原则的基础上，政府扶贫资金的分配要经过省、市、县、乡、村几个节点。进入21世纪，扶贫工作重心下移到县和村之后，市和乡不承担更多实质意义上的扶贫责任，而表现为一个管

---

① http：//www. cpad. gov. cn/ 国务院扶贫办网站：《中国农村扶贫开发纲要（2001—2010年）》；http：//www. mof. gov. cn/ 中国财政部网站：《财政扶贫资金管理办法》，财农字［2000］18号；《财政扶贫资金报账制管理办法》，财农字［2001］93号。

理环节。通过对省、县、村三个环节在扶贫资金分配中的作用的分析发现[①]：

（1）中央分配到省的扶贫资金在《中国农村扶贫开发纲要（2001—2010年）》指导下，具体执行时，有两个重要的影响因子，第一个是地方贫困人口数量，第二个是地方经济状况。除此之外，不再有中间环节可以发生扶贫资源的漏出。

（2）从省到县是扶贫资金分配的一个重要环节。在21世纪10年扶贫规划实施前半期，政府每年实际投入扶贫的资金在300～350亿元之间，用于重点县的扶贫资金在200亿元左右，占全部扶贫资金的比例约为65%。每个重点县平均每年的扶贫资金总量在3000～4000万元之间。其中信贷扶贫资金约占50%。以重点县的农村绝对贫困人口占全国农村贫困人口的比重来看，现有到达重点县的扶贫资金及其比例是合理的，与“重点县”的界定基本一致。从这个意义上讲，省到重点县的扶贫资金分配是正常的。35%左右的扶贫资金流向其他地方缘在政策设计上的有意安排。

（3）从县到村的扶贫资金分配是比较复杂的一个环节。现有的公开的统计资料没有从县到乡再到村的扶贫资金分配。扶贫工作重心下移是21世纪扶贫的一个重要举措[②]，实施这个重要举措需要扶贫资源能有效地到达贫困人口集中生产和生活的社区。研究发现，政府扶贫资金当中每年约有100亿元左右投入重点贫困村，占政府全部扶贫资金投入的比例不到40%。这个比例与“我国贫困人口分布经历了区域贫困、县级贫困到村级贫困的过程”[③]判断不一致。如果当今中国农村处于村级贫困，扶贫资源就应该主要用于贫困村。实际上，平均每个重点贫困村的扶贫资金总量，2001年为7.3万元，2002年为8.4万元，2003年为8.9万元，2004年为

① 王卓：《扶贫资金政府管理中的公有地悲剧》，《农村经济》2007年第7期。

② 王卓：《关于下一阶段中国扶贫政策建议》，《财经科学》1999年第2期。

③ 刘坚：《新阶段扶贫开发的成就与挑战》，北京：中国财政经济出版社，2006年版，第23页。

8.9万元。除中央财政扶贫资金、以工代赈资金和地方配套扶贫资金有50%以上用于重点贫困村之外，其他资金，尤其是扶贫贴息贷款，只有17%用于重点贫困村。而且，还不是每个贫困村都可以连续多年获得国家扶贫资金的扶持。

实地调查显示，所有纳入国家10年扶贫规划的重点贫困村，其中最长的能有两年扶贫资金扶持计划，部分重点贫困村只有一年可以获得国家扶贫资金的支持，还有一些没有纳入国家计划的贫困村一分钱扶持也得不到。[①] 即使“最幸运”的贫困村有两年的扶贫计划，平均能获得国家扶贫资金也仅有15万元左右。当然也有运气极好的“样板村”，一年就可能有200万元左右的各种资金支持。

总体上看我国政府扶贫资金分配格局，不仅重点村投入力度不足，而且从重点县到重点村的分配过程也出现漏出，只有不到60%的资金投向了重点贫困村。[②]

（三）扶贫资金分配的实证研究

宁夏回族自治区西吉县吉强镇夏大路村距离县城约7千米，全村有500户农家，是一个纯回民村，也是该县81个重点扶持贫困村之一，2005年纳入了国家21世纪整村推进扶贫计划中。2005年末村里上报农民年人均纯收入1389元，课题组2006年夏进村调研的时候，村干部讲本村农民年人均收入实际可能有1800元左右。

在中国社会“富不露白”的传统文化影响下，几乎所有地方，在为了争取更多的外部支持的动机下，通常都会有所保留甚至有意识地修正数据以满足“上面政策框架”的需要。官方掌握的人均收入数据或许只有实际收入的70%左右。

2006年上半年，国家统计局和地方政府分别公布了上半年的

① 王卓：《新世纪凉山州彝族贫困地区扶贫问题研究》，《社会科学研究》2006年第2期。

② 王卓：《扶贫资金政府管理中的公有地悲剧》，《农村经济》2007年第7期。

GDP 总量，结果显示，两个统计结果相差达 8048 亿元。前国家统计局局长对此的解释是：目前我国 GDP 核算所采取的分级核算制度是造成这一差距的主要原因。①

尽管夏大路村是一个贫困村，但村里仍然有 10 多户（2%）村民靠贩运农产品年人均收入达到 5000 元左右，比全国 2005 年农民人均收入 3255 元还高出 53%。同时，村里也有 20～30 户（5%）村民年人均收入只有 700～800 元，徘徊在国家确定的农户温饱标准 683 元（2005 年价）上下，是全国农民平均收入水平的 23%（参见表 5—1）。在村干部看来，村里的这些贫困户贫困的原因主要是能下地干活的劳动力少，“大脑也不正常”。

表 5—1　2005 年农民年人均收入比较　　（单位：元）

	全国水平	夏大路村水平（实际值）	夏大路村高收入	夏大路村低收入
绝对值	3255	1389（1800）	5000	700～800（750）
以全国为基础的绝对差	0	−1866（−1455）	1745	−2505
以全国为基础的相对差	0	43%（55%）	153%	23%

政府对于夏大路村及其贫农的帮扶，主要有三个方面：一是最低生活保障，二是扶贫项目和资金，三是退耕还林补贴。以穷人的视角来看，这些都是国家和政府提供的扶贫资金，和前面提到的来自扶贫系统的专项扶贫开发资金不同的是最低生活保障和西部开发的投入。

1. 最低生活保障及其发放

在市、县扶贫干部看来，“农村的贫困户啥事都干不成”，养不成牛，自己也没有投入。开发式扶贫方式不外乎是对这些贫困户用救济的方式提供最低生活保障。夏大路村最低生活保障的对象主要

① 参见《成都晚报》，2006 年 8 月 25 日，第 4 版。

有四部分人：残疾人、五保户、优抚对象、极贫困家庭。救济人数由上级下达指标到县，县再分配指标到乡，乡分配指标到村，村干部讨论初步名单后由村民大会表决出救济对象。夏大路村获得97个救济名额。每个名额每年有200元的最低生活补贴，分季度发放到每个人的银行卡上。这97个名额被分配到70户家庭。对于救济政策的评价，得到救济款的人讲“这个政策好”，200元真的可以“救急”；政府基层干部的评价是“救济能落实，但是它可能会养成一些人的依赖习惯”。

由于救济款覆盖的面小、量少，在村里会出现为争当救济户而打架的事情。在邻近贫困县的贫困村，为解决此类矛盾和纠纷、体现“公平”，实行了“轮流坐庄”、动态发放救济资金的办法。

2. **扶贫资金的投入和流向**

整村推进是21世纪中国农村扶贫战略的三个重要措施之一，目的是利用较大规模的资金和其他资源，在较短的时间内使被扶持的村在基础设施和公共服务、生产和生活条件以及产业发展等方面有较大的改善，并使各类项目间相互配合以发挥更大的综合效益，从而使贫困人口在整体上摆脱贫困，同时提高社区和贫困人口的综合生产能力及抵御风险的能力。① 国务院扶贫开发办在总结21世纪10年规划前半期的整村推进扶贫工作成效时指出“整村推进的资金需求量和实际资金投入缺口甚大，影响了整村推进工作的成效”。②

以夏大路村为例，来看看整村推进的资金投入和流向（参见表5—2）。夏大路村现有的16.75万元到村扶贫资金中，80％的资金以较为公平的方式平均分给村里的农户，20％的资金流向了村里2％～3％的上等农户中。

---

① ②刘坚：《新阶段扶贫开发的成就与挑战》，北京：中国财政经济出版社，2006年版。

表5—2　夏大路村扶贫资金分配（2005年）

项目	资金额度	来源渠道	资金分配及方式
养牛项目	10.5万元	对口帮扶	购买135头牛，每头牛以1400元估价。其中，700元由项目资金补贴，700元由农户自己出。135头牛在全村农户中抓阄分配，然后由村干部组织村民代表去买牛，验收合格后发给“中签户”补贴700元。项目资金的少量余额用于公务开支。截至2006年8月，这笔购牛的项目资金还没有足额到村。
土豆储藏窖	1.5万元	财政扶贫	修建15个储藏窖，每个造价1000元。给已经建好窖的农户直接补贴1000元。村干部评价“好”在带头示范，“不好”在扶持了村里的富裕户。穷的人没有修窖。
铡草机	0.75万元	财政扶贫	分配给了村里的15户养牛大户，每户500元。
脱毒马铃薯（品种改良）	4万元	财政扶贫	按户平均分配，每户80元。
合计	16.75万元		如果平均分配，每户约335元。 实际分配结果是：最少的户有80元，最多的户有2280元。 公共设施建设投入为零。

毋庸置疑，整村推进的资金投入量小是一个至关重要的问题。在夏大路村，因为资金不足，原村级规划中的基本农田建设、饮水项目都无法实施。这带来另一个同等重要的问题是扶贫的可持续性。政府对重点村的扶持计划一般是两年。两年之后，就没有后续的扶贫资金投入。而目前扶贫资金的这种投入方式是否可以帮助贫

困村及其贫困农户达到持续摆脱贫困的目的是很值得怀疑的。

3. **西部开发的退耕还林工程补贴**

在西部一些干旱少雨、人均土地面积较大的地方，退耕还林（草）工程深受农民欢迎，并成为农户家庭收入的主要来源。截至2006年，夏大路村退耕还林（草）面积7700余亩，亩年均补贴（含粮食折款）约160元。该村2005年1389元的人均收入中，年人均退耕还林（草）补贴近520元，占全部收入的1/3强。我国西部的退耕还林（草）工程从2001年开始实施，计划2008年结束。8年的退耕还林（草）时间不可能恢复遭到严重损害的生态环境，治理并重建过于脆弱的生态环境是一项长期的世纪性工程。一旦政府停止退耕还林（草）工程补贴，“我们只有重新上山种土豆”，“退林（草）还耕”现象必然发生，国家西部大开发的这项工程将前功尽弃。

不从根本上解决扶贫资金的筹集、分配和投入管理机制，不仅贫困人口很难跳出贫困陷阱①，政府也很难跳出扶贫陷阱。扶贫陷阱，就是由于扶贫本身的低效率甚至无效率而产生的一种扶贫与贫困长期共生的现象。只要贫困家庭人均扶贫资金保持在某一临界值之下，超过扶贫资金的投入成本效率的贫困家庭人口增长率就会把扶贫的成果重新拉回到扶贫陷阱。“越扶越贫”的现象就很难避免。

4. **扶贫资金投入和贫困人口减少的定量关系**

以经济学原理讲，私人资本的投入是以利润为前提，市场可以为私人物品的供求提供价格信号。扶贫资金的投入成本效益分析是有难度的，有很多因素影响扶贫资金的投入成本效益分析。

（1）通过问卷调查的结果定量分析要受到“被调查对象如实回

① 1956年，发展经济学家纳尔逊（Nalson）提出了人口陷阱论，并以此解释发展中国家人均收入为什么停顿不增的问题。人口陷阱也称低水平均衡陷阱（Low level equilibrium trap）。该理论认为，只要人均收入保持在某一临界水平之下，超过收入增长率的人口增长率总会使经济重新被拉回到低水平均衡陷阱。

答激励不足”的限制，那些直接或间接受惠于扶贫资金的人会夸大扶贫资金的效果，那些没有受惠的人会完全否定扶贫，并夸大扶贫的成本。

（2）大量实地调查显示，扶贫资金投入与贫困人口的直接关系不明显。扶贫资金到重点村的比率不到40%，到户率更低。

（3）影响贫困人口生活状况的因素包括许多方面，如可灌溉耕地面积、距离城市远近、自然灾害、人为灾害、其他发展政策等。

（4）控制其他变量，测算扶贫资金投入效果的方法要求很高，目前缺乏这样的试验和观察区。

（5）现有相关数据的采集方式不能确保数据的质量。国家农调总队及其系统采集的贫困人口数据是事后的，不是对目标贫困群体的动态变化过程进行观测的结果。扶贫办提供的内部数据不具有法律效力和公信力。

同样，“在扶贫资金投入和减缓贫困之间建立一种确定的量化关系，是一件十分困难的事。一方面，某一时期内的扶贫资金投入的产出或影响，通常不只是反映在同一时期内减缓贫困方面，还会在其他方面产生直接或间接的影响。另一方面，贫困的减缓也不只是受扶贫资金投入的影响，还有许多其他因素，包括宏观经济环境、经济增长方式、扶贫方式等，使得同样的扶贫资金投入可能产生不同的减贫效果。”①

尽管存在理论和方法上的种种困难，目前仍然存在一个大家都以为正确的公理：扶贫资金投入与贫困缓解有内在关系。

① 刘坚：《新阶段扶贫开发的成就与挑战》，《国家扶贫资金管理和使用评估》，北京：中国财政经济出版社，2006年版，第90页。

这种关系通常以表5－3[①②③④]所示的方式来表达。

表5－3　1978—2006年中国扶贫投入与贫困人口的关系

年份（年底）	绝对贫困*人口（万人）	低收入**人口（万人）	扶贫投入（亿元）	绝对贫困人口减少（万人）	低收入人口减少（万人）
1978	25000	—	—	—	—
1985	12500	—	—	—	—
1990	8500	—	46.5	—	—
1992	8066	—	62.7		—
1993	7500	—	77.3	566	—
1994	7000	—	97.9	500	—
1995	6500	—	98.5	500	—
1996	5800	—	98	700	—
1997	4962	—	152.65	838	—
1998	4210	—	183.15	752	—
1999	3412	—	248	798	—
2000	3209	—	248	203	—
2001	2927	5573	300.57	282	111
2002	2820	5462	324.34	107	277
2003	2900	5185	339.75	－80	208
2004	2610	4977	342.66	290	640
2005	2365	4067	130***	245	910
2006	2148	3550	137	217	517

*绝对贫困是指农民年人均纯收入低于785元（2006年价）的家庭人口。

**低收入是指农民年人均收入在786元～1067元（2006年价）之间的家庭人口。

***2005年及其之后扶贫资金投入的总量包括了财政扶贫资金和以工代赈资金，扶贫贴息贷款没有包括，国家财政每年给农行贴息的基数是185亿元，分析的时候为和前面的口径保持一致，加入了扶贫贴息贷款的基数。

---

① 《中国的农村扶贫开发（白皮书）》，《人民日报》2001年10月16日，第5版。

② 王卓：《中国贫困人口研究》，成都：四川科技出版社，2004年版，第49，78页。

③ 国家统计局农村社会经济调查司：《2000年以来全国农村贫困状况及其变化》。参见刘坚：《新阶段扶贫开发的成就与挑战》，北京：中国财政经济出版社，2006年版，第532页。

④ 吴伟：《2006年我国农村绝对贫困人口减少近一成》，《中国信息报》2007年4月10日。

运用数据统计分析（SPSS）工具，分析表5－3中所示数据的内在关系，得到的统计结果显示：政府当年扶贫资金投入与当年减少的农村绝对贫困人口的相关系数为－0.603，5%的置信水平下双侧显著性检验值0.017<0.05，即两者呈高度负相关且显著。也就是说，政府当年扶贫资金投入越多，当年减少的农村绝对贫困人口数越少。

考虑到扶贫资金投入一些基础设施建设项目上的长期效应对农村绝对贫困人口的作用，进一步的统计分析以扶贫资金投入三年平滑和五年平滑消除时滞影响作为新变量，与贫困人口数量作再一次相关性分析。结果显示：扶贫资金投入三年平滑时，政府扶贫资金投入量与绝对贫困人口减少量的相关系数为－0.639，5%的置信水平下双侧显著性检验值0.010<0.05，即两者呈高度负相关，且具有显著性。扶贫资金五年平滑时，政府扶贫资金投入量与绝对贫困人口减少量的相关系数为－0.621，5%的置信水平下双侧显著性检验值0.023<0.05，即两者呈高度负相关，且具有显著性。也就是说，控制时间变量后，扶贫资金投入的时间越长，投入越多，减少的绝对贫困人口数越少。

（四）扶贫资金管理的政策建议

综上所述，关于提高扶贫资金管理效率的结论和建议如下：

（1）国家现有扶贫资金分配和管理机制过多强调供给方权力，模糊甚至忽视穷人的权利和需求，这一方面导致扶贫资金政府管理的公有地悲剧，另一方面也使政府陷入扶贫陷阱而不能自拔。扶贫资金是公有资源，应该建立广泛参与的扶贫资金管理机制，尤其是以穷人需求为导向的扶贫资金管理机制。

（2）当前政府主导下的扶贫资金主要来源于政府财政收入，社会资金的动员严重不足。扶贫是公共品，社会上存在大量享受扶贫好处却回避为此支付费用的搭便车者。政府应大力倡导社会责任并培育社会组织参与扶贫。同时通过在高消费领域征收扶贫税筹集扶贫资金，强制搭便车者支付费用。

（3）长期以来，政府扶贫资源分散、职能分割，而穷人又不能有效享受扶贫的好处，自然灾害、宏观经济政策的变化对城乡社会脆弱人群的打击越来越大，政府应集中各种渠道的扶贫资源，统筹城乡扶贫规划，建立和加强动态的贫困监测体系，科学、及时、有效地对事关民生的宏观政策和自然灾害进行贫困影响评估。

六、西部贫困地区发展的战略思路

全面把握新时期西部贫困地区反贫困的指导思想、开发方针，确立全新的西部贫困地区反贫困战略的总体思路，是进一步研究西部贫困地区反贫困战略实施途经的重要理论基础。

（一）贫困地区发展的指导思想

西部贫困地区是中国自然条件最恶劣、少数民族人口最集中、贫困发生最广泛的地区之一，在中国全面建设小康社会和社会主义和谐社会的总体背景下，西部贫困地区反贫困必须突破传统的、单纯的经济扶贫模式，使反贫困战略更多地体现以人为本、国家安全、社会公正、可持续发展等多方面的新理念、新思维和新视点，这是进一步明确西部贫困地区在国家经济社会中的功能定位，制定新的反贫困战略的基本前提。

1. 以人为本

从2003年10月14日中国共产党第十六届三中全会通过的《中共中央关于完善社会主义市场经济体制若干问题的决定》指出"坚持以人为本，树立全面、协调、可持续的发展观，促进经济社会和人的全面发展"，2006年10月11日中共十六届六中全会提出"切实把构建社会主义和谐社会作为贯穿中国特色社会主义事业全过程的长期历史任务和全面建设小康社会的重大现实课题抓紧抓好"，这是建成完善的社会主义市场经济体制的历史进程中，中国经济社会发展理念的进一步深化和提高，它改变了过去过分重视国家层次、轻视社会及个人层次发展问题的执政理念，体现出越来越明显的以人为本和全面发展的价值取向。

坚持以人为本，同中国共产党全心全意为人民服务的根本宗旨和代表中国最广大人民根本利益的要求是一脉相承的。以人为本就是要在保障人的基本生存权利的基础上尊重人、理解人、关心人，就是要把不断满足人的基本需求、促进人的全面发展作为发展的根本出发点。人类生活的世界是由自然、人、社会三个部分构成的，以人为本的科学发展观，从根本上说就是要寻求人与自然、人与社会、人与人之间关系的总体性和谐发展。人类认识和改造自然界是为人类创造良好的生存条件和发展环境，但是在过去相当长的时期内，以征服自然为目的、以科学技术为手段、以物质财富增长为动力的传统发展模式成为经济发展的主体模式，在很大程度上破坏了人类赖以生存的基础，使人类改造自然的力量转化为损害人类自身的力量，人们在试图征服自然的同时，往往不知不觉地变成了被自然征服的对象。事实证明，只有遵循客观规律，只有人与自然的关系和谐了，生态系统保持在良性循环的水平上，人的发展才能获得永续的发展空间。经济社会发展归根结底是为了人的全面发展，只有经济发展而没有社会发展不叫全面发展。同样，只有经济和社会的发展而没有人的发展也不叫全面发展，以人为本的可持续发展观要求逐步增加各项社会发展、生态资源、环境建设的投入，特别是要加大对社会管理和公共卫生、公共服务方面的投入，对那些能够帮助贫困群体、失业群体和弱势群体重新融入社会并在经济发展过程中重新获得机会发展的项目，更应给予优先考虑，逐步扭转城乡差别、区域差别、贫富差距逐步扩大的趋势，彻底改变重增长、轻发展、重效率、轻公平的发展模式，尽快形成经济与社会协调发展的新格局。实现人与自然、人与社会的和谐统一，最根本的是要处理好人与人之间的关系，建立公正合理的社会制度，建立相互尊重、信任和关心的良好人际关系。树立人力资源是第一资源、人力资本是第一资本的观念，尊重劳动、尊重知识、尊重人才、尊重创造。同时，要保持共产党同人民群众的血肉联系，促进党群之间、各阶层之间、不同地区人群之间关系的和谐发展，从根本上提高人的综合素质，提高人力资本的水平，把人的全面发展融入自然、经济和社会的良性循环之中。目前我国仍是人均收入水平较低的发展中国家，地区和城乡发展不平衡的问题还相当突出，实现消除贫困、共同富裕的目标任重而道远。着力解决贫困人口的温饱问题，构建社会主义和谐社会就必须坚持以人为本，全面协调可持续的科学发展观，坚持把扶贫开发作为全面建设小康社会、扎实推进社会主义新农村建设的重要任务。坚持把消除贫困作为促进社会公平正义、构建社会主义和谐社会的重要举措，全面建设惠及全体人民的小康社会，是党的十六大提出的21世纪前20年的奋斗目标，充分体现了社会主义逐步实现共同富裕的本质要求。2006年10月11日，中国共产党第十六届中央委员会第六次全体会议通过的《中共中央关于构建社会主义和谐社会若干重大问题的决定》指出：实现全面建设惠及十几亿人口的更高水平的小康社会的目标，努力形成全体人民各尽其能、各得其所而又和谐相处的局面，构建社会主义和谐社会，必须坚持以人为本，始终把最广大人民的根本利益作为党和国家一切工作的出发点和落脚点，实现好、维护好、发展好最广大人民的根本利益，不断满足人民日益增长的物质文化需要，做到发展为了人民、发展依靠人民、发展成果由人民共享，促进人的全面发展。[①] 这是构建社会主义和谐社会同全面落实科学发展观的内在联系，从根本上确立了西部贫困地区反贫困与可持续发展的指导思想。但从目前西部贫困地区的情况看，由于复杂的自然、经济、历史和社会发展原因，不仅整体尚未达到基本小康，更有占农村人口20%的贫困人口，距离实现全面小康还相当遥远。切实加强西部贫困地区反贫困工作，全面推进西部贫困地区反贫困进程，既是西部贫困地区人民平等享有的生存与发展权利的具体体现，也是西部贫困地区人民能够共享国家经济社会发展成果的具体体现，

① 《中共中央关于构建社会主义和谐社会若干重大问题的决定》，《人民日报》2006年10月19日。

又是真正落实以人为本科学发展观的基本需要，更是我国全面建设小康社会、和谐社会，最终实现共同富裕的必然要求。

2. **国家安全**

国家安全是国家国防安全、经济安全、社会安全、环境安全的总称，无论是传统意义上的国家安全还是非传统意义上的国家安全，都从不同领域或从不同角度反映出由人群组成的社会存在的状况，从根本上涉及人的安危和社稷民本。在国家安全体系中，国家层面或区域层面上的国家安全系统都与贫困状况密切相关。从国际经验看，贫困作为“无声的危机”，不仅严重阻碍了贫穷国家的社会和经济安全，而且是当今世界地区冲突不断、恐怖主义蔓延和生态环境恶化等问题的重要根源之一，从维护国家安全的宏观层面重视各区域的贫困状况是国家反贫困治理的崭新理念。

西部地区是我国最大的少数民族聚居区，占农村人口40%的贫困人口又主要是少数民族。其产业不具优势、生产力发展水平低下、产业结构单一、市场规模狭小、基础设施薄弱、生态环境恶化、社会发展机制发育不全，经济社会发展水平远远低于全国平均水平，面临着严峻的发展困境。实践证明，贫困往往是一个国家或一个地区经济失衡、政治动荡、社会不稳的重要根源和基本表现，从社会进化的角度来考察，如果一个国家只有某一部分的国民，而不是所有国民共同分享经济社会发展的成果和社会福利，那么这是一种畸形的、充满危机的发展态势。西部贫困地区发展面临的严峻态势以及与其他发达地区经济发展差距的不断扩大，除了有可能因为地区经济发展失衡而触发一系列区域性或整体性社会政治问题外，从经济发展的角度上讲，幅员辽阔而开发程度低下的西部贫困地区与数千万人口的长期落后，将极大地削弱西部贫困地区资源综合开发的能力，不可避免地以其不断萎缩的资源供给以及日益狭小的市场容量反作用于宏观经济全局，势必对西部地区乃至整个国民经济长期稳定协调地向前发展产生强烈的拖曳作用。从国家政治的角度讲，广泛存在的贫困现象和极其深重的贫困程度不仅导致了西部贫困地区人民在世界文明进步的趋势中群体性人类不安全感的增加，大幅度降低了区域各族人民对社会主义改革发展、经济现代化与和谐社会建设的认同和支持，动摇区域各族人民对中国共产党和中国政府的信心，产生消极对待甚至极力抵触的情绪，而且极易被国内外极端民族势力、极端宗教势力、暴力恐怖势力和极端黑恶势力所利用，引发一系列区域性或整体性的社会政治动荡，进而成为影响中国国家安全和中华民族发展战略全局的重大隐患。此外，民族关系历来是西部地区最为敏感、重要的社会关系类型，由于历史、社会、宗教、国际政治等方面的原因，民族矛盾和不稳定因素依然存在，如何通过科学合理的资源开发、经济发展和社会共同进步缩小各民族的发展差距，减少冲突摩擦，促进各民族平等，和谐和团结协作是区域经济社会协调发展的基本任务。同时，西部贫困地区、少数民族省区经济文化联系十分紧密，如四川康巴藏区历来是沟通西藏与内地的桥梁和纽带，与西藏在宗教、文化、经济方面的联系，无论在历史上还是现在都很密切，对西藏的稳定有着决定性的作用，自古就有“控驭青滇藏区锁钥”、“治藏之依托”、“稳藏必先安康”之说，并得到历任党和国家领导人的认同。从某种意义上讲，康区稳才有西藏稳，康区安才有西藏安。回顾历史，20 世纪 50 年代的“西藏叛乱”就是从康区发端的，而且叛军的主力也主要来自康区，至今康区仍然是国外反华分裂势力活动的热点，境内社会政治环境十分复杂，藏独等民族分裂活动、极端势力活动和恐怖势力活动时有发生，一直处于国家反分裂斗争的前沿。有效实施四川民族贫困地区的反贫困战略，提高民族地区的经济发展水平，对于加强川西北少数民族地区的发展，尤其是加强川西北藏区与内地及与西藏的经济联系，有效改变由于行政区划不同而使同样生存条件下的藏族同胞受到悬殊待遇的不合理状况，有力促进藏族同胞内部的团结，维护藏区、彝区稳定，增进民族团结，保持全国社会稳定和边防巩固，维护国家统一有着十分重要的作用。这种作用又将转化为促进国家经济发展和社会繁荣的重大宏观效益，成为促进21世纪中华民族全面振兴的重要物质力量。

3. **社会公正**

社会公平正义是社会和谐发展的重要保障，发展必须以人为中心，以人为中心的发展的最高价值标准就是公平与公正。保证每一个社会成员的基本生存权和发展权是一个社会的基本责任。如果一个社会存在极端的区域发展失衡、严重的收入分配差距和广泛分布的贫困人口及其他弱势群体，就很难说这个社会是基本和谐和健康的。如果一个社会的效率和发展是以一部分人挣扎在温饱线以下为代价的，一个地区的繁荣和昌盛是以另一个地区的长期贫穷和落后为前提的，就根本不可能说这个社会是公正的或正义的。邓小平关于“社会主义的本质，是解放生产力，发展生产力，消灭剥削，消除两极分化，最终达到共同富裕”的重要思想表明，巩固和发展社会主义，必须认识和把握好两大任务：一是解放和发展生产力，极大地增加全社会的物质财富；二是逐步实现社会公平正义，极大地激发全社会的创造活力和促进社会和谐。这两大任务是相互联系、相互促进的统一整体，而又贯穿于整个社会主义历史时期一系列不同发展阶段的过程之中。没有生产力的持久大发展，就不可能最终实现社会主义本质所要求的社会公平正义；不随着生产力的发展而相应地逐步推进社会公平正义，就不可能充分地调动全社会的积极性和创造活力，因而也就不可能持久地实现生产力的大发展。这个重要思想，对于有序推进西部贫困地区的反贫困治理具有长远的指导意义。

西部贫困地区多数集老、少、边、穷于一体，长期处于国家政治经济循环的边缘，经济发展和社会进步缓慢，与发达地区的发展差距不断扩大，其生产方式原始、社会发育程度低下，至今还有很多处于封闭原始状态的少数民族贫困地区基本上没有被现有的扶贫工作所触及，许多处于极度贫困状态的少数民族贫困人口因从未得到过真正意义上的扶持而衣食无着、不得温饱，其生存与发展完全与现代经济文化隔绝。特别是其中的革命老区，在几十年的中国革命战争艰辛的历史过程中，老区人民以坚定的革命信仰、无私的奉献精神和战胜一切困难的英雄气概，为中国革命的胜利做出了不可磨灭的重大贡献。目前全国 592 个扶贫开发工作重点县中，有老区县 310 个，占 52%，其中约有 20%的老区县（主要是成片的老区）贫困程度非常深，群众的生活还非常困难。如四川的“三州”贫困地区有 50%以上的县属于革命老区，是第二次国内革命战争时期面积最大的革命老区。1935 年 5 月，中国工农红军长征经过凉山，历时 29 天，行程 800 千米，足迹遍布凉山八县一市。会理会议、礼州会议、彝海结盟等史诗般波澜壮阔的中国工农红军的历史画卷，在长征史上闪烁着璀璨的光辉。1935 年 5 月 22 日，红军司令员刘伯承与少数民族部落首领小叶丹歃血为盟，结拜为生死弟兄，5 月 23 日、24 日，红军大部队在小叶丹及几个随从的引路和护送下，顺利通过彝族聚居区抵达安顺场，为抢渡大渡河、飞夺泸定桥赢得了宝贵时间。“彝海结盟”是凉山人民对中国革命取得胜利做出重大贡献的真实记载，是红军正确执行党的民族政策的典范，是民族团结、军民团结万古流传的动人篇章。1935 年至 1936 年间，红一、二、四方面军经过长途跋涉，艰苦转战，先后进入甘孜藏区，足迹踏遍甘孜藏区 16 个县，历时近 15 个月。在甘孜藏区，红军飞夺泸定桥，翻越党岭大雪山，帮助藏族人民第一次建立了自己的政权——博巴政府和建立了第一支藏族红色武装，藏族人民积极为红军筹粮、筹款，救护伤病员，为红军、为中国革命做出了巨大贡献和牺牲，正如邓小平曾高度评价：“甘孜藏区人民为保存红军做出了最大的努力。”红军长征在阿坝藏族羌族自治州境内爬雪山、过草地，创造了长征在阿坝藏族羌族自治州境内召开的重要会议最多、经过的时间最长、经过的人数最多、进行的战役战斗最多、经历的自然条件最为恶劣、党内斗争最激烈、各族人民对红军的支援最大的七个“长征之最”。为帮助红军走出困境，阿坝藏族羌族自治州各族人民有 500 多人加入共产党，有 5000 多人参加主力红军，有 10000 余人参加游击队或成为各级苏维埃干部，被毛泽东赞誉为中国革命史上特有的“牦牛革命”。在自身粮食不足的情况下，当地人民还先后为红军筹粮2000多万斤，捐出牛羊20多万头，并为红军修路架桥当通司等，为红军北上抗日创造了有利条件。红军北上后，根据地有成千上万的失散红军、苏维埃干部、革命群众遭到国民党反动派白色恐怖的残酷迫害，许多人大义凛然、英勇献身，阿坝藏族羌族自治州13个县就有9个县114个乡镇被命名为革命老根据地。

在中国革命最危难的时候，西部藏、彝等少数民族同胞在极其困难的情况下为中国革命做出了无私的奉献和巨大的牺牲。然而，新中国成立已经半个多世纪，歃血为盟、荣辱与共、情同手足、生死相依的西部贫困地区藏、彝等少数民族同胞仍有40%以上在贫困中煎熬，在革命成功50多年后，他们的生存问题却没有得到很好的解决，不能不令每个共产党员汗颜惭愧，而且于情于理都说不过去。扶持贫困落后地区发展体现的最高社会意义，就是保证贫困地区的每一个社会成员都能够被公平合理地对待，都有机会发挥人的自身潜力和实现人的全面发展，可以以平等的身份参与社会政治活动，参与市场经济竞争，分享资源配置利益，享受资源开发、经济发展、社会进步和环境改善所带来的好处，而不是被排斥在国民经济和社会进步的循环之外。切实加强西部贫困地区反贫困工作，全面推进西部贫困地区的反贫困进程，应该是社会主义建设中社会公正理念的基本要求，也是中国共产党人代表最广大人民群众根本利益的具体体现。

4. **可持续发展**

贫困是西部地区最普遍的社会经济特征，贫困的大面积存在及其消极影响是西部贫困地区缺乏可持续发展功能的最基本的原因。在西部贫困地区，可持续发展面临的首要问题就是如何迅速、有效地缓解并逐步消除贫困。邓小平所说的“贫穷不是社会主义”，就是指物质、经济的贫困以及精神、文化的贫困和因贫困而对生态环境的破坏是不符合社会主义本质的。我国作为发展中的社会主义国家，实施可持续发展战略本身就体现了社会主义的本质，这就是说可持续发展是反贫困的，消除贫困既是可持续经济发展的重要目标，也是可持续社会发展的基本目标。世界发展中国家的发展历史表明，贫困的存在引起生态环境恶化，而生态环境恶化又导致贫困加剧。因此，可持续发展的前提是发展，只有通过广泛的经济发展才能最终消除贫困。可持续发展强调满足人类基本的需要，它既包括人们对多种物质生活和精神生活享受的需要，如饮食、居住、衣着、交通、安全、文化教育、体育、医疗保健、就业、娱乐、社会保障等方面的需要，并不断提高全体人民的物质文化生活水平，又包括人们对劳动环境质量、生活环境质量和生态环境质量等生态需求，逐步提高生存与生活质量，做到适度消费和拥有文明生活方式，使人、社会与自然保持协调关系和良性循环，从而使社会发展达到人与自然和谐统一、生态与经济共同繁荣、发展与资源和环境相协调。在贫困地区发展中，满足贫困人口的基本需要是贫困地区反贫困战略最基本的内容，是贫困地区地方政府一切工作的中心，能否满足贫困地区人口的基本需要，是贫困地区实施可持续发展的重要前提。

可持续发展是人类发展观的历史性进步，可持续性发展强调社会发展并不是单纯的经济现象，不仅仅是经济指标的增长，而且是经济、社会、人口、资源、环境各系统各要素协调并进的整体发展以及人的全面发展。在西部贫困地区反贫困与可持续发展过程中，可持续发展所体现的最基本的社会意义是保证每一个社会成员的基本生存权和发展权，以维护区域社会政治秩序，增加广大贫困人口的经济收入，实现各民族共同繁荣、共同进步，以建立人口、资源、环境良性循环机制为目标，探索适应西部贫困地区自然、经济和社会发展特点的发展模式。同时，西部贫困地区地处长江、黄河两条中华民族母亲河的源头和上游，其生态地位十分重要，而生态环境十分脆弱。新中国成立以来，为了支援国家建设，人们在西部贫困地区砍伐了大量森林，致使生态环境遭到严重破坏，人类生存环境日趋恶化。1998年停止天然林砍伐，西部贫困地区人民做出了巨大牺牲。同时，西部贫困地区广大贫困农牧民既承担了生态环境破坏带来的种种恶果，又不得不为了生存加大对生态环境的索取，形成生态破坏的贫困和贫困的生态破坏，如果不从根本上改变西部贫困地区普遍的绝对贫困状况，生态环境将难以得到彻底保护，可持续发展无从说起，长江、黄河上游地区经济社会可持续发展也无从说起。拟议中的南水北调西线工程，堪称人类历史上规模最大的改造自然工程，是关系改善中华民族生存环境的千秋大业。按有关规划报告，其调水规模达170亿立方米，每年产生的经济效益将以千亿元计。西部贫困地区既是南水北调西线工程的调水区域，又是主要的施工区域，从工程建设看，不加快改变目前的贫困状况，势必对南水北调西线工程的建设造成重大制约。从长远发展来看，区域内大量水资源被调走，也需要给予应有的扶持和补偿。同时西部贫困地区还有丰富的矿产资源、水能资源和旅游资源等，切实加强西部贫困地区反贫困工作，全面推进西部贫困地区反贫困进程，既是实施南水北调西线工程的重要保障，又是推进西部大开发的重大举措，对于保护长江、黄河上游的生态环境，维护长江上游干、支流的生态平衡、环境治理，特别是植被保护、水源保持、水土保持，减少三峡库区泥沙淤积，防治长江中下游水患，维护长江中下游地区经济社会发展秩序的稳定都具有重要的现实意义和长远意义。

可持续发展的反贫困理念要求从建设长江、黄河生态屏障的战略高度出发，变退耕还林、退牧还草等生态建设项目为生态补偿、生态移民等长期政策和制度安排，把解决最贫困人口的基本生存问题同生态环境的保护与建设紧密结合起来，把生态工程建设同西部贫困地区产业结构调整结合起来，同扶贫开发结合起来，同科技推广服务体系的建设结合起来，同旅游资源的开发和旅游产业的发展结合起来，同农村剩余劳动力转移、乡镇企业的发展和农牧区小城镇建设结合起来，真正体现通过生态建设、环境保护，实现西部贫困地区自然、经济和社会协调发展的可持续发展理念。

（二）贫困地区发展的基本方针

在西部贫困地区新的反贫困战略指导思想的指导下，西部贫困地区的反贫困治理必须根据当地自然、经济、社会发展的独特性质和发展阶段，确立科学的反贫困治理的开发方针。

1. **实事求是**

西部贫困地区的贫困问题具有强烈的、独特的区域性个性，表现为高原山区的特点、少数民族的特点、边缘地带的特点，该地区的贫困是多种因素相互交织、相互制约形成的一种综合现象，是历史长期的积累。西部贫困地区与内地发达地区不仅在收入水平、经济总量、发展速度、生产效率、管理水平等方面存在极大的差距，而且在包括人的素质、思想观念、教育文化、人类发展在内的整个社会进化过程中存在着历史阶段性的差距，要缩小或消除这些差距，必须经历一个渐进的过程，需要更特殊的政策、更多的综合投入和更艰苦的工作努力。因此，西部贫困地区反贫困战略的制定必须充分考虑反贫困对象所体现的民族性、区域性、边缘性、经济性和社会性特征。充分体现可持续发展的最基本的社会意义，即保证每一个社会成员的基本生存权和发展权，保证每一个社会成员都能够以平等的身份参与社会政治活动，参与市场经济竞争，分享资源配置利益和完善个人价值。

实事求是的反贫困战略方针要求以调节收入差距、缓解阶层矛盾、实现社会公平、减少社会风险、促进道德进步，以维护地区社会政治秩序稳定，建立人口、资源、环境良性循环机制，保护生态安全为目标，探索研究适应西部贫困地区自然、经济和社会发展特点的反贫困战略模式、计划和实施步骤。充分考虑西部贫困地区贫困状况所隐含的特殊自然、社会和历史文化背景；充分考虑反贫困所包含的持续发展、社会公正、生态安全、道德进步等方面的人类价值和社会意义；充分认识在市场经济条件下和西部大开发背景下西部贫困地区反贫困战略的长期性、艰巨性和复杂性；充分认识到西部贫困地区经济发展的核心就是缓解和消除贫困，改变不发达状况，培育产业发展要素，健全基础设施和改善生态、社会环境，而不是完成全面建设小康社会的现实任务，更不是实现工业化、城市化和现代化的历史任务。另外，西部贫困地区的开发必须从本地区的具体情况出发，在选择产业结构、确定主导产业、资源开发层次与速度等方面，都要根据不同区域的特点、情况与条件，具体安排地区的开发重点、规模与节奏。在反贫困治理过程中，始终坚持实事求是、因地制宜的工作方针，力戒官僚主义、形式主义的工作作风，制定切合实际的项目实施程序和检测评估标准，尽力避免在教育、卫生项目的实施中搞豪华装修或花数十万巨资修建村民活动室、各类路边形象工程等不经济的做法，而把扶贫资金最大限度地用在解决群众温饱问题的种植业上，用在与解决贫困人口生存问题直接相关的基础设施建设上。同时，致力打破西部贫困地区相对封闭的发展模式，解放思想、更新观念，努力扩大对外开放的层次、范围和力度，采取积极措施引进资金、技术和适用技术人才，逐步建立开放性的社会经济结构，尽快实现西部贫困地区传统农牧业生产方式的革命性变革。

2. 政府主导

2004 年 5 月 27 日在中国上海闭幕的全球扶贫大会发表的《上海减贫议程》指出：持续不断的政治承诺、远见卓识的领导和强有力的管理是成功实施加大减贫力度的关键，无论是在项目和计划层面还是在国家层面推进有效的增长和减贫战略都是如此。充分发挥执政党的领导核心作用和政府强大的资源动员能力，顺畅地运用行政手段、经济手段、法律手段推动扶贫开发的进程，可以大幅度地增强反贫困的权威性和有效性，提高反贫困政策和具体措施贯彻落实的效率，特别是能够集中力量在短时间内取得明显的扶贫效果。在西部贫困地区的反贫困治理中之所以强调加强国家政府强大的行政干预，在实行宏观控制和有计划管理的条件下，动员全社会的力量和国际社会的力量参与，是因为西部贫困地区生产要素质量太低，并且呈现不断弱化的趋势，单纯依靠自身优化生产要素组合，提高资源配置质量．实践证明不仅费时甚久而且效果欠佳。因此绝不能把西部贫困地区反贫困治理成功的希望寄托在其自发的组织行为上，必须依靠中央政府进一步明确西部贫困地区在中国西部的功能定位，强化其在国家政治、社会、军事和生态安全方面的重要地位，充分认识其特殊性和重要性，以科学的发展观、正确的政绩观、平等的民族观以及建设社会主义和谐社会的高度来对待西部地区的反贫困工作，把缓解绝对贫困放在西部地区经济社会发展的重要位置，充分发挥中央政府的宏观调控职能，采取特殊的政策措施和强大的资金投入，积极帮助西部贫困地区改善基础设施条件，优化生产要素组合，逐步培植和引导西部贫困地区自我发展机能，增强依靠人力资本投资和科技进步发展市场经济的经营能力，使贫困地区的农户能独立地进行商品生产，在此基础上，逐步依靠自我力量实现稳定脱贫。西部贫困地区各级党委、政府要适应发展社会主义市场经济的要求，把切实解决贫困人口的基本生存、生产问题作为党委、政府一切工作的中心环节，以高度的政治责任感和崇高的历史使命感不断加强对反贫困战略的领导力度和投入强度。同时，发挥社会主义所独有的政治优势，积极动员和组织社会各界，通过多种渠道、多种形式，不拘一格地帮助西部贫困地区发展经济和社会事业。

3. **经济开发**

始终坚持贫困地区的经济开发是中国农村反贫困战略取得重大成果的成功经验。在 20 世纪 80 年代，党和政府根据我国社会发展的历史、现实与发展规律，确认我国是经济发展水平很低的发展中国家，尚处于社会主义初级阶段，这个历史阶段的根本任务就是坚忍不拔地同贫困作斗争，解放和发展生产力，实现社会主义现代化，促进整个社会的文明和进步，使全体人民彻底摆脱贫困，实现共同富裕。但是，摆脱贫困只能建筑在生产力发展的基础上，没有贫困地区自身经济实力的增强，单纯依靠生活救济是不可能从根本上摆脱贫困的。《中共中央关于构建社会主义和谐社会若干重大问题的决定》明确指出：社会要和谐，首先要发展，必须坚持用发展的办法解决前进中的问题，大力发展社会生产力，不断为社会和谐创造雄厚的物质基础，同时更加注重发展社会事业，推动经济社会协调发展。西部贫困地区贫困人口分布广泛，各区域贫困地区自然、经济和社会发展状况差异明显，所选择的扶贫开发模式也各不相同，但无论是何种区域类型的贫困地区都必须始终把以农牧业开发为基础，努力提高粮食、畜牧产品自给率，积极推广各种实用技术，推动农牧业科技进步，调整和优化农村产业结构，大力发展优势特色产业作为反贫困治理的基本前提。从西部现有贫困人口的实际情况出发，在扶持贫困人口的产业选择上应继续重点支持发展种养业，集中力量帮助贫困人口发展有特色、有市场的种养业项目，以增加贫困人口的收入为中心，依靠科技进步，着力优化品种、提高质量、增加效益。在种养业及整个农业开发的基础上，重视非农产业的开发，重视发展乡镇企业和农村服务业。推进产业开发必须与市场开发相结合。贫困地区的产业开发必须以市场为导向，适应市场供求变化，依靠科技进步，提高农业生产和资源开发利用的水平，增强市场竞争能力，真正把资源优势变成经济优势和竞争优势。在稳定农牧业生产的基础上，经济开发的战略重点逐步由零星分散扶贫开发转向集中成片的区域性经济开发，通过立足本地水电、畜牧、医药、矿产、旅游等特色优势资源，不同程度地围绕产业化基地建设，进行统一规划、科学布局，因地制宜地发展西部贫困地区特色经济，培育好能够开发和利用当地资源、创新能力强、带动能力大、生产指数高、能增加贫困人口人均收入、增加地区财政收入的区域性的主导产业，开展适度规模经营，形成区域经济循环发展的结构雏形。通过主导产业的发展，带动西部贫困地区资源开发，建立能够为贫困人口提供稳定的收入来源，也为西部贫困地区奠定发展条件以及由绝对贫困向稳定解决温饱的坚实的物质基础。

4. **综合治理**

世界发展中国家反贫困战略的实践表明，任何成功的减贫努力都必须是全面的、涵盖多方面的、协调一致和综合的行动。西部贫困地区贫困的产生是历史积累的结果，是自然、社会、经济、政治等方面的因素长期交织而形成的，要逐步消除贫困，必须消除致贫的根源，在造成贫困的诸因素及其表象中，只针对某一方面的因素或某一表象去脱贫，实践证明是实现不了脱贫致富目标的。全面实施西部贫困地区的反贫困战略必须认真落实综合治理的工作方针，即解决贫困人口的温饱问题与区域经济开发相结合，增加经济收入与改善生态环境相结合，特色资源开发与基础设施建设相结合，人力资本投资与劳动力转移、输出相结合，移民搬迁与小城镇开发建设相结合，反贫困治理与计划生育工作相结合，经济开发与解决社会问题相结合。在反贫困治理中既要加强水利、交通、电力、通讯等基础设施建设，又要高度重视科技、教育、卫生、文化事业的发展；既要大力改善贫困人口的生存环境、提高生活质量，又要切实控制人口过度增长、不断提高人力资本素质；既要尽快促进贫困地区经济、社会协调发展和全面进步，又要努力实现人口、资源与环境的良性循环。当前，必须高度重视人力资本投资在反贫困斗争中的关键作用，对贫困人口进行人力资源开发、人力资本投资，增加其人力资本存量，以基础教育为重点，普遍提高贫困人口受教育的程度，采取切实措施解决贫困儿童入学率低、辍学率高的问题。特别要以劳动力的培训和转移为切入点，提高贫困人口的综合素质，通过人力资本投资提高他们的自我生存和发展能力。高度重视卫生事业的发展在反贫困治理中的重要作用，大力改善西部贫困地区卫生保健服务，增加对贫困地区的公共卫生投入，加大对贫困地区基本卫生基础设施的经济补助，提供专项经费用于培训医务人员，建立和完善县乡村三级卫生服务网络。必须高度重视科学技术在西部贫困地区农牧业结构调整和农村产业发展中的重要作用，广泛开展农牧业先进实用技术培训，提高贫困农户的科技文化素质，增强贫困农户掌握先进实用技术的能力，把反贫困治理同农业科技推广服务体系建设结合起来，立足于依靠科技进步提高效益，实现跨越式发展。对于那些自然资源极度匮乏、基本的生产和生活条件极差的少数贫困地区，要把移民搬迁与生态治理有机结合起来，把符合一定条件的贫困人口，有组织地迁移到其他生存条件较好，土地、草场资源相对较多的地区落户，并采取工程措施或生物手段对原居住区进行封闭治理。同时有组织地把一部分劳动力输送到经济快速增长的发达地区，通过劳动交换分享经济发达地区的经济增长成果，增加贫困农户的收入，借以解决贫困农户的温饱问题。结合社会主义新农村建设，把加强农牧区基础设施建设，切实改善贫困人口的基本生产生活条件和生态环境，提高抵御自然灾害的能力，最大限度地防止返贫摆在突出位置。

5. **群众参与**

贫困人口是反贫困战略实施的主体，依靠西部贫困地区人民自力更生、艰苦奋斗改变贫困落后面貌是反贫困战略的精神支柱。西部贫困地区的反贫困治理，离不开国家的扶持、社会的帮助以及国际机构的援助，但是最终解决问题要靠自身的努力。中国农村 20 多年来的反贫困历程表明，没有千百万贫困人民的自觉参与，中国农村反贫困战略取得重大成就是不可能的。在国家、社会的必要扶持下，西部贫困地区依靠自身力量走自我发展之路，一方面要求西部贫困地区人民发扬自力更生、艰苦奋斗、奋发图强、自强不息的创业精神，充分发挥广大干部群众的积极性、主动性和创造性，克服等、靠、要思想，改变消极畏难、宁愿苦熬的精神状态，不等不靠，苦干实干，把国家、地区、部门扶持同开发西部贫困地区特色优势资源和人力资源结合起来，合理运用西部贫困地区内部力量，发动群众踊跃投工投劳，大搞农田基本建设，开发当地资源，改善生产条件，发展商品生产，开拓增加收入的路子。把农牧业综合开发、发展特色产业和保护生态环境统一起来，对耕地、草原、森林等农牧业资源进行综合利用与治理，努力把潜在的资源优势转换为现实的经济优势，相应加强贫困农户的自我积累和自我发展能力，并逐步形成西部贫困地区的内在发展机制。另一方面要树立贫困地区群众在反贫困战略中的主体地位，切实落实群众参与的开发方针，强调贫困人口的参与和增强对贫困人口的了解与信心，而不是把他们看作是被动的扶贫干预的受益对象，改变过去过分依赖自上而下的行政干预，贫困人口的参与只是被动投工投劳和自筹资金的扶持模式，充分尊重贫困人口的生存权和选择权，充分尊重贫困地区，特别是少数民族地区的风土人情、传统习惯、乡土知识体系及其他非正式制度约束。无论是以工代赈资金还是财政扶贫资金安排的扶贫项目，无论是基础设施建设还是易地移民搬迁，无论是生态工程建设还是社会事业发展，都要广泛听取贫困农户的意见，充分尊重贫困群众在扶贫开发中的知情权、决策权、实施权、受益权与监督权，绝不能违背群众意愿，搞片面决策、行政命令或强制摊派。

在反贫困计划中，强调贫困人口直接参与基本农田建设、草场草原建设、乡村道路建设、水利设施建设、生态设施建设、能源设施建设、教育卫生设施建设等，通过创造就业机会，提高劳动生产率，增加农牧民收入等手段提高他们参与社会活动的权利和自力更生的程度，并辅之一系列区域性发展援助政策措施，提高贫困人口把握经济机会的能力，保证贫困人口在参与经济活动中实现收入增加。同时，要通过加强贫困地区农村的基层党组织和行政组织建设，以及发展以股份合作制为主要形式的集体经济来提高贫困人口的组织化程度，增强其自我发展的能力，使其能够充分利用外部资源，开发内部资源，实现扶贫资源优化配置，提高他们抗击各种风险的能力。通过全面的反贫困计划推动乡村建设的发展、信息交流渠道的通畅和社会发展环境的改善，不断激发贫困人口产生新的需求和追求，从而逐步形成一种能够使贫困人口发展自身潜能的发展模式。实施全面的、集中的、综合性的反贫困战略，必须以强化社会服务、提高人口素质、增加农牧民收入为中心，以农牧区经济结构调整、大力发展特色经济、推进农牧业产业化进程为主线，以科技进步、基础设施建设、社会环境改善为支撑，以建立新阶段西部贫困地区经济、生态与社会可持续发展为目标，构建与中央西部大开发战略基本政策取向有机衔接，适应西部贫困地区特殊自然、经济和社会发展特点的高效率的、参与式的和可推广的反贫困模式。

（三）贫困地区发展的总体思路

西部贫困地区反贫困战略是在进一步加强物质救济、对口帮扶和区域发展援助的基础上，通过制度创新确立全新的扶贫管理体制，改变传统单一的、分散的、以经济扶贫为主体的资源配置格局，通过政府主导的一系列扶贫计划和政治、经济、科技、文化各方面的综合投入，以建立农民经济收入稳定增长机制为目标，通过人力资源开发、基础设施建设、强化科技扶贫、深化对口帮扶、加强乡村基层政权组织建设，全面改善贫困人口的人力资本素质和农业基本生产条件，推动西部贫困地区生态资源、旅游资源、矿产资源开发和劳务输出的发展，满足贫困人口的基本需求。

1. 贫困与人类基本需求

贫困最基本的经济学内涵涉及人类的基本需求与其满足这些需求的能力之间的关系，简单地概括就是满足人类基本需求的手段相对于满足需求的程度来说是极其不足的或极其有限的。如果从状态来描绘贫困，应该是凡处于拼命自给而不能自足的低水平经济状态的地区和人口就可称为贫困地区和贫困人口。如果一个地区的居民生活水平达不到一种社会可以接受的最低标准，人均纯收入低于维持基本生存所必须消费的物品和服务的最低费用，则居民的生活水平就被认为是处于贫困状态。居民维持生存所必须消费的物品和服务的最低费用，主要包括两部分：一部分是最低食品支出的费用；另一部分是最低的衣着、住房、交通、燃料、用品等生活必需品支出，以及医疗、教育、娱乐和服务等非食品支出的费用。但贫困同时又是一个内涵十分广泛的社会历史范畴，贫困不仅包括低收入、生活条件差、生产难以维持的经济概念，而且包括预期寿命、文化程度以及安全感、正义、公平等生活质量的社会文化和心理概念。联合国《1981 年世界发展报告》指出："当某些人、某些家庭和群体没有足够的资源去获取他们那个社会公认的、一般人都能享受到的饮食、生活条件、舒适和参加某些活动的机会，就是处于贫困状态。"在以贫困问题为主题的《1990 年世界发展报告》中，世界银行给"贫困"下的定义是：缺乏达到最低生活水准的能力。该报告同时指出：衡量收入水准不仅要考虑家庭的收入和人均支出，还要考虑那些属于社会福利的内容，例如医疗卫生、预期寿命、识字能力以及公共货物或公共财产资源的获得情况。它用营养、预期寿命、5 岁以下儿童死亡率、入学率等指标，作为以消费为基础对贫困进行衡量的补充。联合国开发计划署（UNDP）编写的《人类发展报告 1997》提出的新的关于贫困的概念——人类贫困（Human Poverty），其含义包括寿命、健康、居住、知识、参与、个人安全和环境等方面的基本条件得不到满足，因而限制了人的选择。在这个概念下，贫困意味着一些基本能力缺乏，使得陷入这种状况的群体不能很好地履行必要的生产、生活职能。世界银行《世界发展报告（2000/2001）》以全新的视角对贫困进行了诠释：贫困是指福利的被剥夺状态，贫困不仅仅意味着低收入、低消费，缺衣少药，没有住房，生病时得不到治疗，不识字而又得不到教育，还包括风险和面临风险时的脆弱性、没有发言权和缺乏影响力。在这里，贫困不仅仅是一种悲惨的生存状态，而且是一个多层面、多领域的问题，由相互关联的经济、政治、人类社会文化诸方面的匮乏构成。

我国学术界认为，贫困地区一般是指贫困发生率比较高的省（自治区）中集中连片的、群众温饱问题未能稳定解决的最贫穷地区，这与西方经济学中关于贫困地区指资本形成缺乏、资本形成率低、没有参加国家经济全面增长的"萧条区"的内涵不完全相同。贫困的本质内涵包括生产和消费两个方面：从生产方面看，要考察劳动者是否具有进行简单再生产和扩大再生产的能力和条件，以及其劳动强度的大小，即劳动强度是否超过了生理上或社会文化上可接受的水平，以及是否能够通过生产获得足够的收入；从消费方面看，要考察劳动者衣、食、住、行、用、医疗、文化教育等家庭生活消费上是否能达到社会公认的基本生活水平。根据研究范围和角度的不同，一般可将贫困划分为绝对贫困和相对贫困，绝对贫困最基本的界定是指在一定的社会生产方式和生活方式下，个人或家庭依靠劳动所得或其他收入不能维持最基本的生存需求，在生产方面缺乏扩大再生产的物质条件，甚至难以维持简单的再生产；在生活方面难以满足人们生存的最低需要，衣食不得温饱，劳动力本身再生产难以维持，“食不果腹、衣不遮体、房不避风雨”即是绝对贫困的形象写照。相对贫困是指与绝对贫困比较而言的贫困，一方面指随着时间变迁和不同社会生产方式、生活方式下贫困标准相对变化而言的贫困，另一方面指同一时期不同社会成员和地区之间的差异而言的贫困。一般而言，相对贫困现象在社会经济发展中长期存在，而且处于极其不稳定的状态。

从上述简单的阐述可以看出，贫困现象与人类基本生存需求存在极为密切的关系。战胜饥饿，谋求生存是人类的第一需要，生产劳动是人类第一个历史活动，是推动人类社会进步和历史发展的最基本动力。马克思和恩格斯在其《德意志意识形态》一书中明确指出：“我们首先应当确定一切人类生存的第一个前提也就是一切历史的第一个前提，这个前提就是：人们为了能够‘创造历史’，必须能够生活。但是为了生活，首先应需要衣、食、住以及其他东西。因此第一个历史活动就是生产满足这些需要的资料，即生产物质生活。同时这也是人们仅仅为了能够生活就必须每日每时都要进行的（现在也和几千年前一样）一种历史活动，即一切历史的基本条件。”[1] 恩格斯在《在马克思墓前的讲话》中对马克思的唯物史观作了最概括、最精辟的总结，他说：“正像达尔文发现有机界的

---

① 《马克思恩格斯选集》，北京：人民出版社，1972 年版，第一卷第 32 页。

发展规律一样，马克思发现了人类历史的发展规律，即历来繁茂芜杂的意识形态所掩盖着的一个简单事实：人们首先必须吃、喝、住、穿，然后才能从事政治、科学、艺术、宗教等等；所以，直接的、物质的生活资料的生产，因而一个民族或一个时代的一定的经济发展阶段，便构成为基础，人们的国家制度、法的观点、艺术以至宗教观念，就是从这个基础上发展起来的，因而，也必须由这个基础来解释，而不是像过去那样做得相反。”①

2. 人类基本需求内涵的拓展

人类的需求是有层次的，根据美国著名心理学家亚伯拉罕·马斯洛（Abraham Maslow）提出的需求层次论，人的需求按其重要程度排成五种层次：①生理的需要，包括基础热量的摄取和维持人的（包括个人、配偶和家庭）有效生产活动所必需的营养水平，以及抵御天气变化所必需的普通衣物和住所；②安全的需要，即个人在生理需要的基础上产生的一种生理和心理兼而有之的需要。它包括有安全卫生饮用水、疾病的预防和治疗有保障、老有所养（晚年安全）、就业安全、收入稳定可靠以及防止肉体受伤害、防止疾病、防止经济灾难和免遭恐惧与危险等内容；③社会的需要，即人与人之间进行社会交往的需要。如友谊、爱情、美化自己等内容；④尊重的需要，包括自我尊重的需要和获得别人尊重的需要；⑤自我实现的需要，即消费者要求的自身的体力、智力、个性得到充分发挥和发展的需要。马斯洛认为，五种基本需要是按照从低到高的等级排列的人们只有在满足了前一种需要之后，才会产生下一个层次的需要，人类生存的最高层次的需求是成长、发展、发挥潜能，即自我实现的需要。

基本需求的内涵在人类 20 世纪 60 年代以后的世界反贫困战略中得到了广泛的讨论，美国经济学家马尔科姆·吉利斯（Malkom Gillis）在《发展经济学》中指出：“人的基本需要是多种多样的，

---

① 《马克思恩格斯选集》，北京：人民出版社，1972 年版，第二卷第 574 页。

但是大多数研究者认为它应包括下列方面的最起码水平：营养、健康、衣着、住所和获得个人自由与进步的机会。至少其中的某些方面是可以计量的。”[①] 20 世纪 60 年代后期，国际劳工组织（ILO）进行了一系列失业和就业问题的研究，发现如果新投资能够吸收更多的人参加劳动，而国民总产值和真实工资都会增加时，非熟练劳动力才能得益。进一步的研究表明，只从收入水平考虑，不足以解决贫困者的问题，因为，还有一些公共服务项目，如现行教育制度等，在其制定和执行过程中，对贫困者都怀有偏见。为此，国际劳工组织认为，满足贫困者的“基本需求”就应该包括维持其个人生存、家庭生存所需要的食品、住房和衣着条件。同时包括必要的公共福利，特别是洁净的生活用水、卫生设备、公共运输、保健医疗和教育等基本公共服务设施以及对社会生活的参与。在科技经济高度发达的现在，人类基本需求进一步延伸为人应享有自由、尊严、安全及民主参与社会生活等人权的一些非物质需求。1976 年世界就业会议正式认可，以国际劳工组织提出的“基本需求战略”作为发展目标，把经济发展的重心从单纯增加产量转移到满足贫困者的基本需求、减少绝对贫困的方向上。从 20 世纪 60 年代以后大多数世界发展中国家的发展历史考察，收入不平等以及由此伴随而来的普遍贫困问题，并没有像人们预想的那样随着经济增长而获得解决。这使很多发展经济学家逐渐认识到，应该从人类基本需求的角度去思考贫困的缓解问题，经济增长仅仅是消除贫困的一个手段，正如美国经济学家保罗·斯特雷坦（Paul Steretein）指出的：“从把经济增长作为通过就业和再分配衡量发展的主要标准到基本需求的演进，是从抽象目标到具体目标，从只向手段到重新认识结果，以及从双重否定（即减少失业）到肯定（满足基本需求）的演

① 马尔科姆·吉利斯：《发展经济学》，北京：经济科学出版社，1992 年版，第 105 页。

进。"[①] 20 世纪 90 年代以后，联合国、世界银行及其他国际机构普遍建议，第三世界国家的政府应当把满足基本需求作为发展的首要目标。联合国开发计划署《人类发展报告》在满足人类基本需求的基础上提出了人类发展这一概念，通过人均收入、人类资源发展和基本需求作为人类进步的度量，并且也评估诸如人类自由和尊严等因素，以及人类参与和人的能动性等因素，即人类本身在发展中所扮演的角色。《2003 年人类发展报告》认为，发展从根本上说是"一个不断扩大人们选择的过程，而不仅仅是提高国民收入。"

粗略的理论阐述和实践研判表明，摆脱贫困、满足基本需求是人类发展的基础，全面、深刻地理解贫困的本质和人类基本需求的内涵，无疑抓住了人类挑战贫困的关键，这是制定有针对性的、切实可行的西部贫困地区反贫困战略的基本前提。

3. **满足人类基本需求战略的依据**

发展经济学认为，经济发展的目标是消除贫困，而消除贫困有两条道路选择，一条是通过政府主导实施满足基本需求战略向贫困人口提供基本需求条件的满足；另一条则是通过经济增长的方式使全社会各个阶层在这一过程中自上而下地分享经济增长的成果，从而为消除贫困创造条件。尽管发展中国家大多采取依靠经济增长的办法来解决普遍贫困问题，但是实践证明，就消除贫困的效果而言，前者比后者要显著得多，之所以采取满足基本需求战略来解决 21 世纪初西部贫困地区的绝对贫困问题，基于如下理由：

(1) 从 20 世纪 60 年代至 21 世纪初全球范围的反贫困战略实践来看，满足基本需求战略一般是以农村绝对贫困人口为扶持对象而实施的反贫困方式，较之在世界发展中国家广泛实施的发展极战略、区域增长战略和人力资本投资战略，满足绝对贫困人口的基本需求有着直接而有效的反贫困效果。这种战略的实施重点是强调依

---

① 亚伯拉罕·萨马特：《从"增长"到"基本需求"：发展理论的演变》，《世界译丛》1985 年 6 月。

靠政府和其他非政府组织援助，公平地满足贫困人口的基本生产和生活需求，基本上缓解了在反贫困过程中扶贫资源分配不公的现象和贫富差距拉大的趋势，同时由于扶贫资源的广泛覆盖和针对性运作，又初步做到了公平与效率有机统一。

（2）世界发展中国家的反贫困战略实践表明，在贫困面积大范围存在的条件下，通过快速的，即使是短期快速的经济增长，国家的整体贫困发生率都会显著下降。但是，当一国的绝对贫困人口总数下降到总人口的10%以下时，这部分人口就很难在短期内通过全面的经济增长摆脱贫困。绝对贫困人口身体、智力素质的普遍低下，长期处于经济发展和社会进步过程的边缘，很难依靠市场或自身力量有效摆脱贫困，其在参加地区的经济循环和经济增长中面临严重的屏障效应，往往陷入低层次、封闭的经济循环之中。正如日本经济学家日野岛指出：如果某一农户的收入情况取决于该农户生产性资产的质量和规模，以及劳动者素质，那么很难设想这个农户的经济状况在短期内会有一个根本的改善。

（3）20世纪90年代以来，西部贫困地区的发展实践表明，仅仅采取促进经济增长的反贫困模式尽管可以较大幅度地缓解地方财政困难，增强区域经济实力，提高区域人均收入水平，却可能使那些预期从经济增长中获益的贫困人口得不到好处。也就是说，大多数绝对贫困人口往往游离于区域经济增长的循环之外，地方经济的增长与广大贫困人口的普遍存在并存，从而强化区域二元经济结构，最终成为地方经济全面发展的制约条件。由于西部贫困地区经济基础薄弱，工业化和城市化进程要素缺乏，试图依靠全面的工业化推动西部贫困地区的经济整体发展达到治理贫困难以取得直接而有效的缓贫效果。

（4）较为忽视广泛的社会服务和人力资本投资是20世纪90年代以后中国农村贫困地区反贫困战略的主要问题之一，它直接导致了贫困地区人口的反贫困过程缺乏持续发展的内在动力，也是贫困地区反贫困质量较差和脱贫人口“返贫率”较高的重要原因。只有向绝对贫困人口提供卫生保健、供水设施、教育设施和广泛的实用技术培训以提高其人力资本的积累水平，才能稳定提高贫困人口的劳动生产率和收入水平，从而成为减轻贫困程度和遏制返贫的手段，而人力资本投资本身就是使贫困人口切身受益的最重要的生产性投资之一。但是由于人力资本投资收益的长期性、干部任期制以及政绩考核指标体系的种种缺陷，这种正确的反贫困理念非常难以为基层的决策者所接受。

（5）满足绝对贫困人口基本需求所需要开发建设的基础设施，如基本住房、道路交通、电力通信、水利灌溉、供水设施、教育和卫生设施，一般应由政府部门组织建设。实践证明，通过市场机制配置扶贫资源或由个人、企业按产业化原则进行贫困地区的基础设施建设都可能在利润最大化原则的驱使下偏离扶贫开发项目设想的初衷，甚至违背扶贫方针。由党和政府直接组织实施西部贫困地区的基础设施建设，不仅可以为西部贫困地区经济社会可持续发展创造条件，全面实现人口、资源、环境的良性循环，而且可以大幅度改善西部贫困地区社会发展的基础结构，加强党和政府与西部贫困地区人民的切身利益关系。

（6）通过基本需求战略改善西部贫困地区经济和社会发展基础设施，对西部贫困地区经济和社会发展具有双重的意义：一方面，可以直接改善居民的生活条件，如向贫困人口提供清洁水、医疗、服务、交通、通信、电力等，这是西部贫困地区经济发展的先决条件；另一方面，有了较好的投资环境可以吸收更多的建设投资以促进西部贫困地区经济的发展，增加农牧民收入。教育和培训可以改变贫困地区人们的思想观念，提高劳动力的文化技术素质，为贫困地区的发展提供人力资源基础，提高贫困地区的自我发展和自我积累的能力。以实施满足基本需求战略为契机，通过西部贫困地区的资源开发、经济发展可以进一步促进西部贫困地区各民族团结、各地区共同繁荣和社会稳定进步。

（四）贫困地区发展的基本内容

21世纪初西部贫困地区反贫困战略最主要的任务是打破单一的、分散的、经济性的传统扶贫模式，实施全面的、集中的、综合性的反贫困战略。在反贫困战略的具体实施中，强调以强化社会服务，提高农牧民人力素质，增加农牧民经济收入为中心，以加强农牧区经济结构调整，大力发展特色经济，推进农牧业产业化进程为主线，以科学技术进步，基础设施建设，社会环境改善为支撑，以建立区域人口、资源、环境良性循环机制和经济、生态与社会可持续发展为目标，以此建立与中央西部大开发战略基本政策取向有机衔接，适应区域特殊自然、经济和社会发展特点的高效率的、参与式的和可推广的反贫困模式。研究表明，西部贫困地区反贫困战略的基本内容是在进一步加强特殊政策扶持和区域发展援助的基础上，逐步改变扶贫投入集中于生产性投资的资源配置格局，从单纯的通过区域资源开发、整村推进、一体两翼解决贫困问题的思路转为全面满足绝对贫困人口的基本需求，并以此作为西部贫困地区发展的基本指导思想和主要政策调整思路，贯彻在西部贫困地区经济社会发展的总体战略之中。

1. 满足基本生存条件

满足基本生存条件的主要内容是在全面地、实事求是地判定西部贫困地区贫困形成的原因、贫困的运行机制和贫困人口分布特征的基础上，选择出最需要得到扶持的绝对贫困人口作为基本需求战略的实施对象，重点向以人类贫困和弱势群体贫困为主体的绝对贫困人口提供基本生存条件的满足，包括通过政府、部门、社会力量和国际机构向他们提供粮食、衣物等基本的生活必需品、人畜饮用水、卫生设施、健康服务、基本住房等援助措施以迅速缓解贫困状况。对老、弱、病、残、鳏、寡、孤、独、呆、傻等丧失基本劳动能力、很难通过扶持手段脱贫的特困人口要尽快建立贫困农牧区最低生活保障制度。在“十一五”规划期间，要采取稳妥措施重点解决西部贫困地区绝对贫困人口的基本生存问题，特别是对人均纯收入在500元以下的贫困户和无房、无畜、无耕地（草场）的“三无户”以及贫困妇女单亲家庭户，要尽快落实工作计划，依靠制度安排长期采取救济方式扶贫。对于缺乏基本生存条件或基本生存条件严重丧失、地质灾害频发区的贫困人口要以救命甚于扶贫的指导方针克服一切困难采取坚决措施移民搬迁。这是新阶段西部贫困地区反贫困战略的基础。

2. **满足基本生产条件**

满足基本生产条件的基本内容是向以收入贫困和知识贫困为主体的相对贫困人口提供基本生产条件的满足，包括通过政府扶持、社会援助、以工代赈、个体参与的方式向贫困人口提供最基本的农业生产条件，改善贫困人口的人力素质，帮助其修建基本农田、水利设施、乡村道路及基础能源、通信设施，以全面改善农业基本生产条件，为贫困农民增收致富奠定基础，使他们通过种养业及与此相关的家庭手工业或农村日常服务业取得收入。同时组织贫困人口通过以工代赈方式进行大规模的贫困地区农村基础设施建设。增加现金收入，而不是进行以劳折资式的“投工投劳”。要正确处理发展地方经济和解决群众温饱、富县与富民的关系，始终把改善发展条件摆在首要位置。大幅度增加对基本农田、围栏草场的政策投入和资金投入，建立由国家、地方和贫困农户组成的多层次、多渠道筹集资金的新型机制，选择各种投入的优化组合，注重国家投入，鼓励社会投入，引导农民投入，特别要依靠各种优惠扶持政策调动千家万户建设基本农田、围栏草场的积极性，发动群众治山、改水、兴林、修路、建园、办电，搞好坡改梯、旱改水、平整土地、改良土壤、完善灌排系统，并始终坚持发挥科学技术在基本农田建设中的作用，把工程措施同生物措施结合起来，发展粮食生产和发展多种经营结合起来，水土保持与调整农村经济结构结合起来，种树与林果基地建设结合起来，种草与发展畜牧业生产结合起来，逐步建立以基本农田为基础的农林牧综合发展的人工生态环境。在稳定粮食生产的基础上，必须按照农村产业结构的要求，大力调整农牧业内部结构，切实处理好粮食作物和经济作物的比例关系，大力发展种植业和畜牧业，坚持种草种树，提高林地覆盖率，扭转水土流失、生态恶化的趋势。同时，贫困地区农村产业结构的调整必须把非农产业的发展和剩余劳动力的转移结合起来，进一步发展贫困地区的林业、牧业、渔业、副业，使劳动力向农业内部转移，依靠科技进步促使农业向深度和广度拓展，并充分利用贫困地区的自然资源，搞好荒山、荒坡、荒水、荒滩的开发性生产，大力推广立体农业，探索各种高复种指数的种植模式，在提高经济效益的基础上增加农业内部劳动力容量。这是新阶段西部贫困地区反贫困战略的重点。

3. **满足基本发展能力**

满足基本发展能力的主要内容是向以能力贫困和权利贫困为主体的全体贫困人口提供基本发展能力的满足，包括通过基础教育、职业技术教育和各种层次、各种内容的技术培训，提高贫困人口的农业生产技能、非农产业技能、劳务转移技能以及择业技能，提高贫困人口在市场经济条件下的自我生存能力、自我选择能力和自我发展能力，强调贫困人口直接参与贫困地区的社会服务计划，如基本农田建设、草场草原建设、乡村道路建设、水利设施建设、生态设施建设、能源设施建设、教育设施建设、卫生设施建设等，通过创造就业机会，提高劳动生产率，增加农牧民收入等手段提高他们参与社会活动的权利和自力更生的程度，并辅之一系列区域性发展援助政策措施，提高贫困人口把握经济机会的能力，保证贫困人口在参与经济活动中实现收入增加，通过全面的反贫困计划推动贫困地区乡村建设的发展、信息交流渠道的通畅和社会发展环境的改善，不断激发贫困农牧民产生新的需求和追求，从而逐步形成一种能够使农牧民发展自身潜能的发展模式。同时，大力发展以旅游业、农副产品加工业和商业服务为主体的农村第二、第三产业，特别是那些与农业增殖扩大流通密切相关的农副产品加工业，如保鲜、储存、包装、食品加工、运输、饲料工业等。通过以工代赈的方式进行基础设施建设，修善公路、铁路、架设输电线路，修建给排水工程和集贸市场等，为加工业和服务业的发展创造良好的投资环境，并相应推动贫困乡村场镇建设的发展，使之成为剩余劳动力转移的有效载体。这是新阶段西部贫困地区反贫困战略的目标。

七、西部贫困地区发展的战略途径

通过有针对性的反贫困举措促进农村经济结构的调整，进一步改善农村基本生产条件和贫困人口的基本发展能力，有效促进贫困人口人均收入的稳定增长是21世纪初西部贫困地区反贫困治理最基本的战略任务。根据西部贫困地区自然、经济、社会发展的基本状况和贫困人口的主要特征，反贫困治理的基本战略任务主要包括确立治理结构、强化社会服务、发展特色产业、重视教育培训和探索移民搬迁。

（一）强化社会服务

政府主导的社会服务计划是贫困落后地区基本生活、生产条件改善的最重要的扶贫计划。20世纪60年代以后，联合国开发计划署、世界银行、国际货币基金等国际机构在世界发展中国家实施的反贫困计划的主体就是针对最贫困人口实施的、以满足最贫困人口基本需要的社会服务。

1. 社会服务与贫困治理

世界银行在《1990年世界发展报告》中指出：在1965年至1990年的25年间，发展中国家在缓解和消除贫困这个艰难而持久的战争中取得了杰出成就，人均消费水平实际上增长了70%，作为发展及健康综合指标的人均寿命由51岁延长到62岁，小学净入学率已达到85%。在世界反贫困战略的实践中，一些发展中国家政府奉行以经济增长来消除贫困的发展战略，在这些政府看来，经济增长了，穷人的消费水平和其他条件也会相应提高。因此，政府集中了国家的全部资源，促使经济高速增长，但是由于增长过程中未能注意开发穷人的人力资本，没有为穷人提供必要的社会服务和安全保障，增长并未带来贫困现象的显著改善。在20世纪70年代，一些发展中国家的决策者意识到，增长并非减轻贫困的同义语，提供基本需要和社会服务是人力资本投资的一种形式，多种教育、健康和其他社会开支，都会改善人力资源的质量，它和工业投资一样可以是生产性的。例如举办初等教育和贫困乡村的健康项目，就会提高穷人的生产率，从而变成减轻贫困程度的手段，因而把减轻贫困的重点转移到直接为穷人提供基本商品、基本食物、水与卫生设施、健康服务、初级教育和非正规教育以及住房等为主的社会服务。在亚洲国家斯里兰卡，政府在牺牲经济增长速度的条件下大大改善了对穷人的社会服务，其结果使斯里兰卡穷人家儿童的入学率达到94.7%，而5岁以下儿童的死亡率非常低，这两项指标几乎和发达国家相似。但是不言而喻，这种没有经济增长支持的社会服务系统最终是无法持久下去的。还有一些国家的政府适当地摆平了经济增长和向穷人提供社会服务之间的关系，如拉丁美洲的巴西和墨西哥，在这些国家，一方面政府通过适度的、基础广泛的经济增长提高了穷人的收入；另一方面，这些国家又通过足够的社会性开支，为穷人提供相对完善的医疗卫生和教育服务，形成了增长、社会服务、减轻贫困三者之间的良性循环。

世界银行《1990年世界发展报告》通过评估全球范围内的贫困状况，对25年来不同发展中国家实施反贫困战略的经验进行总结，得出了以下结论：与贫困作斗争最成功的国家都实行一种有效地使用劳动力的模式，并对穷人的人力资源进行投资，增加对穷人在医疗卫生、营养保健和教育方面的投资，改善和提高发展中国家人口的素质，为谋求发展奠定基础。投资于穷人的健康能够提高他们的可教育性和生产率，它既能赋予穷人脱离贫困所需要的资产，也能赋予他们免受身体之苦的直接福利收益，这种投资能达到效率与公平的高度统一。发展中国家的历史经验表明，由健康投资和智力投资构成的人力资本投资，是发展中国家改造传统经济，加强现代化进程的关键措施。为此，这种经济增长和对穷人进行人力资本投资两方面兼顾的方针成为世界银行推荐的减轻贫困的基本战略。如果说向穷人提供更多的就业机会是为摆脱贫困寻找出路的话，那么向穷人提供更多的社会服务则是为了消除贫困的根源。因此，社会服务是任何长期性反贫困战略的重要方面。这里，社会服务主要包括使穷人及其子女获得教育、卫生保健及其他社会服务。过去的25年，虽然发展中国家在向社会特别是在向穷人提供基本的医疗卫生和发展基础教育方面取得了显著的进步，但同这些国家巨大的社会需求相比仍显得远远不足。因此，发展中国家反贫困战略的主要问题是对社会服务尤其是教育投资的作用重视不够，或者社会服务与教育投资没有真正发挥效能或效能低下。20世纪90年代以后，世界银行、联合国开发计划署等国际机构普遍认为：发展中国家利用充裕劳动力而引起的增长比基于产品和要素市场的增长可以更快地减少贫困。它表明，由经济增长创造的贫困减缓的影响可以运用政策达到最大化，这一政策就是使穷人进入劳动、产品和要素市场的限制最小化。世界银行在其出版的多部世界发展报告中勾画了重在扶贫的经济增长战略政策，在这些战略政策中，鼓励社会投资向劳动密集经济领域倾斜，以实现有效率的劳动密集型经济增长。同时，公共支出和机构将提供配套物资和服务，特别是能够提高穷人的人力资本的物资和服务，从而为穷人进入经济循环提供一个安全网。

2. 社会服务的战略内容

加强西部贫困地区的社会服务是基于西部贫困地区非常严酷的自然环境条件、多民族聚居所表现出来的独特文化传统背景以及西部贫困地区在中国革命战争年代做出的无私贡献和巨大牺牲，针对其贫困人口基本住房困难、人口素质低下、地方病流行、医疗卫生服务弱化的严峻状况，以政府行为为主体的反贫困计划，其基本内容是根据西部贫困地区人口区域分布特征，以全体贫困人口为扶持对象，通过社会服务计划实施区域性物质援助，向绝对贫困人口提供粮食和衣物等最基本的生活必需品、人畜饮水、卫生设施、健康服务、基本住房、教育设施以及广泛的实用技术培训以迅速缓解贫困，相应促进贫困农牧区社会发展结构的优化。当前，要根据中央西部大开发战略的基本导向，重点加强农牧区交通、能源、通讯、广播电视基础设施建设，乡村公路建设要坚持“分级管理、民办公助、国家适当扶持”的原则，提高现有乡村公路通过能力，特别要采取切合实际的政策措施和资金投入，保证公路建设质量，提高建设标准，增加使用年限。能源基础设施建设要坚持以水电为主，多能互补，建管并重，加快有水无电县的电站建设，推广普及小型太阳能用户系统，解决农牧民的生产生活用电。

西部贫困地区社会服务应以重点贫困村为单元，以农牧区人口饮水、基本农田草场建设、通村公路、通电、通电视、通电话为投入重点。解决人畜饮水安全问题，彻底改善贫困农牧区的基础设施建设滞后的局面。改建乡（镇）卫生院，基本达到“一无三配套”（无危房，房屋、设备、人员三配套），加强对地方病、传染病的监测控制和防治工作。建设完善行政村卫生站，实行对贫困农牧民常见病和地方病的无偿医疗制度，基本改善贫困地区缺医少药现状。尽快将居住在生态保护区、灾害频发区以及不具备生存条件的绝对贫困人口实施集中或“插花”自愿移民搬迁。并将移民扶贫工程、推进小集镇建设和旅游民居接待充分结合起来，促进贫困地区劳动力的转移，使搬迁户达到“八有”，即有地建房、有路可走、有水可饮、有病可医、有校上学、有电照明、有地种粮、有钱可赚。进村入户有水泥路或石板路、碎石路，户有厕所、厨房，家有圈舍，室内地面硬化，通风采光，人畜分居。落实专项资金，在有条件的地区推广使用沼气、太阳能等卫生能源。基本解决人畜饮水困难，基本保证农户水平取水距离不超过 1 千米，垂直取水距离不超过 100 米。对有地下水资源的农户要帮助其修建人工手压井，让农户饮用清洁卫生水。

3. **社会服务计划**

实施针对绝对贫困人口，以基本生存条件和发展条件改善为主体的、全面的社会服务计划是西部贫困地区和少数民族贫困地区反贫困战略的基本战略任务。在“十一五”规划期间，要通过宏观政策导向促使西部贫困地区地方政府把社会服务计划的制订和实施放在区域经济社会发展的中心地位，尽力降低对西部贫困地区政府经济增长指标的要求和政绩考核压力，而把贫困状况缓解、基础设施建设、社会事业发展、生态环境保护、社会秩序稳定作为西部贫困地区地方政府的重要考核指标。必须指出的是，通过社会服务计划缓解贫困与通过区域经济开发方式来缓解贫困在本质上目标一致，但在实施对象、实施过程和实施重点上完全不同。对于西部贫困地区来说，政府的主要职责就是减轻贫困、解决温饱、促进稳定、改善环境，而非实现区域工业化和城市化，这与发达地区经济发展的衡量标准是完全不同的。在实施西部贫困地区社会服务计划中，中央政府的政策调整占有重要地位。这是因为，由于西部贫困地区财政收入来源极其有限，财政自给率很低且财政增收的可能性极小，提供社会服务经费的能力不足，如中央政府在20世纪90年代后推行的由地方政府筹资的农村合作医疗保险计划，实质上是把社会服务的经费负担更多地从中央政府转移到地方政府，在地方政府财政困难的约束下，贫困地区贫困人口卫生保健服务的范围和质量均大幅度下降，成为贫困地区贫困人口因病致贫和因病返贫的主要原因。所以，西部贫困地区医疗卫生保健状况的改善必须得到中央、西部各省区政府的直接干预和有力援助，其实施的主要内容是：大幅度提高西部贫困地区人均医疗卫生经费投入，把人均10元的医疗卫生经费标准提高到30元以上，并全部由中央政府财政负担。制订明确的社会计划，并通过宏观政策诱导促进社会资源向贫困地区社会服务项目流动，加大省、市、县医疗卫生机构对贫困地区的对口扶持。将社会援助的重点放在改善贫困地区人口基本住房、食物、人畜饮水、卫生条件、疾病防治上来。增加对贫困地区基本卫生基础设施的经费补助，提供专项经费用于培训贫困乡村医务人员，建立和完善县、乡、村三级卫生服务网络，采取多种形式培养县、乡、村三级卫生技术人员，为发展极为缓慢的县、乡村医疗卫生单位配置急需的医疗设备，援助贫困地区建立新型的合作医疗制度，发放村级卫生员的工资补贴，为贫困农牧户的病人免费提供基本药品和医疗服务，为贫困农牧户的产妇提供新法接生费用，为贫困农牧户的婴儿免费提供免疫服务，在贫困地区免费提供计划生育用具等，做到大多数贫困乡有卫生院、贫困村有卫生室。同时制订阶段性的以基本卫生服务为主体的公共卫生计划，如在地方病流行区和多发区实施地方病防治计划，积极开展肺结核、大骨节病、氟中毒、包虫病的防治和监测工作，在干旱半干旱地区解决人畜饮水问题。巩固在彝区实施形象扶贫工程，在藏区实施“人、草、畜”三配套工程的建设成果，有步骤地实施生活环境改造工程、民族卫生扶贫工程以及广泛的妇女保健计划和儿童营养计划，并逐步建立和完善以社会保险制度为核心的社会救济、社会福利、公共医疗卫生和优抚安置制度。同时，在社会服务计划的实施过程中，加强农牧区民主法制建设、思想文化建设和基层组织建设，推动农牧区社会进步，努力实现经济社会协调发展。

4. **强化社会援助**

广泛动员国内外社会力量支持、援助西部贫困地区的经济社会发展是全面实施西部贫困地区反贫困战略的重要助推力量。中央政府应尽快建立与社会保障体系配套的社会援助制度，从制度和政策层面上支持、鼓励社会力量对西部贫困地区的援助行为，鼓励更多的个人、企业和社会组织捐款组建针对藏区、彝区的扶贫基金，使捐助扶贫事业的组织和个人可以获得免税的待遇，逐步打破公益资源的行政垄断，建立公平的市场竞争机制，使社会力量与政府部门有同等的机会竞争实施公共项目。同时，在保障国家安全的前提下，全方位扩大西部贫困地区的对外开放，鼓励海外社会力量及其资源参与特色产业开发和扶贫济困事业。在“十一五”规划期间，国家应针对西部贫困地区的特殊困难，制订相应的社会援助计划，动员社会力量全面援助西部贫困地区的经济社会发展事业，援助重点是西部贫困地区的危房改造、移民搬迁、基础教育、成人科技文化教育、师资培训、以妇女健康和严重地方病防治为主体的卫生服务、计划生育服务、卫生院（所、站）设施改造、医技人员培训、特色资源开发中区域产业化扶贫龙头企业的培育。调整并增加中央对口帮扶机关，确定10～12个发达生态受益地区的省、市定点帮扶西部贫困地区。同时，国家应进一步完善对口帮扶机制，重点完善对口帮扶的管理绩效机制，规范相关部门参与扶贫的职责，在资金扶持、项目建设、物资支援、市场建设、干部交流、信息服务、智力支持和人才培训等方面能有具体的帮扶措施，逐步建立起支持并鼓励非政府组织参与国家在西部贫困地区实施扶贫项目的机制。西部各省区市党政机关、民主党派、群众团体、大专院校、科研院所和企事业单位，要以联系县的扶贫开发规划为指导，结合本部门实际制订帮扶计划和具体帮扶措施，把帮扶重点落实到特困乡、特困村，支持西部贫困地区经济和社会事业的发展。

参与扶贫济困的社会组织要发挥应有的社会功能，除了政府的财政、政策支持外，还必须加强自身的能力建设，提高管理水平和行动能力，自觉地承担社会责任，树立起社会责任的良好形象，真正发扬利他主义和奉献精神，为实现区域经济社会的协调发展，构建社会主义和谐社会做出积极的贡献。

（二）提高人口素质

发展经济学反贫困问题的研究成果表明，贫困的根源在于缺乏必要的知识、技能、态度以及缺乏获取知识、技能的有效途径。普及扫盲教育、义务教育，接受职业教育和技能培训可以促使受教育者获得就业机会，改善收入状况，是全社会共享经济增长和社会发展成果、摆脱贫困的关键。西部贫困地区贫困人口分布广泛，贫困地区自然、经济、社会情况复杂多样，贫困表象差异明显，但其共同的社会经济特征是教育事业的发展极其落后。这种特征不仅决定了西部贫困地区文盲半文盲占劳动力主体地位的格局和区域产业结构原始落后的状况，而且决定了西部贫困地区社会发育程度不高和人口素质低下的严重程度，由此构成在市场经济条件下区域资源开发、经济发展和社会进步面临的最严峻挑战。从更高层次上讲，没有人口素质的全面提高，西部贫困地区产业结构的调整、劳务输出的发展、特色经济模式的建立乃至整个区域的反贫困治理都难以取得直接而有效的成果。

1. **普及基础教育**

正规的基础教育是提高人力资本水平的基础和前提。基础教育一般是指正规的学校教育，即系统地学习文化科学基础知识的过程，基础教育的发展对于职业技术教育和成人文化科技教育有着重要的促进作用。从长远来看，由于西部贫困地区人口文盲率较高，教育的发展仍应重视正规的基础教育，其主要目标就是降低西部贫困地区人口的文盲率，提高地区人口整体的文化水平。同时，通过基础教育的发展带动和促进职业技术教育的发展和深化。基础教育是启蒙智力从而消除文盲的关键，基础教育具有知识体系比较完整、学习时间不间断和选择受教育对象等特点，其实施过程是一个学习起点低、学习循序渐进、学习效果好、不间断地传授知识的过程。强调西部贫困地区发展基础教育是因为西部贫困地区经济社会发展水平低、社会保障制度不全、人口增长压力大，从而发展基础教育仍然面临很大的压力，提高劳动者的素质和传播科学技术技能越来越需要较高的文化知识教育作为工具。除此之外，西部贫困地区劳动力的结构性转移和人口迁移也要求劳动力的智力和适应能力的逐步提高，这些都离不开基础教育。因此，无论是近期对策还是长远发展战略，都必须把基础教育作为西部贫困地区教育发展的基础。

基础教育发展的基础是坚决地实施 9 年义务教育。这是西部贫困地区教育发展的重要目标。根据国家法律规定，基础教育是适龄儿童和青少年都必须接受的，国家、社会、家庭必须予以保证的国民教育，是现代生产发展和现代社会所必需的，是现代文明的标志。西方工业化国家大都从19世纪70年代开始实行义务教育，根据联合国教科文组织《1960—1982年教育统计概述》介绍，在199个国家和地区中宣布实行义务教育的有168个，占84.4%。不少西方发达国家把义务教育的年限延伸到中学教育阶段，日本、美国、德国、加拿大等国的义务教育时间普遍在12年以上。我国在1986年颁布了《义务教育法》，但由于生产力发展水平的制约和贫困人口分布的极度分散，在西部贫困地区全面地、有计划地实行9年制义务教育还有相当长的距离。为此，西部贫困地区各级地方政府必须真正树立从法制角度办教育的思想，充分认识贯彻执行《义务教育法》与地区经济发展的关系及重要意义，把基础教育看成是政府和人民双方共同的权利和义务，采取种种措施制止因眼前利益导致儿童退学、辍学和废学的现象发生。为了保证义务教育法的贯彻执行，还应加强与义务教育法相配套的其他法律、法制建设，如乡镇企业用工制度、农业经营资格证书制度等，从而保证基础教育不断得以强化，真正承担起西部贫困地区人力资本积累主渠道的功能。

基础教育的实施必须结合西部贫困地区的特点，因地制宜，切实可行，采取多层次、多形式、多渠道的办学方式，如学习班次是正规制、寄宿制、半读制并存，教育方式可采取集中与分散、固定与流动相结合。同时，针对藏族、彝族生活习俗独特的状况，基础教育要区别不同情况，采取适合藏、彝族特点的办学形式，在语言文字方面要注重藏、彝语和汉语教学相结合，基本教材与乡土教材相结合，根据民族的历史、文化、风俗习惯实施基础教育。在牧区要以推动“普六”及创造“普九”条件为工作重点，进一步加快“两基”攻坚步伐，继续克服困难，扩大初中招生规模，全面落实“两免一补”政策，特别是少数民族学生享受寄宿制生活补助的扶持政策，采取积极有效措施控制义务教育阶段学生的辍学率。严格开展中小学规范化建设工作，抓好第二期国家贫困地区义务教育工程项目学校、中小学危房改造工程和教育国债项目的建设管理和监督，切实改善西部贫困地区贫困乡村学校的校容校貌。加强普通高中教育，提高普通高中办学水平。加大“普九”、“普六”县的督导力度，健全“两基”评估验收标准，推进义务教育发展。

2. **重视职业教育**

职业技术教育是在不同程度的基础教育的基础上给予学生从事生产劳动所需实用知识和技能的教育，职业技术教育对于提高人力资源劳动技能具有关键性的作用。多层次、多形式地发展西部贫困地区职业技术教育，培养大批适用技术人才，是西部贫困地区教育发展的主体。当前，西部贫困地区必须努力克服重普通教育轻职业技术教育的传统偏见，在正确处理基础教育和职业技术教育关系、调整教育结构的情况下，大力发展西部贫困地区的职业中学、农业中学和中等农业专科学校，逐步建立西部贫困地区基础教育—职业教育—劳动就业体系，形成一个从初级到高级、各行业配套、结构合理、质量好、效益高，与普通教育相互沟通的职业技术教育网络。

在西部贫困地区教育结构的调整中，应逐步打破农牧区教育沿用城市教育、以升学为目标的教育模式，除了将部分普通中学改为职业中学或农业中学外，还应积极探索适应西部贫困地区发展的新型教育模式，在牧区推广“6+2”、农区推广“8+1”教育模式，即在校学生通过6年小学和2年初中教育后，再用1年时间学习畜牧养殖、经济林果、病虫防治、建筑修理、缝纫烹饪、商品经营等农村实用技术，使贫困农户的子女经过9年的初级综合教育就能够进入当地的农牧业生产活动，使西部贫困地区的教育更具有针对性、实用性和吸引力。

西部贫困地区各级政府要加强对职业教育的领导，充分调动各方面的力量，加大对发展职业技术教育的统筹协调力度，大力发展西部贫困地区中等职业教育。继续加强对重点中等职业学校建设的投入，完善基础设施，改善办学条件，扩大办学规模，提高培养能力和培养质量。根据西部贫困地区经济发展水平和教育普及的程度，做好小学、初中、高中毕业生的分流工作，使一部分普通中小学生在小学毕业或初中毕业后能升入相应的职业技术学校进行系统的专业培训，从而使其在走上劳动岗位以前都有一技之长，在相应的岗位能够适应西部贫困地区经济发展的需求，发挥出应有的作用，成为一名文化技术素质较高的劳动者或初级技术人才。为满足西部贫困地区经济发展中对不同层次初级技术人才的迫切要求，职业技术学校主要应该由市（州）办、县办，把职业技术教育放在与基础教育同等重要的地位。对于已经办起来的各种职业技术学校要积极改善办学条件，不断地提高学校的管理水平和教学质量，完善就业网络。缺乏职业技术学校的农牧区要进一步调整普通教育与职业教育的关系，在基础教育发展的基础上，根据自身资源特点和产业结构布局，积极创造条件，建立不同层次的职业技术学校。新办的职业技术学校要同农牧区资源的开发利用相结合，并适当地考虑人口、交通、民俗、文化、生产消费水平、市场容量等因素，实行宜农则农、宜工则工的灵活办学方针。特别要围绕农牧区一、二、三产业和农林牧副渔生产，种养业到加工、商、运、建、服务全面发展的大农业格局，开办一些短线新专业，扩张一批养殖、加工、乡镇企业，经营者系列和服务系列的新专业，采取有利于资金周转的短学制、小投资的短、平、快措施。职业技术教育培养人才的重点是培养旅游业、农业、林业、畜牧业、矿业的初级专业人才。针对西部贫困地区地域分布辽阔、流通渠道不畅、市场容量狭小的弊端，培养流通和服务行业等第三产业发展所需要的人才。为推动西部贫困地区职业技术教育的发展，西部省政府和州、县政府财政、信贷、税收、劳动、人事等职能部门及企业、服务机构应按照各自的职责分工，对本地职业技术学校分别给予提高教师待遇、提供资金和实习基地、减免经营税收、疏通毕业生就业渠道等方面的支持，逐步使西部贫困地区形成门类齐全、专业配套的职业技术教育结构。

在职业技术教育的形式上，应根据西部贫困地区开发的要求，实行长短结合的原则，职业技术学校既要办二年、三年的正规学历班，培养农村地区的初级技术人才，使他们成为农村地区的技术骨干，也要举办半年、三个月、一个月甚至更短的技术培训班，广泛吸引各行业和社会上的高中、初中毕业生参加职业技术教育培训，学习单项实用技术，如养猪、养羊、养牛、栽培药材等专业技术，使每一个受教育者能够掌握发展某一生产的技术，成为某一生产领域的技术能手和致富能手。职业技术教育的主要内容要因地制宜，以实用技术为主，即以适应农村资源状况、经济发展状况、人口教育状况，能够取得最大经济效益和社会效益的技术为主，坚持实用或急用的原则，并结合“温饱工程”、“星火计划”、“丰收计划”和“燎原计划”等科技开发计划，培养一大批农学、林学、园艺、畜牧、采矿、建筑、建材、商业、农副产品加工等各方面的专业人才，使职业技术教育面向农牧区经济发展服务。此外，随着西部贫困地区产业结构的调整，非农产业的迅速发展，劳动力就业渠道更加广泛，因而就业领域本身对劳动力素质的要求会更高，要使传统意义上的农牧民满足非农产业的智力要求，必须具备多方面的技术素质。因此，在通过基础教育和职业技术教育提高农牧民科学文化水平的同时，职业技术教育还要有助于提高农牧民的择业能力，使农牧民对农村第二、第三产业的基本知识和基本技能有所了解和掌握，从而为西部贫困地区劳动力向非农产业转移创造条件。

3. **发展技术教育**

成人文化技术教育是针对西部贫困地区现有成人进行的教育，其教育对象广泛、形式灵活多样，不仅包括对西部贫困地区不合格教师的培养提高，还包括对现有西部贫困地区干部、职工和农民进行的文化技术教育，以促使其更新知识，提高文化水平和管理水平。目前，西部贫困地区成人文化技术教育的主要目标是继续扫除40岁以下农民中的文盲和半文盲，在坚持扫盲的基础上通过业余学习和岗位培训，提高成人文化技术素质。文化科技知识教育是传播和普及科技知识的重要渠道，是提高成人劳动者的知识和技能的有效方式，文化科技教育主要包括知识讲座、科技交流和科技推广等方面，教育方式可以采取举办科技知识学习班、科技人员培训班、专业和技术培训班、科技成果讲习班、技术推广应用辅导班等。办学的形式可以采取集中或分散、长短结合，请进来、送出去等多种办法，为西部贫困地区农牧业生产和农牧区产业升级提供充足的技术开发管理人才。

动员西部贫困地区内外科学技术部门、科研机构、大专院校帮助贫困县建立农技站、农技校、职业中学以及与有关技术经济部门联合举办各类有针对性的职业培训，如委托培训、订单式培训、半工半读等，向贫困农户推广实用技术成果，以提高贫困乡村劳动力的农业生产技术水平。重点选择一些成熟可靠、容易掌握，有利于解决群众温饱、脱贫致富的科学技术，通过扎扎实实的工作，落实到项目上，落实到产业上，落实到贫困户手中，真正转化为现实的生产力。同时，广泛实施如"贫困地区百万人科技培训工程"，加强对农民的劳动技能培训，如手工技能、建筑技能、经商技能、驾驶技能、综合服务技能等，提高劳动力的综合素质，使剩余劳动力把握向非农产业转移的就业机会和能力。通过有组织、有目的的培训和建立劳动力转移服务网络，完善劳动力转移工作的服务和管理，强化跟踪服务，确保输出有组织、流动有保障，切实做到培训、转移、就业、脱贫相结合，达到培训一个、转移一人、脱贫一户的目标。认真做好实用农牧业新技术的宣传、普及、培训和示范，通过农业广播电视学校、农校、职业高中、农业初中等多种途径，广泛开展科技普及活动，培训农民和乡村干部，不断增强农民运用科技的能力，提高广大农民的科技文化素质。

西部贫困地区成人劳动者的文化教育应以职业技术学校为中心向乡村辐射，配合科技推广服务网络，逐步形成西部贫困地区农村科技教育网络，广泛采用电影、电视、报刊、展览、广播等大众传播媒介进行劳动技能的传播、传统生产方式的变革、传统生产工具的改造、粮食和经济作物新品种的推广以及农产品加工技术的指导等简单易行的科技教育，大张旗鼓地宣传科技文化知识，大力增强西部贫困地区人民的科技参与和科技开发意识，普遍形成爱科学、学科学、用科学的良好社会风气。本着“实用、实际、实效”的原则，组织农民现场参观重点户、专业户、示范户，采取各种形式把技术传授到千家万户，从而普及科学技术知识，提高农民的科学文化素质和生产开发能力。

4. 加强师资建设

合格的师资队伍是西部贫困地区教育事业发展的重要保证，西部贫困地区师资队伍建设必须从扩大师资来源、加强师资培训和稳定师资队伍三个方面进行，其重点是大力加强对现有师资力量的素质培训。

（1）扩大师资来源。通过教育体制改革和教育结构调整，优先发展西部贫困地区师范教育和进行多渠道、多方式的师资培训，尽快提高教师的业务水平尤其是大力加强民族师范教育，尽快解决师资短缺问题，对于西部贫困地区教育事业的发展与稳定具有重要意义。根据西部贫困地区的具体情况，要尽快培养和配备新型教育结构所需的师资力量，首先要培养大量的师范教师。师范教育是培养中小学师资的有效途径，西部贫困地区各级政府应努力增加投入，办好师范教育，鼓励优秀中学毕业生报考师范院校。加大师范教育改革力度，保证师范专业生源的相对优势。进一步扩大师范院校定向招生的比例，建立师范毕业生服务制度，保证毕业生到中小学任教，采取积极措施鼓励大学毕业生以志愿者身份到西部贫困地区任教，对服务期结束后的大学生，国家在研究生招生、公务员考试中对其进行倾斜。同时，大力改革现行师范院校的教学内容，尽可能增加培养实用技术人才的师资力量。要重视发展高等农业技术师范教育，依托部分专业举办畜牧、作物、农机、园艺、兽医、采矿、商业、服务业等专业师资班，为西部贫困地区职业中学和农业中学培养师资。

（2）加强师资培训。加强对现有师资进行素质培训是师资队伍建设的重点。西部省区政府要采取多种形式，有计划、有组织轮流派遣城市各类师资到西部贫困地区短期工作，着重对西部贫困地区现有师资进行培训，在短期工作期间，教师的工资待遇应大幅度的提高。同时采取种种优惠政策措施从发达地区引进师资，特别要鼓励城市知识分子组织人力到西部贫困地区办学，并在职称、住房、工资等方面进行倾斜。还要从各州农、林、牧等科研部门、党政机关和其他职业部门抽调一些具有专业技术素质又能从事教学的科技人员、理论工作者、业务人员作为农牧区职业技术教育和成人文化技术教育的专职或兼职教师，针对农村地区师资水平低的问题，要采取灵活的方式开展对现有师资的培训工作，如聘请城市教师授课、采取送出去的办法把农村教师送到城市师范院校进行专业培训，提高师资素质。采取切实有效的政策措施落实城市知名高校对西部贫困地区各类高等院校的对口援助，重点是师资培训、专业结构调整和提高办学质量。目前，西部贫困地区民办教师很多，不合格的教师占有很大比例，要分期分批进行轮训，或通过网络对其进行定期定点培训，逐步通过考核实行岗位证书制度，不合格者不能上岗授课。另外，要大力抓好民族师范的师资教育、培训和进修等工作，从事民族教育的师资要分期分批到民族大学进修提高，民族大学的毕业生应尽可能分配到西部贫困地区从事教育工作，对民族教师或者到少数民族地区的教师，应力求其能够用汉语、民族语进行“双语”教学。通过各种形式的培养、培训和师资引进，努力在不太长的时期内使西部贫困地区农村绝大多数的小学教师达到中师水平，初中教师大多数达到高师水平，扩大职业中学、农业中学、中心学校的教师中本科学历的教师比例，从而全面提高西部贫困地区教师的水平，这是西部贫困地区教育事业发展不容忽视的战略内容。

（3）稳定师资队伍。教师队伍的稳定是西部贫困地区基础教育、职业技术教育和成人文化知识教育发展的基本前提。针对西部贫困地区教育事业发展的特殊困难尤其是师资短缺的不利情况，中央政府和西部省区政府必须采取切实有效的措施，通过教育援助计划，全面实施有利于西部贫困地区教育发展的社会经济政策，坚持不懈地在全社会范围内大力宣传，树立和发扬尊重知识、尊重人才、尊师重教的良好风气，大幅度提高西部贫困地区教师的社会地位和生活待遇，使教师的工资增长高于其他国民经济部门职工的工资增长，为教师创造良好的学习、工作和生活环境，真正为教师办实事，使教师工作成为社会上最受人尊重的职业。同时，在西部贫困地区教育事业的发展中，逐步建立优惠政策、科学考核、合理报酬、优惠照顾等稳定教师队伍的新机制。从而通过教师队伍的稳定促进西部贫困地区教育事业的发展，为西部贫困地区经济社会发展积累雄厚的人力资本。

（三）发展特色产业

加强特色资源和产业的开发与发展是西部贫困地区反贫困战略的基础，将经济增长同促进地区发展进步和减少贫困结合在一起，特色产业的发展是最有效的方式之一。在产业开发模式上，把有助于直接解决群众温饱问题的种植业、养殖业和以此为原料的加工业作为扶贫开发计划的投资重点，兼顾其他资源型和劳动密集型产业，使其成为西部贫困地区产业发展的基础。当前要对水电业、旅游业、畜牧业及农畜产品深加工业、矿产业与藏医药业等提出新的发展思路，在科学规划、合理布局、因地制宜、突出重点、倾斜投入的基础上，大力发展特色产业，依托产业规模经营和技术升级，形成发展链条，带动群众致富。

1. 旅游业

西部贫困地区幅员辽阔、山川壮美、江河纵横、风光旖旎，历史古迹和文化遗产众多，民族风情绚丽多姿，具有世界水平的且无可替代的自然资源和人文旅游资源，从某种意义上讲，旅游资源的富集和高品位是西部贫困地区最大的资源优势，旅游产业的发展是西部贫困地区最有特色和最具发展潜力的产业，其资源开发和产业发展在21世纪初西部贫困地区经济发展战略中占有极其重要的地位。旅游业的发展必须通过制度创新形成全新的旅游管理运作模式，从更高层次上加强旅游资源开发的领导力度，全面统筹、规划、协调、管理旅游资源开发的规模、重点和节奏。树立精品意识，围绕独特的人文景观和自然景观，深度开发旅游资源。以市场为导向，着力开发建设一批品牌形象突出、设施配套完善、服务档次高、创汇能力强的旅游产品，形成观光、探险、休闲、度假齐全的大旅游产业体系，从根本上改变旅游资源粗放式开发利用的状况，围绕自然生态和历史文化两条主线，深度开发旅游资源，加强以道路为主体的旅游基础设施建设和景区配套设施建设，重点开发生态旅游产品、高档次和高品位的文化旅游产品、休闲度假旅游产品、富有体验性的探险旅游产品。

在旅游产业的发展中，要采取多种方式和不同模式吸引资金改善西部贫困地区的基础设施，重点进行道路交通、电力通讯和景区规划建设，提高现有旅游景区的接待能力和管理水平，采取坚决措施停止盲目开发、低层次开发和破坏性开发。结合教育结构的调整和成人文化技术教育的发展积极培养旅游接待人员，引进旅游资源开发人才、旅游产业的运作人才和旅游品牌的开拓人才，进行高水平的旅游整体形象策划和在中外媒体进行一系列的系统宣传，与相邻省区共同进行旅游资源开发和建设网络化的旅游管理运作体系。

2. **中医药业**

西部贫困地区的中医中药有着悠久历史和传统，特别是其中的藏医藏药对医治疑难杂症的独特功效在国内外享有盛誉。当前，要充分利用丰富多样的生物资源优势，依托龙头企业，把人工培植和天然生长中药材相结合，以提高区域经济增长实力和促进农牧民增长为核心，广泛采取“公司+农户”的开发模式，重点抓好中药材种植产业化示范工程，把传统优势与现代科技、生产工艺结合起来，吸收先进的管理、营销经验，逐步培育和形成集生产、加工及销售于一体的医药产业链，做大做强中医药业。坚持改善条件和内涵建设并重、突出中医药特色与完善服务功能并举，加快传统中药剂型改良、研究开发新型中药，继续加强中医药人才培养，努力提高中医药临床诊治水平和服务能力。进一步重视和加强中医药科研工作，推进中药企业向规模化、集团化方向发展，提高中药研制、开发、生产的综合实力和整体水平，以优势企业为主体，逐步建立中药研究开发体系。特别要引导和鼓励企业开发以优势藏药材资源为原料的藏药产品，争取研发 3～5 个符合国际国内标准、安全有效、稳定可靠的藏药新产品，并尽快推向市场。注重藏药材资源的合理保护和科学利用，广泛采用生物工程等高新技术，加强藏药材基地建设，按 GAP 标准发展川贝母、羌活、红景天、半夏等优势品种的人工栽培，尤其是继续加大对人工培育天麻和人工培育虫草工程的扶持力度，逐步做大做强并实现产业化。要认真组织实施《药品生产质量管理规范》（GMP）和《中药材生产质量管理规范》（GAP），结合 GMP 标准，特别要引进先进加工、处理工艺，提纯、浓缩有效成分，增加药效、方便使用，并加快传统藏药的剂型改良，促进藏医药生产与国际国内接轨。

3. **特色产业**

西部贫困地区各级地方政府必须按照市场经济的要求，在逐步转换政府职能的基础上正确制订阶段性的农牧业结构调整规划和农牧业科技规划，根据本地区生物资源调查评估制订合理的农业区域开发方案、生产方案和技术经济措施，以科学技术为先导，充分利用土地资源和生物资源，对农牧业进行科学布局，讲求种植结构的合理性和时间空间利用的科学性，达到精耕细作和密集种植，以获得高产优质的农产品。按照因地制宜、分类指导、发挥优势、提高效益的原则，优化农牧业生产布局，在保持并稳定提高粮食综合生产能力的前提下，坚持以市场为导向，发挥区域优势，大力发展高原特色农牧业，积极调整农牧业和农牧区经济结构，培育壮大中藏药、蚕桑、豆薯、干果、青稞、特种畜禽、花卉、旅游民居接待等特色产业。

按照“因地制宜，突出重点，农牧结合，协调发展”的方针，调整优化种植业和畜牧业结构。积极扩大经济作物和饲草饲料作物种植面积，提高单位面积产量和粮食品质，加快推进种植业“粮、经、饲”三元结构的形成。把畜牧业结构调整与落实草场责任制结合起来，稳定发展草原畜牧业，大力发展农区畜牧业，重点发展城郊畜牧业，优化畜群、畜种结构，形成合理的畜牧业区域布局和内部结构。按照市场需求多样化、优质化发展的要求，着力提高农产品品种质量，坚持以特取胜，以质取胜，积极发展无公害和绿色食品生产，走效益型、生态型、特色型农业发展的路子。结合土地利用结构和农业生产结构调整，大力种草种树，改良草场，积极合理地发展畜牧业，制定切实有效的扶持政策，加快发展肉牛、肉羊生产，着力发展奶牛和优质毛羊生产，重点抓好牦牛制品、青稞种植的增长工程，努力建成青藏高原牦牛生态养殖、牦牛产品加工，绿色无公害畜产品的试验、示范和科技成果转化基地。加快发展日光高效温室、特色瓜果、花卉生产，建设绿色生态农副产品生产基地。大力推广优良畜禽品种，推广优质绵羊、山羊、藏猪、藏鸡等特色优势明显、市场潜力巨大的优良畜种生产基地建设；对农牧民养殖的牦牛、种植的青稞及其他特色品种实行直补到户，切实提高群众的生产积极性和种养殖经济效益，努力形成规模优势。大力发展牦牛、青稞等农畜产品深加工，延伸产业链，提高附加值，是西部贫困地区推行农牧业产业化，增加农牧民收入和增强区域反贫困能力的重要措施。要继续抓好农牧综合示范工作，大力发展饲（草）料加工业，广泛推行粮食转化养畜、牲畜短期育肥和家庭养殖业等，要坚持以市场为导向，立足本地加工能力的重组、改造，积极引进开发农畜产品加工、保鲜、储运技术和设备，重视发展便于运输的干性食品，如深加工的各种肉干、干果食品等。大力培育带动能力强、科技开发能力和市场开拓能力强的农牧业产业化龙头企业，引导和鼓励其到西部贫困地区建立原料生产加工基地，为贫困农牧户提供产前、产中、产后系列化服务，形成产业化经营链。积极组建农牧民专业合作组织，逐步形成“市场+龙头企业+专业合作组织+专业农牧户”的农牧业产业经营组织形式和运行机制，带动农牧民参加商品基地建设和生产经营，扩大基地规模，提高农牧民在市场经济条件下家庭经营能力和防范市场风险能力。通过合同收购、利润返还、制定保护价和提供相关服务等方式，把基地建设和发挥龙头企业的带动作用结合起来，建立利益共同体，实现龙头企业发展和贫困农户受益的双赢目标。民族手工业的发展要同旅游资源的开发和旅游产业的发展紧密结合起来，重点发展特色文化旅游商品、挑花刺绣工艺品、金银工艺品、铜铁工艺品、奇石工艺品、土陶工艺品和其他传统工艺品生产，加强对现有民族手工业生产企业的技术指导和结构调整，从整体上提高技术装备水平、生产工艺水平和产品设计水平，增加花色品种，提高质量效益，扩大市场份额，使民族手工业成为增加贫困人口收入的重要基础。

（四）探索移民搬迁

采取组织移民与自然移民相结合、集中安置与分散安置相结合、整体搬迁和梯度搬迁相结合的办法将贫困人口搬迁出来，是西部贫困地区反贫困战略的重要内容。在坚持依托土地资源推行就地扶贫的同时，对那些生存环境极其恶劣、自然资源极度贫乏、缺乏基本生产生活条件、交通极为不便、自然灾害频发、地方病流行、一方水土养不活一方人的自然村落和分散农户，要动员其向集镇迁移、向公路沿线迁移，实行异地扶贫搬迁工程。

1. 移民搬迁与贫困治理

移民搬迁是世界上发展中国家反贫困战略实施的基本模式之一。移民搬迁一般意义上是指由于环境恶化、自然灾害、人口增长过快等因素影响，特定区域环境容量不足以支持现有人口，部分人口为了生存与改善环境并寻求更好的生活质量，不得不（或自愿）

离开其原居住地，迁往新的资源相对丰富地区定居与发展。其起因包括土地退化、荒漠化、环境污染、海平面上升等环境问题与干旱、洪水、滑坡、泥石流等自然灾害。近20年来，全球环境移民与环境难民总数已超过2000万。由于移民规模失控与开发方式不当等原因，移民在迁入区破坏环境而再度陷入贫困的恶性循环现象正越来越引起关注。2005年，全世界约有1000万因环境恶化产生的移民与难民，大部分未能妥善解决资源开发与保护环境的关系。伴随着人口分布与资源环境分配的重新配置过程，迁入区土地利用格局随之发生变化。一些移民由于开垦陡坡丘陵顺坡种植，又形成新的生态退化，再度陷入环境恶化导致的贫穷状态。

研究表明，西部地区众多绝对贫困人口居住分散，若采取就地分散的扶持办法扶贫，不但投入成本太高、难度很大、效果欠佳，而且也不能从根本上保证稳定脱贫，同时也不利于生态恢复与建设，因此必须实行异地搬迁。实践证明，扶贫点建设是整体搬迁、集中开发、综合配套、提高扶贫效益的重要途径。在20世纪90年代，四川甘孜藏区广泛实施的“人、草、畜”三配套扶贫模式，即人有住房、草有围栏、畜有棚舍的扶贫开发模式，通过牧民定居彻底改变了其千百年来游牧迁徙、逐水草而居的传统生产生活方式；同时，妥善解决了牧区发展中集中发展教育，集中医疗卫生，集中科技推广，集中疫病防治，集中供水供电等分散扶贫难以解决的问题，是一种很好的且能够推广的扶贫模式。目前，要认真总结西部各贫困地区进行扶贫点建设的成功经验和教训，提高扶贫点建设的投资标准，并对新建扶贫点内的路、水、电、广播、电视和耕地、草场，以及教育、卫生、科技、村级基层政权组织设施等与群众生产、生活密切相关的配套设施建设资金给予统筹安排，为搬迁的农牧民创造一个有利于经济发展和提高生活水平的良好环境。对直接关系到农牧民生存的耕地、草场、林地等生产资源和文化、教育、医疗等公益性资源进行合理的配置，适当调整现有生产资源，大力开发后备资源，以达到“搬得出、留得住、富得起”的目的。

移民搬迁是自愿的、群体性的，兼有开发资源、摆脱贫困、改变生存环境三位于一体的目的。它主要是由于土地资源匮乏、生存环境恶劣、地方病流行、生活绝对贫困、不具备实现生产力诸多要素合理结合的条件，无力吸收大量剩余劳动力而引发的迁移。西部贫困地区移民搬迁的重点是科学有序地推进生态环境恶劣区、地方病流行区和绝对贫困人口的扶贫搬迁。要研究探讨部分发展中国家贫困区域环境移民活动对环境、社会、经济的影响及经验教训，以特定贫困农牧区为例，开展移民迁出地和安置地资源环境、社会经济条件的比较研究，建立移民社会经济信息库，研究环境移民形成的原因、迁移机制、环境容量及其限制因素，安置方式及其对生态环境、社会、经济的影响，提出相应的战略，并可供选择的技术决策、适度的移民环境容量与合理的安置模式。移民搬迁要以绝对贫困户为主要对象，以异地开发解决贫困户的温饱问题为中心，由各级政府有组织、有重点、分期分批地实施扶贫搬迁，帮助贫困群众摆脱困境，发展生产，并相应解决扶贫搬迁中的移民自愿、资金来源、土地供给、利益保障、社区整合、民族宗教等难点问题，总结出具有特色的、可推广的移民搬迁运作模式。

2. **移民搬迁的建设目标**

西部贫困地区的易地移民搬迁既是解决处于生命安全遭受严重威胁的绝对贫困人口脱贫致富的根本性措施，也是遏制生态环境进一步恶化，建设长江、黄河上游生态屏障，进而保护长江、黄河中下游地区国民经济和社会稳定进步的重要举措。西部贫困地区易地扶贫搬迁，要牢固树立和落实科学发展观，以恢复长江、黄河上游生态环境，保护上游天然草场，缓解牧区草畜矛盾，实现可持续发展为出发点；以增加农牧民收入，提高农牧民生活水平为目标；以易地搬迁扶贫为手段，改善农牧民的生产生活基础条件，充分注意项目的整体生态效益、扶贫效益、社会效益和经济效益。

移民搬迁要因地制宜，解决好稳定难的问题，实现“逐步富”的目标，要根据国家投入力度大小及地方资金配套能力强弱，按照需要与可能，制订中短期结合、重点突出、协调配套的移民搬迁规划，力争做到五个结合：一是移民扶贫要与加快小城镇建设相结合，引导移民进集镇、城镇，依靠经商、办厂、务工找门路，把集镇、城镇规模做强做大；二是移民扶贫要与调整产业结构相结合，根据市场需要，大力种植经济作物，提高经济效益；三是移民扶贫要与建设社会主义新农村相结合，对集中安置点进行统一高标准规划，力争通过几年的努力，使每个集中安置点都成为社会主义新农村的样板村；四是移民扶贫要与退耕还林等生态建设和环境保护相结合，使生态得以恢复，移民户真正受益；五是移民扶贫要与特色产业园区建设和发展民营经济相结合，采取优惠措施吸收移民进入园区就业。鼓励移民发展民营经济，达到移民搬迁“进城务工经商、进厂打工就业”的目的。移民搬迁户搬迁后，要配套村小学、卫生站、活动室，基本做到“一年搬迁，二年定居，三年基本解决温饱，四五年稳定解决温饱”。

在易地移民搬迁中，要根据实事求是、因地制宜的工作方针，按照节约、实用、配套、体现民族风格和特色的原则，例如在藏区每户新建80～120平方米住房，修建圈舍、厕所、一户一坝，实现人畜分居。在彝区按通风、保暖、实用、牢固、合理的原则，搬迁户按人均30平方米宅基地、20平方米基本住房修建移民点，并参照形象扶贫标准，配套建成一路一坝，人畜分居，厕所独立，房前屋后植树造林。所有移民搬迁点的建设都要按山、水、地、林、路、电配套建设的原则，努力达到人均占有耕地1.5亩（高产稳产地0.5亩），户均经济林果面积达1亩以上，户户饮用卫生水，通路、通电和广播电视，根据实际情况，修建村小和医疗卫生站等，部分条件较好的移民点初步形成小集镇雏形。在建房补助标准及投资方面要严格按照国家发展与改革委员会立项批准的易地扶贫搬迁补助标准，人均投入5000元，其中40%用于建房补助，60%用于基础设施建设，不得任意突破、负债运行。

3. **移民搬迁的具体措施**

西部贫困地区的移民搬迁是一个庞大的系统工程，涉及面广、工作量大、任务很重，必须高度重视，加强组织管理，确保顺利推进。西部贫困地区均应成立由市（州）、县、乡党委政府领导负责，计委、农业、国土、水电、畜牧、林业、财政、扶贫、教育、卫生、统计、审计、建委、农机、交通、广电、公安、民政、邮政、电信等部门领导为成员的三级易地移民搬迁工程领导小组，下设办公室，完善常设办事机构，负责对上级有关部门的请示和汇报以及项目申报等工作，负责对规划建设进行审查、施工等管理工作，负责对规划执行情况及资金使用情况进行监督检查，负责有关部门拨付建设资金落实及地方配套资金等资金协调和管理，负责对竣工项目进行检查和验收等。将易地移民搬迁工程专项规划纳入党委和政府的议事日程，层层签订移民扶贫目标责任书，将任务分解落实到县、乡、村，并把任务完成情况纳入责任人年终业绩进行考核。

按照项目管理和报批程序，及时申报的移民搬迁项目在项目审批立项后，及时制订年度计划、详细操作方案，经领导小组审批后，统一下达分级实施管理，定期督促检查项目实施情况。工程管理必须按照国家基本建设程序进行管理，建立以规划上报—审批—设计—施工—验收—建档—信息反馈为主要内容的工程管理体系。严格实行目标责任制、规划法人负责制、招投标制、规划监理制、合同管理制、效益考核奖惩制，确保工程质量和工程进度。易地移民搬迁工程建设资金实行专户管理，专款专用，专人管理，严格执行基本建设财务管理办法和年度计划，加强财务审计，杜绝专款挪用及专款流失。

要制定和完善有关优惠政策和措施，广泛动员全社会各方面的力量投入到易地移民搬迁工程项目建设中去，对土地开发、生态治理、水利建设等建设内容本着谁开发、谁使用、谁建设、谁受益的原则，鼓励广大农牧民积极参与易地移民搬迁工程建设。易地移民搬迁工程项目涉及面广、所需投入资金大，要在主动争取国家投入的同时，发扬革命老区精神和自力更生、艰苦奋斗精神，动员广大群众积极捐资和投工、投劳、投料。同时，积极筹措社会和市场资金用于规划建设，确保规划的顺利实施。积极发挥业主、各级政府及移民的积极性，特别是要鼓励和动员广大农牧民群众积极参与易地移民搬迁工程建设。

（五）推广小额信贷

1. 小额信贷与贫困治理

小额信贷是20世纪70年代以后在亚洲和拉美发展中国家广泛运用的一种扶贫方式，其主旨是通过小额、低息、连续的贷款服务促进贫困农户的经营活动，以帮助贫困人口摆脱贫困，这种得到国际组织重点推荐的扶贫方式的最重要的特点是扶贫资金直接无抵押地到达贫困户。小额信贷有多种不同的运用模式，有针对穷人的小组联保型小额信贷（如孟加拉的Grameen Bank），又有扩大商业银行持续的金融服务（如印度尼西亚人民银行BRI的村信贷系统和玻利维亚的村银行小额信贷Bancosol）。20世纪70代中期以后，由于独特的运作模式和良好的减贫效果，小额信贷得到了迅猛的发展。当时亚洲和拉美的一些发展中国家的有识之士认识到穷人在正规金融系统中处于边缘地位，他们正常的信贷要求因为种种原因而被忽略。在借鉴民间传统信贷特点和现代金融管理方式的基础上，创建了多种适合穷人的信贷制度和方式，这些信贷方式都是瞄准具有正常生产能力的、以自我就业为主的穷人，并将他们的家庭和他们所从事的生产经营活动视作微型企业。因此，这类为穷人提供金融服务的信贷方式就被称做微型企业信贷（microenterprise finance）或微型信贷（microfinance）。

奠定小额信贷国际地位的是孟加拉的一个研究项目，也就是后来发展壮大的著名乡村银行，即Grameen Bank，简称GB。乡村银行的运作主要基于两个原因：①信贷是人类的基本权利，穷人也应该获得信贷服务，而不是游离于金融服务机构之外；②穷人有能力用好贷款，政府和社会有责任与义务发挥和挖掘他们的潜力，以帮助他们通过自身的努力摆脱贫困。进入20世纪90年代，小额信贷掀起的革命浪潮已波及全球，数以千计的小额信贷项目致力于把微型金融服务推进到以往那些得不到此类服务的贫困者家庭，以达到改善他们的社会经济地位及福利状况的目的。由于小额信贷广泛的、针对性的对穷人提供信贷服务，国际社会普遍以为它是一种成功的扶贫方式。世界银行行长沃尔芬森（Wolfinsen）对小额信贷给予了高度的评价："小额信贷项目给全世界最贫困的村庄和人们带来了市场经济的震荡。这种缓解贫困的经营方式让千百万人有尊严地通过自己的劳动走出贫困。"从20世纪80年代开始，许多发展中国家特别是亚洲国家，纷纷仿效这种方法，并根据各国的情况创造了不同的模式。在联合国开发计划署（UNDP）、国际农业发展基金（IFAD）、世界银行（World Bank）等国际机构的推动下，小额信贷在世界发展中国家得到了广泛的运用。到2006年末，世界50多个发展中国家小额信贷项目覆盖的贫困人口已达1600万。1997年2月在华盛顿召开了100多个国家参加的小额信贷高峰会，分别代表1000多个组织，包括联合国组织、非政府组织、多边发展机构和其他国际融资机构的2500人出席了会议。会议通过的《小额信贷宣言和行动纲领》要求各国尽可能向贫困人口提供小额信贷帮助，并明确地提出了自己的行动目标："发起一场全球性运动，在2005年以前，把自我就业信贷和其他形式的金融、经营服务提供给全世界一亿个最贫困的家庭，特别是贫困妇女和他们的家庭。"

2. **小额信贷的基本原理**

小额信贷是按商业化原则向穷人提供不需要抵押担保的，具有制度化、组织化的金融服务，小额信贷并不是简单的向穷人提供信贷服务，而是通过周密的组织来确保穷人从小额信贷计划中受益。小额信贷根据穷人对贷款需求的特点制定了一系列具有内在联系的贷款原则和制度，其基本的运作原理主要包括以下五个方面：

一是只向穷人提供小额度短期贷款。小额信贷力图弥补农村金融和农村经济发展中的缺陷，服务于农村中的穷人，这是其他金融机构都不愿意涉足的领域。“只向穷人提供小额度短期贷款”限定了小额信贷的目标客户和服务内容。长期以来，贫穷人口特别是贫穷妇女作为一种边缘群体，一直被排斥在正规信贷服务之外，由于他们的经济水平低、生产能力弱，缺乏必要的抵押担保条件和接受较大规模贷款的能力，加上长期的历史文化沉淀和生产生活方式的封闭，他们的自卑心理强烈，与传统的信贷机构之间存在着较大的空间距离和心理距离。小额信贷从贫困者家庭的实际出发，即考虑绝大多数的贫困家庭底子薄、文化低，没有经营管理经验，适宜从事风险小、易操作、见效快的小型项目，专门设计了“小额短期贷款”，并且通过贷款内容的强制性约束（小额度、短期）达到自动识别目标客户（穷人）的功能。小额信贷对高、中收入阶层的人或大型企业的生产经营来说是微不足道的，但它却可以起动贫穷人口发展生产的初始能力。

二是整贷零还。整贷零还是针对传统金融服务中的整贷整还设计的。基本方式是：一次贷款，分散等额或不等额偿还。贫困者家庭一次性从小额信贷机构申请并无抵押担保获得贷款，然后在一个年度内分 52 周或 36 旬[①]还完。整贷零还的直接目的在于分散贷款风险，最终降低和规避风险，也就是将集中的一次性的、可能的风险经过多次细分后转嫁到平常的若干时段及若干事务中，从而保证信贷资金的高回收率。整贷零还是小额信贷的核心，它不仅有利于减轻贫困家庭的还款压力，而且有利于培养贫困者的积累意识和储蓄意识。

三是互助联保。互助联保的具体内容是贫困者家庭首先要自愿选择相邻而没有亲戚关系的 5 户人组成小组，5～8 个小组组成一个中心。民主选举小组长和中心主任，个人申请贷款必须经过小

① 一年为 52 周（7 天/周×52 周=364 天）、36 旬（3 旬/月×12 月=36 旬）。

组、中心的讨论和推荐，每次还款在中心会上进行。每个小组即构成互助组，同时也具有连带责任。“互助联保”还体现在贷款程序上，也就是小组内5个人先要按照贷款需求的紧急程度协商排出顺序，首先2个人获得贷款后，必须观察一段时间这2个人对贷款纪律的遵守情况，然后再继续向这个小组贷款；如果小组内成员发生还款困难，其他成员甚至中心成员有责任和义务帮助还款。互助联保的直接目的也在于分散风险和降低风险，小额信贷无需经济上或财产上的抵押担保，如果说它还有担保的话，那就是真正意义上的社会责任担保。小额贷款只针对小组成员，而这些小组则是贫困农户根据完全自愿的原则自由组成的，小组长和中心主任也是在他们中间民主推举的，在小组其他成员的帮助和监督之下，贫困农户自愿选择适合自己条件和能力的生产发展项目，并提出合适的投资需求计划。放贷在小组内分批进行，还款则由小组长按期收齐后，再交由中心主任统一与工作人员办理。事实上工作机构所面对的已经是集体而不是贫困者个人，这样由于“集体”的存在，就构成了一种连带责任压力，以保证贷款项目的实施能得到小组成员的相互帮助，并相互监督资金的正常使用。

四是提供连续的贷款服务。持续的贷款服务是小额信贷的重要特点，提供连续的贷款、特别是为有良好信贷记录者提供贷款具有三方面的作用。首先，一年期的小额贷款不能彻底的缓解贫困，应该持续不断地满足他们的信贷需求和完善他们的脱贫条件；其次，以贫困人口对连续贷款的期望来约束他们的行为和强化还款意识，保证小额信贷在“无抵押担保”条件下的高回收率；再次，在保证小额信贷高回收率的前提下，连续进行的贷款服务也是小额信贷机构能够维系自身循环并发展壮大的基本条件。

五是重点向妇女提供贷款。通过小额信贷改善妇女的生活状况和社会地位，进而帮助最贫困家庭摆脱贫困是小额信贷的基本宗旨之一。同时，由于妇女人性中善良、勤俭的美德十分适应小额信贷所要求的组织管理纪律，妇女的还款意识强、还贷率高，在一定程度上提高了小额信贷获得成功的机会和可能性，并相应提高了妇女参与社会活动的权利和地位，这又扩大了小额信贷的社会影响力。

从20世纪80年代末到90年代初，联合国的一些分支机构、多国组织、国际非政府组织，以及一些与中国存在贸易关系国家的非政府组织，相继通过援助与信贷，直接或间接地在中国贫困地区推广小额信贷扶贫方法。1993年中国开始引进、研究并首次建立了试验性的小额信贷机构，以后许多国内机构和联合国开发计划署、联合国儿童基金会、福特基金会、孟加拉乡村银行等国际机构在中国河北易县、河南虞城、陕西商洛、云南师宗、四川仪陇、平昌、宣汉等贫困县建立了小型的小额信贷项目，取得了良好的扶贫效益。[①] 小额信贷的引进、探索和实施，对于弥补中国信贷扶贫体制的缺陷，真正落实扶贫资金到户，对于贫困地区政府形象的树立和干群关系的改善，贫困人口经济意识的启蒙与觉醒，贫困户互助协作精神的重建，乃至贫困地区农村经济社会发展机制的协调稳定产生了极为重要的正面效应。

3. 小额信贷计划的推广

推广小额信贷是西部贫困地区反贫困治理的基本组成部分，与反贫困体制调整、扶贫资金投放和扶贫项目管理体制的调整与创新存在密切的逻辑关联。其实施的主要目的是向贫困人口提供小额、低息、连续的信贷援助，促进贫困农民的经营活动，向他们提供经济机会以启动他们自主发展生产的能力。当前，中央政府应大力改革信贷扶贫资金管理体制，指定政策性银行负责扶贫信贷业务，将目前经由商业银行发放扶贫贴息贷款的资金转由小额信贷机构来发放，出台优惠和更具操作性的扶持政策。尽快修改相应的法律条款，给小额信贷组织以合法的地位与发展空间，允许国内外小额贷款机构吸纳存款、执行放贷，同时改善小额贷款的监管水平和立法水平。增加对西部少数民族地区小额放贷额度，简化放贷审批程序

① 王卓：《中国贫困人口研究》，成都：四川科学技术出版社，2004年版。

和手续，实行良性滚动发展。改革财政贴息办法，把财政贴息资金按信贷资金额度划拨到县，哪家银行服务好就贴息给哪家，把扶贫信贷资金业务划归农村信用社，利用信用社就近方便的特点，负责放贷业务，完善放贷监管办法。逐步开放各种类型的小额信贷市场，准许小额信贷机构根据市场状况和运行成本自主决定贷款利率，充分发挥民营社团组织在贷款投放、回收、项目实施、培训、评估和项目服务的作用，政府建立相应的管理体系和政策机制，通过鼓励竞争来保证小额信贷机构不断创新、降低成本和提高服务质量。

在反贫困战略的实施中，应根据西部贫困地区特殊的自然、经济和社会发展特点，确定实施小额信贷计划的实施范围和重点，通过在各类地区的试点，总结经验，逐步推广。实施小额信贷计划的扶贫工作重点县应成立以扶贫开发办公室为主体的乡村发展促进会及其办事机构，尽可能利用现有扶贫系统的办公、交通、通讯和工作网络，工作人员以在职干部为主，乡级工作机构中的大部分人员可以在现有脱产干部中实行兼职，执行放贷、回收任务的社区工作队员实行严格选拔、合同聘用，经培训后上岗。同时要求在经济发展条件相对较好的贫困乡村，要把60%以上的贫困人口纳入小额信贷计划的扶持范围之内，60%以上的扶贫资金要通过小额信贷的方式投向种养业以及与此相关的家庭加工业。经济条件较差的边远地区和高寒地区，小额信贷计划的实施要根据当地特殊的地域、气候、交通、通讯、资源、文化、民俗、教育、科技、经济发展水平、基层组织结构、金融服务、人口分布密度等方面的特点，不机械照搬现行模式，而是根据当地贫困户的贫困程度、消费水平和宗教习惯、生产经营水平、文化程度采取多种灵活的方式运作，在额度大小、贷款期限、放贷顺序、还款周期等方面，采取因地制宜的办法。在中长期项目的发展中，可以突破贷款期限1年、贷款规模1000元以下及按旬还款的一般做法，短期项目也可以按月、按季确定贷款期限等。在小额信贷计划的实施过程中，各地方政府要大力加强对小额信贷计划实施的宏观调控，指导小额信贷计划同区域经济社会发展计划相互协调，以及处理好与各农村金融机构的工作关系，切实加强对小额信贷计划的财务监管、减少资金风险，在开办初期就要建立严格的资金管理制度和风险防范机制，对资金的贷出、收回、解缴、存放、周转等都要有明确的责任规定和处理办法，加强贷款监控，发现问题及时纠正，严禁截留、挪用小额信贷资金，通过强化政府职能确保小额信贷计划的良性循环。

八、西部贫困地区发展的政策建议

（一）新世纪扶贫政策面临挑战

尽管20世纪中国的农村扶贫取得了举世瞩目的成就并创造了许多成功的经验，但是随着时间的推移和全面市场经济体制的确立，扶贫工作原本存在的一些体制性问题及相关政策失灵便显得更加突出。

（1）以资源开发为重点的“开发式”扶贫受到挑战。在普遍贫困的20世纪80年代，中国农村扶贫采用区域经济增长战略，提出了“贫困地区群众在国家的帮助和扶持下，开发当地资源，发展商品生产，走向越温脱贫”的“开发式”扶贫方针，同时辅之以相关优惠政策，这在国力贫弱的当时不仅是必须的，也是可行的。进入21世纪之后，随着缓贫速度的日益下降，对余下的贫困人口，尤其是对那些丧失劳动能力的贫困人口和生存环境恶劣，必须实行移民搬迁的贫困人口，“开发式”扶贫显然已不再适宜。即使对于那些具备劳动能力的贫困人口，“开发当地资源”也受到了诸多限制。例如，为遏制西部地区生态恶化，国家出台了天然林保护和退耕还林、退牧还草的相关政策，以及限制高耗能、高污染的“五小工业”的相关政策，致使西部贫困地区曾一度兴旺发达的县办工业、乡镇企业以及与之相伴而生的第三产业日渐萎缩。最易于开发的森林资源停止开发，矿产资源实行保护性开发；水电、石油、天然气等能源资源由国家垄断行业实行独家开发；其他允许贫困地区进行开发的自然资源如煤炭资源实行引进业主、招标开发……除了丰富的剩余劳动力资源外，西部贫困地区可供自身开发的资源已为数不多，开发门路十分狭窄。在本课题调查的资源密集县，常常听到不知如何实施开发式扶贫的抱怨。开发式扶贫似乎已经走到了尽头。

（2）扶贫开发排不上贫困县的主要议事日程。20 世纪末期的扶贫攻坚阶段，扶贫工作曾经作为贫困县全部工作的中心。进入 21 世纪以后，随着农村贫困状况的缓解，中央根据我国经济和社会发展的整体水平，适时提出了到 2020 年全面建成小康社会的奋斗目标。在这个大背景下，西部地区一些经济贫困市（州），以及几乎所有的国家重点扶持县，也层层比照全国小康建设的总体规划，纷纷制订了与全国同步全面建成小康社会的规划，追求不切本地实际的 GDP 增长速度。出于政治稳定和社会公平的考虑，中央政府历来有强烈的政治意愿来消除农村贫困，同时也利用强大的政府职能动员了大量资金和其他资源投入农村扶贫。然而，地方政府，尤其是西部贫困地区的县、乡两级政府，都面临着 GDP 增长、财政收入和社会稳定等多重压力，扶贫在贫困县并非最重要的目标。同时，上级政府对贫困县乡政府的考核与地方官员的升迁更多地与其他指标而不是扶贫目标的完成有关（汪三贵，2005）。在政绩考核和强大舆论环境的压力下，贫困县的决策层不能直面自身的贫困现状和发展所面临的不利县情，追求政绩的浮躁情绪普遍滋生。除了千方百计争取扶贫投入外，扶贫工作很难说排上了自己的工作日程，扶贫部门也感到无所适从，于是整村推进的扶贫工程变成了“路边工程”、“水边工程”，即所谓的“政绩工程”。

（3）要求地方财政配套不切实际。从 20 世纪 80 年代中期开始的“核定基数、超收分成”的财政改革试点到 90 年代初期的分税制改革，在取得财政收支快速增长的巨大成绩时，却使几乎所有的贫困县乡都陷入了财政赤字的困境，挪用中央财政扶贫资金发工资在贫困县成为常事。而几乎所有的中央财政扶贫资金及财政投资项目，乃至国际发展组织的援助项目，几乎无一不要求贫困地区的地方政府按照一定比例为之提供地方财政配套。在地方和中央政府的长期博弈中，明知无力提供配套资金的地方政府（贫困县乡），为了争得有限的无偿投入，或者采取“一女多嫁”的办法，挤出一笔财政资金，同时为两个或多个项目配套；或者采用“以劳折资”的办法，让贫困户多出义务工，或交付现金相抵，以此来满足配套资金的要求。这种不切实际的财政配套政策，便是不少扶贫项目变成“胡子工程”或中途夭折的深层原因之一。本课题组在所有调查县都能听到取消地方配套要求的强烈呼声。

(4) 信贷扶贫资金已形同虚设。自从 20 世纪 80 年代设立国家信贷扶贫资金开始，就一直存在信贷扶贫资金到户难的问题。进入 21 世纪之后，随着国有银行的商业化进程，信贷扶贫资金到户难的问题更加突出。本项目调查的 18 个国家扶贫重点县中，除固原县外，均认为信贷扶贫资金投放到位率低，门槛设置过高，对穷人犹如画饼充饥，是给贫困地区开的一张空头支票。据国家统计局农调队监测资料显示，2003 年贫困农户和低收入户人均借款分别为 88 元和 117 元，年末人均贷款分别为 137 元和 166 元。扶贫贷款在贫困户当年贷款和贷款余额中分别占 5.7%和 7.7%（国家农调总队，2004）。也就是说，2003 年贫困户人均得到扶贫贷款 5.02 元。在当年贫困户人均贷款余额中扶贫贷款只有 10.55 元。按国家扶贫重点县 2003 年贫困人口 1763 万计算，扶贫重点县的贫困户得到的扶贫贷款为 8843.2 万元，占当年到户扶贫贴息贷款的 3.28%，占全国扶贫贴息贷款的 0.49%。这一状况表明，在现有制度框架下，扶贫贴息贷款已基本丧失了为贫困户提供直接信贷服务和支持的能力。操作到户扶贫贷款对农业银行是一种赔本的买卖。现行扶贫贴息贷款的分配和使用，已严重偏离当初设立此项扶贫贷款的初衷；现在的扶贫贴息贷款方式，已明显不再适应担当为贫困户提供持续的信贷服务的责任。

(5) 扶贫体制障碍更加突出。近 30 年的扶贫实践表明，在限定于 20 世纪末基本解决农村 2.5 亿绝对贫困人口的温饱问题的目标下，扶贫工作事实上被视为中央和西部贫困地区各级地方政府的一项短期行为。进入 21 世纪之后，虽然看到了西部地区扶贫工作的长期性、艰巨性和复杂性，并在各级政府机构改革中仍然保留了从中央到地方的各级扶贫开发领导小组及其办事机构，但是这种源于短期行为设计的扶贫体制本身，从一开始运转便存在着机构林立、职能交叉、权责不分、互相掣肘、效能低下等弊端，在新时期扶贫工作下沉到村之后，表现得更为突出。扶贫部门作为各级扶贫开发领导小组（协调机构）下属的办事机构，难以发挥其协调政府职能部门的作用，因此直接影响到扶贫工作的进程。如果说扶贫工作是一项涉及方方面面的系统工程，而中央和省、市几级只是加强协调，无关扶贫大局的话，那么在贫困县这个具体落实扶贫责任和完成扶贫任务的执行层面，前述的种种弊端就具体表现为扶贫行为的短期性、机构临时性、任务突击性、工作指导性、协调软弱性。这样的机构设置与西部地区仍然存在的贫困状况的严峻态势以及扶贫的艰巨任务是不相适应的。

（二）以需求战略取代增长战略

(1) 需求与增长：两种缓贫战略的比较。发展经济学认为，经济发展的目标是消除贫困。而消除贫困又有两种基本战略可供选择：一是向贫困人口提供基本生存条件、生产条件及发展条件的满足以缓解贫困的人力资本投资战略；二是以促进经济增长为消除贫困创造物质条件的物质资本投资战略。在20世纪全球的缓贫行动中，尽管大多数发展中国家都采用物质资本投资优先的经济增长战略来解决普遍贫困问题并取得了相当的成功，但实践证明，就消除贫困的效果而言，前者比后者要显著得多。[①] 尤其是中国和巴西两个发展中大国都采取了物质资本投资优先的经济增长战略，并且同时都取得了巨大成功。但两国在经济快速发展和贫困发生率大幅下降的同时，都面临着腐败和贫富悬殊等共同问题。据巴西应用经济

① 赵曦：《中国西部农村反贫困战略研究》，北京：人民出版社，2000年版，第275～277页。

研究所在2006年的一项调查显示：巴西的社会不公平现象“异常严重”，仅为10%的富裕家庭的收入占了全国家庭总收入的50%。（《参考消息》2006年10月31日）联合国开发计划署关于中国的一份报告则指出：“中国最穷的20%的人口仅占收入或消费的4.7%。最富有的20%的人口在收入或消费中占到50%。”（香港《虎报》2006年6月19日）与此同时，一些选择人力资本投资战略即满足基本需求缓贫战略的发展中国家，如刚果和喀麦隆，到1990年人均GNP分别为1010美元和960美元，而同年中国人均GNP仅为370美元。两国在1990年全球109个国家和地区的排名中分列第59位和62位，大大高于中国排名87位的发展水平。世界银行在其以贫困问题为主题的《1990年世界发展报告》中，通过评估全球范围内的贫困状态和25年来不同发展中国家实施缓贫战略正反两方面的经验总结，将以对穷人进行人力资本投资为主体并兼顾经济增长的缓贫战略作为基本战略[①]向全球着力推荐。

（2）经济增长优先：中国缓贫战略的初期选择。发端于20世纪70年代末期的中国农村经济体制改革的巨大成功，使中国农村的贫困从根本上得到极大缓解，为80年代中期开始的大规模扶贫奠定了初步的物质基础。但是按照联合国开发计划署和世界银行等国际机构的贫困标准，中国农村仍然处于绝对贫困状态，扶贫开发战略面临两难选择。一方面是按照人均200元/年纯收入的贫困标准，全国农村仍有2.5亿人口尚未解决温饱，亟待国家予以扶持；另一方面是改革开放起步不久，综合国力薄弱，国家扶贫投入尤其是财政投入极为有限。为缓解无限需求与有限投入之间的矛盾，国家不得已选择了开发贫困地区自然资源的区域经济增长战略，即开发式扶贫战略：强调贫困地区以自力更生为主，国家扶持为辅，实现了由救式扶贫向开发式扶贫的转变，由单纯向贫困地区输血向增

① 冯永宽，王卓：《四川贫困问题研究》，成都：四川科学技术出版社，2000年版，第70页。

强贫困地区造血功能的转变。在向贫困地区投入少量财政扶贫资金和工业品以工代赈进行扶持的同时，以银行商业贷款为主要投入，并辅以政策性支持，强调对贫困地区实行特殊政策，鼓励贫困地区通过开发丰富的自然资源，兴办地方工业和大力发展乡镇企业，增强贫困地区的经济实力以缓解贫困。应当说，“开发式”扶贫战略与当时中国的国情和国力是相适应的，以后一直沿用至今。

(3) 兼顾公平：中国缓贫战略的适时调整。如果说大规模扶贫开始时，中国由于国力薄弱而被迫选择了效率优先的区域经济增长的“开发式”缓贫战略的话，那么进入21世纪之后，当我国的国情国力已经发生了巨大变化，综合国力大大提高，贫困状况已大为缓解的情况下，扶贫工作已经面临着新的国际国内环境。一方面是社会财富分配不均，贫富悬殊日益扩大，相对贫困凸显；另一方面是贫困地区（尤其是西部贫困地区）由于过度开发已使生态环境日益恶化，国家为遏制这种趋势而相继出台了若干宏观政策，使西部贫困地区可开发的空间越来越小，路子越来越窄，调整开发式扶贫战略势在必行。在效率优先的前提下如何体现社会公平应及时提上日程。以本课题初稿完成的2006年的综合国力和国家财力判断，实施“需求”战略的条件应该已经具备。以当年近21万亿元的GDP、4万亿元的中央财政收入和1.2万亿美元的外汇储备，对于不到3%的绝对贫困人口，实施需求战略应不失为一种适时而且可行的选择。

（三）实施需求战略的政策建议

1. 提高贫困标准，扩大扶持范围

20世纪中国的农村扶贫，虽然已如期完成了解决农村贫困人口温饱的既定目标，但是由于标准定得过低，解决温饱不稳定，一遇天灾人祸便极易返贫。21世纪初期的农村扶贫进行了重大战略性调整，即由过去扶持贫困县下沉到直接扶持贫困村，从2004年起强调采用打歼灭战的方式，集中扶贫资源，实施整村推进，收到

了比较明显的效果。但是由于贫困标准定得过低，贫困人口认定范围狭窄而将大量贫困人口和贫困村排斥在扶贫规划之外。在制订2001—2010年农村扶贫规划时，四川的凉山彝区和甘孜、阿坝藏区由于受到指标限制，采用“去两头、留中间”的办法，即去掉最好的村和最差的村，将不好又不是太差的村列入当地的扶贫规划并上报到省备案，从而留下众多扶贫死角。西部贫困地区的现实迫切要求提高贫困标准至国际机构公认的人均每天消费1美元，从而扩大扶持范围。

2. **建立健全农村社会保障体系**

以2005年《中国农村扶贫开发纲要（2001—2010年）》中期评估结果为准，将当年余下的2300万贫困人口全部纳入农村低保范围，实行“应保尽保”，从而改变一些贫困乡村由于指标有限而采用抓阄方法确定低保对象的做法。同时，加快建立健全农村医疗保险制度和完善医疗机构，降低因病致贫、因病反贫率。

3. **创新扶贫投入机制**

（1）加大中央财政扶贫投入力度，取消不切实际的贫困县乡财政配套。

（2）加大以工代赈投入力度，加快农村基础设施建设和社会事业发展。在工程实施中，要尊重村民意愿，尊重贫困人口的知情权、参与权、决定权、监督权和工程使用权，切实改变过去工程通过招投标方式，让业主承包后再层层转包，将贫困人口排斥在外的做法，让穷人直接参与工程建设从而得到赈济，还“以工代赈”扶贫的本来面目。

（3）为扶贫立法。通过立法，确保在国家经济快速发展和财政收入较快增长的同时，扶贫的中央投入和贫困地区各级地方政府的投入稳定增加，为实施需求战略提供资金保障，让贫困人口分享中国经济发展的“红利”。

（4）改革信贷扶贫投入机制。首先是开放西部贫困地区的农村金融市场，允许民间资本及外资进入扶贫领域，与国有银行形成竞争格局，以解扶贫资金难以到户的困局。其次是设立类似玻利维亚专门为贫困人口开设的“穷人银行”，由国家设立资本金，参照孟加拉乡村银行的做法，对贫困人口提供信贷支持。最后是利用西部贫困地区县级信用联社遍布乡村的农村信用社的现成网点，将国家信贷扶贫资金划给县信用联社经营，同时将财政贴息一并划转，弥补经营费用之不足。

(5) 为改变扶贫资金到位迟缓、审批层级多，“头年资金来年干，三年才把成果看”和扶贫资金层层漏出的局面，应改进扶贫资金管理办法，将资金、项目审批权限下放到贫困县，给县级地方政府充分的自主权，同时承担起扶贫的直接责任。

4. **实施西部生态重建工程**

(1) 退耕还林、退牧还草两大工程是直接的扶贫工程。一应加大投入，扩大面积；二应延长补助年限，直至工程覆盖区域内生态恢复、居民可以自立为止，从而防止新的毁林开荒事件发生，以保住来之不易的生态重建成果。

(2) 建立健全生态补偿机制。划定若干原始森林和水资源保护区，对区内居民实行移民扶贫和生态补偿，费用可从提高水费、电费及西部资源开发项目中提取，补助标准采用低限（农村低保）和中限（当年全国农民人均纯收入）均可。

(3) 加大移民扶贫力度，提高补助标准。

(4) 切实满足生态重建区和原始森林保护区的能源需求，包括太阳能、风能、小水电和沼气等替代能源，防止生态破坏，保住天然林保护已取得的成果。

(5) 实施使贫困人口直接受益的资源再分配政策，提高矿产资源税等的地方留成比例。例如西部大开发的西气东输、西电东送及南水北调等三大标志性工程，靠的都是西部地区的自然资源开发。西部地区为输出宝贵资源作出了牺牲，理所当然也应得到相应的回报。

5. **完善扶贫考核标准**

将贫困县的扶贫工作绩效作为重要的乃至第一位的考核指标，而将对 GDP 的增长考核作为参考，杜绝借扶贫投资作表面文章、搞面子工程。

6. **组建强力扶贫部门**

在目前保留从中央到西部贫困地区各级地方政府的扶贫开发领导小组作为议事协调机构的前提下，为减少协调难度、整合扶贫资源、提高扶贫效率，可将各部门内设的扶贫部门整合到一起，例如，将中央级的扶贫办、西部开发办和以工代赈办合并，强化扶贫工作部门，赋予相应的权力和责任。只有上级部门整合后，县级扶贫部门才有望得到强化，扶贫责任才能得以最终落到实处。

附录一：新疆喀什地区贫困状况调查研究①

西部少数民族地区的贫困状况和消极影响是中国西部地区全面建设小康社会、统筹城乡经济社会发展面临的最为突出、尖锐的问题，2004 年 3 月，我们对新疆喀什地区的贫困调查表明，在全国基本完成“八七”扶贫攻坚计划之后，西部少数民族地区的贫困状况依然非常严峻，针对少数民族地区贫困状况的新特点，进一步明确新的反贫困思路，采取更为有力的扶贫措施，对于迅速缓解和逐步消除少数民族地区的贫困状态具有重要的战略意义。

一、贫困状况的新特点

新疆维吾尔自治区是中国西部少数民族贫困发生率较高的地区之一，在全面建设小康社会的历史进程中，自治区农村的扶贫开发内涵和环境出现了若干新的变化和特点，在扶贫开发阶段性目标实现后，扶贫开发的对象由突出解决 44 万特困人口的温饱问题转向巩固 44 万特困人口的温饱成果和帮助 259 万低收入贫困人口提高收入水平。按照新阶段国家确定的低收入贫困标准，新疆农村扶贫开发对象增加了 4.9 倍，259 万低收入贫困人口占全区农牧区总人

① 本项成果为国家社会科学基金项目《西部地区若干国家级贫困县的状况及发展路径研究》（项目编号：04XJL018）的阶段性成果。载《社会科学研究》2005 年第 2 期。收入时有删节。本项目得到新疆维吾尔自治区扶贫开发领导小组办公室、喀什地区扶贫开发领导小组办公室、中共英吉沙县委、伽师县委和英吉沙县、伽师县扶贫开发领导小组办公室的大力支持与协作，谨此致谢。作者：赵曦，西南财经大学教授；冯永宽，四川西部贫困研究中心研究员。

口的27%，其中喀什、和田、阿克苏和克孜勒苏柯尔克孜四地州有224万人，占全区低收入贫困人口的86%，占四地州农牧区人口的39%，贫困状况依然呈集中连片的区域性分布。

1. **贫困面积依然较大**

喀什地区地处祖国西北边陲，是以维吾尔、塔吉克、回族、柯尔别孜、乌孜别克、哈萨克等少数民族为主的贫困地区，土地面积139479.6平方千米，辖有11个县、1个市；2003年底人口为356.4万，少数民族人口占总人口的93%；与塔吉克斯坦、阿富汗、巴基斯坦三国接壤，边境线长388千米。全区12个县市中国家扶贫开发工作重点县8个，占67%，扶贫开发工作重点乡96个，占总乡数的59%，扶贫开发工作重点村1282个，占全区行政村的51%。2003年，喀什地区农民人均纯收入只有1482元，是新疆农村人均纯收入（2106元）的70.37%，是全国农村居民人均纯收入（2662元）的56.52%。全区农村人均纯收入865元以下的特困户和低收入贫困人口23500户，125万人，占总人口的34.34%。重点县英吉沙县2003年农村人均纯收入只有1094元，是新疆维吾尔族自治区平均水平的51.94%，是全国平均水平的41.72%，最贫困的龙甫乡、英也尔乡、依格孜也尔乡的人均纯收入只有825元、927元、818元，分别是全国平均水平的31.47%、35.36%和31.20%。人均纯收入670元以下的在册特困户567户2622人，865元以下的低收入贫困户为21965户96555人，占农村总户数的56.32%和总人口的49.87%。伽师县13个乡镇、296个行政村和31.14万人口中，有扶贫开发工作重点乡8个，占总乡数的61.54%，扶贫开发工作重点村182个，占总村数的61.49%，低收入贫困人口24768户113940人，占总人口的37.7%。数据突出地说明，喀什地区贫困人口分布普遍存在，是全国最贫困的少数民族地区之一。

由于自然、地理、历史、经济和社会等诸多因素的相互制约，喀什地区虽然基本完成扶贫攻坚的阶段性任务，基本解决了大多数绝对贫困人口低水平的温饱问题，但是剩余绝对贫困人口主要集中在老、弱、病、残、丧失基本劳动能力、很难通过扶持手段脱贫的特殊群众中，在农村最低生活保障制度缺失、民政救济覆盖面小、公共卫生服务体系不健全的情况下，这部分人口的贫困状况日益凸现。此外，由于经济发展水平的滞后和贫困标准认定的缺陷，农村中大量存在的低收入贫困人口已成为现阶段扶贫开发的主要对象，其不稳定的收入水平、落后的人力资本素质、薄弱的经济发展基础，以知识贫困和能力贫困为主的贫困表象，使其经济收入增长的预期远远小于经济收入下降的预期，这种现象在样本地区的调查中显得尤为突出。

2. **贫困原因复杂多样**

喀什地区地处帕米尔高原区、昆仑山区、塔克拉玛干沙漠区和其间的山地丘陵区，分布广泛又集中连片的贫困区自然、生态、气候、植被状况差异明显，各区域贫困形成的原因、贫困的运行机制及贫困人口的特征状况也呈现出复杂多样的特征。一是生态条件恶劣、自然灾害频繁。以位于塔克拉玛干沙漠荒漠区的巴楚、麦盖提和位于帕米尔高原的塔什库尔干为代表，气候严酷，干旱、霜冻、风沙、冰雹、地震、病虫害等自然灾害发生频繁。贫困人口“丰年越温，灾年返贫”现象普遍存在。伽师县从1996年“3·19”地震到2004年间，共发生6级以上地震11次，仅2003年发生的“2·24”地震中，就有284户962名特困人口、631户2902名低收入人口受灾。二是基础设施薄弱、配套能力较差。英吉沙县农村住房中砖房只占5%，土坯房占95%，有60%的重点村不通水，50%的重点户不通电。伽师县灌溉渠系统薄弱且防渗率较低，水的利用系数仅有40%，防渗率仅有8%，桥、闸口、涵洞等配套设施不健全，造成农业生产缺水严重、浇水难、耕种难现象广泛存在。乡村级卫生基础设施非常薄弱，缺乏基本医疗设备和合格医护人员，缺医少药的情况十分普遍。文化基础设施几乎完全空白。三是生产水平低下，耕种方式原始。在经济发展水平低下、市场容量狭小的总体背景下，农村以农业为主体、农业以种植业为主体、种植业以粮食生产为主体、其他产业发展落后的经济格局异常稳固。伽师县60.9万亩耕地中，粮食种植面积29.9万亩，棉花种植面积25万亩，两项合计占耕地总面积的90%，林果业总面积仅为6.283万亩。加上资金投入不足，管理方式落后，农作物单产、总产均较低，除自然环境因素以外，产业结构的单一和非农产业发展的滞后、农牧民收入渠道狭窄是喀什地区贫困状况的主要原因。四是人力素质低下、科技普及落后。伽师县90%以上的农民只有小学文化程度，文盲半文盲有33752人，占全县农村人口的12%。农牧民观念陈旧，普遍缺乏商品流通意识和市场竞争观念，"等、靠、要"思想广泛存在，学习科学文化知识的积极性不高，实用技术普及难度较大。除上述区域性贫困状况和特点外，重点县个体贫困状况已呈多样化特征，笔者在英吉沙县龙甫乡龙甫村对集中分布的10个贫困户的重点调查中，发现贫困原因就有因病致贫、因灾返贫、缺少劳力、赌博欠债、消极懒惰5种情况。

3. **扶贫资金投入偏低**

由于喀什地区的贫困状况具有极为强烈的区域性分布，贫困人口分布广泛，且贫困程度较深，因此与此相关的扶贫事业，归根到底需要资金的投入；而在扶贫对象大量增加的情况下，扶贫资金投入的相对偏低已成为新时期农村扶贫战略展开的一个主要制约因素。2001—2003年喀什地区共投入财政扶贫资金20520万元，基础设施建设资金23625万元，中央专项扶贫贴息贷款15741万元。其中，2001年财政扶贫资金6735万元，以工代赈资金8234万元，专项扶贫贴息贷款6289万元；2002年财政扶贫资金6507万元，以工代赈资金7746万元，专项扶贫贴息贷款10502万元；2003年财政扶贫资金7278万元，以工代赈资金7465万元，专项扶贫贴息贷款前3季度8400万元，三项资金共计23323万元。如果以全地区125万特困人口和低收入贫困人口为基础，每个贫困人口的扶持金额仅为186.58元，仅相当于国际标准（5000元）的3.73%，无论从哪方面讲，这样的投入力度都是很低的。同时，由于扶贫资金管理体制及运行机制的问题，信贷扶贫资金的使用效率很低，英吉沙县2001—2003年信贷扶贫资金规模为1850万元，而实际发放贷款135.53万元，投放率只有7.32%。伽师县2002年发放信贷扶贫资金56.5万元，只占贷款计划706.25万元的8%，扶贫信贷资金难以落实到位的情况广泛存在。另外，由于经济发展落后，喀什地区财政收入极为低下，2003年仅为5.24亿元，而财政支出高达28.37亿元，财政自给率仅有18.47%。伽师县2003年财政收入1970万元，而财政支出高达1.73亿元，地方财政自给率仅有11.39%。地方财政收支缺口巨大，基本无法提供财政配套投入支持扶贫开发，在相对贫困人口大量增加的条件下，扶贫投入偏低成为贫困县基本生产、生活条件改善缓慢、已脱贫人口返贫率较高的重要原因。

调查表明，喀什地区地质地貌复杂，生态环境脆弱，自然灾害频繁，产业结构单一，基础设施薄弱，社会发展水平低下，贫困分布广泛，在全面建设小康社会的宏观背景下，整个区域的反贫困战略既要逐步缓解剩余特困人口的贫困问题，又要稳定解决低收入贫困人口的温饱问题，这是新时期喀什地区经济发展中的一项长期、艰巨、复杂的历史任务。

二、反贫战略的新思维

在中国政府致力实施《中国农村扶贫开发纲要（2001—2010年）》的总体背景下，喀什地区反贫困必须突破传统的、单纯的经济扶贫模式，使新反贫战略更多地体现以人为本、社会公正、政治稳定、边防巩固、持续发展等多方面的新思维和新视点。

1. 指导思想

喀什地区的贫困问题具有强烈的、独特的区域性，表现为高原山区的特点、少数民族的特点、边远地带的特点。喀什地区的贫困是多种因素相互交织、相互制约而形成的一种综合现象，是历史长期的积累。因此，喀什地区反贫战略的制定必须充分考虑反贫困对象所体现的民族性、区域性、边缘性、经济性和社会性特征。充分体现可持续发展的最基本的社会意义，即保证每一个社会成员的基本生存权和发展权，保证每一个社会成员都能够以平等的身份参与社会政治活动，参与市场经济竞争，分享资源配置利益和完善个人价值。同时，新的反贫战略要求以调节收入差距，缓解阶层矛盾，实现社会公平，减少社会风险，促进道德进步，以维护地区社会政治秩序稳定，建立人口、资源、环境良性循环机制，保护生态安全为目标，探索研究适应喀什地区自然、经济和社会发展特点的反贫困战略模式、计划和实施步骤。充分考虑贫困状况所隐含的特殊自然、社会和历史文化背景，充分考虑反贫困所包含的持续发展、社会公正、生态安全、道德进步等方面的人类价值和社会意义。必须充分认识到在全球经济一体化背景下，喀什地区贫困现象的大面积存在，将导致喀什地区居民在世界文明进步的趋势中群体性人类不安全感增加，在全球化发展的进程中有可能处于文明进步边缘化的境地，进而成为影响中国国家安全和中华民族发展战略全局的重大问题。这充分体现在市场经济条件和西部大开发背景下，新时期反贫困战略的长期性、艰巨性和复杂性。应充分认识到相当长的历史时期内喀什地区经济发展的基本任务是培育产业发展要素、健全基础设施和改善生态、社会环境，而不是完成全面建设小康社会的现实任务，更不是实现工业化、城市化和现代化的历史任务。

在喀什地区反贫困战略的实施中，必须高度重视通过国家扶持服务和社会支援以改善基本生产条件，优化生产要素组合，提高资源配置效率，培植和诱导区域自我发展机能。必须高度重视科学技术在农业经济结构调整和农村产业发展中的重要作用，把反贫困同农业科技推广服务体系建设结合起来，立足于依靠科技进步提高效益，实现跨越式发展。高度重视人力资本投资在反贫困斗争中的关键作用，按照可持续发展战略要求控制人口数量，提高人口素质。在反贫困计划中，强调贫困人口直接参与基本农田建设、草场草原建设、乡村道路建设、水利设施建设、生态设施建设、能源设施建设、教育卫生设施建设等，通过创造就业机会，提高劳动生产率，增加农民收入等手段提高他们参与社会活动的权利和自力更生的程度，并辅之一系列区域性发展援助政策措施，提高贫困人口把握经济机会的能力，保证贫困人口在参与经济活动中实现收入增加，通过全面的反贫困计划推动乡村建设的发展、信息交流渠道的通畅和社会发展环境的改善，不断激发贫困人口产生新的需求和追求，从而逐步形成一种能够使贫困人口发展自身潜能的发展模式，使其在物质与精神两个方面全面摆脱贫困。

2. **基本内容**

喀什地区反贫困战略是在进一步加强物质救济、对口帮扶和区域发展援助的基础上，通过制度创新确立全新的扶贫管理体制，改变传统单一的、分散的、以经济扶贫为主体的资源配置格局，通过政府主导的一系列扶贫计划和政治、经济、科技、文化各方面的综合投入，以建立农民经济收入稳定增长机制为目标，通过人力资源开发、基础设施建设、强化科技扶贫、深化对口帮扶、加强乡村基层政权组织建设，全面改善贫困人口的人力资本素质和农业基本生产条件，推动全区农业资源开发、旅游资源开发、矿产资源开发和劳务输出的发展满足贫困人口基本需要。以此作为喀什地区反贫困战略的基本指导思想和主要政策调整思路，贯彻在21世纪初喀什区域经济社会的总体发展进程之中。

喀什地区反贫困战略的基本内容包括三个方面：一是向以人类贫困和弱势群体贫困为主体的绝对贫困人口提供基本生存条件的满足，包括通过政府、部门、社会力量和国际机构向他们提供粮食、衣物等基本的生活必需品、人畜饮水、卫生设施、健康服务、基本住房、移民搬迁等援助措施以迅速缓解贫困状况，这是新阶段喀什地区农村反贫困战略的基础；二是向以收入贫困和知识贫困为主体的相对贫困人口提供基本生产条件的满足，包括通过政府扶持、社会援助、以工代赈、个体参与的方式向贫困人口提供最基本的农业生产条件，帮助其修建基本农田、水利设施、乡村道路及基础能源、通信设施，以全面改善农业基本生产条件，为贫困农民增收致富奠定基础，这是新阶段喀什地区农村反贫困战略的重点；三是向能力贫困和权利贫困的全体贫困人口提供基本发展能力的满足，包括通过基础教育、技术教育以及各种实用技术和技能培训，提高贫困人口在市场经济条件下的自我生存能力、自主择业能力和自我发展能力，这是新时期喀什地区农村反贫困的战略目标。

（三）主要目标

区域性贫困的广泛存在及其不可漠视的负面影响是喀什区域经济可持续发展和社会政治秩序稳定面临的严峻现实挑战，通过有针对性的反贫困战略促进农业和农村经济结构调整，进一步改善农业基本生产条件，促进农民收入的稳定增长是当前喀什区域经济发展最基本的政策取向，是西部大开发战略实施中喀什经济从加快发展到跨越发展，社会局势从基本稳定到长治久安的重大战略举措。喀什地区反贫困战略最主要的目标是打破单一的、分散的、经济性的传统扶贫模式而实施全面的、集中的、综合性的反贫困战略，以强化社会服务、提高人口素质、增加农民收入为中心，以加强农村经济结构调整、大力发展特色经济、推进农业产业化进程为主线，以科技进步、基础设施建设、社会环境改善为支撑，以建立新阶段喀什地区人口、资源、环境良性循环机制和经济、生态与社会可持续发展为目标，构建与中国西部大开发战略基本政策取向有机衔接、适应喀什地区特殊自然、经济和社会发展特点的高效率的、参与式的和可推广的反贫困模式。

三、扶贫开发的新举措

通过有针对性的反贫困举措促进农村经济结构的调整，进一步改善农村基本生产条件，有效促进农民收入的稳定增长是当前喀什区域经济发展最基本的政策取向。根据喀什地区农村自然、经济、社会发展的基本状况和贫困人口的主要特征，扶贫开发的新举措主要包括强化社会服务、发展特色产业、重视教育培训、依靠科技进步和推广小额信贷。

1. **强化社会服务**

由政府主持的、全面的社会服务计划是根据喀什地区贫困人口区域分布特征，以全体贫困人口为扶持对象，向绝对贫困人口提供粮食、衣物等最基本的生活必需品，包括人畜饮水、卫生设施、健康服务、基本住房以迅速缓解贫困，相应促进区域社会发展结构的优化。其重点是加强交通、能源、通讯、广播电视基础设施建设。乡村公路建设要坚持“分级管理、民办公助 、国家适当扶持”的原则，努力打通无公路特困村，提高现有乡村公路通过能力。能源基础设施建设要多能互补、建管并重，推广普及小型太阳能用户系统，解决农民的生产生活用电，力争做到绝大多数行政村通电、通路、通邮、通电话、通广播电视。贫困乡村卫生保健状况的改善是社会服务计划的重要内容，必须得到中央、自治区、地区政府的直接干预和有力援助，其实施主要内容是：制订明确的社会计划并通过宏观政策诱导促进社会资源向贫困乡村社会服务项目流动，将社会援助的重点放在改善贫困人口基本住房、人畜饮水、卫生条件、疾病防治上来。增加对贫困乡村基本卫生基础设施的经费补助，提供专项经费用于培训贫困乡村医务人员，建立和完善县、乡、村三级卫生服务网络，采取多种形式培养卫生技术人员，为县、乡、村医疗卫生单位配置急需的医疗设备，援助贫困县恢复农村合作医疗保险制度，发放村级卫生人员的工资补贴，为贫困病人免费提供基本药品和医疗服务，为产妇提供新法接生费用，为婴儿免费提供免疫服务，免费提供计划生育用具等，做到大多数贫困乡有卫生院、贫困村有医疗站或卫生室。同时制订阶段性的以基本卫生服务为主体的公共卫生计划，有步骤地实施生活环境改造工程、民族卫生扶贫工程以及广泛的妇女保健计划和儿童营养计划等，并逐步建立和完善以社会保险制度为核心的社会救济、社会福利、公共医疗卫生和优抚安置制度。特别要在尽可能争取国家政策性扶持资金的情况下，探索建立区域性的农村最低生活保障制度，把缺乏基本生存条件的贫困人口纳入低保救济范围。新疆地区的石油、天然气资源由国家统一开采，输向中部、东部，在新疆地区很少加工，工业附加值多留在东部。这种西部开发资源、东部加工的垂直分工格局应当改变，使当地老百姓也能获得更多收益。另外，开发当地资源低价或无偿占用了当地土地，对于土地的增加值，国家也应给予合理补偿。建议由国家出钱建立扶贫救济基金，把纳入低保救济范围的贫困人口养起来。对于一方水土不能养活一方人的重点贫困乡村，要在农户自愿原则基础上集中资金实施异地扶贫搬迁工程，并保证配套设施建设和相关的配套工作经费。

2. **发展特色产业**

加强特色资源和产业的开发与发展是新时期喀什地区反贫困战略的基础。在特色产业的发展中，要以提高区域经济增长实力和促进农民收入增长为核心，把传统优势与现代科技、生产工艺结合起来，广泛采取“公司+基地+农户”的开发模式，重点支持对贫困户增收有带动力的农业产业化龙头企业和劳动密集型企业，有效提高种植业、养殖业、林果业的集约化经营水平，对具有资源优势和市场潜力的农畜产品生产要按照产品特殊化、生产规范化、经营产业化的要求，集中扶贫资金加以扶持，把扶贫资金主要投向一家一户具体的生产环节，大力推广市场潜力巨大的优良畜种生产基地建设，努力形成规模优势。大力发展饲（草）料加工，广泛推行粮食转化养畜、牲畜短期育肥和家庭养殖业等，要坚持以市场为导向，立足现有加工能力的重组、改造，积极引进开发农畜产品加工、保鲜、储运技术和设备。培育带动能力强、科技开发能力和市场开拓能力强的农业产业化龙头企业，引导和鼓励其到贫困乡村建立原料生产基地，为贫困户提供产前、产中、产后系列化服务，形成产业化经营链条。民族手工业的发展要同旅游资源的开发和旅游产业的发展紧密结合起来，增加花色品种，提高产品质量，扩大生产规模，拓展销售市场，使民族手工业成为增加贫困人口收入的重要基础。

3. 重视教育培训

进一步完善国家和社会资助贫困家庭子女就学制度，减免和逐步取消贫困家庭子女九年制义务教育学费及杂费。针对喀什地区人口文盲半文盲比重大和整体文化教育水平低的状况，以“升学有基础，就业有技能，致富有能力”为办学目标，逐步建立以基础教育为基础、职业技术教育为主体、成人文化教育为辅助的新型教育结构，彻底打破农村教育沿用城市教育的模式，除了将部分普通中学改为职业中学或农业中学外，还应积极探索适应喀什发展的新型教育模式，在农村推广“8+1”教育模式，即在校学生通过6年小学和2年初中教育后，要用1年时间学习畜牧养殖、经济林果、病虫防治及商品经营等农村实用技术，使农村教育更具有针对性和实用性。同时，动员区内外科学技术部门、科研机构、大专院校帮助贫困县建立农技站、农技校、职业中学以及与有关技术经济部门联合举办各类培训班，向贫困农户推广实用技术成果，以提高贫困乡村劳动力的农业生产技术水平。重点选择一些成熟可靠、容易掌握，有利于解决群众温饱、脱贫致富的科学技术，通过扎扎实实的工作，落实到项目上，落实到产业上，落实到贫困户手中，真正转化为现实的生产力。同时，广泛实施如“贫困地区百万人科技培训工程”，加强对农民的劳动技能培训，如手工技能、建筑技能、经商技能、驾驶技能、综合服务技能等，提高劳动力的综合素质，使剩余劳动力把握向非农产业转移的就业机会和能力。除此以外，大力加强喀什地区师资队伍建设，尤其是进行多渠道、多方式的师资培训，以快速提高区域教师的业务素质，要采取多种措施尽可能引进培养实用技术人才的师资力量。大幅度改善教师的工作生活条件，增加农牧区教师的工资补贴，引入竞争机制，强化责任意识，逐步建立优惠政策、科学考核、合理报酬、优惠照顾等稳定教师队伍的新机制，为喀什地区人力资本积累水平的提高奠定基础。

4. **依靠科技进步**

依靠科技进步、加大科技投入、提高科技对农业生产经营的贡献率是新时期喀什反贫困战略的重要支撑。政府要广泛宣传科学技术在传统农牧业改造过程中的重要作用，形成全社会对于依靠科技进步促进经济社会发展的认同感，不断增加对农业的科技投入，鼓励研究机构的科研人员在农业科技开发领域取得重大突破，围绕喀什国民经济和社会发展总目标，以农作物新品种选育、良种繁育技术研究开发、种植业结构调整为重点，进一步加强农业关键技术的研究开发和现有科技成果的转化。通过引进、试种、繁育、示范、推广、与喀什农业技术组装配套，逐步建立健全喀什农业发展的技术体系。大力加强农业科技推广服务网络建设，促进科技资源的优化配置，着力解决当前县乡农牧业技术推广机构不健全、农技推广艰难和推广设施落后、经费紧缺、农技干部队伍不稳定的问题。要坚持“建立村一级、强化乡镇一级、完善县一级”的原则，抓好推广站、兽防站、农技站的建设，形成自上而下的网络，强化服务功能，健全服务机制，按照有偿服务、多渠道、多形式的原则开展服务活动。认真做好实用农业新技术的宣传、普及、培训和示范，通过农业广播电视学校、农校、职业高中、农业初中等多种途径，广泛开展科技普及活动，培训农民和乡村干部，不断增强农民运用科技的能力，提高广大农民的科技文化素质。

5. **推广小额信贷**

小额信贷计划是喀什地区反贫困战略的基本组成部分，其实施的主要目的是向贫困人口提供小额、低息、连续的信贷援助，促进贫困农民的经营活动，向他们提供经济机会以启动他们自主发展生产的能力。在喀什地区反贫困战略的实施中，应根据喀什特殊的自然、经济和社会发展特点，确定实施小额信贷计划的实施范围和重点，通过在各类地区的试点，总结经验，逐步推广。实施小额信贷的扶贫工作重点县应成立以扶贫开发办公室为主体的乡村发展促进会及其办事机构，尽可能利用现有扶贫系统的办公、交通、通讯和工作网络，工作人员以在职干部为主，乡级工作机构中的大部分人员可以在现有脱产干部中实行兼职，执行放贷、回收任务的社区工作队员实行严格选拔、合同聘用，经培训后上岗。同时，充分发挥民营社团组织在贷款投放、回收、项目实施、培训、评估和项目服务中的作用。由各级乡村经济发展促进会、中心、小组按照小额信贷管理的运作程序和管理方式，在经济发展条件相对较好的贫困乡村，把60%以上的贫困人口纳入小额信贷计划的扶持范围之内，60%以上的信贷扶贫资金要通过小额信贷的方式投向种养业以及与此相关的家庭加工业。对于经济条件较差的边远地区和高寒地区，小额信贷计划的实施要根据当地特殊的地域、气候、交通、通讯、资源、文化、民俗、教育、科技、经济发展水平、基层组织结构、金融服务、人口分布密度等方面的特点，不机械照搬现行模式，而是根据当地贫困户的贫困程度、消费水平和宗教习惯、生产习惯、生产能力、生产经营水平、文化程度采取多种灵活的方式运作，在额度大小、贷款期限、放贷顺序、还款周期等方面，采取因地制宜的办法。在中长期项目的发展中，可以突破贷款期限1年、贷款规模1000元以下及按旬还款的一般做法，短期项目也可以按月、按季确定贷款期限等。在小额信贷计划的实施过程中，各地方政府要大力加强对小额信贷计划实施的宏观调控，指导小额信贷计划同区域经济社会发展计划相互协调，处理好与各农村金融机构的工作关系，切实加强对小额信贷计划的财务监管，减少资金风险，在开办初期就要建立严格的资金管理制度和风险防范机制，对资金的贷出、收回、解缴、存放、周转等都要有明确的责任规定和处理办法，加强贷款监控，发现问题及时纠正，严禁截留、挪用小额信贷资金，通过强化政府职能确保小额信贷计划的良性循环。

附录二：乌蒙山区扶贫开发的现状、问题及对策[①]

位于川南黔西的乌蒙山区是中国西部著名的连片贫困地区。该地区的生活环境恶劣、自然灾害频繁、基础设施薄弱、人力素质低下，是区域资源开发、结构调整和经济社会协调发展的突出制约因素。在全面建设小康社会的宏观背景下，乌蒙山贫困地区必须以新的扶贫开发方针为指导，实施新的扶贫开发战略，进一步改善贫困乡村的基础设施、贫困农户的基本生产生活条件和自我发展能力，以迅速缓解和逐步消除广泛存在的贫困现象。

一、扶贫开发的现状

1. 乌蒙山区贫困分布广泛

贫困分布广泛又相对集中、绝对贫困现象显著、低收入贫困人口的不稳定性是其主要特点。位于乌蒙山北侧的四川古蔺县 29 个乡镇、614 个村中有 157 个重点贫困村。2004 年末人均纯收入 637 元以下的贫困人口 10.5 万人，人均纯收入 1000 元以下的低收入人口 21 万，共 31.5 万人，占农业人口的 42.8%，贫困村的农民人均纯收入 1219 元，是全国农村人均纯收入 2936 元的 41.52%。尽管经过 20 多年的改革开放和“八七”扶贫攻坚，乌蒙山区贫困面依然很大。一方面，在老、弱、病、残等绝对贫困的特殊群体中，

① 本文为 2004 年度国家社科基金专项资助西部地区研究项目《西部地区若干国家级贫困县的状况及发展路径研究》（项目编号：04XTC018）的中期成果之一。载《农村经济》2006 年第 2 期。作者：赵曦，李玉珍。

由于农村最低生活保障制度缺失、民政救济覆盖面小、公共卫生服务体系不健全，这部分人口的贫困状况凸现，成为新阶段扶贫开发的突出难点；另一方面，由于经济发展水平的滞后和贫困标准认定的缺陷，大量存在的低收入贫困人口就成为现阶段扶贫开发的主要对象，其不稳定的收入水平、落后的人力资本素质、薄弱的经济发展基础、以知识贫困和能力贫困为主的贫困表象，使其生存发展处于极不稳定的状况，经济收入增长的预期远远小于经济收入下降的预期，这种现象在样本地区的调查中显得尤为突出。

2. **生存环境恶劣**

生存环境恶劣、自然灾害频繁是乌蒙山区最显著、最难以改变的贫困特征。例如该地区的古蔺县为典型的“喀斯特”地貌。在耕地面积中，土层小于 5 寸①、坡度大于 25°的占 40%以上，低山河谷区占 50%以上，坡度最陡的超过 50°。土地防水固土能力差，水渗透性强，流域水利用率仅为 5.7%，水土流失严重。加之特定自然地理条件和大气环流综合作用的影响，形成干热、少雨、重旱的特殊小区气候，其干旱时间长、频率高、强度大、危害广，暴雨、冰雹、大风、病虫等自然灾害也频繁发生。2001—2003 年连续 3 年不同程度的旱灾，使群众的生活受到严重的影响。由于农业生产条件恶劣，即使是风调雨顺的 2004 年，全县农村人均粮食占有量也仅为 322 千克，粮食自给困难。毕节地区织金县是我国著名的地方性氟中毒病区，病区群众多数以玉米为主食，秋收后玉米、辣椒等食物均需用煤火烘烤，煤燃烧后释放大量氟化物附集其中并污染室内空气，人食用、呼吸后，大量氟化物进入体内而导致氟斑牙和氟骨症的发生。据织金县疾控中心提供的 2003 年 10 月 22 日数据，该县珠藏镇 29326 个检测人口中，氟中毒人口数 11028 人，占 37.61%。笔者在城关镇荷花村调查时看到，病区群众依然与炉同居、明火取暖，室内煤气刺鼻强烈难以驻足，许多中毒病人长骨畸

① 注：1 寸=3.33 厘米。

形、活动不便甚至瘫痪在床上。山高坡陡、岩石裸露、耕地贫瘠、严重干旱缺水、经济发展落后、人力素质低下、地方病发生强度大且防治能力有限，是乌蒙山贫困地区人们生存环境的典型写照。

3. **基础设施薄弱**

乌蒙山区的区域性贫困状况与基础设施的普遍薄弱密切相关。一是农业基础设施脆弱。主要是蓄水工程设施少，干旱造成蓄水量严重不足，加之山坪塘多泥沙淤塞，储水量减少，又因为设施年久失修、病害工程多、配套不全、管理不善等原因，导致有雨不能蓄、有水不能灌，水田约有40%灌溉不足，旱地基本上无水利保障，农业生产只能靠天吃饭，区域性人畜饮水困难广泛发生。二是交通基础设施薄弱。现有公路标准低、通过能力小，人畜饮水、化肥农药、建筑建材、肥猪外调、农副产品全靠人力背挑、牛拉马驮，人畜摔伤、摔残、摔死的现象时有发生。三是卫生文化基础设施薄弱。重点乡村基本缺乏简单的医疗设备和合格的医护人员，缺医少药的情况十分普遍，尽管有的重点贫困村在国家部门的援助下修有漂亮的卫生室，但真正发挥效能的并不多。贫困乡镇电影院、村图书室等文化基础设施几乎完全空白，处于相对封闭状态。

4. **人口素质低下**

从调查情况看，乌蒙山区人力素质的极度低下是现阶段扶贫开发工作面临的最严峻挑战。2004年，古蔺县农村73.6万人口中，文盲占20%，小学文化程度占35%，初中文化程度占30%，高中文化程度占14%，大专以上文化程度占1%。科技人才严重缺乏，全县仅有农业科技人员250人，农村乡土人才微乎其微。农村办学条件差、师资力量不足且质量较低，有的乡镇初中生当老师教小学生。相当部分小学生因家庭贫困或路途遥远中途辍学。此外，山区农民观念陈旧，普遍缺乏商品流通意识和市场竞争观念，“等、靠、要”思想广泛存在，学习科学文化知识的积极性不高，对科学技术接受能力差，推广优良品种和农业种植技术难度大。分析表明，贫困人口素质低下的结果必然导致其在资源开发与转换、生产方式的选择、农业生产领域的拓展、先进技术的推广运用、对经济机会的把握以及向其他产业的渗透转移等方面，面临一系列难以克服的困难和障碍。其中最主要的障碍是由低素质劳动力的群体存在所构成的“低素质屏障效应”对贫困山区经济发展的制约。“低素质屏障效应”首先使农村劳动力对其他职业的竞争力和对外部环境的适应力极低，从而进一步强化山区农业生产结构的单一和土地产出率低下的格局，区域经济发展水平的落后、高度封闭的社会经济系统和劳动力素质的低下，大幅度萎缩了贫困农户对经济机会的反应能力和选择能力。

5. **扶贫体制不顺**

扶贫管理体制问题一直是中国农村扶贫开发进程中一个待解决的问题，也是新时期集中扶贫资金、整合扶贫资源、推进扶贫战略面临的突出制度性障碍。从实践考察，扶贫管理体制的主要问题是：扶贫开发中条块分割、机构重叠、政出多门、相互掣肘导致扶贫资金使用责权分离、各行其是、互不匹配，资金效益不高；国家、地方和部门扶贫项目资金平均主义分配形式导致资金使用分散、项目配置不切实际、重点不突出、到户率低；绝大多数贫困县扶贫资金投入重工轻农、重大轻小、重富县轻富民、重争取轻管理，使用效率极差。在现实体制下，扶贫资金中的中央财政扶贫资金、信贷扶贫资金、以工代赈资金、财政支援不发达地区资金等，分属不同部门管理，各部门资金按各自行政渠道切块下拨，由于人力所限，不可能对贫困地区的实际情况进行全面了解，以致资金划拨方式简单机械，管理水平低下，调查中的重点贫困县扶贫信贷资金的回收率普遍不超过30%，资金沉淀、挂账现象普遍。投入到贫困地区的扶贫资金尤其是信贷扶贫资金的市（地）、县运作是依托商业银行代理发行，实行的是“双轨制”管理。扶贫职能部门管理扶贫项目立项、项目规划、资金指标，金融部门管理资金发放和资金到期回收，这种管理体制上的条块分割、责权分离，导致扶贫开发步骤难以协调一致。各级党政部门扶贫责任大但资金权力小，金融部门扶贫责任小而资金权力大。扶贫专项贴息贷款是有偿低息贷款，必须按信贷资金管理办法进行管理，而农业金融系统作为企业组织，以利润最大化为企业经营目标，对扶贫情况比较了解的扶贫部门选择决定的项目，金融部门可以以资金安全和效益为由进行否决。2004年，毕节地区大方县组织申报信贷扶贫项目11个，资金8166万元，省、地审批项目8项，资金3622万元，但金融部门完全不予落实。由于体制的障碍，扶贫职能部门缺乏有效管理回收再贷扶贫资金的手段，资金难以保证投入到急需扶持、扶贫效益显著的项目。同时，现行扶贫项目审批权限过分集中，贫困县编制的项目计划要层层上报到市（地）、省审批立项，金融部门在批准的项目中选择放贷，金融部门的商业化运作必然导致扶贫资金投入程序繁琐，扶贫项目延迟、延误农时的情况屡屡发生。

二、扶贫开发的新战略

在中国政府致力实施《中国农村扶贫开发纲要（2001—2010年）》的总体背景下，乌蒙山区必须根据自身自然、经济和社会发展特点，突破传统的、单纯的经济扶贫模式，使新扶贫开发战略更多地体现以人为本、社会公正、政治稳定、持续发展等多方面的新思维和新视点。

1. 新的指导思想

乌蒙山区新扶贫开发战略的制定必须充分考虑反贫困对象所体现的民族性、区域性、边缘性、经济性和社会性特征；充分体现可持续发展的最基本的社会意义，即保证每一个社会成员的基本生存权和发展权，保证每一个社会成员都能够以平等的身份参与社会政治活动，参与市场经济竞争，分享资源配置利益和完善个人价值。同时，新的扶贫开发战略要求以调节收入差距为手段，缓解阶层矛盾、实现社会公平、减少社会风险、促进道德进步，以维护地区社会政治秩序稳定、建立人口资源环境良性循环机制、保证生态安全为目标，探索研究适应乌蒙山区自然、经济和社会发展特点的扶贫开发战略模式、计划和实施步骤。为此，在相当长的历史时期内乌蒙山区经济发展的基本任务是培育产业发展要素，健全基础设施和改善生态、社会环境，而不是完成全面建设小康社会的现实任务，更不是实现工业化、城市化和现代化的历史任务。

2. **新的开发方针**

在乌蒙山区扶贫开发战略的实施中，必须高度重视通过国家扶持服务和社会支援以改善基本生产条件，优化生产要素组合，提高资源配置效率，培植和诱导区域自我发展机能。必须高度重视科学技术在农业经济结构调整和特色产业发展中的重要作用，把扶贫开发同农业科技推广服务体系建设结合起来，立足于依靠科技进步提高效益实现脱贫致富，高度重视人力资本投资在反贫困斗争中的关键作用，按照可持续发展战略要求控制人口数量、提高人口素质。在扶贫开发计划中，强调贫困人口直接参与基本农田建设、乡村道路建设、水利设施建设、生态设施建设、能源设施建设、教育卫生设施建设等，通过创造就业机会、提高劳动生产率、增加农民收入等手段提高他们参与社会活动的权利和自力更生的程度，并辅之一系列区域性发展援助政策措施，提高贫困人口把握经济机会的能力，保证贫困人口在参与经济活动中实现收入增加，通过全面的扶贫开发计划推动乡村建设的发展、信息交流渠道的通畅和社会发展环境的改善，不断激发贫困人口产生新的需求和追求，从而逐步形成一种能够使贫困人口发展自身潜能的发展模式，使其在物质与精神两个方面全面摆脱贫困。

3. **新的战略内容**

乌蒙山区扶贫开发战略是在进一步加强物质救济、对口帮扶和区域发展援助的基础上，通过制度创新确立全新的扶贫管理体制。乌蒙山区扶贫开发战略的基本内容包括三个方面：一是向以人类贫困和弱势群体贫困为主体的绝对贫困人口提供基本生存条件的满足，包括通过政府、部门、社会力量和国际机构向他们提供粮食、衣物等基本的生活必需品和人畜饮水、卫生设施、健康服务、基本住房、移民搬迁等援助措施以迅速缓解贫困状况，这是新阶段乌蒙山区扶贫开发战略的基础。二是向以收入贫困和知识贫困为主体的相对贫困人口提供基本生产条件的满足，包括通过政府扶持、社会援助、以工代赈、个体参与的方式向贫困人口提供最基本的农业生产条件，帮助其修建基本农田、水利设施、乡村道路及基础能源、通信设施，以全面改善农业基本生产条件，为贫困农民增收致富奠定基础，这是新阶段乌蒙山区扶贫开发战略的重点。三是向以能力贫困和权利贫困为主体的全体贫困人口提供基本发展能力的满足，包括通过基础教育、职业技术教育和各种层次、各种内容的技术培训，提高贫困人口的农业生产技能、非农产业技能、劳务转移技能以及择业技能，提高贫困人口在市场经济条件下的自我生存能力、自我选择能力和自我发展能力，这是新阶段乌蒙山区扶贫开发战略的目标。

三、扶贫开发的对策建议

1. 调整扶贫体制

推进乌蒙山区的扶贫开发战略，必须通过制度创新探索出一种新型的区域性扶贫管理体制。集中统一管理财政扶贫资金、信贷扶贫资金、以工代赈资金及各项社会援助资金，通过全新的管理体制来统筹扶贫资金，努力提高扶贫资金使用的整体效益是扶贫管理体制调整的首要举措。按照中央实行扶贫“责任到省、县抓落实，工作到村、扶贫到户”的新体制，根据乌蒙山区的特殊情况，应将扶贫责任分解落实到县，资金管理、项目审批权限下放到县，除重大项目由省扶贫开发领导小组审批立项外，地区（市）、县对于切块下拨扶贫资金拥有相应的统筹调度和审批权限，根据项目实施的难易程度和工作周期配套相应的工作经费。大幅度简化贷款手续和立项手续，缩短扶贫资金投放时间，通过项目集中规划、资金统一投放，以减少各部门各渠道扶贫资金使用的工作矛盾，强化扶贫部门的开发手段，并充分发挥扶贫资金的规模效益。同时，逐步减少甚至取消信贷扶贫资金的投放规模，运用市场经济办法放开扶贫贷款的投放范围，对所有参与扶贫贷款的金融机构进行财政贴息，并实施一系列优惠政策措施，引导社会援助资金加大对乌蒙山区的资金投入。

2. **统筹资金管理**

在扶贫投入总体约束的条件下，强化扶贫项目管理。各类扶贫资金要相互配套、集中使用，提高整体效益。根据扶贫开发战略规划，财政扶贫资金要做到集中力量支持重点贫困村整村推进计划的实施，用于与贫困农户直接关联的项目上，保证重点、专款专用，特别是要重点支持建立商品生产基地、发展特色支柱产业和贸工农一体化、产供销一条龙的经济实体；以工代赈资金要围绕产业开发、商品生产基地建设、修筑公路、解决人畜饮水等问题。在资金管理上，相关县的水利、农业、科技、卫生等部门要积极参与、相互配合。县扶贫开发领导小组根据扶贫开发战略的规划，统一组织、确定项目区，共同选择项目、共同评审项目、共同管理项目、共同回收资金。要大力推广毕节地区大方县“三专四统一”管理方式，即专人管理、专户储存、专账核算，统一会计核算科目、统一会计账簿、统一计账方法、统一会计报账。确保扶贫项目资金管理的专门化、透明化和制度化。

在农业资源开发建设项目和基础设施建设中按照市场经济的原则强化项目管理。在项目投资决策上，首先要求扶贫部门和金融部门共同对项目的技术、财务、经济、社会、环境等方面进行可行性论证，对项目投资效益大小、投资偿还能力、投资回收期进行综合评审后再立项投资，切实搞好项目的资金、技术、管理的衔接，以避免决策失误造成损失。扶贫资金的管理使用必须实行“阳光工程”，大力推行扶贫资金的公告、公示和报账制度，依靠广大农民和社会舆论的监督，保证扶贫资金分配、管理、使用的各个环节公开透明，不能搞暗箱操作。在扶贫项目的整体推进中，要根据统一管理、分户实施、集中体现的原则，对扶持农户进行挂牌管理、统一资金使用、统一技术支持、统一销售服务，最后分户实施，滚动扶持。在项目组织管理上，强调扶贫开发领导小组领导下的项目经理负责制，并以签署责任书的方式将项目建设的责任逐级落实到有关单位和个人，使责、权、利有机地结合起来。在项目开发中要引入竞争机制，凡适合承包开发的项目，都应面向区内外公开招标承包。建立健全扶贫项目档案制度、经营情况反馈制度和扶贫责任考核制度，监督约束机制和激励制度，对使用扶贫资金的项目每年进行一次检查，每年进行一次审计，特别要扩大对扶贫资金的使用情况、使用效果进行跟踪，发现问题及时纠正。项目建设完成后，要由监察、扶贫、财政等部门组织项目验收小组，对项目进行验收，全面分析项目建设的经济效益、社会效益和扶贫效益；做好完工项目财产移交和后续管理，确保项目效益的发挥，最大限度地提高扶贫资金的使用效率。

3. **强化社会服务**

由政府主持的社会服务计划，是根据乌蒙山区的情况和贫困人口区域分布特征，促进区域社会发展、结构优化的全面计划。重点是加强交通、能源、通讯、广播电视基础设施建设。乡村公路建设要坚持“分级管理、民办公助、国家适当扶持”的原则，努力打通无公路特困村，提高现有乡村公路通过能力。能源基础设施建设要多能互补、建管并重，推广普及小型水电站和小型太阳能用户系统，解决农民的生产生活用电，力争做到绝大多数行政村通电、通路、通邮、通电话、通广播电视。贫困乡村卫生保健状况的改善是社会服务计划的重要内容，必须得到中央、地区政府的直接干预和有力援助，其实施的主要内容是：制订明确的社会计划并通过宏观政策诱导促进社会资源向贫困乡村社会服务项目流动，将社会援助的重点放在改善贫困人口基本住房、人畜饮水、卫生条件、疾病防治上来。根据乌蒙山区特殊的自然地理条件，要重点建设蓄水池、沉沙函、集雨沟、引水沟和小水窖，解决人畜饮水问题。增加对贫困乡村基本卫生基础设施的经费补助，提供专项经费用于培训贫困乡村的医务人员，建立和完善县、乡、村三级卫生服务网络，为县、乡、村医疗卫生单位配置急需的医疗设备，援助贫困县恢复农村合作医疗保险制度，发放村级卫生人员的工资补贴等，做到大多数贫困乡有卫生院，贫困村有医疗站或卫生室。在氟中毒病区要采取切实可行的措施，加大资金投入力度，努力改善病区人民的生活环境，改变饮食习惯及饮食结构，采取换粮措施或者移民搬迁的办法解决氟中毒问题。有步骤地实施生活环境改造工程、卫生扶贫工程以及广泛的妇女保健计划和儿童营养计划，逐步建立和完善以社会保险制度为核心的社会救济、社会福利、公共医疗卫生和优抚安置制度。特别要在尽可能争取国家政策性扶持资金的情况下，探索建立区域性的农村最低生活保障制度，把缺乏基本生存能力的特困人口纳入低保救济范围。

4. **发展特色产业**

将经济增长同促进乌蒙山区发展进步和减少贫困结合在一起，特色产业的发展是最有效的方式之一。要按照价值规律和市场经济发展的客观要求，积极引导山区农民充分利用当地的土地资源和气候条件，走特色产业增收之路，本着宜畜则畜、宜茶则茶、宜药则药、宜果则果、宜蔬则蔬的原则，大力开发名、优、特、精农产品。当前要对林果业、畜牧业及农畜产品深加工业、矿产业与民族手工业等提出新的发展思路，大力发展红色旅游和生态旅游。在矿产资源的开发加工中一定要运用先进技术手段，提高加工能力，增加附加值，切实保护资源并尽力做到不要廉价拍卖资源、转让经营权或因开发破坏环境。在特色产业的发展中，要以提高区域经济增长实力和促进农民收入增长为核心，把传统优势与现代科技、生产工艺结合起来，广泛采取“公司+基地+农户”的开发模式，抓好烤烟、竹荪、天然无公害蔬菜、反季节蔬菜、脱毒马铃薯、优质玉米、天麻、辣椒种植等适宜乌蒙山区地理气候条件的特色产品生产。重点支持对贫困户增收有带动力的农业产业化龙头企业和劳动密集型企业，有效提高种植业、养殖业、林果业的集约化经营水平，对具有资源优势和市场潜力的农畜产品生产要按照产品特殊化、生产规范化、经营产业化的要求，集中扶贫资金加以扶持，把扶贫资金主要投向一家一户具体的生产环节，大力推广市场潜力巨大的优良畜种生产基地建设，努力形成规模优势。大力发展饲料加工业，广泛推行粮食转化养畜、牲畜短期育肥和家庭养殖业等，要坚持以市场为导向，立足现有加工能力的重组、改造，积极引进开发农畜产品加工、保鲜、储运技术和设备。

5. **重视技能培训**

针对乌蒙山区人口文盲半文盲比重大和整体文化教育水平低的状况，以“升学有基础，就业有技能，致富有能力”为办学目标，逐步建立以基础教育为基础、职业技术教育为主体、成人文化教育为辅助的新型教育结构。在组织管理上，由重点县扶贫办牵头，与农业、教育、劳动保障、财政、建设、计生、科技等部门通力合作，广泛实施如“乌蒙山区百万人科技培训工程”，加强对农民的劳动技能培训，提高劳动力的综合素质，使剩余劳动力把握向非农产业转移的就业机会和能力。通过有组织、有目的培训和建立劳动力转移服务网络，完善劳动力转移工作的服务和管理，强化跟踪服务，确保输出有组织、流动有保障。切实做到培训、转移、就业、脱贫相结合，达到培训一个、转移一人、脱贫一户的目标。

附录三：西藏边境贫困地区发展调查研究[①]

区域性贫困的广泛存在及其不可漠视的负面影响是西藏区域经济社会可持续发展和社会政治秩序稳定面临的严峻挑战。西藏地处我国西南边缘，与印度、尼泊尔、不丹、锡金、巴基斯坦等国接壤，边境线长达3842千米，边境贫困地区经济发展水平低下，贫困发生率很高，人民生活十分困难，已成为影响我国国家形象、国家安全、西藏社会进步乃至整个中华民族发展战略全局的重大问题。2003年8月笔者对西藏日喀则地区的定日、定结、聂拉木、岗巴等边境贫困县的全面调查表明，高度重视边境贫困地区贫困状况的严峻态势，系统探索加强边境贫困地区反贫困工作的基本思路与途径，意义非常重要。

一、自然经济的基本特点

西藏边境贫困地区主体分布在青藏高原高寒区，分布广泛又集中连片的贫困区域自然、生态、气候、植被、资源状况差异明显，各区域贫困形成的原因、贫困的运行机制及贫困人口的特征状况各不相同，但其共同的特征是地质地貌复杂、生态环境脆弱、自然灾害频繁、产业结构单一、基础设施薄弱、生存环境条件极为低下。

1. 生存环境恶劣

从历史与现实结合的角度考察，西藏是中国西部遭受自然灾害最严重和灾害发生率最高的地区。边境贫困地区伏旱、低温、霜

① 作者：赵曦。

冻、冰雹、风雪、泥石流等自然灾害频繁，其中以洪水、干旱、风沙、雪灾等灾害为甚，水土流失、土地沙漠化、盐碱化、崩塌滑坡、地震等灾害频繁，且分布范围广、出现类型多、灾害损失大。定日、定结县平均海拔在4300米以上，岗巴县的平均海拔在4700米以上，最高处海拔6155米，年平均气温1.5℃，年无霜期仅60天左右，自然条件极差，土地贫瘠，草场退化，生存环境极为恶劣，农牧民因病致贫、因灾致贫、因灾返贫的现象突出。位于西藏南部边缘地区、喜马拉雅山脉北麓高寒地带的定结县，平均海拔4500米以上，境内大部分地区四季不太分明，年平均气温2℃，日照充足，紫外线强，昼夜温差大，干燥少雨，多大风，气候恶劣，自然灾害频繁。比较常见的灾害有旱灾、雪灾、风灾、冰雹灾、霜灾、涝灾等，旱灾通常发生在6～7月份，严重的旱灾一般5～6年一遇。雪灾常发生在当年的10月份至翌年的4月份，一般情况下，每个冬春季节都要遭受2～3次雪灾。大风季节从当年的10月份至翌年5月份，其间1～3月份风力最大，通常达7～9级，飞沙走石，行人受阻。灾害性的大风约三年一遇，可造成民房受损，当地居民无法外出放牧。冰雹灾一般发生在7～9月份的雨季，霜冻主要发生在8月下旬至9月上旬，常造成农作物不成熟而大幅度减产。涝灾多发生在降雨量多的年份，通常淹没江河湖泊附近的农田草场，造成地下水位升高，土壤返碱，影响植物的正常生长。自然生存环境的恶劣和自然灾害的频繁发生，不仅对边境贫困地区人民的生产生活造成重大影响，妨碍农作物和牧草的生长发育，而且给农牧业生产、交通运输、邮电通讯、水利设施等造成严重危害，成为边境贫困地区农牧民因灾致贫、脱贫人口因灾返贫的重要原因。

2. **基础设施薄弱**

受地理因素和经济发展水平的制约，边境贫困地区基础设施普遍薄弱。定结县81个行政村中通电话的村只有2个，覆盖率为2.47%；通电的村有21个，覆盖率为25.92%；通汽车的村有73个，占总村数的90.12%。水利基础设施底子薄，总量少，蓄灌能力低下，防洪排涝能力差，耕地有效灌溉面积只有35197.5亩，占总面积的87.64%，保灌面积有26444.55亩，占总面积的65.85%，农田水利设施不能保证正常农业生产浇灌以及防洪抗旱的需要。虽然定日县全县13个乡镇通公路，但有4个乡镇为季节性通车，通公路的行政村有145个，占行政村总数的79.7%，然而公路技术等级低，通行能力差，全县三级公路主要是县道，全长67千米，四级公路主要是国道118千米，简易公路占556.7千米（其中县道93.9千米，乡道462.8千米）。从通行能力方面看，全县晴雨通车里程仅有296.2千米，占公路总里程的43.47%。通电的村只占行政村的30%，通水的村只占行政村的50%，13个乡镇中只有3个乡镇实现了光缆通讯，占23.08%。边境贫困地区道路、供水、供电、通讯等基础设施的落后不仅直接影响了农牧业的发展和防灾抗灾能力，而且使边境贫困地区在获取信息、技术、资金、人才和商品流通等发展经济方面受到限制，严重制约了边境贫困地区的资源开发步伐，阻隔了边境贫困地区经济社会发展机制与外部社会的有机耦合，弱化甚至化解了外部社会先进经济文化浪潮对边境贫困地区的冲击势头，同时强化了边境贫困地区内在的封闭性和资源配置的单一性，使整个边境贫困地区社会经济发展处于一种孤立、隔绝的封闭状态。

3. **经济发展落后**

由于自然条件的恶劣和产业结构的单一造成的经济发展水平的严重低下是边境贫困县最显著的特征。岗巴县2002年全县GDP为4800万元，其中，第一产业2471.15万元，占51.48%；第二产业1000万元，占20.83%；第三产业1328.85万元，占27.69%，传统农牧业占绝对主导地位。定日县2002年全县GDP为12890万元，人均GDP为2877.9元，仅相当于西藏人均GDP（6146元）的46.82%，县财政总收入366万元，农牧民人均纯收入1138.11元，相当于西藏农牧民人均纯收入（1521元）的74.82%，仅相当于全国农民人均纯收入（2476元）的45.97%。定结县2002年农村经济总收入为3395.78万元，其中第一产业收入2548.94万元，占75.06%；第二产业收入389.46万元，占11.47%；第三产业收入457.34万元，占13.4%。全县GDP为6736万元，人均GDP为3718.47元，相当于西藏人均GDP的60.50%，财政收入只有146万元，人均纯收入仅有1316.81元。从调查情况来看，经济发展水平的低下直接导致农牧民人均收入所得的低下。从边境贫困县农牧民人均收入来源结构考察，农牧民人均收入70%以上来源于农业和牧业，而在人均收入结构中，以实物收入为主，平均现金收入比重不足40%。定日县农牧民收入来源中，农业收入占26.81%，牧业收入占44.65%，两者相加达到71.46%，能够直接获取现金的劳务收入只占7.31%，运输业收入只占3.75%，批发零售业收入占5.32%，其他收入占1.71%。岗巴县农牧民收入来源中，农业收入占36.40%，牧业收入占54.10%，两者相加比重高达90.5%，劳务收入只占7.01%，林业收入占1.16%，运输业收入占0.15%，批发零售业收入占0.36%，其他收入占0.82%。除了自然环境因素以外，产业结构的单一、非农产业发展的极端落后、农牧区收入来源的极度单一是边境贫困县贫困状况的主要原因。

二、贫困状况的严峻态势

西藏边境贫困地区的贫困现象具有显著的区域性特点，表现为高原山区的特点、边远地带的特点和少数民族的特点。由于自然、经济、社会和历史诸方面因素的相互交织和相互制约，在全国已基本完成“八七”扶贫攻坚计划的总体背景下，西藏边境贫困地区的贫困态势依然非常严峻。

1. 贫困面积广大

边境县所属的日喀则地区是西藏农牧区贫困发生率最高的地区，据日喀则地区扶贫办2003年8月18日提供的最新数据，按照农区农民年人均纯收入低于600元，牧区牧民年人均纯收入低于

700 元，半农半牧区农牧民人均纯收入低于 650 元确定的绝对贫困人口指标，绝对贫困人口为 18306 户、98470 人，占全地区农牧民总人口的 15.3％。按照农牧民人均纯收入低于 1300 元确定的相对贫困人口指标，相对贫困人口为 31372 户、180829 人，占全地区农牧民总人口的 31％。绝对贫困人口和相对贫困人口总数为 270299 人，占总人口 585424 人的 41.17％。定日、聂拉木、定结、岗巴等县位于中尼、中锡边境地区，定日、聂拉木、定结、岗巴等县总人口分别为 44786 人、12796 人、17058 人和 8539 人，年人均纯收入低于 1300 元的贫困人口分别为 39860 人、3699 人、13510 人和 7477 人，分别占总人口的 89％、28.9％、79％、87％。年人均纯收入低于 650 元的绝对贫困人口，定日县为 2066 人，占总人口的 24.3％；聂拉木县为 1059 人，占总人口的 8.3％；定结县为 3425 人，占总人口的 20％；岗巴县为 1975 人，占总人口的 23.1％。上述四县的贫困发生率均远远高于全国平均水平、西部平均水平和西藏平均水平，特别是国家级贫困县定日县的贫困发生率竟高达 89％，这种情况在全国是绝无仅有的。

2. **贫困程度深重**

边境贫困农牧区基本都不通电、不通邮，乡镇中学教学质量低下，学校校舍残破，村级教学点普遍缺乏，教师紧缺。定日县教育发展非常落后，乡镇中心小学、完小校舍简陋，危房幢幢，学生宿舍、食堂环境恶劣，卫生极差，学校缺少基本的音、体、美、劳的实验设备，没有必备的课桌板凳，住校生床位严重紧缺，全县 30％的学生“屁股离地”问题仍没有得到解决，85％以上住校生的“睡觉离地”问题也没有得到解决。定结县只有 1 所小型初级医院，3 个乡镇卫生所，10 个乡镇有 7 个乡没有卫生院，没有医务人员，缺医少药的情况非常普遍。贫困状况非常严重的确布乡、扎西岗乡、多吉乡 2002 年的人均纯收入只有 268.4 元、281.4 元和 296 元，只相当于全国农村人均纯收入的 10.84％、11.37％和 11.85％。靠近尼泊尔的边境贫困乡镇陈塘镇人口 1653 人，以夏尔巴人为主体，耕地面积只有800亩，人均耕地0.48亩，2002年人均纯收入326.1元，其中现金收入不足100元。人民物质文化生活极端贫困，乡镇距县城140千米，先乘车、后骑马、再走路需三天时间，因为交通不便、与世隔绝和卫生条件极差，每年都有伤寒、中毒等疫情发生，乡镇基础设施破烂不堪。边境贫困乡镇贫困状况的严重程度已成为影响我国国家形象和国家安全的基本表现。

3. **扶贫投入偏低**

由于西藏农牧区特别是边境贫困地区的贫困现象具有极为强烈的区域性分布特点，贫困人口分布相对集中，且贫困程度深重，与此相关的扶贫事业，归根到底要依靠资金的投入，在贫困发生率高达80%的情况下，资金缺口的压力是相当巨大的。而且人均1300元的脱贫标准太低，无法通过贫困人口生产生活条件的改善达到稳定脱贫的目标。对于一方水土不能养活一方人的地方，需要异地脱贫的那部分贫困人口，其资金需求量更大。除此之外，由于边境贫困地区的基础条件没有得到根本性的改善，边境贫困地区在发展中一直面临着脱贫人口“返贫”问题的困扰，贫困乡村的“返贫率”一般在20%～30%，遇到自然灾害的返贫率达到50%，遇特大自然灾害的返贫率则高达70%。扶贫工作往往出现扶贫跟着返贫走的现象。

2003年西藏扶贫开发计划总投资26600万元，其中，中央资金23900万元（含以工代赈资金8000万元），少数民族发展资金1500万元，自治区配套资金2130万元，地县配套570万元。如果以18个国定、区定贫困县为投入基础，每个县的平均投入强度为1477.8万元。但是上述边境四县的扶贫投入均没有达到平均水平。贫困面积最大的定日县2000年、2001年和2002年扶贫总投入分别为784.958万元、1079.89万元和847.07万元。如果以2002年全县总人口44786人计算，2002年人均扶贫额度仅有189.12元，如果以贫困人口39860人为基数，人均扶贫额度也只有212.51元，无论从哪方面讲，这样的投入力度都是很低的。加之西藏的现金购买力水平远远低于内地，实际产生的投资效益更低。另外，由于经济发展落后，边境贫困县的财政收入极为低下，难以提供更多的财政配套投入。扶贫投入偏低成为边境贫困县农牧区基本生产、生活条件改善缓慢、已脱贫农牧民返贫率较高的重要原因。

三、扶贫开发的主要措施

迅速有效地缓解和逐步消除广泛存在于边境贫困县的贫困状况是西藏地区经济跨越式发展和全面建设小康社会面临的严峻挑战，应该根据西藏区域特殊的自然条件和社会经济条件采取更加特殊的、有针对性的反贫困措施，加大边境贫困县特别是边境贫困乡镇的扶持力度，实施以社会服务为主体的反贫困计划，彻底改善边境贫困地区的基本生产生活条件。笔者认为，当前西藏农牧区反贫困工作的重点是贫困县，贫困县的工作重点是边境贫困县，边境贫困县的工作重点是边境贫困乡村。

1. 加大扶持力度

西藏是一个具有独特自然、经济和社会发展特点的地区，与其他地区相比，其发展条件更低下，生存环境更恶劣，贫困人口更广泛，扶贫难度更大，因此，所需的扶贫投入应该更多，必须从战略的高度、国家安全的高度和中华民族长远发展的高度重视对西藏尤其是西藏边境贫困县的扶贫投入。2001 年、2002 年和 2003 年西藏扶贫开发总投入分别为 31745 万元、25400 万元和 26600 万元，如果以 18 个国定、区定贫困县为基础，每个贫困县的年均扶贫投入为 1763.7 万元、1411.1 万元和 1477.8 万元；如果以西藏 34 个重点扶持县为基础，则每个贫困县的年均扶贫投入才 933.68 万元、747.06 万元和 782.35 万元。因此应尽快对边境贫困县的贫困状况和扶贫投入的实际效果进行重新评估，向中央扶贫机构和中国扶贫基金会申请建立西藏自治区边境县特殊扶贫基金，通过各种配套资金增加对边境贫困县的扶贫投入，至少每个边境贫困县的扶贫投入应该达到 18 个县的平均投入强度，这是彻底改善西藏边境贫困县基本生产生活条件的基本前提。同时，自治区党委、政府要大力加强对边境贫困县政策、人力扶持力度，帮助边境贫困县建立健全扶贫组织机构，调整边境贫困县官员的政绩考核指标，根据实际情况选派一批党性强、素质高、懂技术、懂项目的年轻干部充实到边境贫困县的各级管理部门，尤其要加强边境贫困乡村基层政权组织建设，大力增强贫困乡村党组织的凝聚力和战斗力，为有效开展边境贫困乡村的反贫困工作提供组织保证。

2. **实施扶贫计划**

针对边境贫困县的特殊情况，必须尽快实施以政府行为为主导、以社会服务为主体的扶贫计划，重点是加强边境贫困县交通、能源、通讯、广播电视基础设施建设，特别要提高现有乡村公路通过能力。加大交通干线和县乡道路的建设力度，提高现有交通设施的运行效率，县乡公路建设的重点要放在提高公路等级和形成交通网络体系上。能源基础设施建设要坚持以水电为主，在人口比较集中、水资源条件较好的地方，修建小型水电站，重点抓好农网建设，在居住分散、偏远的农牧区大力推广普及小型太阳能用户系统，兴建水利骨干工程，加快现有灌溉区改造，扩大灌溉面积，提高粮食单产，并搞好水利设施的配套建设和经营管理，力争做到绝大多数行政村通电、通路、通邮、通电话、通广播电视。要采取积极措施引导农牧民直接参与基本农田建设、能源设施建设、乡村道路建设、人畜饮水设施建设、卫生设施建设、教育培训设施建设，为其提供经济机会并保证其能够如期获取现金收入。致力建立和完善县、乡、村三级卫生网络，采取多种措施培养卫生技术人员，配置急需的医疗设备，做到大多数贫困乡镇有卫生院，贫困村有医疗站或卫生室，同时实施阶段性的以基本卫生服务为主体的公共卫生计划，逐步改善边境贫困县的人力素质和社会发展环境。

3. **统筹资金管理**

集中统一管理扶贫信贷资金、以工代赈资金、财政扶贫资金、提高扶贫资金的综合配套能力是加强边境贫困县反贫困工作的重要举措。边境贫困县必须按照相对集中、统一规划、统筹安排、配套使用的原则围绕社会服务计划对各种渠道的资金进行统一调剂、调配。扶贫项目要以贫困户为对象，以解决温饱问题为目标，以发展有助于直接提高贫困户收入的产业为主要内容，特别是以发展农牧业和特色产业为主，按照统一规划、综合设计、统一评估的原则，做到各类资金相互结合，配套使用。扶贫信贷资金要重点支持建立特色产业发展基地和扶贫经济实体，扶持贫困户进行产业开发，特别要将资金投放的重点放在能够大量吸收贫困人口就业的劳动密集型产业。以工代赈资金要主要使用在修筑公路、电站建设和解决人畜饮水问题。财政扶贫金要重点用于移民搬迁、水渠整治等相关的社会公益性设施建设，自治区水利、农业、科技、卫生等部门也要积极参与、相互配合。除了要明确规定项目建设内容、规模、效益、时间、责任外，还要把安排、扶持贫困户等扶贫任务落到实处。每个使用扶贫资金的项目都要按市场经济的原则来强化项目管理，在投资决策上，扶贫部门和金融部门要共同对项目的技术、财务、经济、社会、环境等方面进行可行性论证，对项目投资效益大小、投资偿还能力、投资回收期进行综合评审后立项投资，切实搞好项目的资金和技术管理的衔接，以避免决策失误造成资金损失。在项目开发中要引入竞争机制，凡适合承包开发的项目，都应面向区内外公开招标承包，把项目建设的责任逐级落实到有关单位和个人，对项目管理人员实行经营责任制，并建立健全扶贫项目档案制度、经营情况反馈制度和扶贫责任考核制度，以及一整套监督约束机制和激励制度，各边境贫困县财政、纪检部门要切实加强对扶贫资金使用情况的监督，务必专款专用，杜绝扶贫资金的挪用、拖欠和挤占现象，从而通过严格的资金管理，有效防止项目投资决策失误、开发成本过高、管理不善造成项目效益不佳或资金呆滞沉淀，加速资金回收和周转，最大限度地提高扶贫资金的使用效率。

4. **加快扶贫点建设**

西藏边境贫困地区人口居住分散，采取分散扶持的办法难度很大且效果欠佳。实践证明，扶贫点建设是整体搬迁、集中开发、综合配套、提高扶贫效益的重要途径。在四川藏区广泛实施的“人草畜”三配套扶贫模式，即人有住房、草有围栏、畜有棚舍的开发模式，通过牧民定居彻底改变了千百年来游牧迁徙、逐水草而居的传统生产生活方式，而且妥善解决了牧区发展中集中教育，集中卫生，集中科技推广，集中疫病防治，集中供水、供电等分散扶贫难以达到的效果，是一种很好的且能够推广的扶贫模式。在边境贫困县的扶贫开发过程中，自治区各级政府要针对边境贫困县具体实际，尽快对那些处于自然条件差、自然灾害频繁、丧失基本生产生活资料的贫困农牧民采取切实措施并按照自愿原则，有计划、有步骤、分批、分期进行转移安置，使他们在较好的地理、气候条件下发展生产，早日摆脱贫困。同时采取灵活多样的工作方式，把扶贫点建设同小城镇建设结合起来，同旅游资源开发结合起来，同农牧产品加工业和特色产业发展结合起来，同区域基础设施建设结合起来，同区域生态环境综合整治结合起来。目前，要认真总结在贫困县进行扶贫点建设的经验和教训，提高扶贫点建设的投资标准，并对新建扶贫点内的路、水、电、广播、电视和耕地、草场以及教育、卫生、科技、村级基层政权组织设施等与群众生产、生活密切相关的配套设施建设资金给予统筹安排。

5. **搞好扶贫培训**

贫困人口素质的极端低下是西藏边境贫困县经济落后的主要原因，从长远看，提高边境贫困县干部群众的科学文化素质是保证边境贫困县能够稳定脱贫并持续发展的重要保证。在边境贫困县的反贫困工作中，要分批将边境县的扶贫干部、重点贫困乡镇的书记、乡镇长送到西藏大学、西藏农牧学院及内地相关院校进行培训，提高他们的扶贫开发理论水平和实际操作能力。同时，要动员自治区科学技术部门、科研机构、大专院校帮助边境贫困县建立农技校、农技站、职业技术中学和扶贫培训中心，坚持实际、实用、实效的原则，采用各种形式，充分发挥专业技术人员的作用，在边境贫困县广泛开展大规模的实用技术培训，技术培训以种植知识培训为主，以新增养殖、农机操作、商品经营为辅。除此之外，通过集中培训、组织现场指导、外出观摩学习等形式，重点培训涉农单位技术人员和贫困农牧民，特别是加强对农牧民的劳动技能培训，如手工技能、建筑技能、经商技能、驾驶技能、综合服务技能，提高农牧民的综合素质和把握经济机会的能力，为其稳定脱贫创造条件。

6. **扩大对外开放**

千百年来封闭、隔绝的经济文化机制和社会发展机制是西藏边境贫困地区长期游离于现代经济循环之外，经济发展水平低下、贫困面积广大的主要原因，加强边境贫困县反贫困工作的主要目的，就是要以市场化改革的深入、旅游资源的开发和特色经济的发展为契机，努力扩大西藏边境地区对外开放的范围、层次和力度，打破经济社会封闭循环机制，建立开放性的社会经济结构。西藏边境贫困县在对外开放的发展中具有独特的、不可替代的优越区位条件，围绕反贫困战略的实施，边境贫困县要通过观念创新和体制创新，以让利的精神、开明的态度、宽松的环境，加快改革开放步伐，走以开放促改革，以开放促发展的道路。在思想观念上要从初级开放转向高层次大跨度的开放，克服封闭意识，启动开放的内在活力，强化开放的主体意识和全民开放意识；在开放战略上要从局部开放转向全方位开放；在开放规模上要从部分生产要素开放扩大到各种生产要素开放，特别要提高市场和体制的开放水平；在开放形态上要从过去以引进资金、出口商品为特征的实物型开放，转向以体制、服务开放为特征的非实物型开放。在产业布局上要推动对外开放向更大的范围拓展，积极争取、用好国家、自治区边境开放政策，扩大边境开放地区，加强边境贸易，完善边贸市场，要制定一系列有利于区外资金转入的优惠政策，早日出台在税收、外汇管理、出入境管理、土地使用等方面对外商更具吸引力的政策，将外资引进拓宽到能源、交通、商贸、金融、旅游、房地产及教育、科技和文化领域，特别要制定特殊政策鼓励投资商以 BOT（特许经营权转让）等融资方式进入西藏边境地区的资源开发和基础设施建设，大力加强现有口岸基础设施建设，整改中尼公路、拉萨至普兰、仲巴、吉隆边境公路，完善边贸服务，如仓储、加工、中转、展示等设施，改善边贸交易和货物运输条件，充分发挥现有口岸的作用。通过对外开放和体制改革的发展，促进资源要素的合理流动，通过对外开放的发展调整边境贫困县的经济结构和体制结构，加快边境贫困县经济社会发展，逐步形成与市场经济体制相适应的开放性社会经济结构。

附录四：四川甘孜藏区反贫困战略问题研究[①]

四川甘孜藏区是中国藏区具有独特发展地位的地区，也是藏族贫困人口集中分布的地区，其生存环境恶劣、自然灾害频繁、基础设施薄弱、人力素质低下、贫困程度深重，其贫困状况和消极影响是四川全面建设小康社会、统筹城乡经济社会发展面临的最为突出、尖锐的问题。2005 年 6 月，笔者对四川甘孜藏区的调查表明，在全国基本完成“八七”扶贫攻坚计划之后，四川甘孜藏区的贫困状况依然非常严峻，针对藏区贫困状况的新特点，进一步明确新的反贫困思路，采取更为有力的扶贫措施，对于迅速缓解和逐步消除四川甘孜藏区的贫困状态具有极为重要的战略意义。

一、贫困状况的严峻态势

四川甘孜藏族自治州是新中国成立的第一个专区级少数民族自治地区，全州辖 18 个县、326 个乡镇、2345 个行政村，幅员面积 15.37 万平方千米，占四川省总面积的 31.5%，2004 年底全州总人口 90.49 万人，其中藏族人口占 78%，是中国西部著名的集“老、少、边、穷”于一体的整体贫困地区。

① 本文为国家社会科学基金项目《西部地区若干国家级贫困县的状况及发展路径研究》（项目编号：04XJL018）的阶段性成果。本项目得到四川省扶贫开发领导小组办公室、中共甘孜藏族自治州州委、州政府、州扶贫办，中共雅江县委、县政府、扶贫办，中共理塘县委、县政府、扶贫办，中共康定县委、县政府、扶贫办的大力支持与协助，谨此致谢。作者：赵曦，西南财经大学教授，博士生导师。

1. **贫困分布广泛**

贫困人口分布广泛又相对集中、绝对贫困现象显著且低收入贫困人口的不稳定性是甘孜藏区贫困问题的主要特点。2004年底，全州人均纯收入668元以下的绝对贫困人口尚有34万人，占全州农村人口的45%，低收入贫困人口16万人，占全州农村人口的20%，合计贫困人口50万人，占全州农牧民总数的65%。2004年城乡收入之比为5.8∶1，居全国30个民族自治州和四川省21个市州的末位，恩格尔系数为60.5%，全州农牧民人均纯收入只有1161元，是四川省平均水平（2580.3元）的45.1%，是全国平均水平（2936元）的39.54%。石渠、色达、新龙、雅江、理塘5个扶贫开发工作重点县的农牧民人均纯收入仅为1086元，康定、泸定、九龙、丹巴等13个非扶贫开发工作重点县的农牧民人均纯收入也只有1180元，重点调查的雅江县祝桑乡农牧民人均纯收入只有642元。非国家扶贫开发工作重点县的道孚县人均纯收入625元以下的绝对贫困人口14272人，占全县农村总人口（39671）的35.98%，人均纯收入625～1000元的低收入贫困人口14980人，占全县农村总人口的37.76%，全县贫困发生率高达73.74%。全州经济发展情况最好的康定县2004年农牧民人均纯收入也只有1336元，全县农牧民人均纯收入625元以下的绝对贫困人口有12766人，625～1000元的低收入贫困人口20088人，共32854人，占全县农村总人口的49.68%。在贫困人口分布广泛的同时，贫困人口的贫困深度也是甘孜藏区贫困现象的显著特点。德格县温拖乡阿比村人均纯收入不足400元，大多数贫困户只能通过采挖虫草、松茸获得少量收入，年现金收入户均不足百元，人均有粮仅127千克，98%的房屋属危旧房。道孚县农村人均纯收入在625元以下的绝对贫困妇女单亲家庭有633户、2632人。石渠县每年因缺乏生产资料又无固定收入来源而外出流浪乞讨人员有近400人。笔者在雅江县祝桑乡、理塘县禾尼乡对高寒牧区12户贫困户的调查中看到，贫困人口家徒四壁、一贫如洗的生活窘境令人震惊。数据突出地说明，由于自然、地貌、历史、经济和社会等诸多因素的相互制约，尽管经过20多年的改革开放和“八七”扶贫攻坚，甘孜藏区贫困面依然很大，并呈现集中分布的特点，绝对贫困人口主要集中在老、弱、病、残、鳏、寡、孤、独、呆、傻，丧失基本劳动能力，很难通过扶持手段脱贫的特殊群体中。在农村最低生活保障制度缺省、民政救济覆盖面小、公共卫生服务体系不健全的情况下，这部分人口的贫困状况日益凸现，成为新阶段扶贫开发的突出难点。另外，由于经济发展水平的滞后和贫困标准认定的缺陷，农村中低收入贫困人口大量存在已成为现阶段扶贫开发的主要对象，其不稳定的收入水平、落后的人力资本素质、薄弱的经济发展基础、以知识贫困和能力贫困为主的贫困表象，使其生存发展处于极不稳定的状况，经济收入增长的预期远远小于经济收入下降的预期，这种现象在样本地区的调查中显得尤为突出。

2. **自然灾害频繁**

生存环境恶劣、自然灾害频繁是甘孜藏区最显著的、且极难改变的贫困特征。甘孜藏区地处青藏高原东南缘，贫困人口生态条件恶劣、自然灾害频繁。2003 年丹巴县遭遇特大山洪泥石流灾害，全县受灾 1889 户、9591 人，占全县总人口的 17%，房屋损坏 2021 间，冲毁农作物 3179 亩，大牲畜死亡 828 头，直接经济损失 1.4 亿元，有 76 户、484 人无家可归，5147 名灾民陷入缺衣少食的困境。全州居住在自然条件十分恶劣、生存环境极其脆弱地区的达 22 万人，居住在山体滑坡、泥石流、地震等严重自然灾害频发区的农牧民达 15 万人。得荣县常年降雨量仅为 380 毫米，而蒸发量高达 2464 毫米，属典型干热河谷地区，境内气候极端干燥，旱灾频繁，是国家确定的生态脆弱荒漠化县。雅江县处于高山峡谷地带的有 11 个乡镇、2.7 万人，处于高山原地貌的有 6 个乡、8185 人，有 12 处灾害点被确定为省级地质灾害危险点，全县有 1503 户、8859 人急需搬迁，贫困人口“丰年越温，灾年返贫”现象普遍存在。理塘县平均海拔 4133 米，大多数农牧民长年生产生活在高海拔和高山半高山地区，不仅缺水、缺电、缺路、缺燃料等问题难以解决，而且雪灾、泥石流、旱灾、虫灾、地震等自然灾害年年不断，每年因灾返贫人数占农牧民总人数的10%以上。

3. **基础设施薄弱**

甘孜藏区的区域性贫困状况与基础设施的普遍薄弱密切相关。甘孜州位于四川西部边缘，境内18个县的县府驻地与省会成都的平均距离为733千米，北部地区的石渠、南部地区的得荣两县县府驻地距成都分别为1061千米和1016千米。道路、交通、电力、通讯等基础设施普遍薄弱，配套能力低下。截至2005年，全州有42个乡和1307个村不通公路，158个乡和761个村不通电，197个乡和1717个村不通电话，25.8万人没有解决饮水问题。重点县理塘县24个乡213个村中就有9个乡120个村不通电话，4个乡109个村不通或季节性通公路，有1.8万人、14.1万头牲畜的饮水问题没有解决。非重点县道孚县全县农牧区共有无房户435户、2039人，农区无耕地户83、户466人，牧区无牲畜户292户、1526人。康定县19个乡237个村中仍有2个乡97个村不通公路，2个乡48个村不通电，6个乡128个村不通电话，急需建设的农村贫困无房户、危房户有1788户，其中542户贫困户无住房，1246户群众居住在随时可能垮塌的危房中，分别占全县农村户数的3.93%和9.29%。乡村卫生基础设施非常薄弱，全州只有10个县实现了初级卫生保健，70.8%的行政村仍无医务人员，大多数农牧区缺乏基本的医疗设备和合格的医护人员，缺医少药的情况十分普遍。理塘县幅员14351.8平方千米，为四川省面积第二大县，只有各类医疗机构29个，病床125张，平均千人有医务人员4人，农牧区缺医少药现象广泛存在，每年因病致贫、因病返贫的贫困人口在20%以上。文化基础设施几乎完全空白，几乎所有的贫困乡镇都没有电影院、阅览室等文化娱乐设施。加上资金投入不足，管理方式落后，农作物单产、总产均较低，除自然环境因素以外，产业结构的单一、非农产业发展的滞后和农牧民收入渠道的狭窄是甘孜藏区基础设施改善缓慢的主要原因。

4. **人力素质低下**

从调查情况看，甘孜藏区人力素质的极度低下是现阶段反贫困战略实施面临的最严峻挑战。全州18个县中，有16个县、315个乡镇普及了初等教育，4个县、108个乡镇普及了九年制义务教育，全州人均受教育年限只有3.89年，文盲半文盲比例高达22%。农牧民观念陈旧，普遍缺乏商品流通意识和市场竞争观念，“等、靠、要”思想广泛存在，学习科学文化知识的积极性不高，实用技术普及难度较大。同时，疾病流行和卫生事业的落后是藏区群众人力素质低下的主要原因，据调查，全州结核病发病率高达1.52%，患者1.6万人。其中，巴塘县结核病发病率高达2.5%，病毒性肝炎感染率高达53.8%，乙型肝炎感染率达33.5%。色达县约有20%左右的人患有高原性心脏病，同时包虫病、大骨节病的发生率也很普遍。石渠县长期患病人数达2677人，主要有包虫病、肺病、心脏病、肝病等，其中包虫病发生率达9.8%，居世界之首。贫困农牧民因病致贫、因病返贫现象广泛存在，2003年巴塘县因病返贫率达6.1%，整个甘孜州脱贫人口中因病返贫、因灾返贫率高达5.3%。分析表明，贫困人口素质低下的结果必然导致其在资源开发与转换、生产方式的选择、农牧业生产领域的拓展、先进技术的推广运用、对经济机会的把握以及向其他产业的渗透转移等方面面临一系列难以克服的困难和障碍。

5. **扶贫范围狭窄**

笔者通过长期研究认为，中国扶贫战略实施主要有两个方面的基本问题：一是贫困人口的认定范围狭窄，即国家扶持的重点是592个国家扶贫开发工作重点县，省、自治区核定的贫困县、相对发达地区的“插花”贫困人口、城市贫困人口和其他特殊贫困群体没有纳入扶贫开发，这种狭窄的贫困人口认定准则导致了中国扶贫战略的全面性程度较低，应该扶持而没有得到扶持的贫困人口比例甚大。二是贫困标准太低。甘孜州1997—1999年三年农牧民人均纯收入为805元，其中最高的康定县1045元，最低的雅江县624元，2000年农牧民人均纯收入625元以下的县有5个，而当年全州农牧民人均纯收入只有733元，农牧民人均纯收入700元以下的县有13个，其中略高于625元的县如乡城、白玉、道孚、得荣分别为635元、629元、654元和655元。按照国家制定的贫困标准，只有石渠、色达、新龙、雅江和理塘纳入21世纪初扶贫开发工作重点县范围，占全州总县数的28%，扶持的人口15万人，只占全州贫困人口总数的32%。2004年，全州2345个行政村中，农牧民人均纯收入在668元以下的绝对贫困村有1445个，占全州总村数的61%，而纳入四川省万村扶贫规划的只有808个，占全州农牧民人均纯收入668元以下村数的55.92%，农牧民人均纯收入在668元以下未能列入省规划的村有637个、23917户、125830人。

6. 资金投入短缺

2001—2004年国家投入甘孜藏区财政扶贫资金23421万元、以工代赈资金24663万元、发展资金2320万元，三项资金共计50405万元，四年平均为12601万元，如果以全州34万绝对贫困人口和16万低收入贫困人口为基础，每个贫困人口的平均扶持金额仅为247元，仅相当于国际标准（5000元）的4.94%，无论从哪方面讲，这样的投入力度都是很低的。由于扶贫投入短缺，四年仅仅解决了12.11万人的温饱问题，绝对贫困人口年下降率仅为6.5%。据调查，甘孜州需要移民搬迁的贫困人口为22万人，但纳入10年扶贫规划的移民人口只有4万人，占18.2%，而且每户的移民资金只有0.6万元。2004年全州纳入易地扶贫搬迁试点县的只有8个县1960户，与实际需要相差很大。更为严峻的是，2005年四川为集中财政扶贫资金投入新村扶贫工程而取消了教育、卫生、牧区等民族地区专项扶贫工程，由于四川省确定甘孜州重点县、重点村少，2005年甘孜州的扶贫资金将减少3332万元，6年将减少2亿元，必将对甘孜州的扶贫开发工作产生重大负面影响。同时，由于特殊地理条件的限制，扶贫投入的实际购买力较低，扶贫工作成本和物质成本较高，而扶贫投入产生的效益较差。无论从理论高度还是从实践层面上考察，中央政府对甘孜藏区的扶贫投入都是相当有限的，2004年甘孜藏区农牧民人均纯收入只有1161元，只相当于西藏农牧民人均纯收入（1861元）的62.39％。早在2001年，我国就将西藏作为特殊集中连片贫困区域给予重点扶持，扶持范围面向全区农牧区，大量增加了中央扶贫资金的投入，而甘孜藏区在扶贫范围相对狭窄的同时，中央扶贫资金的投入反而减少。此外，由于地理环境的制约，扶贫工程建设成本的增加呈刚性趋势，如国家规定建一所乡级卫生院投入资金22万元，而在甘孜藏区则需要50～60万元，因为有的生产资料价格高于内地5～6倍；在内地新修1千米初级碎石路面需补助资金2～5万元，而在雅砻江河谷地带同样的经费只能修路100米。由于经济发展落后，甘孜藏区地方财政收入极为低下，2004年仅为1.72亿元，而财政支出高达27.9亿元，财政自给率仅为6.17％。地方财政收支缺口巨大，基本无法提供财政配套投入支持扶贫开发，在绝对贫困人口大量存在的条件下，扶贫投入偏低成为贫困人口基本生产、生活条件改善缓慢，已脱贫人口返贫率较高的重要原因。

调查表明，34万绝对贫困人口、16万相对贫困人口、65％的贫困发生率、60.5％的恩格尔系数、只占全国39.54％的农牧民人均纯收入、居全国末尾（5.8∶1）的城乡收入之比充分显示甘孜藏区是全四川省乃至全国最具有代表性的整体贫困地区，在全面建设小康社会的宏观背景下，整个区域的反贫困战略既要逐步缓解剩余绝对贫困人口的贫困状况，又要稳定解决低收入贫困人口的温饱问题，这是甘孜藏区经济社会发展中的一项长期、艰巨、复杂的历史任务。

二、指导思想与基本内涵

在中国政府致力实施《中国农村扶贫开发纲要（2001—2010

年)》的总体背景下，甘孜藏区反贫困必须突破传统的、单纯的经济扶贫模式，使反贫困战略更多地体现以人为本、社会公正、政治稳定、边防巩固、持续发展等多方面的新思维和新视点。

1. **指导思想**

甘孜藏区是全国第二大藏区的主体部分，是康巴藏区的核心区域，历来是沟通西藏与四川腹地的桥梁和纽带，与西藏在宗教、文化、经济方面的联系，无论是历史和现在都很密切，自古即有“控驭青滇藏区锁钥”、“治藏之依托”、“稳藏必先安康”之说。由于甘孜藏区境内的社会政治环境十分复杂，藏独等民族分裂活动、极端势力活动和恐怖势力活动时有发生，历来处于反分裂斗争的前沿。从战略层面上研究甘孜藏区的贫困与发展问题对于保障康巴藏区和全国藏区的长治久安，具有长远的政治意义。甘孜藏区的贫困问题具有强烈的、独特的区域性个性，表现为高原山区的特点、少数民族的特点、边缘地带的特点，甘孜藏区的贫困是多种因素相互交织、相互制约形成的一种综合现象，是历史长期的积累，甘孜藏区与内地发达地区不仅在收入水平、经济总量、发展速度、生产效率等方面存在极大的差距，而且在包括人的素质、思想观念、教育文化、人类发展在内的整个社会进化过程中存在着历史阶段性的差距，要缩小或消除这些差距，必须经历一个渐进的过程，需要更特殊的政策、更多的综合投入和更艰苦的工作努力。因此，甘孜藏区反贫困战略的制定必须充分考虑反贫困对象所体现的民族性、区域性、边缘性、经济性和社会性特征。充分体现可持续发展的最基本的社会意义，即保证每一个社会成员的基本生存权和发展权，保证每一个社会成员都能够以平等的身份参与社会政治活动，参与市场经济竞争，分享资源配置利益和完善个人价值。同时，新的反贫困战略要求以调节收入差距、缓解阶层矛盾、实现社会公平、减少社会风险、促进道德进步、维护地区社会政治秩序稳定、建立人口、资源、环境良性循环机制、保护生态安全为目标，探索研究适应甘孜藏区自然、经济和社会发展特点的反贫困战略模式、计划和实施步骤。充分考虑贫困状况所隐含的特殊自然、社会和历史文化背景；充分考虑反贫困所包含的持续发展、社会公正、生态安全、道德进步等方面的人类价值和社会意义；充分认识到在全球经济一体化背景下，甘孜藏区贫困现象的大面积存在，将导致甘孜藏区居民在世界文明进步的趋势中群体性人类不安全感的增加，在全球化发展的进程中有可能处于文明进步边缘化的境地，进而成为影响中国国家安全和中华民族发展战略全局的重大问题；充分认识在市场经济条件下和西部大开发背景下新时期反贫困战略的长期性、艰巨性和复杂性；充分认识到发展的核心就是缓解和消除贫困、改变不发达状况；充分认识在相当长的历史时期内，甘孜藏区经济发展的基本任务是培育产业发展要素，健全基础设施和改善生态、社会环境，而不是完成全面建设小康社会的现实任务，更不是实现工业化、城市化和现代化的历史任务。

2. **开发方针**

在甘孜藏区反贫困战略的实施中，必须高度重视通过国家扶持服务和社会支援以改善基本生产条件，优化生产要素组合，提高资源配置效率，培植和诱导区域自我发展机能。必须高度重视科学技术在农业经济结构调整和农村产业发展中的重要作用，把反贫困同农业科技推广服务体系建设结合起来，立足于依靠科技进步提高效益，实现跨越式发展。高度重视人力资本投资在反贫困斗争中的关键作用，按照可持续发展战略要求控制人口数量，提高人口素质。特别要以劳动力的培训和转移为切入点，提高贫困人口的综合素质。把加强农牧区基础设施建设，切实改善贫困人口的基本生产生活条件和生态环境，提高抵御自然灾害的能力，最大限度地防止返贫摆在突出位置。在反贫困计划中，强调贫困人口直接参与基本农田建设、草场草原建设、乡村道路建设、水利设施建设、生态设施建设、能源设施建设、教育卫生设施建设等，通过创造就业机会，提高劳动生产率，增加农牧民收入等手段提高他们参与社会活动的权利和自力更生的程度，并辅之一系列区域性发展援助政策措施，提高贫困人口把握经济机会的能力，保证贫困人口在参与经济活动中实现收入增加，通过全面的反贫困计划推动乡村建设的发展、信息交流渠道的通畅和社会发展环境的改善，不断激发贫困人口产生新的需求和追求，从而逐步形成一种能够使贫困人口发展自身潜能的发展模式，实施全面的、集中的、综合性的反贫困战略，以强化社会服务、提高人口素质、增加农牧民收入为中心，以农牧区经济结构调整、大力发展特色经济、推进农牧业产业化进程为主线，以科技进步、基础设施建设、社会环境改善为支撑，以建立新阶段甘孜藏区经济、生态与社会可持续发展为目标，构建与中央西部大开发战略基本政策取向有机衔接，适应甘孜藏区特殊自然、经济和社会发展特点的高效率的、参与式的和可推广的反贫困模式。

3. **战略内容**

甘孜藏区反贫困战略是在进一步加强物质救济、对口帮扶和区域发展援助的基础上，通过制度创新确立全新的扶贫管理体制，改变传统单一的、分散的、以经济扶贫为主体的资源配置格局，通过政府主导的一系列扶贫计划和政治、经济、科技、文化各方面的综合投入，以建立农牧民经济收入稳定增长机制为目标，通过人力资源开发、基础设施建设、强化科技扶贫、深化对口帮扶、加强乡村基层政权组织建设，全面改善贫困人口的人力资本素质和农业基本生产条件，推动全州生态资源、旅游资源、矿产资源开发和劳务输出的发展，满足贫困人口的基本需要。以此作为甘孜藏区反贫困战略的基本指导思想和主要政策调整思路，贯彻在21世纪初甘孜藏区经济社会的总体发展进程之中。

甘孜藏区反贫困战略的基本内容包括三个方面：一是向以人类贫困和弱势群体贫困为主体的绝对贫困人口提供基本生存条件的满足，包括通过政府、部门、社会力量和国际机构向他们提供粮食、衣物等基本的生活必需品、人畜饮水、卫生设施、健康服务、基本住房、移民搬迁等援助措施以迅速缓解贫困状况，这是新阶段甘孜藏区反贫困战略的基础；二是向以收入贫困和知识贫困为主体的相对贫困人口提供基本生产条件的满足，包括通过政府扶持、社会援助、以工代赈、个体参与的方式向贫困人口提供最基本的农牧业生产条件，改善贫困人口的人力素质，帮助其修建基本农田、水利设施、乡村道路及基础能源、通信设施，以全面改善农牧业基本生产条件，为贫困农民增收致富奠定基础，这是新阶段甘孜藏区反贫困战略的重点；三是向以能力贫困和权利贫困为主体的全体贫困人口提供基本发展能力的满足，包括通过基础教育、职业技术教育和各种层次、各种内容的技术培训，提高贫困人口的农业生产技能、非农产业技能、劳务转移技能以及择业技能，提高贫困人口在市场经济条件下的自我生存能力、自我选择能力和自我发展能力，这是新阶段甘孜藏区反贫困战略的目标。

三、战略措施与实现途径

区域性贫困的广泛存在及其不可漠视的负面影响是甘孜藏区经济可持续发展和社会政治秩序稳定面临的严峻挑战，通过有针对性的扶贫开发举措促进农牧区经济结构的调整，进一步改善农牧区基本生产条件和贫困人口的基本发展能力，有效促进贫困人口人均收入的稳定增长是当前甘孜藏区扶贫开发最基本的政策取向。

1. 创新扶贫制度

探索新型的扶贫制度，将国家、社会、部门和贫困人口一起纳入反贫困战略之中是当前甘孜藏区反贫困战略研究的首要内容。扶贫制度创新的根本目的就是要建立保证全区域贫困人口能够得到持续扶持的经济法律制度，不仅包括物质生产领域的经济体制及其运行机制的变革，而且包括扶贫组织体系、扶贫资金管理体制、贫困农牧区基层管理制度、贫困人口自身的生产、精神生产和生态生产等领域的体制及其运行机制的变革，做到物质再生产、精神再生产、贫困人口自身再生产和生态再生产的相互适应与相互协调，促进物质资本、人力资本、生态资本相互增殖，最终使贫困人口融入农牧区经济社会的正常循环，真正将扶贫从政府、部门和社会纵向的、行政性的扶贫方式转变为政府、部门、贫困农牧区基层政府及广大贫困人口共同参与的、可持续发展的反贫困行为。扶持贫困人口是政府责无旁贷的重要职责，政府的扶贫职责必须有制度保证，有专门的组织机构和专门的经费，而且有一套相应的法律和政策来指导和约束这些机构的活动和经费的使用。对于贫困地区政府来说，解决贫困人口的温饱问题是政府一切工作的中心环节，部门和国内外机构的扶贫行为也应该在制度和法律的约束下进行。政府应为从事扶贫活动的民间组织的健康发展提供良好的法律和政策环境，充分发挥民主党派、社会团体、科研单位、大专院校等社会力量在扶贫开发中的重要作用。作为以从事扶贫开发为宗旨的民间组织、社会团体，政府应从税收、登记、管理和监督方面有明确的制度规定，一方面促进民间扶贫机构组织的发展，另一方面应加强其监督功能和手段，从社会上筹集的资金应明确用途、公开透明，确保扶贫到村、受益到人。当前，要根据中央提出的"省负总责、县抓落实、工作到村、扶贫到户"的总体要求，进一步完善各项工作制度，明确各级扶贫机构的责任，尤其是建立县所属重点村的检查制度，重点检查贫困村扶贫计划的落实情况，并形成州抓县，县抓村，一层抓一层，层层抓落实的一整套监督、管理机制，逐步完善扶贫资金分配与各县工作成效相挂钩的扶贫机制。

2. **健全管理体制**

推进甘孜藏区的扶贫开发战略，必须通过制度创新探索出一种新型的区域性扶贫管理体制，从制度层面保障反贫困战略的规范实施，切实扭转目前扶贫开发工作中因条块分割、机构重叠、职能重复、政出多门、各自为阵、相互掣肘的局面；切实扭转国家、地方和部门扶贫项目资金平均主义的分配方式所导致的资金使用分散、项目配置不切实际、重点不突出、到户率低的弊端。集中统一管理财政扶贫资金、信贷扶贫资金、以工代赈资金及各项社会援助资金，通过全新的管理体制来统筹扶贫资金，以努力提高扶贫资金使用的整体效益是扶贫管理体制调整的首要举措。甘孜藏族自治州应成立由党委一把手亲自挂帅，党委、政府各分管领导参加的高规格领导小组，领导机构包括已经承担扶贫责任的扶贫开发办公室、以工代赈办公室、发展与改革委员会、财政局、农业发展银行及民族事务委员会等单位，以合署办公的方式共同参与反贫困战略的计划决策、监督和指挥，对自治州的反贫困战略进行统一领导、规划、管理和协调，担负起自治州反贫困战略的最高领导责任。全州各县均应建立由党委一把手挂帅的对口机构，并以向州反贫困战略领导小组签署责任书的方式层层落实反贫困战略计划责任。当前，州反贫困战略领导机构要采取具体措施全面掌握贫困分布状况，向中央政府陈述最严峻的态势、最尖锐的问题、最可行的对策和最真切的希望，争取尽早将甘孜藏区整体纳入扶持范围进行重点扶持。同时，科学制订全州中短期扶贫战略规划，对新村建设、道路交通、易地搬迁、教育卫生设施建设、地方病防治、牧区建设等提出明确的指导计划和实施重点。按照制度创新的要求将财政扶贫资金、以工代赈资金、发展资金、社会捐赠资金及国际援助资金等，由州扶贫开发领导小组归口，统一审批立项，统一调剂、调配和切块分割。同时，根据甘孜藏区的特殊情况，应将扶贫责任分解落实到县，资金管理、项目审批权限下放到县，除重大项目由省扶贫开发领导小组审批立项外，州、县对于由省切块下达的扶贫资金应拥有相应的统筹调度和审批权限，并根据项目实施的难易程度和工作周期配套相应的工作经费。大幅度简化贷款手续和立项手续，缩短扶贫资金的投放时间，通过项目集中规划、资金统一投放，以减少各部门各渠道扶贫资金使用的工作矛盾，强化扶贫部门的开发手段，并充分发挥扶贫资金的规模效益。同时，逐步减少甚至取消信贷扶贫资金的投放规模，运用市场经济办法放开扶贫贷款的投放范围，对所有参与扶贫贷款的金融机构进行财政贴息，并实施一系列优惠政策措施，引导社会援助资金加大对甘孜藏区的资金投入。

3. **加强项目管理**

在扶贫投入总体约束的条件下，必须强化扶贫项目管理，各类扶贫资金要相互配套，集中使用，提高整体效益。根据扶贫开发战略规划，财政扶贫资金要做到集中力量支持重点贫困村整村推进计划的实施，用于与贫困农户直接关联的项目上，保证重点、专款专用，特别要重点支持建立商品生产基地、发展特色支柱产业、贸工农一体化、产供销一条龙的扶贫经济实体，扶持贫困户进行产业开发，特别是要将资金投放的重点放在能够吸收大量贫困人口就业的劳务密集型产业；以工代赈资金要围绕产业开发、商品生产基地建设、修筑公路、解决人畜饮水问题，重点用于相关的社会效益好的配套设施。各重点县水利、农业、科技、卫生等部门也要积极参与、相互配合。各县扶贫开发领导小组根据扶贫开发战略的规划，统一组织、确定项目区，扶贫开发办公室和有关部门根据统一的规划，共同选择项目、共同评审项目、共同管理项目、共同回收资金、各部门分别具体实施。在农牧业资源开发建设项目和基础设施建设中必须按照市场经济的原则强化项目管理。在项目投资决策上，首先要求扶贫部门和金融部门共同对项目的技术、财务、经济、社会、环境等方面进行可行性论证，对项目投资效益大小、投资偿还能力、投资回收期进行综合评审后再立项投资，切实搞好项目的资金、技术、管理的衔接，以避免决策失误造成损失。每个使用扶贫资金的项目，除了要明确规定项目建设内容、规模、效益、时间、责任外，还要把安全、扶持贫困户等扶贫任务落到实处，没有扶贫任务的项目不得立项，不得使用扶贫资金。扶贫资金的管理使用必须实行“阳光工程”，大力推行扶贫资金的公告、公示和报账制度，依靠广大农民和社会舆论的监督，保证扶贫资金分配、管理、使用的各个环节公开透明，不能搞暗箱操作。在扶贫项目的整体推进中，要根据统一管理、分户实施、集中体现的原则，对扶持农户进行挂牌管理、统一资金使用、统一技术支持、统一销售服务，最后分户实施，以集中体现，滚动扶持，整体推进。在项目组织管理上，强调扶贫开发领导小组领导下的项目经理负责制，并以签署责任书的方式将项目建设的责任逐级落实到有关单位和个人，使责、权、利有机地结合起来。在项目开发中要引入竞争机制，凡适合承包开发的项目，都应面向区内外公开招标承包，并建立健全扶贫项目档案制度、经营情况反馈制度和扶贫责任考核制度，以及一整套监督约束机制和激励制度，对使用扶贫资金的项目每年进行一次检查，每年进行一次审计，特别要扩大对扶贫资金的使用情况、使用效果进行跟踪，发现问题及时纠正。项目建设完成后，要由监察、扶贫、财政等部门组织项目验收小组，对项目进行验收，全面分析项目建设的经济效益、社会效益和扶贫效益，做好完工项目财产移交和后续管理，落实到村、责任到人，确保项目效益的发挥。

4. **强化社会服务**

社会服务计划是甘孜藏区反贫困战略实施的最基本组成部分，重点是加强道路、交通、能源、通讯、卫生、广播电视基础设施建设。乡村公路建设要坚持“分级管理、民办公助、国家适当扶持”的原则，努力打通无公路特困村，提高现有乡村公路通过能力。能源基础设施建设要多能互补、建管并重，推广普及小型太阳能用户系统，解决农民的生产生活用电，力争做到绝大多数行政村通电、通路、通邮、通电话、通广播电视。制订明确的社会计划并通过宏观政策诱导促进社会资源向贫困乡村社会服务项目流动，将社会援助的重点放在改善贫困人口基本住房、人畜饮水、卫生条件、疾病防治上来。增加对贫困乡村基本卫生基础设施的经费补助，提供专项经费用于培训贫困乡村医务人员，建立和完善县、乡、村三级卫生服务网络，采取多种形式培养卫生技术人员，为县、乡、村医疗卫生单位配置急需的医疗设备，援助贫困县恢复农村合作医疗保险制度，发放村级卫生人员的工资补贴，为贫困病人免费提供基本药品和医疗服务，为产妇提供新法接生费用，为婴儿免费提供免疫服务，免费提供计划生育用具等，做到大多数贫困乡有卫生院，贫困村有医疗站或卫生室。逐步建立和完善以社会保险制度为核心的社会救济、社会福利、公共医疗卫生和优抚安置制度。特别要在尽可能争取国家政策性扶持资金的情况下，探索建立区域性的农村最低生活保障制度，把缺乏基本生存条件的贫困人口纳入低保救济范围。在坚持依托本地资源推行就地扶贫的同时，对那些生存环境极其恶劣，自然资源极度贫乏，缺乏基本生产生活条件，交通极为不便，自然灾害频发，地方病流行，一方水土养不活一方人的自然村落和农户，要动员其向集镇迁移，向公路沿线迁移。在移民搬迁中要严格执行政府组织、部门配合、群众自愿的原则，坚持统一规划、因地制宜、量力而行、分步实施。通过群众自筹、国家补助、银行借贷、社会帮扶等办法，多方筹措搬迁资金，捆绑整合，集中投入移民扶贫工程中。无偿资金部分应主要用于建房及基础设施建设，扶贫贷款及有偿资金应主要用于移民户发展生产，要高度重视政府在移民搬迁工程中的调控作用，在制订统一规划的前提下，协调扶贫办、国土、城建、公安、交通、水利、畜牧、教育、卫生等部门按计划下达建设规划和内容，结合各部门的职能职责组织实施，对集中安置点的水、电、路、卫生、学校等基础公益工程，按新村建设标准配套建设，搬迁户较为集中的移民新村要实现通水、通广播电视、通电话、通公路，相应配套建设村小和卫生室，并保证配套设施建设和相关的配套工作经费。

5. **发展特色产业**

加强特色资源和产业的开发与发展是甘孜藏区反贫困战略的基础，将经济增长同促进地区发展进步和减少贫困结合在一起，特色产业的发展是最有效的方式之一。当前要对旅游业、水电业、畜牧业及农畜产品深加工业、矿产业与藏医药业等提出新的发展思路，在科学规划、合理布局、因地制宜、突出重点、倾斜投入的基础上，大力发展特色产业，依托产业规模经营和技术升级，形成发展链条，带动群众致富。旅游业的发展必须通过制度创新形成全新的旅游管理运作模式，从更高层次上加强旅游资源开发的领导力度，全面统筹、规划、协调、管理旅游资源开发的规模、重点和节奏，重点引进旅游资源开发人才、旅游产业的运作人才和旅游品牌的开拓人才，进行高水平的旅游整体形象策划和在中外媒体进行一系列的系统宣传，建设网络化的旅游管理运作体系。在特色产业的发展中，要以提高区域经济增长实力和促进农民收入增长为核心，把传统优势与现代科技、生产工艺结合起来，广泛采取“公司＋基地＋农户”的开发模式，重点支持对贫困户增收有带动力的农业产业化龙头企业和劳动密集型企业，有效提高种植业、养殖业、林果业的集约化经营水平，对具有资源优势和市场潜力的农畜产品生产要按照产品特殊化、生产规范化、经营产业化的要求，集中扶贫资金加以扶持，把扶贫资金主要投向一家一户具体的生产环节，大力推广市场潜力巨大的优良畜种生产基地建设，努力形成规模优势。大力发展饲（草）料加工业，广泛推行粮食转化养畜、牲畜短期育肥和家庭养殖业等，要坚持以市场为导向，立足现有加工能力的重组、改造，积极引进开发农畜产品加工、保鲜、储运技术和设备。培育带动能力强、科技开发能力强和市场开拓能力强的农业产业化龙头企业，引导和鼓励其到贫困乡村建立原料生产基地，为贫困户提供产前、产中、产后系列化服务，形成产业化经营链条。要将民族手工业的发展要同旅游资源的开发和旅游产业的发展紧密结合起来，增加花色品种，提高产品质量，扩大生产规模，拓展销售市场，使民族手工业成为增加贫困人口收入的重要基础。

6. **重视教育培训**

通过阶段性的、广泛的教育培训计划改善区域人力资本状况，是甘孜藏区反贫困战略实施的重要内容。必须高度重视中央政府在甘孜藏区教育发展中的重要作用，在大幅度增加教育投入的情况下，通过宏观调控职能，在完善中央各部委的“教育扶贫工程”、“智力支边”、“希望工程”等教育发展计划的基础上，建立以财政扶持为主体的“甘孜藏区教育发展基金”和实施阶段性的扫盲教育计划，集中资助、扶持、协调甘孜藏区的教育发展。针对甘孜藏区人口文盲半文盲比重大和整体文化教育水平低的状况，以“升学有基础，就业有技能，致富有能力”为办学目标，逐步建立以义务教育为基础、职业技术教育为主体、成人文化教育为辅助的新型教育结构，彻底打破农村教育沿用城市教育的模式，除了将部分普通中学改为职业中学或农业中学外，还应积极探索适应甘孜藏区发展的新型教育模式，在牧区推广“6+1”、农区推广“8+1”教育模式，即在校学生通过6年小学和2年初中教育后，再用1年时间学习畜牧养殖、经济林果、病虫防治及商品经营等农村实用技术，使农村教育更具有针对性和实用性。同时，动员州内外科学技术部门、科研机构、大专院校帮助贫困县建立农技站、农技校、职业中学以及与有关技术经济部门联合举办各类培训班，向贫困农户推广实用技术成果，以提高贫困乡村劳动力的农业生产技术水平。重点选择一些成熟可靠、容易掌握，有利于解决群众温饱、脱贫致富的科学技术，通过扎扎实实的工作，落实到项目上，落实到产业上，落实到贫困户手中，真正转化为现实的生产力。同时，广泛实施如“贫困地区百万人科技培训工程”，加强对农民的劳动技能培训，如手工技能、建筑技能、经商技能、驾驶技能、综合服务技能等，提高劳动力的综合素质，使剩余劳动力把握向非农产业转移的就业机会和能力。认真做好实用农牧业新技术的宣传、普及、培训和示范，通过农业广播电视学校、农校、职业高中、农业初中等多种途径，广泛开展科技普及活动，培训农牧民和乡村干部，不断增强农牧民运用科技的能力，提高广大农牧民的科技文化素质。此外，大力加强藏区师资队伍建设尤其是进行多渠道、多方式的师资培训，以快速提高区域教师的业务素质，要采取多种措施尽可能引进培养实用技术人才的师资力量。大幅度改善教师的工作生活条件，增加农牧区教师的工资补贴，引入竞争机制，强化责任意识，逐步建立优惠政策、科学考核、合理报酬、优惠照顾等稳定教师队伍的新机制，为甘孜藏区人力资本积累水平的提高奠定基础。

附录五：新世纪凉山州彝族贫困地区扶贫问题研究[1]

——以喜德县为例

一、凉山州彝族贫困地区概况

凉山州是全国最大的彝族聚居区，彝族人口占43.5%。2004年底总人口450万，其中农民年人均纯收入不足625元的绝对贫困人口有54万，贫困发生率为13.33%，高于全国同期水平近10个百分点。全州辖17个县市，其中扶贫开发工作重点县有11个。2003年全州国内生产总值202.35亿元，人均GDP不足4500元，农民年人均纯收入约1780元，大多数经济社会发展指标只有甚至不到全国同期水平的一半。如果以相对贫困标准来看，凉山州与全国相比整体处于落后贫困的状态。州府所在地西昌市的相对繁荣是一个例外。类似于发达地区的贫困是“插花性”贫困，彝族地区的富裕基本上属于插花性富裕。

由于历史沉淀下来的 系列与现代发展不相适应的生活习惯和习俗，加上先天自然禀赋的恶劣、资源的不足和社会发育进程缓慢，社会积累本身不足以实现社会跨越等原因，凉山州彝族贫困地区的基本状况深刻地表现在以下两个方面：

① 本文为国家社会科学基金西部资助项目《西部地区若干国家级贫困县的状况及发展路径研究》的阶段性成果。载《社会科学研究》2006年第2期。收入时有删节。课题组成员：冯永宽、王卓、赵曦、李玉珍。感谢为本文调研提供方便的凉山州扶贫办胥国荣、罗剑波同志，喜德县政府阿于古格同志、县扶贫办阿的古格同志和有关乡村的同志等。作者：王卓，四川大学公共管理学院副教授，博士。

（1）贫困人口分布广泛，几乎在所有的乡村都可以很容易地感受到贫困人口的现实存在。

（2）贫困家庭摆脱贫困的难度极大。如果温饱是作为人的最简单的生存性目标，那么在实现温饱和稳定温饱的进程中，彝族贫困家庭还需要付出许多努力。

二、国家扶贫工作重点县——喜德印象

喜德县始建于1953年，全县幅员约2200平方千米，辖17个乡、7个镇、169个行政村。全县约15万人口，彝族占85.3%。境内地形以中山为主，最高海拔4500米，最低海拔1600米。

1. **总体印象**

据资料[①]介绍，2004年喜德全县GDP达到50011万元，同比增长10.5%，人均GDP约3330元，低于全州平均水平。第一、二、三产业比例分别为30.7∶36.9∶32.4。在农业结构调整上，全县指导思想是以稳定粮食生产为主，努力增加农民收入。重点放在中低产田土改造，无公害优质荞麦基地建设，优质脱毒马铃薯基地培育，扩大优质水稻种植面积和推广优质辣椒等几个方面。林业方面，在继续贯彻执行退耕还林计划、植树造林改善生态环境的同时，全县着力发展经济林木。畜牧业方面，主要是发展牛羊等草食畜，提高出栏率和商品率。水利建设也是一个重点发展方面，包括人畜饮水工程、水土保持工程以及农村能源建设工程等。喜德县工业发展的目标是培育壮大冶金、水电和建材三大支柱产业，期望将工业化和农业产业化结合起来。第三产业发展的重点是旅游业，2004年县里通过招商引资实现了旅游业“零的突破”。显然，喜德县是一个典型的以农业为主的县，工业化还没有完全起步。

① 关于喜德县2004年国家经济和社会发展计划推行情况及2005年计划草案的报告，2005年月。

2. 贫富印象

主要表现在：

(1) 穷县的财政。县里的财源很少，2004 年政府开始农业税减免，全县公共行政与事业支出就基本上靠国家财政转移支付来维持。资料[①]显示，2005 年全县财政自我维持率约 17%。县里几乎没有国有工业企业，目前正推进三家尚存的国有控股企业改制，即电力、自来水和民爆公司，其他的在前几年企业改制时都私有化了。

(2) 百姓眼中的富人。县里最富裕的人资产估计有 100 万元，主要是在县里开矿的老板，人数不多，有几人；比较富裕的，全部资产约 5～6 万元，主要集中在一些经商的群体中，全县有十几人。在乡村，家庭资产超过 2 万元的很少，比较富有的主要是因为养的牛羊数目比较多。大多数人家里全部资产估计有 5000～6000 元，包括牛、羊、家具、劳动工具等所有值钱的东西。

3. 社会进程

凉山彝族自治州 50 年来的社会发展与变化，如果划分成阶段，大致应该是三个：20 世纪 40 年代末期中国共产党结束半封建半殖民地社会，建立新民主主义的新中国，地处西南边陲的凉山彝族自治州从农奴社会一步跨越到社会主义社会，彝族同胞摆脱了奴隶主的剥削和奴役，从“会说话的工具”被解放为自由人；20 世纪 60～70 年代的人民公社时期集体性劳动生产制度，使彝族同胞从过去为奴隶主干活转变为为集体、为大家从而也为自己干活；20 世纪 80 年代土地承包到户的农村制度改革，彝族同胞真正做了自己劳动的主人，拥有了可以自己管理生产资料和生产对象的自由。然而，几千年的封闭和依附，孤立与束缚，强制或是非强制的服从惯性却固化了一个民族，以致使其逐渐丧失推进社会发展的动力和

① 《关于喜德县 2004 年度财政预算执行情况和 2005 年度财政预算草案的报告》。2005 年 1 月。

能力。

4. **城乡差别**

全县城镇人口占比约10%，城乡差别表现在户口管治上有十分具体的含义：

(1) 参军服兵役，农村军属每年享受民政补贴200元，城镇军属每年享受民政补贴300元，理由是农村军人的承包地有30年不变的政策，农村军属可以继续从土地获得收益。

(2) 复员军人，农村去的直接回农村，城镇去的（大多数家庭都是县行政机关）由县里统一安排到乡镇有关行政或者事业单位。近两年由于每年都有复员军人回家，安排工作的压力越来越大，县里对城镇复员军人的安排转为货币化，每个人补助2～3万元不等。尽管现在没有了以往很昂贵的买卖城镇户口的情况，但是农村人口向城镇转移仍然受到限制。贫困县城镇工商业不发达，本身也很难吸引农村人口流向城镇。未来很长时期，如果没有新的强的经济增长点，贫困地区的城市化进程会很缓慢。

5. **教育困窘**

2004年全县财政支出最大部分是教育事业，占财政总支出的16.4%。[①] 过去贫困地区的教师工资是很难得到保障的，现在情况发生了改变，正式在编的教师工资在社会呼吁和政府干预下，直接通过工资卡可以按时足额领取。目前彝族贫困县的教育问题主要表现在两个方面：一是教师结构性不足，公办教师不能满足教育的需要，要靠县里自筹资金招聘代课老师。二是大中专毕业生无法就业。2004—2005年全县有1000多名大中专毕业生需要就业，自谋职业受限于经济的不发达，他们曾多次集结到县委县政府要求安排工作。目前四川省公务员录取要求“逢进必考”，尽管贫困县有公务员岗位，但彝族贫困县大中专毕业生和其他大城市的大中专毕业

① 《关于喜德县2004年度财政预算执行情况和2005年度财政预算草案的报告》。2005年1月。

生在“逢进必考”上明显处于弱势。县里寻求以自筹资金低工资招聘民办教师方式解决其中一部分人的就业问题，但无异于杯水车薪，尤其对于城镇新增劳动力更显无能为力。

三、彝族贫困乡村的扶贫实践及其挑战

喜德县1990年成为四川省扶持的贫困县，1993年成为国家扶持的贫困县，2001年成为国家扶贫开发工作重点县。20世纪“八七”扶贫攻坚计划结束时，喜德县扶贫建卡贫困户人均纯收入达525元，人均占有粮食456千克，基本实现“五八”标准并通过扶贫验收，全县农村贫困人口由1992年的5.2万人减少到2000年的1.6万人[①]，贫困发生率由49%下降到2000年的15%。

新世纪扶贫工作开始时，重新调查全县贫困人口情况的结果显示，农民年人均纯收入625元以下的绝对贫困人口有44815人，农民年收入在625～1000元间的低收入贫困人口有41615人[②]，合计86430人。新世纪全县农村贫困人口是“八七”扶贫攻坚计划时的1.6倍，扶贫任务加重了66%。

在近5年的扶贫开发工作期间，全县投入各类扶贫资金总计约4466.4万元，帮助9876人越过625元的绝对贫困线，帮助14475人越过1000元的低收入标准。相关贫困村的基础设施建设、医疗条件、教育设施等也得到不同程度的改善（见附表5－1)。

---

① 阿于古格：《从喜德县的情况谈扶贫开发中的问题和对策》，《凉山民族研究》，2004。

② 喜德县扶贫开发两资办：《喜德县扶贫开发工作中期评估报告》，2005年5月。

附表 5-1　21 世纪喜德县扶贫投入与扶贫效果一览（2001—2005 年）①

扶贫项目	资金性质	资金投入（万元）	用　途	受益群体
新村建设	以工代赈无偿资金	781.9	修路、改土、蓄水池、输电线路、住房改造、微电、提灌	35 个贫困村 村均 22.34 万元
移民扶贫	无偿资金	1417	调整土地，建设住房，修建学校、卫生医疗点、村道和入户路，建蓄水池、饮水管道，架设输电线路、购变压器	1057 户、2025 人 户均 2 万元、人均 4000 元
“三房”改造	无偿资金	192.5	新修住房、改造旧房：开窗、安亮瓦、做脊，修厕所、畜圈，硬化院坝和室内地面	770 户、20370 平方米 户均投入 2.5 万元 每平方米 95 元
教育扶贫	无偿资金	751	改造教室、宿舍，寄宿学生补助、捐赠的物质	47 所中小学校 5900 名学生
卫生扶贫	无偿资金	90	改造卫生院，补充医疗设施	8 个卫生院
工程项目	无偿资金	484	水、电、路、桥	71 个小项目
产业发展	信贷扶贫资金	100	脱毒马铃薯培育推广 黑山羊圈养补助	4 个村、47 户 200 户
基层政权建设	无偿资金	541	办公设施	2 个区 19 个乡
社会帮扶	无偿资金	112	住房改造、学校维修、支部活动室、移民	3 个村 275 户
总计		4466.4		

本文重点分析彝族贫困乡村在以下几个方面的扶贫实践及其挑战。

① 喜德县扶贫开发两资办：《喜德县扶贫开发工作中期评估报告》，2005 年 5 月。

1. **从整村推进到持续地整乡推进**

21世纪前10年中国扶贫开发工作的重点可以概括为三个方面：以整村推进扶贫规划为切入点，改善贫困地区的基本生产生活条件；以劳动力培训和转移为切入点，提高贫困农户的综合素质；以发展扶贫龙头企业为切入点，带动贫困地区调整产业结构，增加贫困农户的经济收入。[①] 在贯彻执行中央扶贫计划的过程中，凉山州彝族贫困地区创造性地将“整村推进”发展为持续地“整乡推进”。

一是整乡推进。作为一种重要扶贫方式，“整村推进”是要将不同渠道的扶贫资源整合到贫困村，更加瞄准贫困人口，提高扶贫投入效果。这一政策设计的假设是在贫困地区大面积贫困得到缓解的情况下，解决插花贫困村要集中全部力量。喜德县贺波洛乡是一个彝族聚居乡，全乡大多数的村分布在海拔2300米以上的高山上，大多数村民挣扎在温饱线上，而且收入结构单一。这样的少数民族贫困乡村仍然具有20世纪贫困乡村的特点，“整村推进”的政策设计在这里就遇到具体的挑战。因此，贺波洛乡不是一味地将扶贫工作重心下沉到贫困村，而是针对少数民族贫困乡村人口少、基础条件差的实际情况，集中各种资源 以乡为主战场 整体推进各个村的扶贫工作，取得明显成效。

二是持续推进。贺波洛乡尔吉村是一个典型的贫困村，从2002年开始纳入“整村推进”计划以来，连续4年不断投入各种无偿扶贫资金开展新村建设、三房改造、移民工程等扶贫项目，现在全村不仅水、电、路通了，而且住房实现瓦房化，30%的农户还有了电视，村里修建了全乡最好的村小，村医疗站也建起来了。

2. **关注温饱过后的住房**

整个20世纪90年代，凉山彝族自治州结合温饱工程掀起轰轰

---

① 刘坚：《如何看待当前扶贫形势》，《人民日报》，2004年10月20日。

烈烈的“形象扶贫”[①]，从三个方面向延续了几千年的陈旧生活方式宣战：

（1）改变贫困农户不讲卫生的生活习惯，搬走门前粪，建厕所，实行人畜分居，修好背水路，建好院坝等。

（2）改变传统居住习惯，改造破旧房屋，开窗通风和安置亮瓦采光。

（3）改变落后观念，树立新的生产、消费和积累意识。

尽管“形象扶贫”容易让人产生歧义，但在此期间，凉山州政府还是倾全力组织各种投入，帮助32.8万户贫困农户实现了人畜分居。进入21世纪，这个具有实质内容的“形象问题”进一步凸现，表现为三类“房不挡风雨”：一是塑料薄膜盖土的草房，在执行退耕还林政策之后，农户替代木材做屋顶的材料被迫选择地膜覆盖庄稼之后不能溶解于土的塑料薄膜；二是风吹雨打多年已经破烂不堪的瓦板房；三是风化严重、四处漏风的石板房。

农村住房修建和改造看似个体问题，实质上是一个社会公平问题。凉山州彝族贫困地区的“三房改造”对此提出了自己的解决方案。则古觉村是一个海拔2800米以上的高山村，全村有230多户，农民年人均纯收入接近600元，是一个重点贫困村。2004年县委县政府决定在该村实施住房改造，选择了其中愿意改造旧房，有劳动力愿意自己动手干，愿意自己出一定的资金，愿意签订住房改造合同，愿意接受扶贫资金的140多户作为第一批“三房改造”项目户，政府为每户提供“一万匹瓦、一吨半水泥、一车沙子、一道铁门、一扇钢窗、一些屋脊用瓷砖”折合3000元的扶贫资金补贴。在政府的组织和促进下，经过半年多的投工投劳，则古觉村的这些村民终于住上了过去奴隶主都可能住不上的有一扇小窗户、有透亮瓦顶的宽敞房屋。

---

① 马开明：《超越与变革——凉山形象扶贫》，成都：四川民族出版社，2002年版。

3. 贫困乡村在新世纪面临的挑战（略）

四、对少数民族贫困地区扶贫开发的政策建议

总结凉山州彝族贫困乡村贫困状况和扶贫实践，有以下几个问题是有效推进新世纪少数民族扶贫开发工作需要回答和解决的。

1. 穷困人口为什么越扶越多?

年年扶贫年年贫，这在贫困地区似乎成了一个怪圈。外界因此对扶贫也颇有微词。以喜德县为例，新世纪绝对贫困人口不但没有减少，反而比 20 世纪末期增加了近 2 倍。从 1986 以来，统计显示的贫困人口数量逐年都在减少，2003 年出现有史以来的“全国贫困人口反弹，增加 80 万人”的公开报道。[①]

事实上，中国绝对贫困标准从 20 世纪 80 年代以来都没有做过调整，因此，穷人数量的增加与贫困标准是没有关系的。而与此有关系的其他因素至少有三个：①贫困人口的社会经济以及自然环境恶化；②扶贫投入没有产生预期的效果；③贫困人口统计不准确。

中国连续 20 多年保持经济高速增长，宏观的社会经济环境改善是有目共睹的，2003 年全国贫困人口反弹被解释为自然灾害的原因。[②] 事实上，中国到底有多少贫困人口？现有贫困人口是静态的统计，动态的贫困情况有没有？例如返贫人口和新生贫困群体。另外，现阶段我国的扶贫目标是两个，一是解决绝对贫困人口的温饱问题（2000 年纯收入低于 625 元者），二是扶持低收入人口的发展（2000 年纯收入在 625～1000 元之间者）。新世纪前 5 年的扶贫实践表明，少数民族地区实际上缺少解决绝对贫困人口温饱问题的具体措施。以凉山州彝族贫困地区为例，新村建设扶贫工程针对贫困村，主要内容包括“五改三建”和一些基础设施建设，在具体操作上是先垫后支付，村内的绝对贫困人口因为没有钱垫付“五改三

---

① 刘坚：《中国去年贫困人口增加 80 万人》，《人民日报》2004 年 7 月 17 日。

② 吴晨光，周密：《中国贫困人口反弹的背后》，《南方周末》，2004 年 7 月 29 日。

建”或没有足够的配套资金而失去参与新村建设的机会，并因此不能受益于财政扶贫资金。信贷扶贫资金也是不用于绝对贫困人口的种养殖业项目。

因此，建议新世纪少数民族地区的扶贫应进一步明确扶贫目标和准确界定贫困群体。

2. **如何激发扶贫开发工作中的自主性和积极性？**

自完成国家“八七”扶贫攻坚计划以来，基层从事扶贫工作的同志普遍在思想上、工作状态上陷入低谷。出现这种现象的原因表面上看似主动性和积极性缺乏，根源却在指导21世纪扶贫开发工作的“扶贫纲要”过于原则，缺乏明确的实施细则。扶贫10年规划已经实施5年，建议抓紧时机进行战略性调整，并制订比较具有操作性的实施方案。

进入21世纪，扶贫工作重心从县下沉到村，全国因此确定的15万个贫困村可以覆盖约70%的贫困人口。从一定意义上讲，国家扶贫政策的调整有利于“瞄准贫困人口，提高扶贫资金的瞄准率”，但是新世纪扶贫政策在设计上有绝对化倾向，表现在两个方面：①政策假设上述贫困村及贫困人口具有相似的贫困原因和贫困程度；②扶贫措施一刀切，即全国性的“一体两翼”扶贫指导。这在实际工作中已经暴露出明显的缺陷，体现在：无视贫困村大小上的差距，无视贫困人口贫困程度上的差异，无视贫困原因上的差异，无视不同区域贫困村的差异……因此出现一个很刺激人的案例：某省会城市郊县的贫困村不知道怎样花掉20万元扶贫资金，最后干脆用来修补沟坎。而在凉山州的许多贫困村，还有许多彝族同胞过着“食不果腹、衣不蔽体、房不挡风雨”的困苦生活，却没有扶贫资金的帮助。

建议在全国“一体两翼”的扶贫大方略下，应该有分类的指导方案，允许地方，尤其是少数民族地区可以采用有针对性的、因地制宜的方式推进贫困村的扶贫工作。

3. **整合扶贫资源的机制创新在哪里**？

扶贫资金管理体制上的矛盾是一个“历史问题”，长期得不到解决。集中表现在两个方面：①始于20世纪80年代的扶贫贴息贷款设计已经不适应实际工作的需要。在国家扶贫信贷资金投入的设计中，企图通过适量的财政补贴撬动金融投入，但是扶贫20多年来，越来越明显的事实是贫困地区和贫困人口很难从这个设计框架中受益。应该有新的金融工具替代，来配合财政扶贫资金的投入。风行全球的孟加拉乡村银行模式及其在中国许多贫困地区尝试的社区联保小额信贷可以是一个选择。②财政扶贫资金管理部门太多，这个现象在民族地区尤其突出，如新增财政扶贫资金由扶贫办管理，支援不发达地区发展资金由民委管理，以工代赈资金由计委管理，科技扶贫资金由财政部管理……这不仅导致项目在贫困乡村重叠，也出现管理上的相互扯皮并直接影响扶贫投入的效果。既然都是无偿用于扶贫的财政资金，就应该有一个统一，并形成扶贫合力，而不是现在这种多头管理、分散投入的方式。

建议少数民族地区以“整体推进”的管理主体整合扶贫资源，使扶贫资源最直接有效地靠近扶贫目标。

4. **绝对性贫困与扶贫标准的刚性是一回事吗**？

众所周知，贫困分为绝对贫困和相对贫困。绝对贫困是以生理对食品的基本需要为出发点，但是任何关于基本食物预算的概念都包含着爱好和习俗问题。现有的农村扶贫标准不能解决农村贫困人口的温饱乃至生存问题。我国扶贫标准一致沿用20世纪80年代中期满足基本生存需要的“一揽子商品清单”，这些年只是根据物价进行同步调整。2003年农民年人均纯收入637元的标准是不能适应穷人的生活状况和社会经济发展水平的。在凉山州彝族地区，即使在农民年人均纯收入700元的标准下，农户也有2～3个月是缺粮的。

建议与世界银行倡议的国际贫困标准“平均每天1美元

(PPP)”接轨，以中国现在的经济发展水平完全有这个接轨的能力。适度调整贫困标准，使其既能切实反映贫困人口的生存状态，也可确保实现联合国千年发展目标。

5. **贫困的长期性和扶贫工作的职能化与专业化需求相适应吗**?

国家扶贫机构在成立之初，界定扶贫是一项短期的任务，因此组织安排和制度安排都具有很强的临时性和应急性。20 年来，一些地方的扶贫办成了安置办，人员老化、知识老化、思想固化等已经不能面对新世纪扶贫工作提出的挑战，并阻碍扶贫工作的深入推进和有效开展。

贫困属于历史的、社会的、经济的范畴，尤其像中国这样一个处于社会主义初级阶段的国家，城乡贫困问题的存在绝对不是一个短期的现象，也不是一朝一夕就能解决的事情。因此，在科学发展观的前提下，在创造和谐社会的目标追求下，扶贫应该有科学的指导思想，有系统性的政策安排，有专业化的工作队伍，有职能化的组织指导，有规范化的执行。唯有如此，缓解中国贫困状况才是可以期待的。

附录六：以需求战略取代开发战略①
——宁夏西海固调查

一、西海固调查

西海固位于宁夏中南部山区，包括西吉、海原、固原、泾源、彭阳、隆德和盐池、同心8县，幅员3.04万平方千米，240万人口，其中回族人口119万，分别占宁夏回族自治区总幅员、总人口和回族人口的60%、46%和66%，是宁夏的半壁河山。西海固地区8县均为国家级贫困县，因其与甘肃河西、定西以“贫瘠甲天下”齐名而并称“三西”贫困地区，并成为20世纪中国贫困地区的代名词。80年代初期，“三西地区”以实施由国家投资为重点的“三西农业建设项目”为契机首开中国农村大规模扶贫之先河而成为中国农村扶贫的发祥地，从而在中国扶贫史上占据了重要位置。1982—2002年间，国家每年投入2亿元财政专项资金用于“三西地区”的农业建设项目，并与1984年开始的扶贫资金合并使用，对包括西海固在内的“三西”贫困地区予以特殊扶持。其间，有关西海固地区的贫困状况、扶贫进展及其取得的成效和面临的困难等频频见诸各种新闻媒体，从而引起国际社会的广泛关注。要了解贫困，不能不去“三西”，更不能不去西海固；要研究扶贫，也不能不去西海固；要研究贫困地区县域经济的发展，同样不能不去西

① 本报告为国家社会科学基金西部资助项目《西部地区若干国家级贫困县的状况及发展路径研究》（项目编号：04XJL018）的阶段性成果。西海固调查得到宁夏回族自治区、固原市及西吉、海原、固原三县扶贫办的大力支持，谨此致谢。作者：李玉珍、王卓、冯永宽。

海固。

鉴于西海固在中国农村扶贫史上的重要地位，课题组在完成西部新疆、甘肃、西藏、贵州、四川五省区20余个国家扶贫工作重点县调查的基础上，于2006年8月前往宁夏西海固，对西吉、海原、固原三县进行实地调查。通过走村入户访问，与乡村干部座谈，向县、地、区三级扶贫部门请教，查阅大量历史文献、统计资料和有关西海固扶贫的学术专著，使我们对西海固昔日的贫困状况有了一些直观的了解，对西海固扶贫工作的艰辛有了认同，对西海固扶贫的巨大成就感到由衷的高兴。但是当我们面对眼前西海固地区被夏天的烈日烤得枯焦的黄土地时，对这里恶劣的自然条件和恶化的生态环境仍然感到震惊，尤其是从银川乘飞机返程时所看到的中南部山区的大片荒漠和干旱景象时，对西海固的未来发展无论如何也难以乐观起来。西海固之行给我们对本课题的研究以深刻启迪，也引发了我们对新世纪中国扶贫开发总体战略的重新审视和思考。

二、“贫困之冠”西海固

与北部“塞上江南”的富庶相比，中南部西海固山区的“苦甲天下”尤为鲜明。西海固地处黄土高原，北部属于荒漠半荒漠区，包括同心、盐池两县全境及海原县北部，中南部属黄土高原干旱半干旱区、丘陵沟壑区和六盘山土石山区。西海固土地贫瘠、资源匮乏、干旱少雨、植被稀疏、沟壑纵横、交通闭塞。全区绝大部分地方年降水量不足300毫米，蒸发量高达2000多毫米，干旱发生率大于70%，农业生产条件极差。虽然耕地面积占宁夏回族自治区的72%，但粮食总产量却不到全区的25%。由于自然条件恶劣、生态环境恶化、水土流失严重、自然灾害频繁、生产力水平低下，县域经济发展缓慢，农民长期不得温饱，宁夏的贫困人口主要集中分布在这里。1982年“三西”农业建设项目开始实施时，全国农村绝大多数人口已经依靠农村改革基本解决温饱，而西海固地区农民年人均纯收入仅为44元[①]，70%以上农户不能维持基本温饱。按照1994年宁夏回族自治区党委、政府抽调省级13个综合部门组成8个调研组深入宁南山区8县对农民所作的家计调查（见附表6—1），1982年西海固8县均处于贫困状态显然是不争的事实。即使“三西”农业建设实施10年之后，1993年底，据自治区农调队抽样调查，中南部山区8县农民人均纯收入不足300元的贫困人口仍有63.9万人，占农业总人口的32%；纯收入300元～500元的贫困人口为75.9万人，占农业人口的38%，两者相加，生活在温饱线（1990年不变价，500元）以下的贫困人口共有139.8万人，仍然占农业人口的70%。[②]

附表6—1　1982年西海固地区农民人均粮食、纯收入（家计调查）统计表

县 名	西吉	海原	固原	彭阳	隆德	泾源	盐池	同心	8县平均
粮食(kg/人)	95.00	32.10	105.20	113.90	217.0	179.90	29.80	27.3	92.8
纯收入(元/人)	89.02	84.54	114.70	—	147.50	108.85	173.41	82.89	126.58

资料来源：宁夏农建委、扶贫办编《走出贫困的探索》，第258～260页，1997年。

关于西海固的贫困状况，秦钧在他的长篇报告文学《扶贫西海固》中有着详尽的描述。原国家农林部副部长杨立功于1987年审阅秦钧的长篇报告文学《出路》中记述他1972年前往西海固调查的那一段文字后，叫秘书在打印稿的空白处写下了这样一段话：

我们一行人走进一个农民家，只见这家的屋里几乎没有什么像样的家具，炕上的被子又小又旧，看样子至少盖了20年。

① 宁夏扶贫办：《中国农村扶贫开发纲要（2001—2010年）》暨《宁夏农村扶贫开发规划（2001—2010年）》执行情况中期评估报告，2005年。

② 郭占元：《宁夏扶贫开发工作实践与研究》，银川：宁夏人民出版社，1998年版，第10页。

在这家的厨房，隔开土炕与锅台的土坎上有6个用水泥抹成的坑，坑口的直径都是十几厘米。我们觉得很奇怪，好端端的土坎剜这些坑干什么？后来一问这家的女主人才知道，没钱买碗，这些坑就是这家的饭碗。我往这家的案板上一看，果然只有两三个破碗，显然不够他们全家六口人用，而且那两三个碗破得几乎都不能盛饭了。①

在《扶贫西海固》一文中，秦钧以自己调查的海原县徐套乡徐套村一个不能糊口的贫困户和李俊乡联合村一个超生的贫困户两个案例，与世界银行关于全球贫困问题的专题报告《1990年世界发展报告》所列加纳和孟加拉两个贫困家庭的案例加以对比之后写道：

不管是把中国当时年人均纯收入150元的温饱标准与世界银行以购买力平价计算的人均每年收入275美元到370美元的贫困线的上下限相比，还是把西海固的实际状况与世界银行调查的其他国家的贫困农户的状况相比，中国一些贫困户的贫困程度都是有过之而无不及的。从这个意义上说，西海固地区一些贫困户的贫困程度，毫无疑问都是“世界级的”。②

三、西海固扶贫成就卓著

发端于“三西”农业建设项目的西海固扶贫，20余年间的巨大投入获得了巨大的回报。1999年，西海固地区8县农民人均纯收入达到1108元，基本生产生活条件得到很大改善，85%以上的农户基本上实现了吃饱穿暖的愿望，贫困发生率下降到13.9%，“在全国率先实现了以县为单位整体解决温饱的目标”。（宁夏扶贫办：《中国农村扶贫开发纲要（2001—2010年）》暨《宁夏农村扶

①② 秦钧：《扶贫西海固》，西安：西北大学出版社，1995年版，第7、14页。

贫开发规划（2001—2010年）》执行情况中期评估报告，2005年6月）进入21世纪以来，西海固扶贫再上了一个台阶：

（1）基本生产条件进一步改善。2001—2004年，西海固8县累计修建旱作基本农田627.88万亩，人均2.75亩，为减少水土流失、全面改善生态环境、稳定解决温饱奠定了坚实基础。

（2）基础设施逐步完善。扶贫重点村打井窖4.53万眼，新建人畜饮水工程142处、塘坝78座，有效缓解了人畜饮水困难；新修乡村道路1641千米。海原县18个乡镇全部修通了油路，167个行政村中142个通等级公路；改建农村电网4187千米，农电入户率达94%以上，西吉、海原、固原三县行政村通电率达100%。

（3）养殖、马铃薯、劳务输出三大支柱产业初具规模。2004年海原县人工种草达97.4万亩，牛存栏44134头，羊存栏324541只，养殖业产值占第一产业产值的57.63%；西吉县马铃薯种植面积73万亩，马铃薯系列加工企业100多家，农民人均马铃薯收入500多元，占全年人均纯收入的40%左右；劳务收入占全区农民人均纯收入的35%以上，固原县劳务收入占人均纯收入约四成。

（4）生态环境开始改善。2000—2004年间，西海固8县完成退耕还林954万亩，其中退耕地造林456万亩，荒山造林498万亩，156万农民人均获得退耕还林补助790元（含以粮折款），2005年人均高达194元，占当年人均纯收入的25%。据初步测算，退耕还林工程使全区20%左右的农户走出了贫困，并腾出大量劳动力搞劳务输出从而增加了收入。[①] 正是在这个意义上，西海固的干部和农民将退耕还林工程视为一项直接惠及贫困人口的扶贫工程和造福子孙后代的生态重建工程。2001—2005年间，固原县累计完成退耕还林面积近100万亩，森林覆盖率上升到12.7%。

（5）社会事业发展较快，贫困人口的精神面貌有较大改变。

---

① 杨晓荣：《宁夏扶贫资金使用问题研究》，四川大学2006年国际反贫困研讨会论文，《西部发展评论》2006年第3期。

2002—2004年，西海固8县计划生育率由66.78%提高到74.81%，超生致贫、超生返贫的势头开始得到遏制。

(6) 贫困人口收入大幅上升，贫困发生率进一步下降。截至2004年，西海固8县农民人均纯收入达1487元，比1999年增加34.2%，37.5万人摆脱贫困，贫困发生率从2000年的24%下降到6.9%。① 新世纪扶贫堪称成就卓著。

四、西海固扶贫面临的基本制约

然而，导致西海固贫困的根本原因并未消失。进入21世纪，西海固扶贫和未来发展面临着不少制约。

1. 自然条件约束

西海固地处黄土高原干旱、半干旱过渡地带，干旱少雨，三年一大旱，小旱年年有。低温、霜冻、冰雹、暴雨、大风、地震等多种自然灾害连年不断，交替发生，尤其是干旱成为西海固致贫的首要原因。经过20余年的“三西”农业建设，农业生产条件得到较大改善，但因灾致贫、因灾返贫的趋势仍无力逆转，旱灾首当其冲。据气象资料记载，西吉县1949—1999年50年间，旱灾、雹灾、冻灾三种发生频率最高的自然灾害发生的年份有48年；“三灾”成灾年份分别为24年、39年和16年；“三灾”并发且同时成灾的年份有13年，尤以旱灾成灾面积最广且损失最为严重。例如1982年“三西”建设开始年正好赶上西吉“三灾”并发年，受灾和成灾面积均为88867公顷，旱灾成灾面积57933公顷，占成灾面积的65%；1987年又是“三灾”并发年，受灾面积和成灾面积均为67251公顷，旱灾成灾面积56355公顷，占成灾面积的84%。②

---

① 宁夏回族自治区扶贫办：《中国农村扶贫开发纲要》暨《宁夏农村扶贫开发规划》执行情况中期评估报告，2005年6月。

② 杨生宝，王学江：《西吉县50年农作物受灾情况》，《西吉扶贫开发工作研究》，北京：中国农业出版社，2005年版，第13~14页。

2006年8月12日，笔者一行在海原县扶贫办主任杨立廷等陪同下访问郑旗乡老鸦村红涝坝自然村时，村支书李进寿告诉我们：老鸦村自古以来就是贫困村，贫困的原因主要是干旱。1973年海原大旱时，全村庄稼颗粒无收，全村男女老幼全部外出讨饭度日，牲口牵往吴忠市寄养。灾后第二年，人逃了条活命回家了，可牲口只回来了一半。国家供应救济粮为人均每月9～10千克玉米，根本就不够吃。2002—2004年连续干旱，全村2/3以上劳力外出打工维持生计。2006年又遭受几十年不遇的大旱，许多农户种的土豆连种子都收不回来。当我们问及村支书如何考虑该村的未来发展时，支书告诉我们，这里要命的是干旱，唯一的出路是向灌区移民。可是，11个自然村，2000多口人，可不是一个小数目，往哪移呢？同行的两位县扶贫部门的负责人也感到茫然。

2. **人口与资源失衡**

这既是致贫的原因，又是贫困的结果。当人口增长超过了土地的承载能力时，贫困便在所难免。

西海固地区自然环境本来就很严酷，土地产出低，人口环境容量有限。按外国学者的研究，干旱区人口承载力的理想值为7人/平方千米以下。由于人口的高速增长，西海固地区的人口密度已由1949年的18人/平方千米增加到2001年的105人/平方千米。（《宁夏统计年鉴2002年》）

1949—1999年50年间，西吉县总人口从87470人增加到450471人，人口密度由34人/平方千米增加到144人/平方千米，人均耕地由1.07公顷下降到0.17公顷，人均产粮从207千克下降到171千克。[①] 1949—1979年30年间，同心县总人口由3.7万人增加到30万人，人均耕地从2.66公顷下降至0.33公顷，年均人

① 杨生宝，王学江：《西吉扶贫开发工作研究》，北京：中国农业出版社，2005年版，第23页。

口出生率和自然增长率高达46‰和35‰。[①] 宁夏回族自治区扶贫办关于《中国农村扶贫开发纲要（2001—2010年）》（以下简称《纲要》）和《宁夏回族自治区扶贫开发规划（2001—2010年）》（以下简称《规划》）执行情况的中期评估报告指出：截至2003年，西海固地区的人口仍然处于"高出生率、低死亡率、高增长率"阶段，"2003年人口自然增长率为15.41‰，高于自治区11.56%和灌区8.92‰的增长率，人口过度增长超过了土地资源应有的容量。""这不仅给当地的生态环境造成了极大压力，也给地区社会经济等各项事业的发展和新阶段的扶贫开发带来了巨大压力。""三西"农业建设和扶贫开发的部分成果已经为迅速增长的人口所吞噬，这也是西海固扶贫投资效益下降的重要原因。正如原宁夏回族自治区扶贫办主任郭占元指出的那样，"八七"扶贫攻坚期间，用于西海固各种渠道的资金投入每年高达3亿元左右。"但由于人口的高速增长，大量人力物力投入所产生的扶贫效果被部分或完全抵消。如吊庄移民，每迁出1人，政府和农民个人需支付用于搬迁的各种费用1.5万元左右，从1984年至今（1992年，引者注）累计从西海固地区向吊庄移民约22.2万人，总投入33.3亿元。但同期西海固地区新增加56.47万人，吊庄移民的成效完全被新增人口所抵消了。"[②] 按照联合国沙漠化会议确定的干旱半干旱区人口压力临界值20人/平方千米和1988年中国8省区生活标准测算的人口压力临界值40.8人/平方千米、干旱半干旱区极限人口容量临界值48.7人/平方千米来评价西海固地区，可以认为人口与资源早已严重失衡。

3. 生态环境恶化

这是人口与资源失衡的必然结果。早在"三西"农业建设开始

① 秦钧：《扶贫西海固》，西安：西北大学出版社，1995年版，第13页。

② 郭占元：《宁夏扶贫开发工作实践与研究》，银川：宁夏人民出版社，1998年版。

前，中央领导同志便尖锐地指出："现在农村如果出问题，很可能是出在自然环境、生态平衡遭到破坏上，而这种破坏是带根本性的。"并以这样的远见卓识作出了"三西"农业建设这一带战略意义的重大决策。"三西"农业建设提出的"有水走水路，无水走旱路、水旱路都不通另找出路"的建设方针和"三年停止植被破坏，五年解决群众温饱，两年巩固提高"的十年建设步骤，力图从修复业已恶化的生态环境这个源头上根治"三西"的贫困，应当是医治"三西"贫困的一剂良方。随后又结合扶贫攻坚，延续至2002年历时20余年。至2004年，西海固地区的贫困发生率下降至6.9%，才初步完成基本解决群众温饱的目标。而这一目标的初步实现，也在很大程度上得益于退耕还林这一生态重建工程的实施。正如《纲要》中期评估报告所说，"在国家退耕还林还草工程的有力支持下……贫困地区的生态环境得到明显改善。"

在评估西海固扶贫工作时，应特别注意以下三点：

一是贫困发生率的下降与近年实施的退耕还林工程密切相关，相当一部分贫困农户是依靠国家退耕还林工程补助得以度过三年连续干旱并走出贫困的。据宁夏扶贫资金使用研究表明，仅"2005年退耕还林还草工程农民直接获得退耕还林还草补贴收入193.9元，对收入增长的贡献率达25%。据初步测算，退耕还林还草工程使山区20%的农户摆脱了绝对贫困，进入温饱层次。"[①] 例如海原县郑旗乡老鸦村，党支部书记李进寿告诉笔者一行：2002—2004年连续三年大旱，是本村最困难的时期，但没有出现1973年外出逃荒的情景。本村在退耕还林区内的23户共退耕还林423亩，户均近20亩，靠国家补贴度过了灾荒。其余农户全靠外出打工维持生计。全村435户，缺粮3个月以上的约300户。（调查笔记）可以认为，以粮食换生态工程是一项实实在在让穷人得到实惠的扶贫

① 杨晓荣：《宁夏扶贫资金使用问题研究》，2006年四川大学国际反贫困大会论文，载《西部发展评论》2006年第3期。

工程，至于在老鸦村的规划是否公平，此处不予置评。

二是与贫困程度的缓解步伐相比，西海固地区生态环境的修复步伐显然缓慢了些且艰难得多。如果稍有闪失，例如退耕还林补贴的8年期限于2010年以前先后到期，而笔者一行在退耕还林的生态林区内所看到的仍然是尚未成林的幼苗，而且很难像南方雨水充足的地方一样在短期内成林。到期国家即终止向农户的补贴，有限的生态成果将可能毁于一旦，不仅使贫困农户重返贫困，而且极有可能重新走向“退林还耕”。

三是西海固何时才能走出贫困与生态恶化的恶性循环？关于人口与资源失衡导致的贫困及其恶性循环，不少大师级专家学者均作过自己深刻的论述，这里引述两位西吉县扶贫办从事扶贫工作多年且生于西海固、长于西海固的本地专家以精确的数据向外界揭示的西海固贫困恶性循环的过程及其内在机理。

由于人口的不断增长，土地的产出越来越满足不了生活的需要，尽管全部精力用在了种植业生产，但每年仍靠吃回销粮来弥补。当初的现状令人不堪设想，正如农民所说的：“一样缺了样样缺，样样缺了添炕（煨炕的燃料）缺”。农民炊事取暖的燃料除了作物秸秆和牲畜粪便之外，能够索取的对象只能是自然植被。每年每户要有一个劳动力专门从事铲草皮、扫茅衣、拾牲畜粪便满足燃料的需要。每遇农闲日和农闲季节，几乎所有的农村妇女都会背上背篓上山砍柴。烧掉了饲草、烧掉了肥料和草皮，饲料、燃料、肥料都处于供不应求的状态，使自然生态没有休养生息的机会。根据1981年全县农业区划时的调查和实测，农林牧业之间的用地结构为67.4∶3.3∶9.3。1980年全县炊事、烧炕等生活燃料的总耗量为2.54亿千克（生物质干重，下同）。其中，野草、草根1.23亿千克，占比为32.7%；农作物秸秆为0.31亿千克，占比为12.4%；薪柴为0.15亿千克，占比为5.9%；煤炭为0.02亿千克，占比为0.6%。烧掉的畜粪占人畜总排泄量的65.9%，其余的用作肥料；烧掉的秸秆占秸秆总产量的24.6%，其余的用作饲草。

按这两种生物质燃料所含的氮、磷、钾和每生产100千克小麦需要的氮、磷、钾折算，一年相当损失1500万千克小麦，这个数字是惊人的。这只是直接和直观的负效应，连锁反应背后还潜伏着生态危机。根据1981年的土壤普查证实，全县水土流失在不断加剧，黄土丘陵地年侵蚀模数平均为8000吨/平方千米，比1959年增大了19.7%，土壤有机质为1.2%，全氮为0.09%，全磷为0.25%。滥垦滥伐和过度使用自然植被的结果，无疑是两个恶性循环的直接原因，即黄土高原的“越穷越垦，越垦越穷”和黄河中下游的“越险越修，越修越险”，而且染黄了一片海洋——渤海。这种由“一黄”（黄土高原）的水土流失引出了“二黄”（黄河、渤海）的现象，是要求人们从停止破坏开始来改变生存环境的最直接的理由。①

五、以“需求”战略取代“开发”战略

所谓“需求”战略包括三个方面：一是向以生存贫困为主体的绝对贫困人口提供基本生存条件的满足，包括政府、社会力量和国际机构向他们提供粮食、衣物等生活必需品和基本住房、人畜饮水、卫生设施、疾病治疗等以迅速缓解贫困状况，这是西部农村扶贫的战略基础；二是向以收入贫困和知识贫困为主体的相对贫困人口即低收入贫困人口提供基本生产条件的满足，包括通过政府扶持、社会援助、以工代赈、个体参与的方式向贫困人口提供最基本的生产条件，帮助其修建基本农田、水利设施、乡村道路及基础能源、通信设施，全面改善农业生产条件，为贫困农民增收致富奠定基础，这是西部农村扶贫的战略重点；三是向以能力贫困和权利贫困的全体贫困人口提供基本发展能力的满足，包括通过基础教育、职业技术教育和多种层次的技能培训，提高贫困人口的生产技能和

① 杨生宝，王学江：《西吉扶贫开发工作研究》，北京：中国农业出版社，2005年版，第61～62页。

择业能力，提高贫困人口在市场经济条件下的自我生存能力、自我选择能力和自我发展能力，这是西部农村扶贫的战略目标。

"满足基本需求"是"三西"农业建设项目得以成功的关键。"三西"农业建设项目是一项综合性极强的系统工程。围绕解决贫困人口温饱问题这个中心，项目选择了"有水走水路，无水走旱路，水旱不通另找出路"的扶贫开发战略及与之相应的引黄灌溉、修造梯田、吊庄移民三大战略措施。介入已遭受严重破坏的生态环境的治理，拟定"三年停止植被破坏，五年解决群众温饱，两年巩固提高"的建设步骤，着眼于生态环境的修复以期实现人口、资源和环境的协调发展，从而根除贫困。

第一步，三年停止植被破坏。首先从满足贫困人口的基本能源需求出发，从修复生态环境最基础的环节——解决农村能源入手，采用开源与节流的办法，实施了种草植树、供煤植薪、改造炕灶、开发利用太阳能等项目来解决农村生活用能，从根本上制止乱开垦、铲草皮、挖草根等人为对自然的破坏。解决了燃料问题，也就排除了修复生态环境的最大障碍，使造林与育林得以协调发展，从而恢复西海固地区的森林植被。

第二步，从改善生产条件入手修造梯田，引黄河水发展水浇地，提高粮食产量，以满足贫困人口的基本食物需求，制止开荒，停止植被破坏，防治水土流失。

第三步，从缓解人口对环境的压力入手，对于一方水土养不活一方人的贫困山区实行有组织的吊庄移民，是跳出贫困地区解决贫困问题的不得已而为之的办法，实践证明也是一种有效缓解贫困的办法。

"需求"战略必须以较强的国力为基础。拉开全国大规模扶贫序幕的"三西"农业建设项目开始时，全国仍处于"普贫"状态。一方面是农村2.5亿人口尚未解决温饱，均亟待国家予以扶持；另一方面是综合国力薄弱，国家扶贫投入尤其是财政扶贫投入极为有限。为缓解无限的需求与有限的投入之间的矛盾，国家采取了有别于“需求”战略的“开发”式扶贫战略，强调自力更生为主，国家扶持为辅，实现了救济式扶贫向开发式扶贫的转变，由单纯的直接救济向贫困地区经济综合开发的方向转变，由单纯的向贫困地区“输血”向增强贫困地区“造血”功能的转变，强调对贫困地区实行特殊政策，鼓励贫困地区通过开发丰富的地上地下资源，兴办地方企业，增强贫困地区的经济实力以缓解贫困。“三西”农业建设项目能有如此巨额的持续投入并延续整整20年，与全国扶贫项目相比，应视作一个特例。应当说，开发式扶贫战略与当时的国情国力是相适应的，以后一直沿用至今。进入21世纪，在我国的国情已经发生了巨大变化，综合国力已经大为提高，贫困状况已经大为缓解的情况下，尤其是贫困地区因为过度开发已使生态环境日益恶化的情况下，透过西海固重新审视开发式扶贫战略，我们认为应该予以调整了。以“需求”战略取代“开发”战略的时机和条件已经基本具备。这是基于：

第一，全国贫困人口已大幅减少，贫困发生率已大为下降。2005年，全国贫困人口为2365万，贫困发生率为3%，即使昔日“苦瘠甲天下”的西海固地区，与2000年相比，贫困人口也已由52.7万人减少至15.2万人，贫困发生率也由24%下降至6.9%。而国际经验表明，当一个国家或地区随着经济增长而使贫困发生率下降至10%以内之后，贫困人口便很难分享到经济的进一步增长的成果，而满足贫困人口的“基本需求”便成为政府的直接责任。

第二，中国的综合国力比扶贫开始时期已大为增强，以2006年近3万亿美元的GDP（人均1700美元）、4万亿元人民币的财政收入和超过1万亿美元的外汇储备，对于2300多万的贫困人口和3%的农村贫困发生率来说，已经具备相应的财力和物力。提出以需求战略取代开发战略并非强其所难。

第三，鉴于目前西部贫困地区已经十分脆弱的生态环境，例如频发于西北地区的北方沙尘暴和荒漠化，西南地区的江河严重污染和日益严重的石漠化，以及国家产业政策限制的“地方五小工业”

等，可供开发的地上地下资源已经不多，过度开发将给贫困地区带来的只能是“人口贫困—资源开发—环境退化—加速开发—环境恶化—贫困加剧”的最终结果，开发式扶贫似已走到了尽头，实该予以调整了。

附录七：从贫困到小康[①]
——西藏林芝地区小康建设研究

一、小康建设的成就

林芝地区位于西藏自治区东南部，区域总面积 11.7 万平方千米，实际控制面积为 7.6 万平方千米，辖林芝、波密、察隅、工布江达、米林、朗县、墨脱七县，共计 55 个乡（镇），705 个行政村，拥有汉族、门巴、珞巴、独龙、纳西、怒族等 24 个民族，全地区人口 15.47 万。中央第三次西藏工作座谈会以来，全地区各级党政组织在区党委、政府的正确领导下，在全社会的支持，特别是广东、福建两省的大力援助下，深入贯彻中央第三、第四次西藏工作座谈会精神，认真落实区党委关于林芝地区工作的会议纪要，团结带领全地区各族干部群众，解放思想、更新观念、艰苦奋斗、开拓进取，经济建设和社会事业取得了长足的进步。

1. 经济发展实现飞跃

从“九五”到 2003 年的 9 年间，全地区国内生产总值连续以 15%以上的速度高速增长，2003 年全地区 GDP 达到 19.18 亿元，比 2002 年增长 17.8%，比 1995 年增长 5.8 倍，人均 GDP 达到 12288 元，高出西藏自治区人均 GDP（6871 元）78.84%，农牧民人均纯收入 2516 元，高出西藏自治区农牧民人均纯收入（1690

① 本文为 2004 年度国家社科基金专项资助西部地区研究项目：《西部地区若干国家级贫困县的状况及发展路径研究》（项目编号：04XJL018）的中期成果之一。载《经济体制改革》2005 年第 2 期。作者：赵曦 。

元）48.88%。财政收入 11200 万元，同比增长 14.52%。第一、二、三产业比重从 1995 年的 65∶15∶20 调整为 2003 年的 16.7∶33.8∶49.5。区内第三产业发展尤为迅速，旅游产业不断发展壮大，农牧区和农牧产业结构调整稳步推进，小城镇建设有序发展，基础设施建设力度不断加大，投资环境日益完善。在经济迅速发展的同时，城乡居民收入稳步增加，农牧民生活水平和质量不断改善，农牧民人均粮食占有量、人均纯收入、人均储蓄持续居全自治区之首，多数群众温饱有余，基本实现小康的乡镇已达 23 个，小康村 274 个，小康户 8382 户，进入小康的人口 42832 人，占全地区农牧民人口总数的 42.5%。

2. 基础设施明显改善

9 年来，林芝地区累计完成固定资产投资 30 多亿元，建成了一大批对地区经济社会发展具有重要作用的交通、水利、能源、通讯项目，已竣工的“117”项目 5 项，28 个子项目，完成投资 30251.1 万元，在建重点项目共计 58 个，概算总投资 121688.84 万元。小康建设实施以来，林芝地委、行署加大了对农田水利和农牧区交通、能源、通信等基础设施建设和农业综合开发的投入力度，建设了一批抗灾能力强的骨干水渠，启动了地区人畜饮水工程，加快了对县、乡、村道路的建设步伐，新修乡村道路 56.4 千米，通邮乡由过去的 83%提高到 90%以上，80%以上的乡（镇）和 20%以上的村已经通了电话，固定电话用户达到 18221 户，移动电话用户达到 17000 户，通讯条件进一步改善。几年来，地委、行署又投资近 3 亿元，在沿 318 国道和 306 省道及条件较好的乡村建立了 12 个农牧区小城镇。

3. 特色经济初具规模

“九五”初期，地委行署在保证粮油稳定增长的基础上，着重抓烟叶生产基地、蔬菜饲料生产基地、油桐茶叶生产基地、干鲜果品生产基地的建设。在提高牲畜质量、提高总增率、出栏率和商品率，实现畜牧业最佳经济效益的同时，着重抓好城镇近郊的生猪生产基地、羔羊育肥生产基地和奶牛、肉牛生产基地的建设；并致力进行错高湖、巴结千年古柏、鲁朗原始森林、雅鲁藏布江大拐弯、南迦巴瓦峰、朗县古墓群等旅游景区基础设施建设，旅游产业从无到有且不断发展壮大，推出了6条旅游特色线路和8大景区，50多个景点。坚持以增加农牧民收入为重点，积极推进农牧业结构的战略性调整，在藏药业发展方面，积极推进奇正藏药厂和地区藏医院的横向联合，提高了藏医药研制、开发、生产的综合实力和整体水平。目前，以特色农牧业、生态旅游业和藏药业为主体的区域特色经济发展格局正在形成。

4. **社会事业发展迅速**

经过“九五”以来的建设发展，林芝地区人民生活水平得到很大提高，基本实现了由贫困走向温饱、由温饱逐步进入小康的历史性转变。在经济实现超常规发展的同时，文化、教育、卫生等各项社会事业也得到迅速发展。截至2003年底，全地区共有各级各类学校231所，7县中有6县实现“普六”，5县“普九”工作全面启动，“普六”人口覆盖率达到94%，“扫盲”人口覆盖率达73.3%；已建成比较符合标准的县级文化馆5个，乡镇文化站43个，村级文化室251个；人民群众健康水平明显提高，婴儿死亡率为15.73%，人均蛋白质摄取量、城市人均拥有铺路面积和恩格尔系数都达到1991年国家颁布的小康标准；全地区安全卫生饮用水普及率达到37.74%，大大高于西藏农牧区安全卫生饮用水普及率16.5%的水平。基本卫生服务体系逐步建立，地方性疾病得到有效控制，农村合作医疗县、乡、村覆盖率分别达到100%、88.7%和93%，参加合作医疗的人口覆盖率达76%。城镇住房人均使用面积为29平方米，农牧民石砖木结构住房人均使用面积为37平方米，农村通公路行政村比重为72.8%，农村供电户达70%，建成“村村通”广播电视站454个，农村广播电视覆盖率分别达89.5%和92.5%，通电话村达20.14%，部分乡镇出现了汽车村、电视村、电话村和手机村。

5. **生态建设成效显著**

林芝地委、行署围绕“努力把林芝地区建设成生态大地区，把八一镇建设成为生态良好、环境优美、设施一流、服务上乘、最佳人居环境的国家级优秀旅游城市”的发展定位，初步建成了尼洋河流域防护林体系、“318国道绿色长廊”等生态工程，累计完成林地更新4.9万亩，成片造林0.43万亩；累计封山育林220余万亩；新增城镇绿地面积5.3万平方米。2003年，完成了退耕还林各项栽植任务和以户为单位的填卡建档工作，完成退耕还林还草面积18948亩。已拥有雅鲁藏布大峡谷、察隅慈巴沟和工布江达3个自然保护区，总面积达317.4万公顷，是1995年自然保护区总面积的16倍，成为自治区生态环境最佳的地区。

二、小康建设的基本模式

1. **国家扶持、社会援助**

国家扶持和社会援助是“九五”以来林芝地区小康建设的基本前提。为了使西藏经济发展水平赶上全国其他地区，党和国家给予了西藏大量的人力、物力和财力支援。“九五”以来，广东、福建两省按照中央的部署，对口支援林芝地区，先后共选派了两批95名援藏干部到林芝工作，共投入援藏资金6.5亿元，建设项目430多个，这些项目起点高、领域广、质量优、效益好，为林芝经济的超常规发展创造了条件。2001年2月，国家经贸委在成都召开援藏工作会议，确定广东、福建两省第三批对口援藏项目27个，总投资16000万元，其中，广东对口援助项目20个，总投资为9000万元，对口支援工作已涉及地区7个县和30个部门，援助项目内容和范围包括能源、交通、商业、文教卫生、市政建设、旅游设施等。在城市基础设施相对完备的情况下，广东、福建两省第三批援藏将工作重点转向农牧区，以建设造血型项目为主，加大了对农牧区基础设施的建设力度，极大地改善了农牧区交通、能源、通讯状况和社会发展面貌，对相关部门和行业的连动发展起了很大的作用。

2. **思路明确、措施得力**

思路明确、措施得力是“九五”以来林芝地区小康建设的重要保证。早在1996年，地委、行署就根据区党委关于林芝地区工作会议纪要精神，结合林芝地区实际，明确提出了“抓住机遇，加快发展，为林芝地区早日实现小康而奋斗”的目标，要求各级党委政府进一步解放思想、转变观念，树立超常规发展的思想，以超常规的工作和超常规的速度加快地区经济的发展步伐，带领全地区各族人民实施了以城带乡、以乡促城、城乡一体化协调联动的发展战略，狠抓产业结构调整、企业改革、特色经济、财源培植、对外开放、科技教育、基础设施建设、小城镇建设、精神文明建设、稳定工作等10件大事，取得了经济的超常规发展。2003年，在林芝地区工作会议上，根据新世纪、新阶段、新要求和地区发展具体实际，地委、行署提出了深入贯彻党的十六大精神，为率先全面建设小康社会而努力奋斗的发展目标，提出了推动林芝经济跨越式发展的“1231”新思路，即紧紧围绕经济建设中心，加快小城镇建设和基础设施建设，大力发展特色农牧业、生态旅游业和藏药业，率先实现全面建设小康社会的奋斗目标。制定了全地区2003年工作的目标，要求全地区各级党政组织特别是各级领导干部，按照地委、行署提出的发展思路和工作要求，紧密结合各自的工作实际，制定具体措施，找准切入点，积极推进各项工作，朝着率先全面建设小康社会的目标奋进。

3. **经济开发、区域发展**

始终坚持经济开发、区域发展是“九五”以来林芝地区小康建设的主要经验。林芝地委、行署根据本地区的实际情况明确提出：要坚持以农牧业为基础，大力发展以农畜产品为原料的加工业，以林业为主导，加大自然资源开发、保护力度，建立和完善有一定规模，精、深、细综合利用的林化工业；以交通、能源、通讯为重点，加快基础设施建设，改善投资环境，以旅游业为龙头，带动第三产业全面发展；以城市为依托，有重点地发展第二产业，大力发展乡镇企业和多种经营，实现以城带乡、以乡促城、城乡一体化协调联动发展战略，为地区经济的超常规发展、为率先全面建设小康社会开好头、走好路。

4. **齐心协力、团结奋斗**

依靠林芝地区各族人民齐心协力、团结奋斗是林芝地区小康建设的精神支柱。林芝地委、行署认为，林芝地区经济基础薄弱，要实现经济的超常规发展必须在国家、社会的必要扶持下，依靠地区各族人民发扬齐心协力、团结奋斗、奋发图强、自强不息的创业精神，要求各级干部一要深入基层、深入群众、深入开展调查研究、扎实工作；二要抓住机遇、求真务实、少说空话、多干实事，加快工作节奏，提高工作效率，在具体工作上要互相信任，互相支持，互相理解。特别是党政一把手一定要胸襟开阔，公道正派，要有良好的民主作风，善于调动大家的积极性。要求各级领导干部要注意团结群众，组织群众，把群众的积极性引导好、保护好，带领地区各族人民齐心协力，团结奋斗，努力把潜在的资源优势转换为现实的经济优势，逐步形成和完善地区经济的内在发展机制。

三、小康建设的战略思路

研究表明，根据林芝地区自然、经济和社会发展的特点与基本态势，推进林芝地区小康建设的战略思路是：在广泛吸收、借鉴世界发达国家和发展中国家区域开发成功模式与经验的基础上，建立高效率的区域政府决策体系，邀请高水平的经济学家、战略学家、规划专家、生态学家对《林芝地区 2003—2020 年全面建设小康社会规划》进行全面、周密的修订和完善，先期进行以道路交通、邮电通讯为主体的基础设施建设，实施重点地区重点产业重点投资的突破式非均衡发展战略，通过全社会的观念创新和制度创新推进市场化改革进程，高度重视人力资本的投资，积极调整结构，优先发展特色产业和旅游业，致力构建区域人口、资源、环境协调发展体系，全方位扩大对外开放的范围、层次和力度，形成开放性的地区社会经济结构。经过10年左右的经济跨越式发展，建立起比较完善的特色产业发展体系，全面实现地区经济跨越传统落后经济状况的历史任务，把林芝地区建设成为藏东经济发展中心，实现在西藏地区率先全面建设小康社会的宏伟目标。

1. **制度创新**

推进林芝地区小康建设必须进一步解放思想、转变观念，通过制度创新走出以物质资本增长为中心的传统经济发展道路。把经济发展的重点始终放在依靠人力资本投资、依靠市场机制的力量、依靠法制的力量上来，重点加强经济管理体制、农村经济制度、投融资体制、市场体制的创新。继续深化农村经济体制改革，多渠道增加对农业的投入，加强农业基础设施建设，引入“公司+农户”经营方式，改革农业经营管理体制，加大农业综合开发力度，扩大主要农产品商品基地，加快农业产业化进程，构筑农村社会化服务体系。通过改革城乡管理体制，明晰乡镇企业产权，加快乡镇企业发展，推动小城镇建设。积极拓展消费品市场，大力培育生产要素市场，重点培育以债券、证券等有价证券为主的金融市场，积极发展技术、劳务、信息和房地产市场。建立与可持续发展相适应的社会分配和保障制度，形成以按劳分配为主体，其他分配方式为补充的分配制度。通过发展商业保险和社会保险制度，建立职工养老保险、生育保险、重大疾病保险、下岗、失业救济和最低生活保障制度，建立多层次的社会保障体系。不断清除不适应市场经济和阻碍经济发展的思想障碍，转变各种陈腐观念，树立新的开放观，将相对封闭、自我循环、小富即安的观念转变为全方位扩大对外开放、以开发促发展、以开发促改革的观念。在思想观念上要以初级开放转向高层次大跨度的开放，在开放战略上要从局部开放转向全方位开放，在开放规模上要从部分生产要素开放扩大到各种生产要素开放，在开放形态上要从过去以引进资金为特征的实物型开放，转向以体制、服务开放为特征的非实物型开放。在产业布局上推动对外开放向更大的范围拓展，将外资引进拓宽到能源、交通、通讯、商贸、金融、旅游、房地产及教育、科技和文化领域，特别要制定特殊政策鼓励外商投资项目以 BOT（特殊经营权转让）等融资方式进入林芝的资源开发和基础设施建设。

2. **优化决策**

进一步强化政府的间接调控职能和直接服务功能，在调控方式上，坚决地把过去的指令性计划和以行政手段为主的直接管理切实转变到以经济、法律手段为主的间接调控上来，正确制定一系列有利于区域经济发展的各项方针、政策和措施。增强政府对经济运行的调节能力，形成统筹规划、掌握政策、强化审计、检查监督的职能，加强科学引导、协调服务、创造环境，实现良性循环。采取切实措施将高学历、高职称和高素质的专业技术人才引入政府的决策机构，提高以法治、公正、精简、高效为主要内容的政府机构素质和以廉洁、自律、勤政、敬业为核心的政府官员素质，大幅度提高政府的科学决策能力和调控水平。积极推进政府审批制度改革，全面清理过多的部门收费和管卡政策，减少项目申报程序和环节，推行一站式服务，集中代理内外资企业及项目的申办申报事务。改革投融资体制，形成自主决策、责权利统一的多元投资主体，直接投资和间接投资相结合的融资体系，自主经营、自律规范的中介服务体系，以间接方式为主、覆盖全社会投融资活动的宏观调控体系。建立健全投资和产业政策信息发布制度，以正确引导社会投融资活动。通过政府机构改革转换政府职能，培育宽松的区域市场环境和对外开放秩序，打破传统的、常规的市场经济自然发育和发展过程，推动区域体制变迁，加快市场经济的发展，为实现经济社会跨越式发展提供制度保障。

3. **发展重点**

加强特色资源和产业的开发与发展是林芝地区小康建设的重点，当前，要对旅游、藏药、高原特色生物产业和绿色食品业、农畜产品深加工与民族手工业、矿业、建筑建材业等提出新的发展思路，在科学规划、合理布局、因地制宜、突出重点的基础上，依托特色产业规模经营和技术升级，形成发展链条，带动群众致富。

（1）旅游业：通过制度创新组建由党委主要负责同志牵头的林芝旅游管理委员会，形成全新的林芝旅游管理运作模式，从更高层次上加强林芝旅游资源开发的领导力度，重点引进旅游资源的开发人才、旅游产业的运作人才和旅游品牌的开拓人才，进行高水平的林芝旅游整体形象策划和在中外媒体进行一系列的系统宣传，与其他区域共同进行旅游资源开发和建设网络化的旅游管理运作体系。确定以政府为主导、民间资金为主体的旅游资源开发机制，突破单一景观旅游模式，创造生态旅游、探险旅游、休闲旅游等多种旅游模式。

（2）藏药业：要把传统优势与现代科技、生产工艺结合起来，广泛采取“公司+农户”的开发模式，鼓励奇正藏药材、诺迪康药业有限公司、金王科技有限公司等企业组织农牧民采集、栽培藏药材，统一收购；同时，支持和鼓励国内外有实力的企业，特别是广东、福建对口援藏省份有实力的企业来林芝参与藏药业的开发。重点抓好藏药材种植产业化示范工程，加快传统藏药剂型改良，研究开发新型藏药，吸收先进的管理、营销经验，建立与藏药业发展相适应的药材、药品市场，形成规范有序的市场体系，彻底改变藏药材采集、收购、加工、储运和销售等环节分散经营的状况，推进藏药企业的规模化和集团化。

（3）特色农牧业：加快发展日光高效温室、特色瓜果、花卉生产，加强牦牛、绒山羊、藏猪、藏鸡等特色优势明显、市场潜力巨大的优良畜种生产基地建设。积极发展农畜产品加工、民族手工、林业产品和林业副产品生产、林下资源加工等，提高资源利用率和增加产品附加值。大力发展饲（草）料加工业，广泛推行粮食转化养畜、牲畜短期育肥和家庭养殖业等，积极引进开发农畜产品加工、保鲜、储运技术和设备。大力培育带动能力强、科技开发能力和市场开拓能力强的农牧业产业化龙头企业，并把推进农业产业化经营与加快小城镇建设结合起来，引导农副产品加工业合理布局和形成规模。

4. **人力投资**

高度重视人力资本投资，通过制度创新形成比较完善的地区现代国民教育体系、科技和文化创新体系、全民健康和医疗卫生体系，以及形成崭新的人才流动和优化配置机制。科学评估地区人才使用状况，认真研究人才政策的不足与缺陷，以建立人才优化配置机制为目标，高度重视本地人力资本存量的运用和采用积极务实政策引进具有创新潜力的科技人才、拥有核心技术的专门人才和具备创新能力的管理人才、域外人才，为地区科技创新和经济发展服务。致力创造有效的、有利于人才发展的激励机制、良好的人才工作生活环境、科研软环境和强烈的事业发展氛围。通过市场机制调整人才分布结构，促进科技人员合理流动、技术合作和相互交流，促进高层次专业技术人才向政府部门、高科技企业和优势企业转移。形成有利于培养、引进、稳定、凝聚和使用各类人才的新机制，大力培养和选用一批具有创新意识和创业精神的各类高素质人才，特别要加快培养地区建设急需的信息、金融、财会、外贸、法律、旅游、经济管理和城市管理等方面的专业技术人才和复合型人才。大幅度增加对农牧区的教育投入，力争教育投入比例和财政增长同步，重点加强基础教育和扫盲教育，坚持“两基”教育地位不动摇。大力加强地区师资队伍建设，尤其是运用现代科技手段对师资进行多渠道、多方式的培训，尽可能引进培养实用技术人才的师资力量。加大农村教育综合改革力度，全面推进农科教相结合，大力发展职业教育、成人教育，完善地、县、乡三级职业教育网络，加快先进技术的引进和推广，形成以县为龙头，以乡镇为纽带的科技推广运行机制；同时，要进一步完善农牧区合作医疗制度，增加对农牧区基本卫生基础设施的经费补助，提供专项经费用于培训农牧区乡村医务人员，建立和完善县、乡、村三级卫生服务网络，配备完善的医疗设备和常用药品。此外，坚持执行计划生育基本国策，大力提倡优生优育，强化农牧区计划生育服务，搞好城镇和流动人口计划生育工作，提高地区人口素质。

5. **结构调整**

促进区域经济结构的合理布局和特色产业的协调发展，尽快形成比较优势是林芝地区小康建设的艰巨任务。要在坚持发展公有制经济的同时，毫不动摇地鼓励、支持和引导非公有制经济的发展，对各种所有制经济实行国民待遇，减少行政审批项目，简化行政审批手续，整顿市场秩序，落实各项优惠政策，消除各种体制性障碍，特别是要加大对民营企业的政策扶持力度，使民营企业走上规模化、产业化生产的路子。积极调整农牧业结构，调整粮、饲比例，稳定发展牛羊肉生产，加强草原、畜禽良种繁育体系和疾病防治体系建设，推广优良畜禽品种，促进畜牧业结构的优化和升级，扩大以藏香猪、藏鸡为主的养殖业规模。不断扩大经济林木、药材、蔬菜等的种植面积，加快建设具有区域经济特色的农牧业主导产业和农产品基地。采取市场化手段超前发展以旅游业为重点的第三产业，尤其要加快发展金融、证券、保险、房地产、信息咨询、电子商务等新兴第三产业。调整区域经济结构，正确确定各经济区的资源开发重点、产业发展重点和小城镇发展重点。抓紧抓好农牧区基础设施建设，对农牧区通电、通路、通话、人畜饮水、科技培训的推广、乡村学校建设、完善农牧区合作医疗、新建乡镇医院、广播电视“村村通”、加快扶贫点建设等项目要认真制订规划。在城市发展中，要以科学规划为龙头，以经营城市为支点，精心培育经营城市的主体，走政府主导、市场运作、社会参与的路子。小城镇建设中要坚持在基础条件较好、发展潜力较大的乡镇进行高质量、高标准的规划建设，按照园林式、生态型、设施完备、功能齐全的目标加快小城镇建设，进一步完善现有小城镇的基础设施，促进城乡经济协调发展和农牧区经济结构升级，形成城乡优势互补、分工合作和第一、第二、第三产业联动发展的良性格局。

6. **持续发展**

要正确处理人口、资源、环境同小康建设的关系，正确处理经济发展和社会发展的关系，把生态建设、环境保护和经济社会发展的可持续性放在重要地位，加大生态环境建设与保护力度，坚持开发与保护并重，牢固树立“生态立地、生态兴地、生态强地”的发展思想，重点保护雅鲁藏布江中下游段及其支流尼洋河、帕龙藏布河、察隅河流域、巴松错旅游景区、工布自然保护景区、墨脱自然保护区、鲁朗林海、兹巴沟自然保护区等。有计划地实施天然林保护、工程造林、封山育林、退耕还林等重点防护林建设，加大野生动物保护及自然保护区的建设和管理力度；同时，要大力加强环保管理能力建设，提高环保管理现代化水平，要建立健全地县两级环境保护机构，加快环保队伍建设，提高环保管理的规范化和现代化水平，保证环保工作实现统一规划，统一监督管理。按照划分事权、分别投资、分级管理、资源信息共享的原则，增加地县两级财政对环境保护的投资，加快环保管理能力建设，并逐步建立完善地区生态环境监测评估体系。在经济跨越式发展过程中，真正把生态环境保护同地区经济开发紧密结合起来，同农牧产业结构调整紧密结合起来，同扶贫开发紧密结合起来，同科技推广服务体系的建设紧密结合起来，同旅游资源的开发和旅游产业的发展紧密结合起来，同农村剩余劳动力转移、乡镇企业的发展和小城镇建设紧密结合起来，通过生态建设和环境保护，真正把林芝建设成为高原生态屏障和生态绿洲，把地区经济跨越式发展纳入自然、经济和社会可持续发展的健康轨道。

附录八：西部贫困地区扶贫开发及县域经济发展路径研究[①]

——以大方县为例

贵州省大方县位于黔西北乌蒙山连片贫困地区，属于老国定贫困县和21世纪初期国家重点扶持县。大方县幅员面积3500平方千米，耕地79.56万亩。2004年末全县总人口超过百万，其中农业人口96万，少数民族占总人口的30%。全县农民人均纯收入1538元，同比增加218元；人均占有粮食360千克，比上年增加36千克。21世纪扶贫开发开局良好。但是，由于落后的生产条件、薄弱的基础设施和低下的人力素质并未根本改变，加上自然灾害频发、扶贫投入减少且极为分散等严重制约，大方县扶贫开发仍面临着严峻的挑战。在全面建设小康社会的宏观背景下，必须实施新的扶贫开发战略，探索新的发展道路，才有望逐步消除广泛存在的贫困现象，为达到小康打牢基础。

一、新时期扶贫开局良好

1986—2000年，大方县累计投入各类扶贫资金43070万元，以解决绝对贫困人口温饱问题为中心，开展大规模的扶贫开发。全县农民人均纯收入从163元增加到1220元，人均占有粮食从194千克增加到349千克；贫困人口从55.85万人下降到11.44万人，

① 本文系国家社会科学基金项目《西部地区若干国家级贫困县的状况及发展路径研究》（项目编号：04XJL018）的阶段性成果。载《农村经济》2006年第6期。作者：冯永宽、李玉珍。

贫困人口占农业人口的比重从77.6%下降到12%，于1997年基本解决了全县贫困人口的温饱问题。

进入21世纪，按照《中国农村扶贫开发纲要（2001—2010年）》"工作到村、扶贫到户"的要求，经贵州省确认，大方县确定了329个扶贫开发工作重点村、25.52万贫困人口（其中人均纯收入625元以下的绝对贫困人口10.27万人）为扶持对象。经过4年扶持，绝对贫困人口下降至7.33万人，大方县经济稳步发展，产业结构调整速度加快，农民人均纯收入稳步上升，贫困乡村基础设施得到加强，生产生活条件明显改善，社会事业取得进步，扶贫开发开局良好。

1. 领导重视，责任到人

按照《中国农村扶贫规划纲要》关于新时期扶贫开发实行"省负总责，县抓落实，工作到村，扶贫到户"的要求，大方县继续实行"八七"扶贫攻坚时期行之有效的党政一把手负责制，把扶贫工作责任逐级落实到人头。大方县31个扶贫工作重点乡中的4个一类重点乡（即特困乡）分别由县委书记、县长、县人大主任、县政协主席定点扶持；34位现职副县级领导干部定点扶持34个一类村（即特困村）；科级干部定点扶持2户贫困户，一般干部定点扶持1户贫困户。

2. 机构健全，队伍精干

在县级政府机构改革中，大方县重点加强和充实县乡两级扶贫开发部门的力量。县扶贫开发办公室设一正三副领导职数（其中一名副主任分管外资扶贫项目），并配备24名工作人员。31个扶贫开发工作重点乡设立扶贫开发工作站，由副乡级干部任站长，根据扶贫工作重点村和贫困人口的多少配备3～5名工作人员，大部分从大专院校毕业生中招聘。乡站工作人员的经费全部列入财政预算，把扶贫工作的机构延伸到了乡村。

3. **重点突出，措施具体**

围绕整村推进、劳动力转移、特色产业发展三个重点和资金到位这个难点，大方县采取了一系列相应措施。

（1）以整村推进为切入点，改善贫困村的生产生活条件。从2005年开始，一改过去扶贫“先易后难”的做法，以全县4个特困乡的29个特困村为主战场，外加另外乡镇的5个特困村，共计34个特困村，每村由一位现职副县级干部负责，集中人力、财力、物力，围绕改善生产、生活条件实行整村推进。内容包括：水、电、路三通，外加户建沼气池；每户一项稳定增收种养业项目；90％的特困人口人均纯收入达到低收入人口标准（625元～825元）；基本解决人畜饮水困难；住房得到改善。

（2）以强化培训为切入点，促进贫困劳动力转移。第一，以县职业中学为依托，与县级部门配合，整合资源，突出非农技能常规培训，等待机会转移；第二，以劳动部门为主，根据外地用工单位需求实行“订单式”培训及时转移；第三，以乡村中学为依托，开展农村实用技术培训，实现就地转移。

（3）以扶持龙头企业为切入点，带动乡镇特色产业发展。2001—2005年，大方县先后投入财政扶贫资金约500万元，调运种子、引进技术、建设市场、扶持龙头企业，在适宜乡镇集中连片建立起9个生态畜牧示范基地、8000亩辣椒基地、8000亩脱毒马铃薯基地、7000平方米天麻种植基地和10000亩反季蔬菜基地，逐步形成一乡一品、一村一业的产业化格局。

（4）以捆绑资金投入为切入点，落实部门对口帮扶责任制。为适应新时期扶贫开发工作的新形势，大方县采取党政机关定点帮扶、民主党派和对口地区对口扶持、党员干部结对帮扶、各级业务部门捆绑资金投入等多种措施，把扶贫工作落到实处。独具大方特色的措施有两条。第一，党政机关定点帮扶，实行高职低挂、一年一换。省农科院、文化厅、劳动厅组成扶贫工作队，由在职厅级干部任队长，住到贫困乡开展定点帮扶，人员一年一换，换人不换定点乡，不脱贫不脱钩。第二，各级业务部门配合，捆绑资金投入。对2005年实施整村推进的34个特困村，由省、地、县三级各有关业务部门互相配合，按照“渠道不乱、用途不变、统筹安排、各负其责、各记其功”的原则，以村级规划为依据，建设项目为载体，将以工代赈、财政、信贷、移民、沼气、水利、畜牧、农发、退耕还林、天保、农机、通村公路、义务教育、卫生、特困户救济等各部门的涉农资金集中起来，实行集中投入，确保每村划拨无偿资金50万元，实行统一管理、分户实施、滚动扶持、整村推进。

4. 勇于探索，机制创新

2004年，大方县经上级批准，开始小额信贷扶贫到户贷款贴息方式改革试点。以信用社为合作金融部门，向人均纯收入1100元以下的农户发放信贷扶贫资金，每户贷款在1000～10000元之间，贴息期为一年，贴息年利率4%。试点打破了原来农行独家经营信贷扶贫资金投放的格局。只要能贷款到贫困农户，所有金融部门均可参与；只要资金到户，财政均可贴息。从而使信贷扶贫资金由独家经营向市场化经营转化。在资金投放过程中探索投入机制创新，以妇女小额信贷项目示范、贫困党员小额信贷项目示范、计生模范户小额信贷项目示范等形式，探讨非担保因素在信贷扶贫资金投放中的作用。

二、巨大困难不容忽视

1. 贫困面依然很大

按照《中国农村扶贫开发纲要（2001—2010年）》和贵州省拟定的贫困标准测算，列入《大方县扶贫开发规划（2001—2010年）》的重点乡31个（其中特困乡4个）、重点村329个（其中特困村145个）、贫困人口61.58万人（其中人均纯收入625元以下的绝对贫困人口32.65万人，625～800元以下的低收入人口10.87万人，800～1000元的低收入人口18.06万人）。如果加上1000～

1100元的低收入人口14.7万人，则大方县应扶持的贫困人口为76.28万人，占全县农业总人口90.64万人的84.16%，贫困面依然很大。即使按省确认数25.52万人计算，贫困面依然高达27.85%。

2. 贫困程度依然很深

大方县列入规划的扶贫工作重点村（即特困村145个）占总村数的29%，是特困人口集中分布的区域。例如，鸡场乡黑鱼村属少数民族聚居的特困村，该村共有421户，1470人，少数民族占总人口的77.8%。2004年全村人均纯收入约500元，人均占有粮食200千克左右，而当年是十年难逢的一个好年景。据村支书介绍，20年来全村杀得起过年猪的农户约占10%左右。杀过年猪作为山区农村尤其是少数民族聚居村寨的富裕程度的一项最直观的指标，从一个侧面反映了该村贫困程度之深。农村改革20年来，富裕地区农村住房已更新两次，有的贫困农村也已普遍更新过一次了，而麻窝苗寨几十户人家中新修住房的寥寥无几。住房作为衡量农村富裕程度的最直观的另一项重要指标，反映了黑鱼村尤其是苗族聚居寨子的贫困程度之深。

3. 返贫现象发生频繁

大方地处黔北高原，平均海拔1600米，山高谷深，水土流失面积占全县幅员面积的66.6%，农业生产极不稳定。人多地少，人地矛盾十分突出，人均占有粮食量本来就很低，常常是丰年温饱，灾年返贫。积温和日照偏低，低温、干旱、冰雹等自然灾害频繁，因灾返贫现象十分普遍。加上疾病、离异、施工占地等突发因素，年均返贫率一般在15%左右，大大减缓了农村脱贫致富的进程。

4. 扶贫投入偏少

与“八七”扶贫攻坚时期相比，全国扶贫投入增加不多，但随覆盖到村而导致扶贫面扩大，扶持对象增多，扶贫投入极为分散。

大方虽然仍留在国家重点扶持县行列，但投入却急剧下降了。加上农业银行作为商业银行改革力度加大，信贷扶贫资金到位更加困难。2004 年，大方县按信贷扶贫资金项目管理程序组织申报项目 11 个，资金总额 8166 万元。省、地两级审批 8 项，资金总额 3622 万元，最终被农行几乎全部否决。1998 年扶贫攻坚期间由县农发行发放的贷款 1000 多万元，现时转归农行难以收回。从 2001 年实施国家农村十年扶贫规划纲要以来，全县发放的信贷资金中，到 2004 年底，到期未能收回的达 1200 多万元，农行也有自身的苦衷。除去信贷扶贫资金这个大头，县级扶贫资金能到位的就只有国家财政性资金，包括以工代赈资金、财政扶贫资金、支援不发达地区发展资金几项。以上几项资金从中央到地方又分属国家发改委、财政部、民委等不同部门分头管理，各有各的用途，各有各的说法，即使能到位，也极为分散，难以集中使用以充分发挥扶贫效益。即使像大方县采用“捆绑投入，各记其功”的强硬措施，“同做一桌席，各敬各的神”，勉强将其集中使用到整村推进项目上来，也费尽九牛二虎之力。

5. **地方配套难以落实**

早在大规模扶贫工作开始前，从中央到地方，各级财政专项资金分配中，许多都要求地方财政配套，财政扶贫资金分配也是如此。2001 年财政部《财政农业专项资金调整和改革方案》对配套投入政策进行清理后，财政扶贫资金分配中的地方配套政策仍在保留范围之内。中央财政转移支付解决了贫困县挪用财政扶贫资金发工资的问题，但并未解决贫困地区缺乏资金搞建设的问题。地方配套政策不符合贫困地区的实际，包括要求贫困省、地两级财政配套。大方县 2002 年财政收入仅 15808 万元，支出则高达 28989 万元；2004 年收入 17368 万元，支出更高达 35149 万元。这显然无法为任何项目提供县级地方财政配套。配套政策搞得县乡两级怨声载道，严重挫伤了县乡基层争取项目的积极性。

三、扶贫开发的战略选择

1. 县域经济发展定位

大方县幅员辽阔，资源富集。全县平均年径流量16.5亿立方米，可开发水能资源5万千瓦；已探明矿藏19种，无烟煤和硫铁矿储量均达百亿吨。随着大纳（大方—纳溪）高等级公路的全线贯通，大方作为大西南出海通道上黔西北物资集散中心的地位逐渐显现出来；而地处大方、黔西、织金三县交界处三角地带的西电东送启动项目——洪家渡电站的竣工发电和大方大型坑口电站（4×30万千瓦）的动工兴建，则强化了大方在黔西北能源基地所处的地位，并拉开了大方从资源大县向工业强县转变的序幕。只要紧紧抓住能源资源开发及其深度加工（如煤化工）和农业特色产业开发两个重点，加快三次产业结构调整步伐，经过5～10年的努力，将一、二、三产业的比重从2004年的4∶3∶3调整到2∶5∶3或2∶4∶4，则可以加快大方成为工业强县的步伐。但是，以2004年全县人均GDP值2000元和第二产业增长16.7%、工业增加值增长22.2%的速度测算，即使跨入工业强县行列，大方仍然算不上小康县，更谈不上富裕县。鉴于大方目前正处于从农业社会向工业化社会转型的起始阶段，可以作出如下初步判断，即在相当长的时期内，大方县经济社会发展的基本目标既不是全面建设小康社会，更不是实现工业化、城市化和现代化。其基本任务仍然是培育产业发展要素，完善基础设施，改善生态环境，提高人口素质，进一步缓解和消除贫困，为力争到2020年贫困人口基本实现小康打牢基础。

2. 扶贫开发的基本战略

大方的贫困现象具有强烈的区域性，表现为三大特点，即高原山区、少数民族和边缘地带，是自然、地理、历史、经济和社会等多种因素相互交织、相互制约形成的一种综合现象，是历史长期积累的结果。因此，大方扶贫开发战略的制定必须充分考虑扶贫对象所体现的区域性、民族性和边缘性特征；充分体现以人为本的价值观，即保证区内所有社会成员都能够以平等身份参与市场竞争，分享经济发展成果和资源配置利益；充分体现可持续发展观，即以保护生态安全为目标，建立人口、资源、环境良性循环机制，探索适应大方自然、经济和社会发展特点的扶贫模式和相应的扶贫战略。

鉴于大方县目前贫困面依然很大，贫困程度依然很深的实际情况，应采取满足基本需求的扶贫战略：一是满足绝对贫困人口的基本生存需求。包括通过政府、部门、社会力量和国际机构向以人类贫困和弱势群体贫困为主体的绝对贫困人口（人均 625 元以下纯收入的人口）提供粮食、衣物、住房等基本生活必需品和人畜饮水，以及医疗卫生等援助措施以迅速缓解贫困状况。这是新时期大方农村扶贫开发的战略基础。二是满足相对贫困人口即低收入人口的基本生产需求。包括通过政府扶持、以工代赈、社会援助、个体参与的方式，向以收入贫困和知识贫困为主体的相对贫困人口（即人均纯收入 625 元以上的低收入人口）提供最基本的生活条件和基础教育，帮助其修建基本农田、水利设施、乡村道路及基础能源、通信设施和乡村小学、卫生室、医疗站等，以全面改善农业生产基本条件，提高贫困人口素质，为低收入人口增收致富奠定基础，并为其参与社会事务创造起码条件。这是新时期大方农村扶贫开发战略的重点。

3. 扶贫开发的战略措施

根据满足基本生存需求和基本生产需求的扶贫开发战略的要求，立足大方现实，大方扶贫开发可行的战略措施主要有以下几项：

（1）整村推进战略。以贫困村为主战场，以贫困人口为扶持对象，围绕改善贫困村农业生产条件和贫困人口生活环境，兴建通村水、电、路等基础设施，解决人畜饮水和住房困难；建设基本农田，改善水利设施，确保粮食自给；培育主导产业，确保农户增收；完善学校、医疗、文化等社会公益设施，提高生活质量。重点是水、电、路等基础设施和基本农田建设。实行一次规划，分批实施，以便集中有限财力，逐村扶持，整体推进，防止遍地开花，齐头并进，分散有限资金“撒胡椒面”的现象。实施整村推进战略，大方也面临村多面广、投入有限的两难选择，矛盾十分突出。但在国家不可能增加更多投入、自身财力又十分有限的情况下，解决办法无非以下几条：一是痛下决心，砍掉一部分相对较好的村，如三类村和部分二类村，以便集中财力扶持一类村。二是从难到易，真正选择从一类村中的特困村开始实施，并在投入上予以重点倾斜。三是扶贫扶志，激发贫困村和贫困人口的内在活力，自力更生建设家园，让未得到扶持的村和贫困人口服气。

（2）特色产业发展战略。种养业是贫困农户解决温饱的基础，以种养业为重点的特色产业发展则是贫困农户稳定增加收入进而脱贫致富的主要措施。在整村推进战略中，培育特色支柱产业居于核心地位。农村改革 20 多年以来，大方农村依托自身独特的自然、地理位置和交通要道的区位优势，顺应市场需求，已培育出烤烟、脱毒马铃薯、辣椒、中药材、反季节蔬菜等一批初具规模、市场前景看好的地方特色产业。结合整村推进战略的实施，进一步对农业产业结构进行必要的调整，使之相对集中，布局合理，形成规模优势，并辅之以政策引导和资金、技术扶持，逐步形成一村一品、一乡一业的支柱产业格局，应作为大方县农村扶贫的一项重要战略措施。

（3）人力资本投资和劳动力转移战略。自 20 世纪 20 年代以来，全球对贫困问题及贫困成因的大量研究和中国扶贫开发的实践表明，人力资本差是导致贫困并使其陷入恶性循环的重要原因。因此，增进穷人福利的决定性因素不是空间、能源和耕地，而是人口质量。如果说，为穷人提供经济机会是为摆脱贫困寻找出路的话，那么向穷人提供基本的社会服务即人力资本投资则是消除贫困的根源。大方县不仅自然资源丰富，而且劳动力资源也十分丰富。对于大方这样一个人均耕地不足1亩的百万人口大县来说，农业富余劳动力的就地转移和依靠第一产业结构调整以实现内部转移的余地不大。比较现实的转移办法有两条。一是引进资金和技术，加快以煤炭为主的能源资源的大规模开发和能源基地建设步伐，实现全县产业的升级换代，以促使农村富余劳动力就地向二、三产业转移。二是加强基础教育和职业技术教育，以向高等学校输送人才和向城市、发达地区输出劳务实现向外转移。两条道路在大方均有成功的模式。前者如大方县扶贫部门和有关技术部门合作，为大方火电厂实行订单式岗位培训，培训合格者去火电厂上班，属于就地向第二产业转移。但是贫困地区尤其是其决策层必须走出“贫困地区培养人才，发达地区使用人才”的思维误区，把贫困地区向高等学校和发达地区输送人才看作是好事，是贫富双赢而不是贫困区做的“赔本生意”。即使像依靠第一产业的发展实现大农业内部的就地转移，在大方县的第一个小康村——城关镇关井村也有成功的范例。该村472户，1663人，人均耕地不足0.6亩。截至2004年底，全村已形成种、养、加、运、建五大产业，从事后三项非农产业的劳动力已占全村劳动力的五成以上，而实现的收入却占全村总收入的八成左右。村干部告诉我们，2004年上报的人平纯收入为2500元，实际收入应为上报数的3倍左右，叫“藏富于民”。

（4）资源开发与可持续发展战略。大方及所在的整个毕节地区均为喀斯特地貌，属于生态脆弱区，石漠化趋势明显。随着国家经济的持续快速发展以及对能源的巨大需求，大方煤炭资源的大规模开发已势不可挡。这对大方的工业化进程和全县经济社会的发展既是一次历史性机遇，同时又不可避免地引发地下水位下降、环境污染和耕地破坏、山体滑坡等各种地质灾害，为未来的发展留下隐患。如何在资源开发中坚持人口、资源、环境的可持续发展战略，争取以较低的环境代价换取经济的快速发展，应提上大方县发展的议事日程。

附录九：雅江县扶贫开发及发展路径研究[①]

一、富饶的贫困

雅江县位于川西北高原。全县幅员面积7854平方千米，有耕地10万亩、林地592万亩、草地505万亩，属半农半牧区。全县辖17个乡镇、79个行政村，2004年总人口40477人，其中农牧业人口35147人，占总人口的87%；藏族人口38143人，占总人口的94%。川藏公路南线横穿东西，雅砻江纵贯南北，交汇于县城河口镇。县城距省会成都和稻城亚丁（香格里拉）均为500千米左右，为川藏交通和大香格里拉旅游环线的中间驿站。由于这里有气势磅礴的雅砻江大峡谷、茂密的原始森林、绵延的雪山草地等自然景观和深厚的佛教传统、浓郁的藏族风情所构成的康巴文化，使其成为以亚丁为中心的精品旅游区的重要组成部分。

雅江地广人稀，自然资源十分丰富。境内有野生动物300多种，珍贵动物数十种，药用植物260余种；盛产虫草、松茸、鹿茸。全县可利用草地500多万亩，木材蓄积量3000多万立方米。全县森林覆盖率在60%以上，林草覆盖率高达93.11%。矿产资源有锂、锡、铜、铍、金等，呷基锂辉矿区面积62平方千米，氧化锂储量100多万吨，为亚洲第一大锂矿。境内雅砻江及大小支流水

① 本文为国家社会科学基金项目《西部地区若干国家级贫困县的状况及发展路径研究》（项目编号：04XJL018）的阶段性成果。载《经济体制改革》2006年第4期。作者：冯永宽。

能蕴藏量380余万千瓦。如果以全县储量最大的水能资源和木材资源论贫富，全县人均分别近10万千瓦和700多万立方米，与东部发达地区和全国人均自然资源贫乏程度相比，雅江可谓富有得惊人。

然而，雅江也贫困得惊人。1998年天然林禁伐前数十年间，木材采伐作为雅江的支柱产业和地方骨干财源，在支援国家建设的同时，也带动和支撑了全县的经济发展。广大农牧民靠伐木、运输、加工，以及与此相关的住宿、餐饮、娱乐等第三产业作为主要收入而过着虽不富裕但也不算贫穷的日子，因此，在20世纪80年代，雅江县未列入贫困县，失去了获得国家扶持的机会。雅江的经济属于典型的单一资源开发型经济，是靠国家产业政策支撑的。1998年9月1日，四川省启动国家天然林保护工程以后，雅江县经济全面下滑，与木材采伐相关的第三产业随之陷入全面萧条，农牧民收入大幅度减少，人年均收入减少高达400元以上。[①] 2000年末，当全国农民人均纯收入达到2253元，已基本解决农村绝对贫困人口温饱问题（人均纯收入625元、粮食400千克）时，雅江县农牧民人均收入从1997年的876元下降到524元，全县农村人口均处于绝对贫困线以下，贫困面高达100%。[②] 贫困程度令人震惊。从2001年起，雅江县作为国家重点扶持县进入21世纪初期开始的新一轮扶贫范围。

2001—2004年，雅江县按照《中国农村扶贫开发规划纲要》和《四川省农村扶贫开发规划》的要求，以扶贫开发统揽全局，紧紧围绕农牧民增收的根本目标，实施新村扶贫、移民扶贫、牧区扶贫、教育扶贫、卫生扶贫和基层政权建设等6项工程，完成总投资5495.5万元（其中国家财政投入3928.25万元，县级财政配套113

---

① 杜受祜：《环境经济学》，北京：中国大百科全书出版社，2001年版，第327页。

② 雅江县人民政府：《雅江县村级扶贫规划（2001—2010年）》。

万元，群众投工投劳折资 1457.25 万元），完成扶贫项目 194 个，建设扶贫新村 27 个，包括：新建、改建、整治公路 460.5 千米，桥梁 24 座（其中跨雅砻江吊桥 4 座）；新打水井 2 口，安装人畜饮水管道 250 千米；改造低产农田 8000 亩，围栏草场 30763 亩，人工种草 3200 亩；完成人草畜"三配套"建设 186 户；新建、扩建中小学校 17 所；新建、改建乡级卫生院 6 所；移民搬迁 471 户、2718 人；完成 5 个乡政府、3 个区工委、5 个派出所和 2 个法庭的基建工程；种植野山杏 3 万亩、沙棘 2.1 万亩。

面对天然林禁伐使雅江县传统支柱产业不复存在以及第三产业全面萎缩的实际，以上项目在实施过程中，坚持以基础设施建设为主线，以调整产业结构为重点，捆绑使用各项扶贫资金，强调项目覆盖到户、措施落实到户、效益体现到户。已建成的水利项目解决了 5512 人、13863 头牲畜饮用水困难，恢复耕地灌溉面积 476 亩；交通项目的完成，尤其是跨雅砻江吊桥的修建，方便了 8 个乡群众的交往和物资集散；牧区扶贫项目使两个纯牧业乡大部分牧民最终定居下来，提高了牧区防灾抗灾能力，从根本上改变了牧区的生产条件和生存环境；教育扶贫使全县适龄儿童入学率达到 94%，婴儿死亡率较 2001 年下降了 31.84 个千分点。全县农牧民人均纯收入上升到 1066 元，绝对贫困人口从 35093 人下降到 19353 人，下降近 45 个百分点，扶贫开发成效明显。但是，与全国农民人均纯收入 2936 元相比，其差距是显而易见的，距离全面建设小康社会的日标就更加遥远。

二、扶贫工作面临的制约

1. 恶劣自然条件的制约

雅砻江县境内的 200 多千米干热河谷地带山高坡陡，地质构造复杂，干旱和泥石流、滑坡、地震等地质灾害频发。高山雪灾、低温、冻害等自然灾害连年不断，居住在海拔 3500 米以上高寒山区的农牧民人口为 15238 人，占全县总人口的 40%以上，因灾致贫较多，返贫率居高不下。按照国家扶贫规划，这部分人口中的大多数均应实施移民搬迁。由于移民扶贫资金补助过低，加之全县可耕地资源甚少，实施移民扶贫工程难度极大。

2. **基础设施落后的制约**

截至2004年底，全县仍有4个乡、95个自然村不通公路，84个自然村不通电，13个乡、101个自然村不通电话；34所乡村卫生院、494座桥梁待建；1.7万余人、16万头大牲畜饮用水困难；近700户农户住房不蔽风雨。除川藏公路南线沿途的几个乡外，其余通乡公路依托的是林业部门过去为运输木材修建的简易公路。2000年木材禁运以后，地方无力维修，公路常年晴通雨阻。沿雅砻江峡谷的11个乡过去由于木材主要依靠水运，至今仍有4个乡不通公路，7个乡的通乡公路比机耕道差。由于特殊的地理环境和复杂的地质结构，修建4个通乡公路所需投资之巨、耗时之长、难度之大，不亲临其境是难以想象的。笔者等3人曾乘坐县政府调来的“沙漠王子”，在县扶贫办主任甲马的陪同下沿雅砻江峡谷当年林业部门修建的简易公路向下游进发，除去途中参观近年修建的燃公、陇冬两座跨江吊桥约30分钟外，来回不到60公里，整整耗去5个小时。两座吊桥各耗资50万元以工代赈资金，连通东岸2个乡、3个村庄，共计1400多人口。甲马主任告诉我们，既然对岸的农民无地方可迁移，像这样的吊桥就至少还得再建5～6座，重建3～4座。在村庄停车时，甲马主任指着小峡谷对面悬崖绝壁上新开凿出来的一段公路告诉我们，那就是从恶古乡到八依绒乡的一段公路，共500米，由修建吊桥的同一家公司承建，耗去以工代赈资金100万元。而按照有关部门规定，通乡公路每千米只补助5万元。资金缺口之巨可见一斑。

3. **深度贫困本身的制约**

经过4年扶持，截至2004年底，全县农村绝对贫困人口19353人，占农村总人口的52.3%；低收入人口1158户，5130

人，占农村总人口的13.9%；共有贫困人口24483人，占全县农村总人口的66.2%。本项调查的样本乡——祝桑乡的情况表明，恶劣的生存环境、落后的生产方式和深度的贫困状况，是雅江扶贫工作将长期面对的严重制约。祝桑乡位于雅江县东北角，国道川藏南线旁，海拔3710～4200米，属半农半牧区。国家“八七”扶贫攻坚计划期间，祝桑乡因为极度贫困列为州定贫困乡，并由州级机关进行对口扶持。截至2003年，全乡农牧民人均纯收入为642元，仅为全县平均水平的60%，为全省的25%，为全国的21%。由于自然条件严酷，农牧民生存环境恶劣，而有限的扶贫投入与巨大的需求相比犹如杯水车薪。近10年扶贫中，县、州机关虽然投入了巨大人力和有限的物力，但扶贫收效甚微，全乡至今仍整体处于绝对贫困状态，仅靠退耕还林补助粮食勉强维持温饱。[①]

祝桑乡政府距县城河口镇85千米，除52千米国道川藏南线外，到乡政府所在地的30多千米乡道也属于过去的木材运输小道，由于年久失修，无人保养，路面坑坑洼洼，多处路基、桥梁、涵洞已被冲毁，比内地山区的机耕道还差。除乡政府机关及周围200米之内的少数农户用上了近年扶贫安装的太阳能光复电站照明外，全乡90%以上农户照明仍旧靠煤油，更谈不上广播、电视到村入户了。乡政府连手摇电话也没有，全乡几乎处于与世隔绝状态。笔者靠县乡干部作翻译，随机入户调查了两个村的7户农户，做笔录3户。其中瓦西宗村4户，做笔录2户．第一户，户主益希翁姆，女，单亲家庭，年龄记不清，文盲，不会汉语，因病长期卧床不起。儿子13岁，已上山放牛，充当全家主劳力；小女儿11岁，村小3年级学生。住房约20平方米，楼上住人，楼下养牛，破旧不堪。养3头黄牛，主要功能是生产牛粪作燃料。3亩坡地已于几年前全部退耕还林，靠每亩补助120千克粮食勉强度日。其余无任何经济来源。2004年申报为五保户，每月民政救济50元，像这样的

① 祝桑乡人民政府：《雅江县祝桑乡扶贫开发的思考与对策》，2004年。

五保户全乡共有14户。第二户，户主扎西拉姆，女，42岁，初中文化，单亲家庭，住房为近年新修，装修尚未完毕，约60平方米，楼底堆放杂物，楼上住人，宽敞明亮。三个儿子，大儿子20岁，上山挖虫草，当年可卖1500元左右。二儿子18岁，开拖拉机跑运输，载人载货挣点钱，收入尚可。三儿子已送县城读初中，享受生活补贴。养牛11头，除产奶外，还产牛粪作燃料。10亩耕地已退耕还林7亩，其余3亩种青稞，2004年收250多千克，挖虫草500多根，日子过得还算好，为全乡上中等农户。

走访达吉宗村3户，做笔录1户。户主扎西邓珠，男，24岁，耳聋。有2个小孩。父亲65岁，患精神病多年，现已卧床不起。养2头奶牛、1头耕牛。7亩耕地已退耕还林3亩。祖孙三代共5口人，同居于一间用木条树枝搭建的窝棚内，用尼龙编织袋盖顶。旁边是老房子，已居住多年，因无力修建二楼供人居住部分，现已垮塌，成了危房。眼见辛苦多年，积攒点木料建成的房子已经报废，户主显得满脸无奈，如无政府帮助，无论如何也无法重建住房，属于民政救济对象。全乡共有救济对象16户。

样本抽查表明，除了自然条件严酷，生存环境恶劣，导致全乡整体贫困这一共性因素外，因病致贫、因残致贫及单亲家庭等，虽然是导致个体贫困的个性因素，但在该乡却显现得比较普遍，而且有了某种共性。

4. 文化素质低下的制约

雅江县于2000年顺利通过了普及初等教育验收，但是基础教育仍然十分落后。全县仅在唯一的县城中学保留了一个班实行汉语藏语“双语”教学。文化素质低下和语言交流障碍，妨碍了雅江藏族农牧民参与中国市场经济进程的机会，使其游离于当代经济和社会潮流之外，难以分享中国高速增长的经济成果。文化贫困导致的精神上的贫困在某种程度上并不亚于物质或经济上的贫困，而在过去的扶贫工作中，人们往往局限于经济层面。

5. **国家政策的制约**

这些制约主要表现在以下两个方面：

一是扶贫政策本身的制约。20 世纪 80 年代的扶贫，雅江县由于种种原因未能进入扶持范围从而失去了宝贵的发展机遇，以至到世纪末变得比那些受到国家扶持的国定贫困县还要贫困。从 2001 年开始，雅江虽然作为国家重点扶持县进入扶持范围，但又受到从扶持到县转变为扶持到村的政策调整的制约。首先，由于扶持到村扩大了全国的扶持范围，以至于东部发达地区的若干贫困村也进入了扶贫行列，但国家扶贫投入增幅不大，从而大大分散了扶贫投入，使扶贫资金成了胡椒面，降低了对国家重点扶持县的投入力度。雅江县 2000 年的 79 个行政村中，仅有 52 个进入四川省规划的“万村扶贫”范围。如果以经过调整的 113 个行政村计，覆盖面不及一半，而雅江县几乎所有的自然村都应全部纳入扶持范围之内。其次，国家扶贫投入总体偏少且农户直接使用的资金更少。2001—2004 年，国家投入雅江县的扶贫资金累计 3343.95 万元，年均 800 万元左右，以近 4 万贫困人口计，人均 200 元，年均 50 元，且主要集中用于五大扶贫工程，侧重于人畜饮水和交通、教育、卫生等基础设施项目。唯一可直接用于农牧户发展种养业以解决温饱的专项扶贫贴息贷款仅 170.75 万元，人均 40 余元，年均 10 元。因为贴息贷款的门槛高，农户很难用到，此项资金已形同虚设。从投入偏少看，雅江县作为国家重点扶持县实属有名无实。

二是国家产业政策的制约。受国家实施停止天然林商品性采伐的宏观政策影响，雅江县农牧民失去了传统的依靠木材的收入来源。与此同时实施的退耕还林、退牧还草、建设长江上游生态屏障工程，同样对雅江县农牧民产生了巨大的影响。据对祝桑乡的调查表明，退耕还林工程实施时，由乡政府与农牧民签订合同，退耕一亩地补助 120 千克粮食，直补到户。当年粮价奇低，均价 1.60 元/千克；近年粮价上扬，国家无法按实物补贴粮食而改为补贴现金，每亩补助 240 元。2005 年 5 月雅江县城平均粮价 2.6 元/千克，

240 元只能购买 75 千克左右，农户每亩少得 45 千克粮食，这也是部分农户致贫的原因之一。然而事情还远不止于此。由于祝桑乡平均海拔高，退耕还林主要选择种沙棘树，沙棘果可做食用饮料及医药原料，既有生态价值又有经济价值。但是几年的实践证明，全乡种植的近 5000 亩沙棘生长极为缓慢，至今仍是幼苗。几年之后，国家补助期满而沙棘尚不能产生经济效益，耕地又已荒芜，极有可能使退耕还林农户更加贫困。

6. **产业发展的制约**

如前所述，天然林是雅江最大的一笔资源而且又易于开发。然而天然林禁伐却使雅江以木材为支柱的优势产业不复存在，使地方财政和农牧民收入大幅度下降。前者靠国家财政转移支付予以补偿，后者则靠“国家扶持为辅、自力更生为主”自找门路，以发展新的农牧产业、旅游产业等来解决。4 年的产业扶贫，投入了一部分资金建立起野山杏种植和蔬菜大棚两项产业，目前尚处于萌芽状态，很难在短期内成长为主导产业，更难以发展成为支柱产业。筹划中的雅砻江水电梯级开发以及矿产开发或许会对全县经济起到某种带动作用。但是雅江地处长江上游生态屏障的核心区域，矿产资源和水电资源理应实行保护性开发，以免造成新的水土流失而殃及三峡水利工程。

林业资源丰富且易于开发，但受到国家宏观政策限制；水电资源丰富允许开发，但本身无力开发；矿产资源要保护性开发，即使开发也得引进资金共同开发。余下能让雅江自己开发的，就只剩下虫草、菌类、药物、牧业、旅游等，以及亟待开发的人力资源。雅江扶贫开发的路径及发展的余地很小，这是雅江扶贫面临的最为基本的制约。

三、发展路径及对策建议

1. **县域经济发展的总体目标和扶贫开发战略的指导原则**

基于对雅江县自然资源禀赋和贫困现状的概略描述，以及扶贫开发所面临的诸多制约因素的详尽分析，可以看出，雅江的贫困除了具有高原山区的特点、少数民族的特点、边缘地带的特点等共性之外，更具有独特的区域性个性。雅江的贫困虽然有某种突发性的偶然因素，但归根结底仍然是多种因素相互交织、相互制约所形成的一种综合现象，是历史的长期积累。雅江县与内地发达县不仅在经济总量、人均收入、发展速度等方面存在巨大差距，而且在包括文化教育、人口素质、思想观念等社会发展程度上也存在着巨大差异。要缩小经济方面的巨大差距，必须经历一个较长的过程，需要国家给予强大的资金支持和更加特殊的政策扶持，以及各级政府付出更艰苦的努力。因此，雅江县经济发展目标的定位和扶贫开发战略的制定都必须服从和服务于长江上游生态屏障建设这个总目标；充分考虑扶贫对象所体现的民族性、区域性、边缘性特征；体现可持续发展的最基本的社会意义，即保障所有社会成员的基本生存权和发展权；保证所有社会成员都尽可能以平等身份参与社会政治活动与市场经济竞争，并分享资源配置利益和完善个人价值；必须以维护藏区社会政治稳定，建立人口、资源、环境良性循环机制，以保护生态安全为目标，探索适应雅江自然、经济和社会发展特点的扶贫战略实施步骤及相关配套政策。要充分认识在市场经济条件下和建设长江上游生态屏障大背景下，雅江县实施新时期扶贫开发战略的长期性、艰巨性和复杂性，尤其对自身所面临的巨大制约要保持清醒的头脑，充分认识到发展的核心就是缓解和消除贫困、改变落后状态，在相当长的历史时期内，雅江县经济和社会发展的基本目标既不是全面建成小康社会，更不是实现工业化、城市化和现代化，而是完善基础设施、培育产业发展要素、改善生态环境、提高人口素质，进一步缓解和消除贫困，“为力争到2020年贫困人口基本实现小康”[①] 奠定基础。

---

① 国务院扶贫开发领导小组：《中国政府缓解和消除贫困的政策声明》，2004年5月27日。

2. **扶贫开发的基本战略**

鉴于雅江地处长江上游生态屏障的核心区域，扶贫开发面临自然资源开发与生态环境保护的严重制约和贫困程度深重但绝对贫困人口数量不大的实际状况，国家应对其采取欲取先予的“补偿”战略，即满足基本需求战略：一是向绝对贫困人口提供基本生存条件的满足，包括通过政府部门、社会力量以及国际机构向他们提供粮食、衣物等生活必需品、人畜饮水、疾病防治、基本住房、移民搬迁等援助措施以迅速缓解贫困状况，这是雅江扶贫开发的战略基础；二是向以收入贫困和知识贫困为主体的相对贫困人口提供基本生产条件的满足，包括通过政府主导、社会援助、以工代赈、信贷扶持、个体参与等形式和途径，帮助贫困人口修建乡村道路、基本农田、水利设施等，以改善农牧民生产条件、提高人口素质，为贫困人口增收致富奠定基础，这是雅江扶贫开发的战略重点；三是向以能力贫困和权利贫困为主体的全体贫困人口提供基本发展能力的满足，包括通过普及九年制义务教育、发展职业技术教育和实用技能培训，提高贫困人口的择业能力及在市场经济条件下的自我生存能力和自我发展能力，这是雅江扶贫开发战略的终极目标。

3. **扶贫开发的特殊配套政策**

第一，建议将雅江全境纳入自然生态保护区，并将其单独列为国家环保总局和国家统计局“绿色 GDP”县级试点范围。在目前国家环保总局和国家统计局等部门对“绿色 GDP”试点资源和环境界定困难、核算框架难以确立等而产生较大分歧的情况下，将雅江县这样的主要自然资源（如森林、草场、水能、矿产等）优势十分突出，因受国家宏观政策（退耕还林、还草和天然林保护）影响经济明显下滑，但对建设长江上游天然屏障贡献巨大的县级单位作为试点，相对比较容易而且意义重大。

第二，探索“绿色 GDP”核算框架，并以此对雅江县各级（县乡）政府及行政官员进行政绩考核，以此促使雅江县把工作重心转到生态环境建设上来。一是保护天然林；二是退耕还林还草；三是防止水土流失；四是防止水质污染；五是发展生态农业、畜牧业和旅游业……为下游提供优质水源和“生态产品”，走可持续发展的道路，而不再重蹈不发达地区和贫困山区 20 世纪扶贫中曾走过的建工厂、开矿山，以牺牲环境为代价的发展县域经济的老路。

第三，建立和健全生态环境补偿机制。由于生态环境是服务于社会、受益于全民的公益事业，因此，开发西部、恢复生态、建设长江上游生态屏障，国家应当建立一种相应的生态补偿机制，可以考虑用征税的形式执行。在市场经济条件下，包括环保效益服务在内的产品，都应当按照价值规律的要求，通过市场等价交换，从而实现资源的有效配置。上游有提供环境服务的付出，就一定有回报的要求，这是市场经济的规律。下游想用更洁净的水，就应该按照市场经济的原则，去补偿上游不能建工厂、开矿山，不能砍伐森林所作出的牺牲，这是上游应有的正当权利，而不是下游对上游的恩赐。[①] 扶贫，本质上就是对贫困地区的一种补偿。补偿内容可分为对政府的补偿、对企业的补偿和对居民的补偿三个部分。对政府和森林企业的补偿已通过中央财政转移支付和按《森林法》由国家设立的生态效益补偿基金予以兑现，现在余下的就是对地方其他工业企业和农牧民的补偿，补偿立法还是空白。除对有关工业企业进行一次性专门补偿（破产补偿或转产补偿）外，可考虑增设由国家财政转移支付的专项补偿基金（可称为“农村居民生态效益补偿基金”），用于生态区移民、居民燃料以及基本生活补贴等常年性补偿，生活补贴部分的标准可按当年全国农民人均纯收入直接补贴到户。这项补贴的目标设计，不仅是要解决贫困人口的温饱问题，而且要使其过上国际通行的“体面生活”。这项补偿能否实行，直接关系到天然林保护、退耕还林、退牧还草三大工程的成败。因为林

---

① 杜受祜：《环境经济学》，北京：中国大百科全书出版社，2001 年版，第 330 页。

区居民过去过着“靠山吃山”的日子，吃的是林，烧的是林，用的也是林。天然林禁伐断了林区居民的生活来源，也断了他们的燃料来源。对祝桑乡半农半牧区的调查发现，目前农牧民养牛的主要功能不是为了耕地，也不纯粹为了产奶，而是为了产粪作燃料。牛粪主要用作燃料后，施用到耕地的肥料又大量减少而导致减产，成了土地与农民争“燃料”。若燃料补贴或替代能源不能落实，极有可能导致盗伐天然林现象；而生活补贴不能落实，则可能重蹈毁林开荒和退林还耕、退草还牧的覆辙。前述祝桑乡干部们关于退耕还林补助年限届满而农民生活无着落的担心带有普遍性，应该及早引起中央和各级政府的重视。

4. **调整扶贫政策**

改革开放 25 年来，我国农村绝对贫困人口从 1978 年的 2.5 亿下降到 2004 年的 2800 万。20 世纪最后 20 年世界贫困人口的大幅度减少主要发生在中国，其中一个重要原因就是始于 80 年代由中央政府主导的大规模扶贫。进入 21 世纪以来的扶贫工作表明，随着农村绝对贫困人口下降速度减缓，扶贫工作的难度进一步加大，整个扶贫工作从战略到方针政策均需作出相应的调整。根据对雅江贫困状况的调查分析，笔者认为应包括以下几项内容：

第一，提高贫困标准。2000—2004 年，我国农村绝对贫困的标准（即温饱线）是人年均纯收入 625 元，这个标准是 1986 年开始大规模扶贫时，按照当时解决温饱的最低要求制定的。时隔 20 年之久，这个标准已经不适应到 2020 年全面建成小康社会的要求，而目前我国测算低收入人口（即相对贫困人口）的标准（全国为 625～850 元，雅江半农半牧区为 668～924 元），实际上与世界银行人均每天 1 美元（按购买力平均价计算）的标准相当接近。既然现有的贫困标准（2003 年，四川为 637 元，国家重点扶持县为 704 元）过低，已经不能解决农村贫困人口的温饱[①]，不如直接采用世

① 四川省扶贫开发办公室：《四川省扶贫开发情况调查报告》，2004。

界银行提出的标准。这样既便于与国际接轨，也有利于全面建设小康社会和实现联合国千年发展目标。

第二，调整开发式扶贫方针。20世纪80年代提出的开发式扶贫方针，着眼于开发贫困地区的自然资源，发展县办工业和以“五小工业”为主的乡镇企业。在普遍贫困的20世纪80年代，“贫困地区群众在国家的帮助和扶持下，开发当地资源，发展商品生产，走向越温脱贫”，不仅是必须的，也是可行的。随着缓贫速度的日益下降，对于余下的丧失劳动能力的贫困人口和生存环境恶劣必须实行移民搬迁的贫困人口，开发式扶贫方针显然已不再适用，即使对于那些具备劳动能力的贫困人口，开发当地自然资源也受到诸多限制。例如在雅江县，开发式扶贫已经处于尴尬的境地，唯一余下可开发的丰富资源便是贫困劳动力，但劳动力素质不高，难以适应劳动力市场的需求。按照科学发展观和构建和谐社会的要求，在贫困地区切实实施可持续发展战略，实现人口、资源、环境的协调发展，必须使扶贫开发的重点逐步转移到提高贫困人口素质的轨道上来；同时辅以救助式扶贫，即对贫困人口提供基本的衣、食、住、行，以及医疗卫生、文化教育等基本需求的满足，以目前我国的综合国力和大量的外汇储备而论是不难办到的，而且也是应该（义不容辞）办到的。因为政府作为扶贫的主体，扶贫本质上是一种补偿而不是单纯的救济，更不是政府对贫困地区和贫困人口的施舍。贫困人口是中国各种资源的共同拥有者，他们有权共同享受和利用这些资源所创造的成果。贫困地区曾对全国的建设贡献了丰富的资源，包括现时靠2亿左右农民工所支撑的中国这座“世界工厂”的运转和高速发展的城市经济所作的体力和脑力的贡献，但他们并没有得到相应的补偿。雅江作为国家重点扶持的贫困县，曾经无偿为中国的经济建设提供了数百万方木材。今天，为了长江下游的安全和中国的可持续发展，又停止了天然林采伐，这是对下游乃至全国所做的牺牲和奉献，理所当然应当得到发达地区和中央政府的补偿。前述国家4年间无偿投入雅江县的3000多万元的财政扶贫资金和以工代赈资金，便是国家以扶持的形式对雅江所作的一种补偿。这种补偿与其所付出的代价相比，应该说还是微不足道的。同样的道理，国家动员东部沿海发达地区对西部贫困地区实行“对口帮扶”，也是东部对西部的一种回报，而不是对贫困地区的施舍。

第三，扩大扶持范围，将雅江县所有行政村全部纳入扶持范围。《中国农村扶贫开发规划纲要（2001—2010年）》取消国定贫困县，只定重点扶持县，并实行“省负总责，县抓落实，工作到村，扶贫到户”。这一目标设计的本意是希望能覆盖更多的贫困人口，但实际执行的结果却有违设计者的初衷。四川进入国家重点扶持行列的县有36个，覆盖贫困人口不到全省贫困人口的一半[①]，由于国家只有《纲要》而至今没有实施细则，四川据此《纲要》制订了《四川省农村扶贫开发规划（2001—2010年）》，《规划》中的重头戏是“万村扶贫”工程，按照《规划》限定，雅江县进入“万村扶贫”工程的行政村为52个，算是对重点扶持县的照顾；如果按照调整后的113个行政村计，那么覆盖面不到一半。如不及早调整，将其全部纳入扶持范围，到2010年全国规划纲要到期、四川“万村扶贫”工程结束时，又会留下大量“死角”。到2020年，全国全面建成小康社会时，中国政府向世界扶贫大会承诺的贫困人口“基本实现小康”的目标极有可能落空。

第四，增加扶贫投入，创新扶贫投入机制。除前述建立健全对雅江县的生态补偿机制，设立专项补偿基金，按当年全国农民人均纯收入直补到户，以解决贫困人口温饱并让其过上“体面生活”外，还应增加财政扶贫资金（含以工代赈），以加快雅江基础设施的建设和社会事业的发展，包括农村社会保障体系和医疗保障体系的建设，以及九年制义务教育所需经费的供给。鉴于信贷扶贫资金“准入”门槛高，加上农业银行本身在乡级无下伸机构，资金发放和回收均存在实际困难，信贷扶贫资金在雅江县乃至全国贫困地区

① 四川省扶贫开发办公室：《四川省扶贫开发情况调查报告》，2004。

已形同虚设，有名无实。为此建议：一是将信贷扶贫资金划转政策性银行管理和发放，以彰显其政策性而淡化其商业性，使其名至实归。二是逐步开放各类小额信贷市场（例如设立专门向穷人贷款的“穷人银行”，或利用现成的县信用联社和乡信用合作社，以及四川贫困乡村发展促进会等），建立健全相应的管理体系和管理机制；准许小额信贷机构根据市场状况和运行成本自主决定贷款利率；可将财政贴息划转实施小额信贷的机构作为运作成本费用，以此打破农业银行独家垄断的局面，鼓励竞争，保证小额信贷机构不断创新。总之，保证穷人能得到信贷扶贫资金以从事扶贫项目。三是以上两项如果不行，建议干脆取消信贷扶贫资金，并将财政贴息部分作为现金直补到户，从而还信贷扶贫资金以本来面目，让穷人也从金融市场上去获取其发展所需的资金，使其与富人一样享受同等国民待遇。

附录十：藏区扶贫任重道远①
——理塘县贫困状况调查

一、贫困状况

四川省理塘县位于川西高原，川藏公路南线横贯全境，是康南商贸中心和物资集散地。全县幅员 14351.8 平方千米，辖 24 个乡镇，213 个行政村，总人口 5 万余人，藏族人口占 94%。全县平均海拔 4133 米，县城海拔 4017 米，年平均气温 3℃，属于纯牧区。理塘地广人稀，资源丰富，历史悠久，宗教氛围浓厚，雄伟的佛教寺庙、神奇的自然景观和广阔无垠的大草原，使其成为中国大香格里拉旅游环线的重要组成部分。但是，由于受历史、宗教、文化、地理、气候及政策等诸多因素的制约，理塘经济、社会发展缓慢。2000 年，当全国已经基本解决农村绝对贫困人口温饱问题的时候，作为非贫困县的理塘，全县农牧民人均纯收入仅为 595 元，而处于人均纯收入 625 元绝对贫困线以下的农牧民竟达 7491 户、40383 人，分别占全县农村总户数和总人口的 96.47% 和 96.75%。全县都处于绝对贫困状态。

2001—2004 年，理塘列入国家重点扶持贫困县以来，国家共投入各项财政性扶贫资金 4836 万元，按照理塘县 2001—2010 年扶贫规划，实施新村扶贫、移民扶贫、牧区扶贫、教育扶贫、卫生扶

① 本报告为国家社会科学基金西部资助项目《西部地区若干国家级贫困县的状况及发展路径研究》（项目编号：04XJL018）的阶段性成果。载《经济体制改革》2006 年第 1 期。作者：李玉珍。

贫和基层政权建设等6项工程。4年间，全县先后新（改、扩）建通乡公路461.6千米，通村公路15千米；新修基层派出所3个、1030平方米，基层法庭3个、800平方米，5个片区工委和6个乡的政府办公及生活用房；改造中低产田土2900亩、种植野山杏45.6万株；建成1.2千瓦太阳能光复电站4个，发放10～20W小型太阳能设备512套。新村扶贫和移民扶贫使15个乡镇24个村1325户5000余人告别了人畜混居、吃不上干净饭、喝不上卫生水、居住简陋、松油照明的历史，生产、生活状况得到明显改善；教育扶贫使3000余名贫困适龄儿童读书难、生活无保障等困难得到缓解，学龄儿童入学率、巩固率由2000年的77.46%和86.3%提高到目前的96.7%和98.2%；卫生扶贫使项目区内1.8万余人受益，缓解了看病难状况，从而抑制了因病致贫和因病返贫的重复发生；牧区扶贫使项目区内牧民的生活、生产习惯和观念得以改变，草场产草量大幅度增加，从而增强了牲畜越冬度春能力，降低了春天牲畜死亡率。项目区内牧民人均年纯收入增加150元以上；基层政权和政法建设稳定了基层干部队伍的人心，提高了基层政权的威信，维护了藏区的稳定。扶贫开发取得了阶段性成果。

二、存在的问题及原因

经过4年扶贫，理塘县项目区内发生了较大变化，解决了部分农牧民的绝对贫困问题，但在项目区以外的乡村，贫困问题依然十分严重。

1. 贫困面很广，贫困程度很深

2004年，全县农牧民人均纯收入在625元以下的绝对贫困人口为26481人，占全县总人口的52.64%，比2000年下降了34.43%，年均下降8.6个百分点，可以说得上成效显著。即便如此，全县仍有半数以上人口仍处于绝对贫困状态，而且贫困程度很深。禾尼乡和然尼巴村位于县城西边约15千米处，在距国道318线（川藏南线）4～5千米的一片茫茫大草原深处，笔者就近随机走访了几户牧民。第一户，户主阿西，男，63岁。全家7口人，生活起居全都在一顶约16平方米的帐篷内。目前有12头牦牛，除3头产奶外，其余全是幼畜。2004年靠挖虫草卖得500多元现金，买回全年的粮食（青稞）、茶叶等生活必需品，勉强维持全家生存。乡长丹增泽仁告诉笔者，阿西原来算全村较好的人家，有七八十头牦牛，1997年大雪灾牦牛死亡后，至今难以恢复元气。第二户，是阿西的邻居泽比家，单亲，将两个孩子寄放在邻居一位老大娘家后，独自出远门放牧仅有的几头牦牛去了，要好些日子才能回来。环视那顶10多平方米的破旧帐篷，除了少许一点青稞、奶渣外，几乎空无一物。孤儿寡母相依为命，可见其生活之艰辛。第三户，户主布地，男，58岁。有3个儿子，1个女儿，大儿子已独立成家。布地带着另外3个子女同住在一顶30平方米左右的大帐篷内。全家现有牦牛约100头，其中30头已产奶。酥油、奶渣除自用外，大部分用于出售，每斤均价分别约25元和15元。外加虫草收入，日子过得很殷实。乡长告诉笔者，禾尼乡共有462户牧民，2259人，像阿西和泽比这样的绝对贫困户约占30%左右，加上另外生活完全无着的赤贫户，两者合计约占总户数和总人口的一半以上。像布地这样的农户约占16%左右。在笔者看来，即便像布地这样的富裕户，如果不搞人草畜三配套定居下来，其生存环境和生活质量也难以提高。

2. 自然灾害频繁

理塘县平均海拔4133米，气候寒冷，无绝对无霜期，植物生长缓慢，自然灾害频繁，雪灾、泥石流、旱灾、地震、虫灾连年不断。即使像布地家有上百头牦牛、家财数万的牧民，也可能因为一场大雪灾导致牲畜大量冻饿死亡而变成贫困户。据近4年监测统计，全县因灾返贫率通常保持在10%以上，给扶贫工作造成巨大压力。

3. 社会事业的发展难以满足牧民的需求

教育扶贫和卫生扶贫工程的实施，大大缓解了牧民入学难、看病难的状况。但由于大多数牧民至今仍然过着逐水草而居的游牧生活，全县小学适龄儿童入学率仅为86.17%。全县现有普通中学1所，小学51所，在校中小学生4616名，每校平均不到100名。由于牧民居住分散，又大多过着游牧生活，学校办得再多，也难以适应牧区的需求，而且学校建得越多，教育资源浪费越大。卫生扶贫项目加强了医疗机构的硬件建设，但缺医生少药品的状况却无法缓解，因病致贫、因病返贫率通常占两成左右，是继自然灾害之后牧区贫困的第二位重要原因。笔者在县城南边约3千米的奔戈乡扎戛移民新村看到一户木板棚户便走了进去。女主人丹曲告诉我们：她家3口人，丈夫和儿子都上山挖虫草去了。20世纪末，她家移民来奔戈乡时，也同别的农户一样靠香港洪益辉基金会的资助修了住房。后来为给儿子治病，不仅卖完了牲畜，也卖掉了住房，儿子的病还是没能治好。如今由于没有牦牛，不仅生活无着，连燃料（牛粪）也断了来源，主要靠丈夫进城打零工维持生计。笔者在她家看到有一袋大米，是乡政府救济的；两袋青稞，属于退牧还草的补助饲料粮，由于无牲畜可养，又缺口粮，他们便将青稞加工后作为口粮。

4. 基础设施滞后

理塘县至今仍有9个乡120个村不通电，12个乡政府不通电话，4个乡109个村不通公路，1.87万人、14.1万头牲畜饮水困难。农业基础设施尤为落后。由于渠系不配套，中低产地改造难，全县6万亩耕地平均亩产不到100千克。

5. 支柱产业发展面临巨大困难

理塘作为牧业大县，有草原面积1230万亩，由于整个生态环境的不断恶化和牲畜过载，370万亩草地不同程度发生蜕化，占可利用草地面积的37%。其中沙化155万亩，占可利用草地的16%；鼠害、虫害和杂毒草面积215万亩，占可利用草地面积的21%。而从20世纪90年代末期开始实施的人草畜三配套建设，由于缺乏投入，至今仅完成计划的60%左右。加上商业、卫生、教育等社会事业建设不配套，不少已定居的牧民已将房屋荒废，重新过上了游牧生活。2000年以来为保护天然草场而建设的“家庭牧场”，因为割草基地、牲畜暖棚、牧民住房建设等未能跟上，致使牧区似乎又退回到过去的“大锅饭”时代，草场纠纷加剧，“三配套”建设已取得的部分成果付诸东流。牧区虽然也建成了一些牲畜交易市场，政府通过招商引资引入了一些食品加工企业进驻理塘，但由于藏族牧民传统的“惜牲”心理，宁可将老牦牛养在山上也不肯作为商品出售换取现金，食品加工企业因为缺乏原料而被迫退出理塘。

三、扶贫开发路径

理塘扶贫面临着巨大困难，必须采取特殊的举措予以特别扶持，才有望迅速缓解全县的绝对贫困。

1. 提高牧区温饱标准

人均年纯收入625元作为温饱线，是20世纪末期全国的统一标准，而此标准主要是以农区为依据。对于牧区，特别是像理塘这样的高寒牧区显然过低。第一，高寒牧区要耗费更多热量才能抵御严寒。第二，牧民的食物以酥油、奶渣及肉类为主，如前所述，理塘目前酥油、奶渣的市价分别为每市斤25元和15元左右，肉类为8元左右。以625元为温饱线，平均每天不足2元，连起码的生存都不能维持。第三，理塘牧区的特殊生存环境决定了牧民购买生产资料和生活资料的运输成本远远高于内地。据原国务院扶贫开发领导小组副组长杨钟1998年的调查，牧区温饱线至少应在此基础上翻一番，即人均年纯收入1250元，才符合牧区的实际情况。时至今日，随着物价上涨，仍然套用625元作为牧区温饱线显然已经不合时宜。2005年6月，经过修订的《理塘县2006—2010年扶贫开发规划》将牧区温饱线定为半农半牧区人均纯收入2000元、牧区2200元，是符合理塘牧区实际的。

2. **扩大覆盖范围**

理塘县共有213个行政村，可是作为国家重点扶持县进入四川扶持范围（即新村扶贫）的仅仅59个村，是四川省限于指标和资金而选定的，显然不符合理塘的实际情况。应将213个行政村全部列入新村扶贫项目，或至少应达到90%以上才不至于留下太多死角。

3. **大幅度增加财政扶贫投入**

对藏区与内地的扶贫投入应区别对待：第一，理塘地域辽阔，牧民居住分散，基础设施欠债太多，必须加大财政投入，加快基础设施建设，改变牧区的基本生产条件和生活条件，为牧民创造起码的生存环境。第二，牧区建设成本太高，同样的投入在理塘牧区的成果远远不及内地。由于理塘特殊的地理位置，生产、生活资料全部靠从成都、雅安等地调运，有的生产资料价格（如水泥）高于内地5～6倍，建设成本成倍增加，按照内地标准所造预算远远不够。例如卫生扶贫项目，在内地建一所乡级卫生院，国家投入20万元即可，但在理塘则要翻番；在内地一般地区新修1千米三重四级碎石路面，补助2～3.5万元即可，而在理塘至少要5万元；搞整村推进在内地只需50万元即可，而在理塘则起码要80万元。第三，加大信贷扶贫。按照国务院扶贫开发领导小组、中国农行总行扶贫信贷资金的发放主要用于产业化龙头企业的要求，理塘县扶贫4年，除2001年投放300万元扶持上风公司的食用菌开发加工项目外，近几年再未投放过。而近几年州农行和扶贫办也再未下达过信贷扶贫资金指标，这一状况应该改变。

4. **取消县级财政配套**

2004年理塘县县级财政完成收入449万元，党政机关、全县人均公用经费400元，由于行政运行成本太高，县级财政收入连保行政运转都远远不够，为扶贫项目提供县级财政配套根本就无从谈起。建议取消县级财政配套。

5. 比照中央对西藏藏区的政策，将理塘及所有藏区县都纳入扶持范围

四川藏区与西藏藏区山水相依、地理环境接近，宗教信仰、生活习俗、民族文化相同，是藏民族单一聚居区，也是民族意识最为强烈、宗教气氛最为浓厚、贫困面最广、贫困人口分布最集中、生态环境最脆弱、生存环境最严酷的连片贫困地区。四川藏区作为西藏的门户，其政治、军事地位十分重要；作为长江上游生态主体，关系到长江流域的生态、经济安全。撤销西康省，将甘孜、阿坝两个自治州划归四川几十年以来，四川藏区干部群众“靠了一个大省，吃了一个大亏”的心理阴影至今难以抹去。21 世纪的扶贫又将西藏藏区整体纳入国家重点扶持范围，而四川藏区 32 个县，进入国家重点扶持范围的仅有理塘、雅江等 10 个县，即使像理塘等进入国家重点扶持的贫困县，也仅有不到 1/3 的村能列入重点扶持范围，而且扶持强度远远不能同西藏相比。以移民扶贫项目为例，四川每户财政投入补助 6000 元，其中 60％即 3600 元用于基础设施，40％即 2400 元补助建房。而与甘孜藏区一江之隔的西藏移民扶贫项目，则是每户投入 5～8 万元，政府将住房建好后，直接向移民户主交钥匙。笔者以为，国家对四川藏区的政策早该作重新调整了。即使在整体政策上要考虑西藏的特殊性，那么至少在扶贫政策上，即扶贫投入上，也应该作适当的调整，即将四川藏区（包括各级政府）整体纳入国家重点扶持范围。

附录十一：感受贫困——通江调查札记[①]

2004年3月27日至4月3日，我对通江扶贫开发情况进行了专题调查。先后到了平溪镇碧山村、聂家坝村，诺水河镇宝光山村，文胜乡文溪口村，沙溪镇大城村，洪口镇永安坝村，什字乡田坝村，新文乡土墙坪村，空山乡五福村，泥溪乡后湾村，钟风乡苏家坪村，春载乡竹子坎村等11个乡镇13村。4个晚上在李家坡、大城村等地与农户或乡村干部座谈。走访了儿童福利院、背篼公寓、农巴车公司、山霸王公司、罗村茶业公司，以及金苗粉业有限公司等。4月2日晚，参加了周仁义县长主持的扶贫专题座谈会，听取了县委、县政府和县级相关部门领导的情况介绍。关于通江的扶贫成效经验，我撰写了《通江老区扶贫开发情况调查》、《对通江县帮助贫困农户增收的调查》。《通江调查札记》以时间先后为序，着重介绍通江的贫困现状，并提出相应的对策建议。

3月27日

上午在南江参加县上的座谈会，午饭后直接到通江。进入通江境内，就去了平溪镇碧山村五社。看了几户香菇生产户，接着在平溪镇碧山食用菌专业合作社社长家里座谈。社长叫徐永朝，今年36岁。墙壁上挂着他与原省委书记周永康的合影照片，还有许多

① 本文为2004年3～4月在国家扶贫开发工作重点县通江县调研的日记，也是2004年度国家社科基金专项资助西部地区研究项目《西部地区若干国家级贫困县的状况及发展路径研究》（项目编号：04XJL018）的阶段性成果之一，全文改动标题为《感受贫困》分四版发表于《西部时报》（国内统一刊号：CN11—0133）总第68、72、75、79期。作者：王思铁，四川省扶贫开发办公室调研员、新闻发言人。

获奖证书。据他介绍：合作社是2002年3月成立的。在这之前，有许多农户种的香菇卖不出去，损失有些惨。合作社成立后，香菇实行生产、加工、销售一条龙，降低了成本，提升了技术，增加了收入。

我们走访了平溪镇聂家坝村的移民新街，并在叶化全家里座谈。今年36岁的叶化全给我们谈起移民搬迁，一说一个笑。据他介绍：移民新街有33户搬迁户，并且都是聂家坝村二社、三社和六社的。政府用扶贫资金每户补助两万匹砖（二角一匹），2000元的水泥板，还帮助办理建房手续。叶化全1984年入伍，1989年转业回乡。他家有6口人，父母、妻子和两个孩子。他原住6社（何家沟），离移民新街有30来里路。2000年搬迁时他家是6社最好的户之一。目前，叶化全的父母还住在山上6间土木结构的瓦房里，妻子在外打工。他现在的新房一楼一底4间，建房时，除政府扶贫资金补助外，自己出了4万来元。在移民新街上，他自己有半亩地种蔬菜，养了6头猪、一头牛，还有一台四轮拖拉机跑运输。

4点15分，我和市扶贫办党组成员纪检专员杨儒科、县扶贫办主任阎仕壇、副主任冯明，以及诺水河镇党委书记史学生和镇长李思川，还有潮水办事处的朱副书记一行7人向诺水河镇宝光山村出发。为使夜间好走路，镇上新买了4把电筒带上。朱副书记约30来岁，走在我们前头带路。爬了几座大山，他就不见了踪影。一时没了向导，我们就把路走错了，多爬了半座山，又下了半座山。我开玩笑叫他朱"时进"（与时俱进），大家都笑起来了。又爬了几座山，到了宝光山村3社（李家坡）。这时，天已黑尽，每个人都汗流浃背、喘着粗气。

何友松是我们走访的第一户。全家4口人，他今年61岁，妻子袁树芳59岁，26岁和20岁的两个儿子分别到山西、福建打工去了。我们在他家吃晚餐，吃的是面条和烧土豆，镇上的同志付给了他家30元钱。何友松告诉我们，从他家到我们出发的河边有十四五里羊肠小路。两位老人很热情，但明显看得出年纪大手脚不麻利。他家住的是木板瓦房但破烂不堪，有电灯但光线暗淡，记笔记时阎仕播主任给我照电筒。我问何友松口粮够吃不，他说基本够，是退耕还林补助。还问他身上有好多现钱，他翻衣袋来给我们看，一分钱都没有。他还沉重地说，背了一大砣外债。我问多少？他算了一下说，“6000 多元，都是信用社贷款和扶贫贷款。”问到贷款用途时，他满脸愁云地说，“抵交税费了。”我们请他把凭据出示我们看一看，他去屋子里找了一阵子，回来对我们说，“原来的找不到了，有一张今年还利息的。”我接过看：No：0081860，2004 年 3 月 24 日，转贷本金 3210 元，起息日期 2003 年 8 月 3 日，123 天，付利息 87.35 元。他无可奈何地说“这 3000 多元的转贷本金缴税费给镇财政所了，还多转了 400 多元，至今还没有退我。”

打着电筒，我们又来到张志礼家。这家的住房也是木板瓦房，屋子灰溜溜的，有的柱子朽了、有的斜了，靠绑掌撑着、打牮拨正。我们原以为房子是旧社会修造的，张志礼说，“不是。是从备木料到 1973 年修房时有十几年，房子都又修了 30 来年了。”张志礼家有 6 口人，耳聋和左眼烧伤的儿子张许到新疆打工去了，家里有 62 岁的张志礼和他 59 岁的妻子朱以蕈、患痴呆症的儿媳、8 岁的孙女张学芳和 6 岁的孙儿。我们问张大爷，张学芳为啥没读书？他说，“去年上半年还读幼儿班，下半年没钱读了。过年时，这娃（张学芳）扭着她爹（张许）要读书。她爹说年过后去打工挣钱，让她读。这样，她爹打工去了，还没带分文回来。”我问小女孩，“想读书吗？”她把双手紧紧地靠在她爷爷、奶奶肩上，双眼红红的，怯生生地没说话，不停地点头。这家人不仅家徒四壁、一贫如洗，负债也重。张志礼回忆说，“税费最重的是 1998 年，人平 360 多元，当年没养猪，也缴了 40 多元的猪头税费。缴不起，就贷扶贫款来缴。4000 多元的扶贫款全部缴纳税费给了乡财政所。前年（2002 年）3 月 4 日，又叫我在信用社贷 500 元补交税费。现在镇上财政所还应退我 700 多元呢！”要离开张大爷家时，史书记拿出 100 元钱，一边递给张大爷，一边说，“这钱是镇上的包扶干部××

×捐赠给你家买猪儿喂的”，并再三嘱咐他“一定要用于买猪儿喂!”张大爷站起来接过钱，木然地回答：“是、是、是”。从张志礼家出来，我们打着电筒拄着木棍，从另一条陡峭的山间小路回到公路边，正好11点。坐了一刻钟的车，才到达潮水办事处（相当于乡）住宿地。

下山的路上，大家边走边聊。谈到今晚走访的愁云惨雾的两户农户，每人都唏嘘不已。谈到农民负担时，我说我有个印象，就是2002年省委办公厅发了一个通报，其中谈到通江农民因负担重，自杀身亡1人。同路的同志说：有这事。死者是三合乡尖山子村一社的农民，叫熊玲，死时才32岁。2002年11月下旬，尖山子村支部、村委会组织人员追收村民历年所欠税费。熊玲家没钱交税费，追收人员强行将她家的电视机和VCD抱走折抵税费，熊玲的公公回家后骂熊玲没用，熊玲想不通，服磷化铝自杀身亡。当时的陈思隆县长和相关人员均受到了行政处分。谈到这件事，大家都很痛心，一条年轻的生命就这样消失了。

夜间与县扶贫办的领导探讨贫困现状等，谈到近三点钟。

3月28日

早饭刚过，就遇到诺水河镇人大副主任杨楚佑。老杨对这一带情况很熟悉，他对我们说，“你们昨晚去的宝光山村，中间是我们这条大河、这条公路；河、路两边直到高山顶上，都是一个村，喊得应可一天走不完哟。这个村的李家坡、李家营、李家湾最贫困了，像你们昨晚去的何友松、张志礼这样的户，在全村84户中就有30多户。”老杨也是个有心人，拍摄了许多贫困户住房、衣着破烂的照片。我们翻看了一大摞，真是不看不知道，一看吓一跳。老杨还是个热心人，他给我们讲述了一件事：前些年，我拍了许多反映宝光山村贫穷的照片。成都一位大老板见了，要我写一个贫困方面的材料，由他出资20多万元给这个村建一所小学。我把这件事给县委宣传部的领导汇报了，但是，领导担心露穷影响通江形象便没同意。由成都老板捐款办校的事就这样搁浅泡汤了。提起这事，老杨抱憾不已！我们向他印证张志礼反映的不养猪也交猪头税费的情况，老杨说，“有这事。那是1998年，年初政府叫农户养猪，宣传龙头企业包扶持、包技术、包收购，把计划下到各家各户，要求猪出栏时必须交龙头企业。实情是扶持没有，技术也没包，年终没养猪的户再贫穷，也得交40多元的猪头税费。”旁边一个叫刘桂兰的中年农妇（诺水河镇狮子口村二社人）接过老杨的话茬说，“当时就是这样的，我家养不起猪，也缴了40多元的猪头税费。”临走时，老杨说，“要感谢这一届党中央、国务院税费改革，要不然农民更穷更苦!”

中午饭后，我们立即坐车去川陕革命根据地红军烈士陵园（王坪烈士墓）。途经文胜乡政府，我突然叫停车，去看一下乡政府。乡长程荣度在办公室也是他的宿舍接待了我们。这个乡是穷乡，全乡8个村都是省定重点贫困村。程乡长抚髀长叹：报告打了几回，没批准，至今一个村都还没有启动。从乡政府出来的小街上正好遇到几十个背背篼的农民，数了一下共29人。一打听原来他们就是乡政府驻地村文溪口村六社的。

他们中有个叫李元弟的老人，今年66岁。他的老伴叫王绍英，今年64岁，双脚在1963年被牛顶伤致残了，不能行走，只能爬动。有时晚上疼得大叫，搅扰得邻居也睡不好觉。他家还有两口人，一个是在山西打工时被砸断了双脚的弱智儿子，另一个23岁也是弱智的儿子。他一家4口，就靠李大爷一人种田过活。3亩承包田的收成，风调雨顺、正常年景能够度日。我问李大爷身上有多少现钱，他两眼木呆地望着我们，隔了一会儿才羞涩地翻了翻衣袋，身上不仅分文没有，“还欠电费50多元呢!”其他人异口同声地说，电价“太贵了，用不起！前年每户缴130元农网改造，改网后电价是一元七角一度，比农网改造前还贵了几倍。”我们问老人去年全家缴了多少税费？他停顿了好一会儿才说，“265元，钱是借来缴的。”问到前几年的，他又停顿了好一会儿才愁眉紧锁地说，

"前年是400多元，也是借来缴的，再以前的，记不起来了。"在场的人都说，他的税费是借来钱缴的；他家住房也很破烂，不挡风雨。老人又接着无奈地说，"前段时间，卖了三只鸡买了一头小猪仔。家里还养有4只鸡，其他的什么也没有了。"问他有无外债，老人神色忧郁地说"六几年在信用社贷款500元买返销粮、买猪儿喂，到目前本利加罚息已到9000多元（社长说3000多元），历年欠税费还有4000多元。"这个社的社长叫李若江，从土地承包到户时就担任社长，至今20多年了。他说，"我们六社32户、137人，像他（李元弟）这样贫病交加、赤贫如洗的户就有4户。"

29人争先恐后发言，反映了许多情况，如电价高用不起电、生病缺钱看、学费贵读书难等。谈得最多的是通路难和读书难问题。这个社距离主干公路有6.5千米，为修这条通社道，人均出资200元。社里有个叫杨德书的乡亲，当兵退伍在海南工作，无偿赞助了5000元。大家投工投劳修路，已经启动，准备在今年修好。今天就是到街上来背炸药的。中年妇女马菊说，"学杂费也是高得吓人哟！我的儿子李广皓读初二，每期学杂费410元，还要外加洗澡费40元、英语杂志费20元、班费10元，整整480元。初一、初二年级住校生三人一床，初三两人一床。女儿李维维，在沙溪镇小学读6年级，一期学杂费290元，补课费20元、班费15元、试卷费15元，共计340元。光这两个娃娃读书，一年就要1600多元啊！"我们问这29人，当前最想办的事是什么？他们齐声答：通路、吃水、降电价、减免学杂费。临别时，我见他们背炸药很累，就掏出100元给他们买几盒烟抽、买几瓶水喝，但他们坚决不收，还很感谢听他们反映问题。

沙溪镇党委书记谢光奇带我们去瞻仰川陕革命根据地红军烈士陵园。陵园坐落在高山平地上，地势开阔，放眼望去大山连大山，深沟接深沟。远远眺望，"赤化全川"几个石刻大字，清晰可见。在我的记忆中，烈士陵园以及通江的乡镇医院等都于1998年拍卖了的。我一提这事，县里的同志都说，早就又买回来了。我说"是啊，有了卖了，卖了又买了！”烈士陵园给我印象最深的是：早在1933年就修建了，安葬了7800多名红军将士，陵园左边山崖石壁上的“红军精神万岁”几个石刻大字十分醒目。瞻仰结束时到留言处，谢光奇书记请我提笔留言。想到自己生在老区，没能为老区人民有所作为，愧对革命先烈，我婉言谢绝说：“不够资格，不够资格啊！”最后来到会客室小憩会儿，大家谈起老区革命史、老区人民的贫困。我说，四川贫困的地方还多，都应该扶贫，但是像通江这样的革命老区更应该扶贫啊！

天快黑了，我们赶到了沙溪镇，去看正在修建的移民新街。在工地上组织施工的大城村九社的社长谭述体，才从医院治病出来。他告诉我们，建移民新街的设想是去年初提出来的，6月份开始破土动工。基础部分投资16万元，其中大城九社从土地拍卖金收入中出资8万元、镇政府补助8万元。计划搬迁移民50户，从大城村、大林村、转坪村、水磨沟村的高山上搬迁来。移民由农户自愿申请，镇政府批准并给一定补助，农户自己建房。

吃过晚饭，我们又和谢光奇等人座谈。老谢算是个“当地通”，讲了许多他亲身经历的事，给我印象深的有两件：一件是省定重点扶贫村少。沙溪镇10个村，1.54万人，只有彭家岩一个省定重点扶贫村，今年开始启动。老谢说“大林坡村、水磨沟村都是典型的穷村，不通路、不通电视。大林坡村1470人，人均收入才500多元，水磨沟村有的户三代人住一间房，还有13户无房户，暂住别人家。”另一件是贫穷落后。他说，近几年每年春季，都由镇政府出面在粮站借粮来分发给两个村的群众度春荒。2001年天旱，借了5万公斤黄谷；2003年又借了1万多公斤。两个村还有70来户农户照松明；农户债务重，最多的欠贷款、税费一万七千元。

3月29日

早饭后，我们乘车赶往洪口镇。在镇办召开了座谈会，片区工委和镇上的领导介绍说，洪口镇1.14万人，其中农业人口1.04万人，2003 年人均纯收入 960 元。按照县委、县政府的统一部署，开展了村社财务、债务清理，目前已经接近尾声。村村都有负债，负债最多的是永安坝村负债 200 多万元，原因是修学校超计划 50 万元，以村社名义在县城、万源等地借高利贷替农户交税费 140 万元。全镇有古宁寨、阎家垭、铺丝坪村不通公路；还有 4 户农户住窝棚、岩洞，1 户无房户由镇政府出钱租房给他家住。全镇缺水，包括场镇供水也困难。

小学教室是新修的，每间教室挤得满满的，课桌坐凳都是学生自备的。学生寄宿房很旧，床挨床，一床住两个学生，有的住了三四个。座谈会上，校长王宗义说，“一费制”后，每生只交 125 元，比原来减了 135 元，但教育发展困难大。我随意找了一个叫向诚的学生了解情况。12 岁的向诚说，“我读 5（2）班，班上 79 个同学；我的姐姐向静读初三，我和姐姐的学杂费有部分是借的。一周回家一趟，回去要做农活。”我们看了洪口中学，与小学的情况差不多。教师住房很紧张，有的还是危房。我对镇上和中学领导同志说，“学校发展再有多大的困难，也要避免乱收费啊！”说到这里，我又对他们说，“我到巴中调研前看了省纪委、省监察厅发的一个通报，在 2001 年至 2003 年间，通江中学乱收费 490 多万元，通江实验小学也乱收费 43 万多元。由此，分管的副县长和这两所学校的校长，都受到了行政处分。”他们都说，不会乱收费的。

回到镇上吃午饭，已是一点多钟了。饭桌上，大家围绕扶贫边吃边聊，其中有三件事给我印象极深。一件是自力更生修路。洪口镇 3 年内修了大大小小 48 条村、社公路，总里程 96 公里，没得到国家一分钱的补助。古宁寨村地处偏僻，8 个社 1000 多人口，不通公路前，每年 1000 多头肥猪、20 万公斤粮油山货、25 万公斤土豆运不出去。2001 年 8 月中旬的一天，农户为缴税费、学生学杂费，村社干部组织农民抬猪卖，400 多头肥猪在抬的过程中就闷死了 18 头。230 多斤的肥猪，李镇长一个下午就帮农民背了两头，背最后一头时还打着电筒下山。那年冬天开始到 2002 年底，古宁寨村组织村民筹集炸药钱，投工投劳修通了18公里村、社公路。公路通了，但接主干公路的凡家沟桥又不通。从1987年以来，村民过河被河水淹死了10多人，去年春就淹死了3人，其中有个还是学生娃娃。夏天村委就开始组织村民修漫水桥。总投资11万元，群众自筹4万、镇政府补助3万，村干部用房子抵押贷款4万。年底漫水桥也通了。路通、桥通，带来了农民增收，全村人均纯收入从原来的700多元增加到2003年的980元。二是镇村债务重。镇上净债务380万元、村级510万元。今年，在县委、政府组织的全县财务清理中砍掉高利息230万元、砍去不合理支出4万元。三是乡镇干部苦。李镇长说，现在乡镇干部最苦的是抓发展。乡村债务重、农民债务也重，洪口镇很穷，什么都没有，谈发展困难重重。扶贫也苦，因为老百姓穷，当干部的又一时解决不了他们的困苦，所以农民苦身、干部苦心。李镇长说，我有时也发脾气。去年腊月二十七那天，都快过年了，一个姓张的债主带了五六个人来镇政府找我讨债。要搬我的办公用具，要抱我的被盖。我就躲，往家里躲。那五六个人就跟着我，到我家里坐着不走，要吃、要住。我忍不住就发气了。我们问为什么欠债主的债？李镇长说，是1997年镇上借了他5000元来缴税费。

从洪口镇出发，我们到永安坝村十一社看了4户农户：刘官仲、刘进平、刘作、刘彦胜。在刘彦胜家里座谈了一阵子。刘彦胜62岁，一家4口人，他和58岁的妻子路正香，儿子和儿媳。儿子、儿媳外出打工，老两口在家种田。我们问到他家的债务、税费时，刘大爷说，目前还有1500元贷款。1987年修房子贷信用社1000元，到现在还有400元未还，1999年5月贷扶贫款500元、今年2月11日儿子刘用夫妇外出打工又贷600元作路费。我们要他把凭据找来看一下。500元扶贫款是1999年5月23日贷的，编号为182号，到2004年5月23日应还款，利息2.4%。问到扶贫款发展什么项目时，刘大爷说，“我用来抵交税费了。”他还说，“1997年税费最高，那年我们社每人400多元。”

从永安坝到铁溪，要经过万源市的竹峪镇，到竹峪镇已是下午5点过了。我们在镇上步行一阵子，顺街了解了一些情况，就去到了居委会文书任国荣家里。据任国荣介绍：镇上共680户、2000来人，其中属于原来镇上的居民户只有200多户、800余人。其余的多数是农民在镇经商，他们中租房的约100户、购房的约100户、买地建房的有180户左右。这个镇已有一定规模，分为通江街、教师街、线子街、新街和干部街。这里是农副产品的集散地，早些年主要是交易当地生产的香菇，现在是组织周边县的香菇、山货特产来交易。

到铁溪镇天早已黑了，吃过饭我们同铁溪工委书记杨永超以及镇上的其他同志，在会议室闲谈了约两个半小时。大家谈得最多的是通江革命史、当今的贫困、扶贫的政策，群众的自力更生精神、老区的光荣传统等。杨书记说，“2002—2003年，铁溪8个乡镇修了村社公路460公里，我们组织乡（镇）干部到信用社贷款620万元。”

当晚，在镇招待所里，与县扶贫办的阎仕播主任探讨当前的扶贫政策，一直谈到3点多钟。

3月30日

冒着雨，我们到了什字乡田坝村回龙滩社。这里建了一条移民新街，新街规划22户，已搬进14户。每户住房一楼一底6间，畜圈在外。基础设施部分由乡政府组织建设。漫水桥11.5万元，县上扶贫资金补助6万元，余下的5.5万元由乡党委书记、乡长、乡财政所长各贷款1万元，村上干部各贷5000元解决。水泥地坝由乡上补助220吨水泥。搬迁户住房一套造价约为4.5万元，其中买钢筋、水泥、砖以及匠人工钱约花2.5万元，由移民扶贫等资金补助；另外买木材、河沙等需2万元，农户自筹。自筹部分每户在信用社贷款5000元。据乡长张大梁介绍，香菇生产形成了规模，每户可以生产香菇6000袋，年收入9000元至12000元。移民新街成立了“大巴山食用菌专业协会”，目前有300多名会员。

雨，仍然下个不停。我们去到田坝村的八柳坪社，这个社37户156人，101亩耕地。几年前，这里还是个穷社。近几年变化大，是因为调结构，一业为主、兼业经营。一业就是香菇种植，2000年周吕云、陈会兴、郭成岳三户开始种香菇，每户4000袋、纯收入3000多元。以后逐年发展，到目前已有35户种香菇。户均香菇收入5600元。兼业就是养猪、种中药材和油菜。去年，户均出栏肥猪收入600元、中药材收入1600元、油菜籽收入3800元。全社人均纯收入2800多元。74岁的周亲贤老人给我们谈起修公路时，颇为自豪。他说，“这几年变化大啊！上前年（2001年）农历四五月间，天气也大（热），我家两头肥猪，每头700多斤。请了20多人，像抬丧一样运出去卖，半路上就闷死了一头。我们决心修公路，六月间动工，腊月间通车，没要国家一分钱。156人，每人投资150元买炸药、雷管等。其他的全部投工投劳。四公里半路，分成7段，一个月修一段：每段又按户数分成37小段，各户想办法完成。当时，有杨怀书等三户在外打工，都回来修路。我年纪大，也去劳动了半天，回来躺了4天。最多时有100多人上阵，乡干部也来帮忙，还自带饭吃，我们千感谢万感谢哦！公路通了，产业有了，外出打工的呢也回来了。前些年，一年少说也有一半的劳力在外打工，现在只有个别的在外打工了。”我们去到33岁的张乾珍家，她给我们算起了去年一家的收入账：扣除成本，香菇收入8000元、出栏肥猪收入2000元，卖油菜籽收入1600元，中药材收入1400元。仅这几笔，全家人均就达2100多元。她还说，“社会总是穷的穷、富的富，市场经济由穷变富要靠自己去钻研哟，就是要想办法创收、挣钱。”我们问她，“那你家原来有好穷呢?”她说，“10年前的6月间结婚，24元的结婚证手续费都没有，问别人借来交，到年底才找钱来还。5元钱照张结婚照，拿不出钱啊，只好留下一个遗憾!”我们又问“你们家是怎么‘由穷变富’的?”她笑呵呵地说“开始我种天麻，我的丈夫做小生意。就这样逐步‘由

穷变富’的!”

到新文乡土墙坪村时，已经快中午一点了。乡上的同志说，就在吴健家吃午饭。吴健夫妇很热情，忙着去张罗待承午餐。我们就趁机参观香菇生产，围着柴火座谈。乡上同志介绍：乡政府到县城72公里，土墙坪离乡政府三公里半。全乡7个村22个社，1246户5286人。2003年，乡财政收入17万元，农民人均纯收入1026元。农民人均税费54.26元，其中两工折款25元。税费最高的是春溪沟村126.26元，原因是地多人少。这个村土地贫瘠，农民特穷。全村只有两个社，人口最多时600多人，因为太贫困，近几年外迁的多，去年底只有368人。土墙坪村的香菇发展快，带动了农业结构调整。全村两个社、173户799人，有104户生产香菇。一社的吴刚、吴健两兄弟生产规模最大，吴刚家的年产量是3.6万袋，吴健家的是3.38万袋，另外年产量超过两万袋的还有7户。吴健今年28岁，高中毕业，任土墙坪村食用菌专业协会会长。吴健对我们说，“前两年香菇生产就有一定规模，但是分户生产、特别是分户销售，效益低。去年，乡上积极帮助我们组建食用菌协会，把香菇生产、加工、销售等连成一体，减少了中间环节、降低了成本，收入明显增加。全村仅香菇一项，人均就增收1500元。”

到达空山乡时，已是近晚上6点了。在林场招待所吃过晚餐，就在乡党委书记杨峥嵘的办公室座谈。谈了重点县、重点村的一些政策。据乡里的同志介绍说，空山有3个大坝连接一起，但无地下水，故名空山。它是通江最边远高寒的乡之一，离县城103公里。当年中国工农红军从陕西入川来在这里打了著名的“空山战役”，李先念、徐向前逝世后骨灰也撒在空山乡。乡政府门前有棵将军树，是棵大核桃树。传说，当时红军为了打“空山战役”，战士们欲砍这棵树，就在这时李先念骑马路过，说：“这是老百姓求生存的树，不能砍。”这样，树保留下来了。后人为了感激李先念的亲民思想，把树取名“将军树”，并在树前立碑纪念。空山乡有8个村、6000多人口，去年人均纯收入不足1000元，但一个省定重点扶贫村也没有。对此，县扶贫办的阎仕播主任解释说，通江县贫困村太多，省定重点村指标少，县里在安排时，对像空山这样在实施秦巴扶贫世界银行贷款项目的乡、村，都没有安排。

3月31日

我们到达海拔2000多米的空山乡五福村时，已经快中午12点了。村口那条干涸河沟旁边的大山脚下，有一棵古老而粗大的树，名为待皇树，意为等待皇帝到来赐封。距待皇树约百多米的后面山林中，孤独地凸现着两间破草房，当地人叫这种草房为窝棚，周围是几块零碎贫瘠的坡耕地。我们走到这户农家时，主人不在，房门扣着没上锁。开门进屋，里面黑黢黢的，点燃煤油灯看了一下，灶上放着个缺了小口的碗，盛着吃剩的土豆块汤；卧室里霉气弥漫，仔细看了一遍，什么值钱的东西也没有。这时，面容憔悴的张吉英老人气喘吁吁地回来了。她站在房前地坝中央，一阵惊恐四顾之后，怵场地对我们说，“娃娃（儿子杨忠玉）的爹叫杨朝仁，今年57岁，外出办事去了。娃儿去山西打工，已经整整10年了，走的那年还不满14岁……”说到这里，老人哽咽无语，泪水在眼眶中转动，下唇不由自主地颤抖着，衰弱的身子直打哆嗦！我们换了个话题，谈了一些其他的事后，才问她家去年缴多少税费。她断断续续地回答说，“每年都缴齐了的，到底缴多少要问杨朝仁。不过没有拖欠，倒是村上的干部谢照明借走了我家2200多元。”谈到这钱的来历，老人更道出了自家的艰辛。她说，“房子破烂，很早以前就准备新修。好多年间断续地养羊卖得了360元，种向日葵卖得300元，打板栗卖得700元，好不容易凑到了1300多元。另外几百千把（元）是娃儿打工挣来交给他爹的。”最后，老人叹息说，“唉！他（杨朝仁）拗不过，只好全部借给谢照明去了。”老人那饱经风霜的脸，当场就深深地印在我的脑海里。离开她家不一会儿，我回头望去：毛毛细雨中，高耸的五福山、古老的待皇树、贫瘠的坡耕地、破旧的窝棚房、年迈的张大娘，为生计老人正在举步维艰地走在山间的小路上……

距张吉英家约500米的对面山坡上也有一户窝棚户，我们在走过去看的途中，村主任谢照明和一些村民就来了，大家就顺便在党光许家院坝里座谈了一阵子。

谢照明今年41岁，1993年以来任村主任，中途还兼任过村支书。他告诉我们说，全村5个社601人，主产玉米、土豆，还有核桃、板栗、向日葵等山货土特产。常年有玉米10万公斤、土豆20万公斤、核桃等山货土特产18万公斤运不出去，只有两条羊肠小道出山，到空山买肥料，远的一天两头黑。公路是2000年开始修的，村道9公里，社道6公里。乡政府补助12000元，剩下的全靠村民集资和投工投劳。谈到向张吉英家借钱2200元时，他说有这事。那是前年11月份，我们上门追税费，发现他（杨朝仁）有钱，就叫他全部借给村上还外欠款，一共2200元。谈到贫困时，他说我们村最穷的是一、五社，窝棚户就有5户，全村145户中特困户有30户。谈到税费，他说最重的是1997—1998年，人均一年320~340元，1999年也重，人均228元，以后逐年减少，去年还是人均80多元。他还说，世行扶贫贷款，1998年至2000年全村约有8万元，全部用于缴纳税费去了。

53岁的党光许说，“我家3口人，一年收入很少，外债多、税费重。前两年世行贷款3000元，全部用于上缴税费了。早些年在信用社贷款几百元，现在连本带利滚到了3000多元，民间借了2000多元。去年上缴税费225元、公路集资300多元。税费最重的1997—1998年，我家人均整整500元，6人每年硬邦邦的上缴3000元哦！虽然这几年政府是采取了不少减轻农民负担的政策，我们也很感谢！不过，我们的负担还是很重。”他接着给我们算了一笔账，去年，除掉经营成本，他家6口人的实际收入只有3800元，而全家上缴税费423元，两个孩子读书1200元。临别时他恳切地希望减免税费、减轻学杂费。

最后，我们来到与张吉英家隔河相望的另一户住窝棚的人家。

户主叫杨映富，全家5口人，自己和老伴、女儿及女婿罗开成、外孙女。村社已在组织人帮他家修新房。计划修4间，共需投入8000元，政府补助2000元，其余6000元由他家自己出。罗开成说，家里没钱，帮忙的人要吃饭，开工以来已在空山街上赊了800多元的物资。

坐上车，离开五福村，我将头伸出车窗，返看着待皇树，慢慢地它消失了，在那烟雨霏霏中。

翻过山，悬崖上的公路又窄又滑，车上的人都下来走了很长一截路，到乡政府用午餐，司机感叹：有惊无险，吓得出了一身冷汗。

泥溪乡移民新街分两次建成，第一次20户，第二次23户。我们走访了杨素冬，他说，“我的房子是2000年建的，这第一批移民户由乡政府每户补助一万元。我们第一批的都享受了补助。还有基础设施是政府投资搞的。我在当地是中等户，离老地方（原居住地）有10公里。”

钟风乡苏家坪村有个“通江县康梦科技有限公司”，生产经营茶叶。我们看了公路上下的两片茶园，多数是去、今两年栽种的。去年投产的有两户，陈怀和与曾乾弟。陈怀和站在他的茶地边，指着茂盛的茶垄对我们说，“我和曾乾弟是试验、示范户。我家去年投产一亩半，单叶生茶收6公斤半，大宗茶40公斤，总收入2500元。曾乾弟的种得更好些，去年他投产7分地，收单叶生茶5公斤半，大宗茶近30公斤，也收入2500元。”据介绍，公司的法人代表叫王福兴，但实际上管事的是曾乾发。曾乾发对我们说，“我就是这个地方长大的，1981年在达县农校茶果专业毕业，分回通江，先后任过副区长、县农委副主任，现在是县政协经济委员会的主任”。他接着说，“1985年我承包了村的茶场，有200亩。这些年，都在经营茶，也在搞新品种开发试验。公司成立于2001年，属股份制，5人合股。贷款41万元，私人投入18.5万元。”他还说公司与茶农是合同关系。公司提供技术服务，农民按公司的要求种植、管理，茶叶卖给公司。目前，公司已与钟风乡的农民签了830亩的合同，其中苏家坪村6个社237户、970人，已有186户签合同，面积530亩。我们看了合同，合同内容与曾乾发说的差不多。差异在合同上对农民卡得有些严，公司的技术服务也不像介绍说的那样是无偿，而是收费的，茶苗是6角钱一株。离开苏家坪，天就黑了。在钟风乡吃的晚饭，到通江县城已是近10点钟了。

4月1日

昨晚，我们就住在“川陕革命根据地军史陈列馆”的附近。上午就去参观陈列馆。看到中途，县扶贫办的同志说，赵洪斌副县长来了，要陪同我们一道下乡。我们就同赵副县长去了春载乡竹子坎村。

麻石工委书记田勇告诉我们：这个村是熊（光林）市长的联系点。竹子坎村是省定重点扶贫村，去年启动的。投入扶贫资金21万元，吸纳其他资金18万元。修了村社道，办起了学校，调整结构，见到了效果。田书记特别说，这个片区共有33个村，只有17个省定重点扶贫村。云昙乡的蒲家坪村、穿石梁村没有入围重点扶贫村，群众意见很大，强烈要求入围重点村给予扶持。

我们进村的地方是竹子坎三社，遇到一个叫向思礼的村民。和他聊了起来，问了一些生产、生活上的事。问到税费、债务时，向思礼说，“在本乡贷了4000元，用于交历年欠税欠费，找外乡刘生富在麻石镇贷了1500元，私人借贷有2000元”。我们要他找凭据来看一看，他找了好一阵子，没找到贷款凭据，但找到了村上给他出具的两份证明。第一份上写道：“向思礼2000年当年税费729.62元，转1999年以前欠税费款1833.34元，欠税费利息403.26元，合计2966.22元。”第二份写道：“兹证明竹三社向思礼同志于2000年12月9日在信用社贷款抵交税费差款。此款利息本人认7厘6分，如果超过8厘，由竹子坎村认息。特此证明。竹子坎村委。在场人：王子维、向礼清等5人。2000年12月9日。”

从向思礼家出来，我们看了草场，养牛、养鸡、微水池、村社道路等。还看了村小，适逢课休，我们随意找了一个女生问情况。她叫杜娟，家住四社，读三年级。她说，“学校是去年修好的。好好啊!”学校二楼有一间房是村委办公室，我们就在这里听村支书赵贤玉介绍情况：这个村 6 个社、360 户、1267 人。2003 年启动新村扶贫工程，修通了村道 3.5 公里，农户开展“五改三建”，调整结构发展特色产业，已种丰收梨 1 万株，种草 800 亩。今年计划养牛 90 头，人均养猪 2 头，制水稻种 150 亩。谈到贫困，村支书说，全村有贫困户 90 多户、一般户 120 多户。42 名党员，每人帮扶 5 户。主要是帮观念、帮技术、帮项目，限期脱贫。我们在村子里见到两户农户在修微水池。一户是维修，一户是新修。中年妇女向礼群说，“我家这池是 1997 年修的，当时花去 3000 多元，一直漏，到现在还没收回成本。今年补助砖沙、石头，开展治漏。”新修户叫向礼志，今年 58 岁。他说，修这口池上级补助 6000 匹砖、1 吨水泥，以及沙，其他就是自己出，包括匠人工资 1200 元。

下午我们去了民政局，看了福利院，走访了山霸王和罗村茶业公司等。

民政局会议室挂有一幅“通江县解决岩洞窝棚户工作会议”会标。局里的同志介绍说，市、县人代会上，人大代表提案要求解决岩洞、窝棚户的住房问题。县委书记周朝康特别重视，县委、县政府专门召开了会议，做出了决定。农户自己出一点、社会帮一点、县上补助一点，靠这“几个一点”来解决。县上成立了领导小组，由扶贫办和民政局负责承办。一是开展普查，二是各乡镇上报申请，三是县上审定批准。县民政局制定了《通江住岩洞、窝棚户兴建住房实施方案》。我们看了实施方案，比较详细。内容有基本情况、户主照片、旧房照片、资金筹措、实施时间、联系人等。例如空山乡上报的张吉英一户：“编号：51302539120672，空山乡五福村 5 社张吉英，女，64 岁，3 人，窝棚 2 间。实施方案：新建 80 平方米，2004 年 3 月动工，投入合计 10000 元，其中乡上出资

1000元、个人自筹500元、社会捐赠500元、县上出资8000元。联系人杨在奎。”

通江县儿童福利院和通江县光荣院在一起。福利院收的是农村里的孤儿，一共收了27个，男的14个，女的13个，6～11岁。在看儿童福利院时，通江的同志讲述了一件感人至深的事。2003年2月上旬，县委书记周朝康收到了一封泪迹斑斑的来信。来信是诺江镇城郊村13岁的小学生苗利写的，她在信中诉说：“父母在春节期间意外双亡，家中只剩下70多岁的爷爷，我和妹妹苗育，恳求周（朝康）叔叔救救我们吧！”周朝康拿着信，看了一遍又一遍，阵阵揪心。三天后，周书记带着相关部门负责人去到了苗利家。现场敲定了一个完整的救助扶贫方案：公安局为70多岁的老人办理农转非手续，民政局救助1000元现金解决苗家当前的生活困难，将其纳入低保，每人每月130元的低保费。周书记还慷慨解囊，拿出500元给苗利读书，并许诺个人资助苗利学业。从这件事抓起，2003年6月30日，县上办起了通江县儿童福利院。光荣院主要是接收一些无儿无女的老红军，有16人，年龄在79～86岁。我们拜访的其中一位老红军叫陈文义，今年85岁。

山霸王食品有限公司坐落在通江县城中部，主要经营通江有名的土特产品。我们参观完了就听公司的介绍。总经理曾安说：“我们是4个人合股，董事长叫牟光义，都是通江一些穷乡僻壤地方的农民。20世纪80年代末90年代初，我们都贫困，得到过扶持，用过10万元的扶贫款。1998年成立公司时，注册资金500万元，用过40万元的财政周转金。公司经营主要以银耳为主，还有竹荪、木耳、香菇、银耳茶、八宝茶等。产品主销沿海，以及成都、重庆等。他还介绍说：从货源看，通江县占50%，万源等周边县占30%，其他地方的占20%。去年公司销售收入达到了历史最高水平，总额达到1300万元。”

马山办公室的左方墙壁，挂着省委张学忠书记、张中伟省长分别与他的合影照片；右方挂着张学忠书记题写的“四川省通江罗村茶业有限公司”的横幅。马山是该公司的董事长，陕西汉中地区西乡县人。他2002年冬来铁溪镇罗村谋发展。罗村茶很有名，上了中国茶叶志。但是，罗村1800多亩茶，分散在各家各户，缺乏投入，管理不善，1公斤干茶只卖40来元。马山来了，成立了罗村茶业公司，实行产业化经营。2002年冬，公司出资15万元购买化肥无偿送给茶农，并从技术上指导茶农对茶园进行更新改造。农户只管生产，把生茶叶卖给公司；公司负责技术指导、茶叶加工、销售。去年一公斤单叶生茶就卖80元，茶农人均增收156元。目前，公司与农户形成了紧密关系，覆盖300多户茶农，1182人。他说：去年销售收入达到400万元，其中茶叶120万元，兼业收入280万元。谈到今后打算，马山说，“正在筹组罗村茶叶专业协会，为促进农民增收，开展一业为主，兼业经营。公司还设计许多奖项，如茶农茶叶收入达到3000元，就奖励500元等”。

明天下午要参加县上座谈会，晚上整理这几天通江的调查情况，写发言提纲：

一、扶贫旗帜有新亮点。“八七”时期成就经验，新阶段成就“大扶贫”观，落实规划、锁定对象、整合资源、促进发展。

二、扶贫新村有新突破。实施分类指导，分批整村推进；抓住社区建设，改善人居环境；发展特色产业，促进农民增收；实施“三项”工程，推进“三个提升”；加大帮扶力度，营造外部环境。

三、产业扶贫有新起色。坚持城乡统筹，发展龙头企业，建立生产基地，组建各种协会，带动农民增收。

四、农户能力建设有新提升。社会就业能力、外出务工能力、科技致富能力、防病治病能力、当家理财能力、发展创新能力、自我组织能力、自立自强能力。

五、助农增收有新举措。多予少取放活，基础设施建设促增收、特色产业促增收、转变职能促增收。

六、开放式扶贫有新成果。

七、通江贫困面大、人多、程度深，需要有特殊政策措施。重新认识老区，扶贫政策给予倾斜，解决温饱要有明确时限，对贫困人口实行分类扶持，大力整合扶贫资金，免征贫困户农业税，酌情消化贫困户债务，推行重点县免费九年制义务教育工程，加大移民扶贫力度，解决贫困户住草房、危房、无房问题，重视重点县内非省定重点贫困村的扶持。

4月2日

上午，在宾馆里总结几天来的调研情况。我把昨晚写的发言提纲给市、县扶贫办的同志作了介绍，他们都赞同，还帮助提炼了一些观点、典型事例。继续参观“川陕革命根据地军史陈列馆”。1933年，27万人，参加红军人数4.8万人，通江籍烈士6100人，支前群众10万人次，支援红军粮食1000万公斤，通江籍省军级以上干部50人，通江籍将军（少将）10人。瞻仰陈列馆、烈士陵园，对通江老区的崇敬之情油然而生；但目睹通江的贫困落后，心里又总是沉甸甸的。

原本下午的座谈会，因周仁义县长、赵洪斌副县长要参加省上电视电话会议，只好改在晚上开了。下午，我和杨儒科在县扶贫办看资料、座谈。据县志介绍：通江地跨东经106°59′～107°45′、北纬31°39′～32°34′。东邻万源、平昌，南接南江，西挨巴州，北接陕西南郑、西乡、镇巴，国土面积4116平方公里。唐天宝年间（公元742年）设县，至今有1400多年历史。通江县1986年列入国定贫困县，当年贫困户78473户、358740人，贫困发生率为64.2%，年人均180公斤以下缺粮户为43740户、218000人。“八七”计划时期，通江扶贫开发成就辉煌、经验丰富。主要经验有微水池建设。1995年大旱，诺江镇天井村一口微水池使当地群众抗御了自然灾害，由此，县委总结推广天井村经验，狠抓微水工程建设。第二年，省委、省政府在通江召开全省农田水利基本建设现场会，提出学习“巴中经验”。据扶贫办阎世播主任介绍，“八七”计划时期通江扶贫经验主要是：全县上下都以扶贫攻坚为中心，党政重视、社会合力。例如，县上抽调20多名干部组成扶贫攻坚工作队，到最边远的贫困乡开展驻乡扶贫；县长带领扶贫工作队员到王坪烈士墓进行越温宣誓；通江采取的“公司＋贫困户、协会＋贫困户、基地＋贫困户、干部＋贫困户、能人＋贫困户”的到村到户方式，在全省都很有影响，且今天仍不失为一个好方式。目前，通江县的贫困可概括为一句话：面大、人多、程度深。国土面积4100多平方公里，自然条件极差，山高坡陡，谷深沟窄，天灾繁多。全县尚有141个村不通公路、41个村不通电、477个村不通电话。省定扶贫重点村248个，还有200多个类似的贫困村。去年人均纯收入1295元，绝对贫困人口17.53万人，占总人口的26.7%；低收入人口25.73万人，占总人口的39.2%。17.1万人与16.96万头牲畜饮水困难，许多贫困户家徒四壁、一贫如洗。地方病严重，痴、聋、疯、癫、瞎、瘸病人比例偏高。通江的贫困是环境型、资本型、能力型贫困。

晚上周仁义县长主持了调研座谈会。县委组织部、县府办、扶贫办、就业局、文教局、交通局、地税局、农机局、农民负担监督办等20来个部门的领导参加了会议。赵洪斌副县长介绍了新世纪扶贫开发的情况，其他部门的同志也作了口头或书面发言。我按昨晚写好的发言“提纲”发了言，最后周仁义县长做了小结。周县长讲，通江县情，一是条件差，主要是生产生活和交通条件差。二是贡献大，通江4.8万人参加红军，革命胜利后活着的不足3000人；在计划经济时期，通江人民贡献大米、猪肉等物资价值17亿多元；退耕还林保护长江中下游，失去田地12万亩。三是总量小，目前GDP才18.6亿元，财政收入4120万元。四是水平低，发展水平低、农民收入水平低；去年农民人均纯收入1295元，比全国少了1000元。五是灾害重，天灾繁多，十灾九旱，去年7次洪灾、4次雹灾；地方病严重，精神病非常突出，乡乡都有，仅杨柏乡就接近30个。六是成本高，发展成本高，特别是教育、修路的成本高。他希望国家加大对老区通江的扶持力度，首先是减负，特别是减轻农民税费、教育学杂费；其次是增大财政转移支付；再次是帮助办教育；最后是加大移民扶持力度。周县长说，通江作为革命老区、扶贫重点县，要继续发扬红军精神，高举扶贫大旗，以扶贫开发为中心，以农民增收为核心，以新村扶贫为基础，以产业扶贫为重点，以能力建设为关键，把新阶段的扶贫开发引向深入，加快小康建设步伐。

4月3日

从通江出发去平昌，途中走访了通江县金苗粉业有限公司。该公司总投资1200万元，去年投产。主要产品是方便米粉丝，原料为陈稻谷等，日耗原料10吨。目前以每公斤1.2元向农户收购陈稻谷。

在通江一周的调查表明，进入新世纪以来，通江县委、政府创造性地提出“发扬红军精神、高举扶贫旗帜、走正脱贫路子、夯实小康基础”的新思路，扶贫开发以及县域经济发展都取得了令人欣慰的成效。通江县坚持以扶贫开发统揽全局，整村推进新村扶贫，大力建设扶贫产业，着力提升农户能力，捆绑整合扶贫资金，促进农民增加收入，尽快解决群众温饱，推动县域经济发展。这对其他重点县具有普遍意义。

毋庸置疑，新世纪通江扶贫开发成效是突出的。但是，从整体情形看，通江农村穷、农业弱、农民苦，到处崇山峻岭、沟壑纵横，自然条件非常差。通江贫困面积大、人口多、程度深，农民的历史债务沉重，县级财政捉襟见肘，离小康社会还很遥远。因此，应对症下药，采取有效措施给予扶持。建议实施以下扶贫政策措施：

（1）重新认识老区。川陕革命老区创建时间早、范围广，是当时全国第二大红色区域，通江又是首府。通江在革命战争时期，23万人就有4.8万人参加了红军，通江籍烈士6100多人，产生了10位将军，为解放事业做出了很大的贡献，付出了巨大牺牲。新中国成立 50 多年了，通江人民至今还很贫穷，国家应该给予更大的特殊扶持。如果不帮助老区尽快发展起来，摆脱贫困落后面貌，我们就背离了中国革命的初衷，难以向烈士交代，政策上也难以取信于民。

（2）提高贫困标准。通江是扶贫开发工作重点县，应当作为重中之重给予扶持。对通江这样的革命老区要有特殊的扶持，这样才能使中央的扶贫政策落到实处，达到真扶贫、扶真贫的目的。通江是一个特殊的重点县，财政拮据，心有余而力不足，不给予特殊扶持，难以奏效。特别应当研究的是，通江贫困程度深。我们看到的一些贫困户，现行贫困标准已经解决不了他们的温饱问题。所以，国家应当考虑提高贫困的标准，比如由现行的人均纯收入 625 元提高到 850 元左右。

（3）明确解决温饱时限。通江贫困的特点是面大、人多、程度深。国家《纲要》和省的《规划》是十年规划，仅笼统地说“尽快”解决贫困人口温饱问题，没有具体时限。解决温饱必须有个时限。群众温饱应该在今后三四年内解决，特别是在通江这样的老区更是如此。对这个问题，重点县必须要有紧迫感。

（4）实行分类扶持。要把贫困人口分为四种类型，实行分类扶持：一类是对丧失劳动力的特困人口，要实行社会救助扶贫；二类是对有劳动能力尚未解决温饱的贫困人口，要切实做到扶贫到村到户，限期解决温饱；三类是对缺乏基本生存条件的贫困人口，要积极稳妥地进行搬迁移民扶贫；四类是对低收入贫困人口，要着力帮助改善生产生活条件，发展特色产业，增加收入，遏制返贫。

（5）大力整合扶贫资金。整合扶贫资源，首先要整合扶贫资金。扶贫资金分配使用，要坚持做加法，不能做除法。只能是以扶贫资金为中心，把各方资金尽可能凝聚起来扶贫，不能把扶贫资金当成“唐僧肉”，这里啃一砣、那里撕一块。为别的项目配套，种了别人的责任田，荒了自家的自留地。目前省上扶贫资金的专项太多，分散了扶贫资金，造成的弊端也多，使得“重点县不重”，背离了扶贫方向，各方面意见很大。现在是到了必须砍掉专项的时候了，以便集中扶贫资金用于重点县、重点村。

(6) 改革项目管理方式。省上对扶贫项目管到村甚至到户，“既耗马达又费电，搞得各方都有怨”。应当由省上规定一些原则，如资金的用途和范围等，在市、州的指导下，让县上因地制宜地规划项目、组织项目实施。对信贷扶贫资金，在重点县只要是符合国家产业政策的，都可以使用。投放到扶贫龙头产业化企业，如罗村茶业这样的企业，帮助他们扩大生产规模，带动相关产业发展，既增加财税收入，也增加农民收入。

(7) 免征贫困农民农业税。农村税费改革后，贫困农民负担有所减轻，但是，负担还是很重。对贫困农民来说，税费等负担仍然是造成贫困的重要原因之一。贫困农民非常希望国家能一步到位减掉他们的农业税。从调查情况看，年纯收入在1000元以下的贫困户，一方面减税应一步到位；另一方面，所减掉的部分应当由中央、省上承担，在时间上不能按部就班。

(8) 酌情消化贫困农户债务。我们调查的贫困户，负债都很重，多则数千近万元，少则数百元。贫困户负债是当前贫困的一大原因。负债主要有四个方面：欠信用社的款、欠农行的扶贫款、欠税费、欠民间借贷。对前三类，应研究如何给予适当或全部豁免。比如对贫困户80年代以前的信用社贷款、90年代以前的扶贫贷款，确无能力偿还的，国家应当出台政策给予豁免。

(9) 推行免费义务教育工程。通江的调查表明：重点县农村学杂费仍然很高，读初中一年要八九百近千元，读小学一年要五六百元。学校寄宿条件差，中小学生的宿舍拥挤不堪，床挨床，每床住两三名学生。总之，入学难问题仍然突出。在重点县，特别是像通江这样的既是老区又是重点县，实行九年制义务教育，应当免掉学生的学费、杂费，补助贫困学生的部分寄宿费用，推行免费九年制义务教育工程。

(10) 加大移民扶贫力度。从根本上最终解决贫困问题，搬迁移民和梯次移民，是条好路子。在通江这样的大山区，许多农户住在山高谷深的山上沟边，靠修路等方式改变生产、生活条件既不现实，而且投资巨大，扶贫成本太高。如果把这些农户搬迁到集镇或公路沿线，成本低，能较好改变生产生活条件，最终解决贫困问题。

（11）解决贫困户住房难问题。目前，农村还有一部分贫困户住草房、危房，有的甚至无房。通江正在解决1住岩洞、窝棚的问题，做得好、得民心。但是，县上财力吃紧，补助十分有限。我们调查了几户，资金缺口无法解决。因此，国家应把解决贫困户“三房”问题列入扶贫的主要内容，安排专项资金，在今明两年内解决。

（12）重视重点县内非省定重点村的贫困问题。省上给通江确定了248个扶贫重点村，覆盖贫困人口不到三分之一，重点村以外还有很多村仍然相当贫困，根本无能力、无投入在短时间内改变落后面貌。其他重点县也有类似情况。解决这一问题，可以考虑两个办法：一是砍掉省级扶贫资金专项，把砍下的专项资金安排一部分到万村扶贫，安排一部分到重点县的非省定重点贫困村；二是非重点县的省定重点村贫困程度总体上说远不及重点县内的贫困村，因此，应削峰填谷，减少非重点县省定重点村使用无偿扶贫资金的比例，把减下的部分用到重点县的被排挤出扶贫规划之外的贫困村。原则上非重点县的省定重点扶贫村，主要应使用贴息扶贫贷款和地方筹资解决。

附录十二：稻城移民扶贫何时才能走出困境[①]

稻城县位于甘孜州南部，是一个以藏民族为主多民族聚居的高寒边远半农半牧县。幅员面积7323平方千米。境内部分地区海拔在3000米以上。县城海拔3740米，距州府康定432千米，距省会成都785千米。总人口约2.8万人。由于政治、经济、文化、自然和历史的原因，全县经济社会发展严重滞后。稻城地理位置特殊，自然条件恶劣，地形地貌和地质构造复杂，全县很大一部分地区都面临着地质灾害的威胁。2003年，经专家实地调查后，确定全县地质灾害点有38处，分布在7乡1镇（贡岭、东义高峡地区），其中州级重点地质灾害监测点8个，这些地质灾害点随时威胁着人民的生命财产安全。尤其是蒙自乡桑达村的大面积山体滑坡，直接关系到56户295人的生命和财产安全；俄牙同乡察吾卡村滑坡关系到11户56人的生命和财产安全。笔者仅以对蒙自乡桑达村的调查为例，反映稻城县移民扶贫工程所面临的困难。

桑达村是稻城县地质灾害最为严重的一个行政村，为了摸清该村的详细情况，做好移民扶贫的前期准备工作，笔者于2004年10月和2005年3月同有关部门的负责同志前往该村开展调研活动，目睹并体验了当地群众的生存状态和生存环境，心灵感到了前所未有的震撼与隐痛。同时作为一名扶贫工作者，深深地感觉到自己肩负的担子是多么的沉重！

① 为弥补甘肃省定西移民调查材料在邮寄途中遗失的缺憾，特约作者撰写此文。有改动。作者：梁健，稻城县扶贫开发办公室，2006年6月。

桑达村距稻城县城约100千米。海拔3500米，平均坡度在40度左右，全村共有56户295人，分散居住于高山峡谷区的半山腰上部一处大滑坡体上。自然条件恶劣，自然灾害频繁，农作物一年成熟一季，年人均纯收入287元；不通公路，不通电，缺乏基本医疗条件，人畜饮水极度困难，是稻城县贫困村之一。

桑达村滑坡体长1200米，宽1000米，面积120万平方米，滑坡活动面积约1000万平方米。滑坡体上裂缝广布，有近百条。大部分裂缝处已有滑塌部分，形成许多大小不一的平台，裂缝成90°、30°、120°等几个走向，裂缝最长近千米，最短的有10多米。滑坡体上还有3条泥石流冲刷沟，这更加剧了滑坡体的不稳定性。1995年滑坡体曾发生过火灾，植被破坏严重，1998年又遇特大涝灾，进一步增加了危险性滑坡的可能性。因此，从1998年以来，每年都有大小不同的滑坡现象发生。

桑达村大面积地质滑坡所造成的危害，让人触目惊心。全村56户村民的房屋均受到地质灾害影响，墙体上均不同程度地出现裂缝，部分房屋墙体已严重倾斜。村民以他们微不足道的力量与灾害抗衡，全村有18户村民重新择地修建了住房。然而，由于滑坡体面积太大，所有重建的房屋无一幸免再次受到地质灾害影响，村民面临再次搬迁的处境。从20世纪90年代中期以来，先后有7户村民搬迁过2~3次，均未摆脱地质灾害的侵袭，每一次搬迁都让他们的生活雪上加霜。稻城县财政十分困难，2004年财政收入仅380万元，各方面建设都需要大量资金投入，对桑达村民的处境仅能提供救灾帐篷。目前有10户村民居住在救灾帐篷内，其余均居住在现有危房内，他们在期待着移民搬迁。

桑达村是一个水资源严重缺乏的村，生产用水靠天吃饭，生活用水完全依靠地下渗出的几股泉水。可那是怎样的泉水啊？得用几个大铁桶一滴一滴地集攒，水质差，碱性重，饮用后腹胀难受。即使是这种水，村民们也得非常节约才行，洗菜的水用来洗脸洗脚，然后再用来喂牲畜，大多数村民一年也难得洗一次澡。虽然村庄的山脚下就是湍急的河水，但往返一趟骑马也得走一天时间。实施移民搬迁必需首先解决村民赖以生存的水和耕地问题。如果在目前选中的本村所在地两侧山脊上实施相对集中移民，最近的水源也有13千米，仅此一项经测算就需要投资150万元，还不说其他配套建设，钱从何来？

到桑达村小学调查，目之所及，让人心情沉重得无以言表。这所学校共有一至二年级两个班（三年级以上到乡中心校读书），学生23人，本地民办教师兼校长1人。在全国都在高喊“再穷也不能穷教育”的今天，桑达村小学所有的教室四壁透风，屋顶“天窗”密布，冬不御寒，夏不挡雨，受地质灾害影响，墙体严重倾斜，与当地大多数农户住房的墙体一样，到处都用木料支撑。所有课桌和凳子都是用木板和石块搭砌而成。然而，就是在这样的教学环境里，我们看到教师依然热情洋溢地授业解惑，孩子们眨着天真的双眼，展望着无比美好的未来。课间休息时，校长严肃认真地召集全体学生举行了升国旗仪式，当五星红旗伴随童音唱起的国歌在灿烂的阳光下冉冉升起时，我仰望着在蓝天映衬下显得更加鲜艳的国旗，我的眼眶湿润了。国家要发展，经济要腾飞，中华民族要屹立于世界的东方，教育，也只有教育才是最坚实的基础。但是，像稻城这样的乡村小学在我们国家何止一个？

在对桑达村的调查活动中，村民们知道了我们的工作目的，当他们知道我是扶贫开发办的工作人员后，群聚在我周围，我知道他们想说什么，也知道他们想要什么。然而，我却不知道该怎样答复他们，除了安慰，解释实施移民工程面临的诸多困难外，我又能怎样呢？移民搬迁是一项复杂的社会系统工程，投资巨大，经预算，桑达村移民包括基本的社会事业建设配套工程总投资需905.15万元，国家对非扶持重点县每户移民补助6000元，即目前能落实的资金仅33.6万元，无疑是杯水车薪。地方财政匮乏，心有余而力不足，群众又无力自筹，资金困难使移民工程根本无法开展。我们该做什么？我们又能做什么？移民必需尽快实施。我们能做和该做的事，就是在力所能及，有计划逐步实施移民搬迁的同时，通过各种渠道反映移民工程的困境，期盼得到国家对边远少数民族地区给予更多的关注，在扶贫政策和资金方面予以倾斜。

附录十三：古蔺县"四岩"调查①

马蹄乡的羊嘶岩、马嘶乡的白岩、椒园乡的立岩和德耀镇的燕岩（以下简称"四岩"），是古蔺国定贫困县的典型特困区域。为贯彻落实以人为本、全面、协调、可持续的科学发展观，切实研究解决特困区域和特困群体的生产生活问题，统筹区域经济社会发展，加快山区农村和谐社会的建设步伐，最近，笔者分别到"四岩"进行实地调查。调查表明：该县农村经济社会发展不容乐观，扶贫开发任重道远。着力改善农村生产生活条件，稳定解决农民温饱，将是今后较长时期的中心任务。现将调查情况综述于后，供各级党政机关决策实施参考。

一、贫困现状

"四岩"的立岩和燕岩各为一个村，白岩系三岔村（现同心村）的一个社，羊嘶岩系大河村的一个社，共 11 个社，376 户，1673 人。分别是立岩村 5 个社，148 户，514 人；燕岩村 4 个社，130 户，600 人；白岩社 26 户，143 人；羊嘶岩社 72 户，316 人。国家实施"八七"扶贫攻坚计划以来，各级党政和相关部门为"四岩"的发展做了大量工作，但由于受主客观因素制约，广大群众的

① 2005 年 3 月 21 日，课题组成员在本文作者陈朝龙陪同下前往羊嘶岩调查，回县城后与县级有关部门座谈时交换了意见，希望将特困村羊嘶岩及早列入"整村推进"计划，并委托陈朝龙对"四岩"继续进行调查。5 月调查报告上报后，引起县委、县政府及市、省两级有关部门的重视。县长何广斌带领县级相关部门负责人前往"四岩"现场办公，并于当年首先修通了羊嘶岩 10 千米公路。载《古蔺调研》2005 年第 3 期。作者：陈朝龙。

温饱仍极不稳定，部分村民还在生存线上度日。他们的贫困程度和“五无”现象值得重视。

一是无水饮用。羊嘶岩村民雨季吃的是微型水池（窖）蓄积的望天水，干旱季节要用人马到5千米外去背驼水饮用，洗衣被就下马蹄河。2002年4月22日，笔者去马蹄河目睹洗衣被的村民有34人。白岩大部分村民天旱时也要到2.5千米外去背水吃。立岩村小学生每天要用塑料瓶在家装水带到学校解渴。

二是无米下锅。“四岩”群众在干旱年辰青黄不接的现象较为普遍。用当地群众的话说，去年是“十年难逢金满斗”的丰收年，然而就是在这“金满斗”年份，仍然不乏无米过年的农户。据马嘶苗族乡党委书记邹志同志介绍：白岩少部分农户今年春节起就开始靠救济、借贷过活。其中苗族村民罗玉华家，到2005年4月中旬止，已向他人借大米150千克，借钱600元维持生计。据群众反映，在白岩像罗玉华家这样的农户有6户。立岩村原党支部书记王宗泽介绍，现立岩村“烧吊锅”的农户也有6户。燕岩村三社的农户反映，往年有30％左右的农户青黄不接，今年由于领到了退耕还林补助钱粮，吃饭问题已基本解决。

三是无衣被御寒。“四岩”穿补丁衣服的村民放眼可见；没穿鞋裤的3～5岁小孩比比皆是；农户床铺被喻为“猪窝”的难堪现象更是屡见不鲜。

四是无房居住。羊嘶岩社72户，全系苗族。在这72户农户中，能住上新旧土瓦房屋的仅8户，其余64户的房屋全是旧土草结构。马登平一家五代26人（现已分成5个锅口）住在已建20来年100平方米左右的破草房里。有的一家5个人仅有一米来宽的破床一张，冷天全家挤在一张床上，热天就分流人员睡板凳和地下。白岩罗玉华家7口人，所住的3间房屋，有的板块盖草，有的盖瓦，有的盖薄膜，有的什么都没盖，更典型的是人畜混居，晚上睡觉时人的身躯就和牛的身躯相互接触或摩擦。

五是无钱读书。立岩村民小有两个临时代课教师，两个年级两个班共35个学生，分别是一年级20人，四年级15人。据列户统计：全村应读小学而失、辍学的有31人；应读初中而失、辍学的有13人。究其失、辍学的主要原因是缺钱。立岩村失、辍学儿童比例出乎意料，而临时代课教师孙福桥的境况亦非同寻常。据孙老师本人介绍，他今年59岁，1971年起连续任教至今已35年。1987年曾参加教材教法考试过关获得证书；1989年教师职称评定时定为小教一级并发有证书；1994年县教育部门发有民师证书；1996年国家教委发有教师资格证书。有这么多所谓“证书”且又定为“小教一级”而未“转正”，至今尚属临代教师，每月只领得280元的工资。这是为什么呢？据说原因只有一个，那就是1981年全国民师整顿期间，孙老师因爱人病故为办丧事耽误而未参加整顿。2004年民师清退时，教育部门要求他交2672元养老保险金，现在又要求他每月在280元工资中拿40元继续交养老保险金。这样在孙福桥老师年满60岁退休后就可以每月领到300至400元的养老金。

二、贫困成因

分析“四岩”“五无”原因主要有三方面：第一是自然环境恶劣。“四岩”的人居自然环境概括起来主要是“五多五少”：一是岩多林少。山峦重叠、沟壑纵横、岩石裸露是其显著特征。特别是立岩，均系一片荒山颓岭。村民电杆早已腐朽，干部群众正为找不到木材更换发愁而向政府求援。二是坡多坪少。“四岩”各自距乡镇政府所在地6～10千米。距离虽不很远，但步行需3～4个小时。羊嘶岩距马蹄乡政府6千米，但从马蹄街步行到羊嘶岩山顶至少需要3个小时。立岩从一社至五社距离7千米，但由于山高坡陡，步行亦需近2个小时。“四岩”的耕地大多是25°以上的陡坡地。有的农户连50°～60°的坡地都在耕种。农民种植的农作物大多经得住三天雨而经不住三天太阳，特别是旱灾年代，相当部分农作物是种去种不来。三是土多田少。羊嘶岩的耕地是有土无田。白岩田面积只占耕地面积的4.62%，燕岩占9.31%，立岩占6.69%，且只集中在一个社。四是旱多雨少。“四岩”中除燕岩外，其余“三岩”均在赤水河沿岸的常旱乡，“十年九旱，靠天吃饭”是其基本特征；“水在山下流，人在山上愁，干旱二十天，滴水贵如油”是其形象描述。五是苗多汉少。“四岩”中除立岩只有12户苗族外，其余“三岩”均系少数民族——苗族聚居地。分别是羊嘶岩苗族为100%；白岩为83%；燕岩为49.5%。第二是国家投入太少。“四岩”中除燕岩国家投入搞了680亩退耕还林，县政府投入20万元左右帮助40来户少数民族建房和基本修通了5千米公路外，其余三岩的投入少得可怜。新中国成立50多年来，政府仅投入6万来元帮助立岩建了10余口水井和修建了5千米毛路；投资1万多元帮助白岩始建公路；投资4万元左右帮助羊嘶岩建了10余口微型水池（窖）。其他什么改田改土工程、希望工程、安居工程、生态工程、通达工程等，都尚未真正惠顾“三岩”。第三是村民观念陈旧。由于地处偏僻、地势崎岖、交通闭塞、信息不灵，“四岩”村民观念相对陈旧，素质低下。这突出表现在两个方面：首先是发展观念陈旧。“四岩”虽然发展条件极差且基础极弱，但亦并非无径可寻。近年来古蔺的许多贫困村社都把劳务输出作为首要产业，然而在这些地区外出务工人员却相对较少。甚而立岩有的农民还说：“宁愿在家饿死，也不外出打工。”改革开放，特别是国家实施西部大开发以来，古蔺相当部分农村都能因地制宜，发挥优势致富，并做到宜粮则粮、宜经则经、宜林则林、宜牧则牧，然而“四岩”的大多数农户仍是“粮猪型”农民。燕岩、白岩和羊嘶岩的部分农户都有条件利用草山放牧，立岩较有条件发展核桃，然而这些优势都未得到充分发挥。他们基本上还是“养牛为耕田，养猪为过年，养禽为找盐巴钱”的传统生产生活方式。其次是生育观念陈旧。在这些地区生3～5个孩子的农户随处可见，有的甚而生到8～9个。白岩罗玉华家生了5个孩子，大孩13岁，小孩3岁。村民重生不重养，重养不重教的思想在“四岩”相当普遍。据椒园乡人大主席何传兴同志介绍："立岩村小学、初中失、辍学儿童之多，农民贫困缺钱固然是主要因素，但就某种程度上说也与村民重生轻教的思想有关。这其中也有两个因素：一是家长对孩子的学习重视不够，认为无论学与不学，学多学少都是当农民；二是孩子本身学习不好，躲学、逃学、厌学使家长失去了信心。"

三、发展思路

"四岩"的特困现状及形成原因，应引起各级党政机关的高度重视，并采取有力措施逐步加以解决。努力改善特困地区村民的生产生活条件，切实关注这批特困群体的生存与发展，这既是践行"三个代表"重要思想的基本要求，也是树立和落实以人为本科学发展观的具体体现。县、乡党政应统筹协调、加大投入、长短结合、标本兼治、重在落实。为此，特提出如下发展思路与建议。

1. 短期发展思路是种养结合、务工增收

第一是要科学种养。更新品种，科学种养，提高品质，增加效益，既是当前"四岩"村民的生产生活出路，更是县乡镇党政和农技畜牧部门的艰苦工作。乡镇村干部和农技畜牧部门，应加强农畜短期实用技术培训，积极有效地更新品种，推行良种良法，使其种养技术有较大提高，种养效益有较大显现。第二是务工增收。外出务工增收是"四岩"群众当前摆脱困境的现实有效途径。农民外出务工，既能换脑学技，又能增收积累，可谓是新时期贫困山区的"自费留学生"。古蔺每年开展的农民外出务工短期培训，县乡镇应突出"四岩"做好安排，争取 2～3 年内让这些特困地区县外务工人员和收益有较大幅度的提升。第三是改善居住条件。全县的少数民族安居工程从明年起应重点安排"四岩"的特困苗族农户，国家补助金额应适当提高。第四是搞好特困农户的生产生活救助。马蹄、椒园、马嘶、德耀四个乡镇的生产生活特困救助对象应重点向"四岩"特困农户倾斜，并保证其按时足额兑现。第五是抓好失、辍学儿童的复入学工作。乡镇人民政府要组织教育部门，对小学、

初中失、辍学儿童家庭进行宣传动员，并积极帮助解决其学习中的实际困难，使失、辍学儿童依法接受九年制义务教育，为特困地区的日后发展消除隐患。

2. **中期发展思路是林水路并举**

治水保命是“四岩”中期建设与发展的首要任务。这里所说的治水，主要是人畜饮水，而不是灌溉用水。调查中，广大村民都热切企盼县乡人民政府帮助解决其人畜饮水困难。县乡镇水务部门应深入特困地区调查研究，科学规划，精心设计，有效实施，力争3～5年内彻底解决“四岩”的人畜饮水困难。造林保墒是解决“四岩”中长期发展的重要途径。羊嘶岩和立岩的退耕还林和荒山绿化显得尤为紧迫。县政府应在全县计划内作出优先安排。在这“两岩”应做好群众工作，把30°以上的坡耕地坚决退下来。无论是退耕还林还是荒山绿化，都应因地制宜，实事求是，做到宜造经济林则造经济林，宜造生态林则造生态林。修路致富是“四岩”人民的多年夙愿。在“四岩”的公路建设中，无论是羊嘶岩和白岩的新修，还是立岩和燕岩的改造和续建，工程都甚为艰巨，再加上这些地区的农民又极为贫困，县乡在作计划安排时，资金应予以倾斜和保障，否则好事就难于办好。要通过上下左右共同努力，力争在“十一五”期间，使“四岩”的林、水、路建设有较大改观。

3. **长期发展思路是育人移民**

育人主要应侧重在三个方面：首先是要加强思想政治教育。毛泽东同志曾经告诫：“严重的问题是教育农民。”乡镇党政领导干部，尤其是主要领导干部，要定期深入特困地区，对农民进行党和国家基本理论、基本路线、基本政策和基本法规的宣传教育，帮助其解放思想，更新观念，振奋精神，促进发展。做到扶贫先扶志，治穷先治愚。以促使这些封闭地区的村民不断成为“四有新人”。马嘶乡党委主要领导同志，近两年率领乡村干部十余次深入白岩，不仅用政策、法律教育和规范村民行为，而且还力所能及地帮助解决一些长期遗留的老大难问题。农民与乡村干部建立了较深厚的思想感情。今年春节，一户苗族村民的大门对联写道："撤村并改云开雾散苗家见光明，新班上任取信于民旧貌变新颜"。横批是"新春佳节"。二门对联为："雾浓山沟白加黑，云散白岩暗变明"。横批是"公正无私"。其次是抓好义务教育。各级党政和教育部门务必要高度重视特困地区的九年制义务教育。建议从今年下半年起，凡"四岩"在校的小学、初中学生全部免收书学费。复次是扶持职业教育。乡镇党委政府应积极鼓励和扶持特困地区的初中毕业生报考职业技术学校，让其学成异地就业并定居。移民是促进特困地区健康有效发展的重要途径，应实行自发与自觉、就地与异地相结合。"四岩"移民主要有三种途径或类型：一是外出务工移民。目前白岩已有 8 户农民举家外出务工定居。这无疑给特困地区的县外移民提供了启示和借鉴。乡镇村干部应做好宣传动员和引导启发工作，鼓励有条件的中青年务工人员县外就业定居。二是本县异地移民。目前县乡开展的移民扶贫应把"四岩"，特别是立岩和羊嘶岩作为重点。县内条件相对较好的村社，农户已举家外迁定居，田地无人耕种的，可动员和组织特困地区农户移民填补。三是就地移民。要鼓励和支持"四岩"居住环境特别恶劣的农户，搬迁到本村社水电路相对便利的地方建房居住，进一步改善其生存发展条件。

参考文献

[1]〔瑞典〕冈纳·缪尔达尔．世界贫困的挑战——世界反贫困大纲 [M]．北京：北京经济学院出版社，1991．

[2]〔美〕马尔科姆·吉利斯．发展经济学 [M]．北京：经济科学出版社，1992．

[3]〔美〕迈克尔·P·托达罗．经济发展 [M]．北京：中国经济出版社，1992．

[4]〔美〕艾伯特·赫希曼．经济发展战略 [M]．北京：经济科学出版社，1992．

[5]〔美〕夏普·雷吉斯特，格里莱斯．社会问题经济学 [M]．北京：中国人民大学出版社，2000．

[6]〔印度〕阿马蒂亚·森．以自由看待发展 [M]．北京：中国人民大学出版社，2002．

[7]〔美〕艾伯特·赫希曼．经济发展战略 [M]．北京：经济科学出版社，1992．

[8]〔英〕A·P·瑟尔瓦尔．增长与发展 [M]．北京：中国人民大学出版社，1992．

[9]〔美〕阿瑟·刘易斯．二元经济论 [M]．北京：北京经济学院出版社，1989．

[10]〔美〕西奥多·W·舒尔茨．论人力资本投资 [M]．北京：北京经济学院出版社，1990．

[11]〔美〕阿瑟·刘易斯．发展计划 [M]．北京：北京经济学院出版社，1989．

[12]〔美〕约瑟夫·熊彼特．经济发展理论 [M]．北京：商

务印书馆，1990.

[13]〔埃及〕萨米尔·阿明. 不平等的发展 [M]. 北京：商务印书馆，1990.

[14]〔美〕西奥多·W·舒尔茨. 经济增长与农业 [M]. 北京：北京经济学院出版社，1991.

[15] 联合国开发计划署. 1999 年人类发展报告. 北京：中国财政经济出版社，2002.

[16] 世界银行. 2000/2001 年世界发展报告：向贫困开战. 北京：中国财政经济出版社，2001.

[17] 联合国开发计划署. 2003 年人类发展报告——千年发展目标：消除人类贫困的全球公约. 北京：中国财政经济出版社，2003.

[18] 世界银行. 2006 年世界发展报告：公平与发展. 北京：清华大学出版社，2006.

[19] 世界银行. 2020 的中国：二十一世纪的发展挑战. 北京：中国财政经济出版社，1997.

[20] 刘坚. 新阶段扶贫开发的成就与挑战 [M]. 北京：中国财政经济出版社，2006.

[21] 王国良. 中国扶贫政策——走势与挑战 [M]. 北京：社会科学文献出版社，2005.

[22] 国家统计局农村社会经济调查总队. 2003 年中国农村贫困监测报告 [M]. 北京：中国统计出版社，2003.

[23] 金峰峰. 在发展中反贫困——相对发达地区农村反贫困政策选择 [M]. 上海：三联书店出版社，2005.

[24] 任福耀，王洪瑞. 中国反贫困理论与实践 [M]. 北京：人民出版社，2003.

[25] 刘文璞，吴国宝. 地区经济增长和减缓贫困 [M]. 太原：山西经济出版社，1997.

[26] 赵曦. 中国西部农村反贫困战略研究 [M]. 北京：人民

出版社，2000.

[27] 王卓. 中国贫困人口研究 [M]. 成都：四川科学技术出版社，2004.